Gernot Katzer | Jonas Fansa

picantissimo
Das Gewürzhandbuch

GERNOT KATZER | JONAS FANSA

picantissimo
DAS GEWÜRZHANDBUCH

Verlag Die Werkstatt · Edition d i á

Die Autoren

Gernot Katzer, geboren 1968 in Wiener Neustadt, studierte Chemie und promovierte 2002. Er arbeitete von 2002 bis 2006 in einem Sonderforschungsbereich der Humboldt-Universität zu Berlin. Seit 2005 ist er Kurator der Ausstellung »Chili, Teufelsdreck und Safran. Zur Kulturgeschichte der Gewürze«. Er bereiste mehrfach den Fernen Osten und betreibt seit 1997 »Gernot Katzers Gewürzseiten« im Internet.

Jonas Fansa, geboren 1980 in Hannover, studierte Literaturwissenschaft in Berlin und war Mitarbeiter der Philologischen Bibliothek der Freien Universität Berlin. Seit 2006 ist er Bibliotheksreferendar der Zentral- und Landesbibliothek Berlin und seit 2005 Kurator der Ausstellung »Chili, Teufelsdreck und Safran. Zur Kulturgeschichte der Gewürze«.

Bibliografische Information der Deutschen Bibliothek
Die Deutsche Bibliothek verzeichnet diese Publikation
in der Deutschen Nationalbibliografie; detaillierte
bibliografische Daten sind im Internet über
www.dnb.ddb.de abrufbar.

Ein Projekt der Edition diá, Berlin
www.editiondia.de

© 2007 Verlag Die Werkstatt GmbH
Lotzestraße 24a, D-37083 Göttingen
www.werkstatt-verlag.de
Alle Rechte vorbehalten

Umschlaggestaltung und -foto: Jonas Fansa
Bildbearbeitung: Luise Haufe
Satz und Gestaltung: Verlag Die Werkstatt, Göttingen
Druck und Bindung: Westermann Druck, Zwickau

ISBN 978-3-89533-572-3

INHALT

INHALT

INHALT

Vorwort

Gewürze aus aller Welt sind heute in Deutschland problemlos erhältlich. Insbesondere in den Großstädten bekommt man auch exotische Würzmittel in entsprechenden Lebensmittelgeschäften und wird so in die Lage versetzt, kulinarische Reise- und Restauranterlebnisse am eigenen Herd nachzuvollziehen. Wer sich einmal mit den authentischen Küchen beispielsweise des Fernen Ostens oder des Vorderen Orients beschäftigt, stellt jedoch rasch fest, dass nicht nur Kücheninstrumente und Gartechniken oft erheblich von den uns bekannten abweichen, sondern dass wir es auch mit ganz anderen Rohstoffen zu tun haben.

Tatsächlich gibt es bereits eine Reihe von Lexika und Handbüchern, die sich dem Thema »Gewürze« verschrieben haben, aber jedenfalls für den deutschsprachigen Raum kei-nes, das die Gewürze, sozusagen die Schlüsselelemente für Aroma und Geschmack der Weltküchen, auch wirklich im Kontext ihrer originären Verwendung darstellt.

Das vorliegende Handbuch will diese Lücke schließen. Feinschmecker, Amateure und Professionelle haben hiermit ein Nachschlagewerk zur Verfügung, das rund 100 Gewürze im Detail in Botanik, Aromenchemie, Herkunft und Geschichte und – vor allem – in ihrer weltweiten kulinarischen Bedeutung beschreibt. Die geografischen Schwerpunkte entsprechen den bei uns zurzeit beliebtesten kulinarischen Regionen: Europa und der Mittelmeerraum, Nordafrika, der Vordere Orient und der indische Subkontinent, der Ferne Osten und Mittelamerika. Fotografien der Pflanzen und der küchenfertig veredelten Gewürze bringen den dazugehörigen

Wiedererkennungseffekt. Rezepte sind allerdings nicht Bestandteil dieses Werks, dafür aber umfassende Hinweise auf klassische Zubereitungen aus den Regional- und Länderküchen. Die meisten dieser Rezepte finden sich in der im Anhang nachgewiesenen Kochbuchliteratur, die sich – neben Feldstudien – auch oft als dankbare Grundlage unserer Arbeit erwiesen hat. Wer in ausländischen Kochbüchern oder bei Restaurantbesuchen auf ihm unbekannte Namen für Gewürzzutaten stößt, hat darüber hinaus mit dem multilingualen Index ein Instrument, um die üblichen deutschen Namen für die Zutat zu finden – und so den Weg zum entsprechenden Gewürzartikel in *picantissimo*.

Wir möchten an dieser Stelle allen Personen danken, die uns auf dem Weg zu diesem Buch geholfen haben: Insbesondere Luise Haufe für die Bearbeitung der Pflanzen- und Gewürzfotos, den Kollegen der Edition diá und dem Verlag die Werkstatt für die großartige Zusammenarbeit in allen Phasen der Entstehung von *picantissimo*.

Außerdem gilt unser Dank den Kollegen vom Landesmuseum für Natur und Mensch Oldenburg, denn das Gewürzhandbuch erscheint erstmals anlässlich der Ausstellung »Chili, Teufelsdreck und Safran. Zur Kulturgeschichte der Gewürze«.

Last but not least danken wir all den Köchen und Kellnern, die uns geduldig alle möglichen Fragen beantwortet haben, die man von Restaurantbesuchern eigentlich nicht gewohnt ist.

Gernot Katzer und Jonas Fansa
im Mai 2007

AJOWAN

ADIOWAN, *Trachyspermum ammi*

HERKUNFT UND GESCHICHTE

Ajowan stammt wahrscheinlich aus dem östlichen Mittelmeergebiet oder Kleinasien. Der Name *Ajowan* geht auf das Sanskritwort *yavana* zurück, mit dem die alten Inder die hellenistischen Griechen bezeichneten, die im 4. vorchristlichen Jahrhundert nach Nordindien vordrangen (das Wort ist letztlich mit *ionisch* verwandt). Seit dem 3. vorchristlichen Jahrhundert wurde Ajowan auch in Indien angebaut. In der europäischen Antike spielte die Pflanze als Gewürz keine Rolle; als Heilkraut wurde sie oft mit Ammei *(Ammi visnaga)* verwechselt und auch »Äthiopischer Kümmel« oder »Königskümmel« genannt.

BOTANIK

Apiaceae (Doldenblütengewächse). Ajowan ist ein einjähriges Kraut, das bis zu 150 cm hoch wird. Die aufrechten, kahlen, längs gefurchten, sympodial verzweigten Stämme tragen dillähnliche, bis zu 13 cm lange, zwei- bis dreifach gefiederte Blätter mit fadenförmig dünnen Abschnitten. Die kleinen, reinweißen Blüten stehen in 6 cm großen Doppeldolden und entwickeln sich zu graubraunen, rundlichen, ca. 1–2 mm langen Spaltfrüchten, die bei Reife in zwei ovale bis tropfenförmige Teilfrüchte mit fünf ausgeprägten Längsrippen zerfallen. Sie sehen den etwas kleineren Selleriefrüchten recht ähnlich, unterscheiden sich von diesen aber durch weiche Borstenhaare (Papillen).

ANBAU UND QUALITÄTEN

Ajowan bevorzugt trockenes subtropisches Klima und stellt geringe Ansprüche an den Boden; er verträgt keine Staunässe. Neben den Hauptanbaugebieten Indien und Pakistan wird er auch in Ägypten, Iran, Zentralasien (Afghanistan, Tadschikistan) und Äthiopien in Höhenlagen bis 2000 m angebaut. Das jährliche Erntevolumen ist nicht bekannt, da Indien als Hauptproduzent nur wenige Tonnen exportiert.

Der Anbau erfolgt aus Samen, die erst nach zwei bis vier Wochen keimen; nach weiteren zwei bis drei Monaten beginnt die Blüte, und zwei Monate später werden die Stängel mit den noch unreifen Früchten geschnitten und gedroschen. Der traditionelle Anbau in Indien erzielt 225 kg je Hektar Ertrag, aber mit modernen Methoden und Sorten lassen sich 1–2 Tonnen je Hektar erreichen.

Königlicher Kümmel: Das thymianähnliche Aroma veredelt nord- und ostafrikanische und auch indische Hülsenfruchtgerichte.

Blühender Ajowan

Neben der gewöhnlichen Qualität *nadiad ajwain* wird auch noch die Sorte *desi ajwain* mit bis zu 4 mm langen Früchten angebaut, die allerdings seltener in den Handel gelangt.

VERWENDETER PFLANZENTEIL / GERUCH UND GESCHMACK

Die ganze Ajowanpflanze verströmt ein thymianähnliches Aroma. Als Gewürz nutzt man vor allem die stark riechenden und brennend-antiseptisch schmeckenden getrockneten Früchte, die im Handel meist etwas ungenau als »Ajowansamen« bezeichnet werden. Manchmal werden sie sogar gänzlich unzutreffend als »Liebstöckelsamen« angeboten.

AROMAGEBENDE INHALTSSTOFFE

Die Ajowanfrüchte enthalten bis zu 5 % eines ätherischen Öls, das zur Hälfte aus Thymol besteht, einem monoterpenabgeleiteten Phenol. Neben Thymol findet man im ätherischen Öl auch andere Monoterpenverbindungen: p-Cymol, Limonen und γ-Terpinen.

Thymol tritt auch in anderen Gewürzen wie Thymian, Oregano und Bohnenkraut als Aromakomponente auf. Es spielte bis zur Mitte des 20. Jahrhunderts eine große Rolle bei der Bekämpfung von Atemwegserkrankungen und wurde zu diesem Zweck industriell vor allem aus Ajowan gewonnen.

Getrocknete Ajowanfrüchte

KULINARIK

Ajowan ist ein Gewürz der arabischen und indischen Küchen. Man kennt ihn von Marokko über Äthiopien und Iran bis nach Sri Lanka. Wegen seines starken Aromas wird er meist nur in geringer Menge verwendet und nur selten als geschmacksbestimmendes Leitaroma eingesetzt.

Thymol, der Hauptbestandteil des Ajowanöls, wirkt stark desinfizierend. Vielleicht wird Ajowan deshalb sehr gerne zu Gerichten aus getrockneten Bohnen oder Linsen verwendet, die er leichter verdaulich und zugleich geschmacklich attraktiver macht. Besonders in **Indien**, wo die Menschen wegen der vegetarischen Lebensweise auf Hülsenfrüchte als zusätzliche Proteinquellen angewiesen sind, ist diese Anwendung weit verbreitet.

Ajowan eignet sich besonders gut für eine Würztechnik, die in Indien als »parfümierte Butter« (*tadka* oder *tarka*) bekannt ist: Man brät frische (Knoblauch, Ingwer, Chili, Curryblätter) oder getrocknete (Kreuzkümmel, Senfsamen, Asant) Gewürze in heißem Fett, bis sie ein angenehmes Aroma entwickeln, und rührt dieses aromatisierte Fett unter die zu einem Püree verkochten Hülsenfrüchte; in Südindien würzt man mit *tadka* auch gekochtes Gemüse. Diese Würzmethode bewirkt, dass das Aroma die Speisen sehr harmonisch durchdringt. Je nach Region bevorzugt man in Indien für diese Zubereitung Butterfett oder Pflanzenöle (Kokosfett, Senföl oder auch Sojaöl).

Ajowan wird in Indien auch gerne zum Würzen von stärkehaltigen Gemüsen (beispielsweise Kartoffeln) verwendet. In einigen Regionen Nordindiens bestreut man auch Brote mit ein paar Ajowankörnern oder würzt damit pikante, salzige Cracker. An der Westküste Indiens, zum Beispiel in Mumbai, mariniert man Fisch gerne mit Zitronensaft, gepresstem Knoblauch und Ajowan.

In der **iranischen**, **äthiopischen** oder **arabischen Küche** tritt Ajowan zumeist nur in kleiner Menge als Bestandteil von gemahlenen Gewürzmischungen auf.

Ajowan hat in vielen Sprachen ähnliche Namen wie Nigella und Sellerie.

Blühender Anis

ANIS
Pimpinella anisum

Für geistige Getränke: Am Mittelmeer dient Anis als Grundlage mehrerer Schnäpse, unter anderem *pastis*, *anisette* oder *oúzo*, ist aber auch Würze für Kleingebäck und gelegentlich Brot.

HERKUNFT UND GESCHICHTE
Anis stammt aus dem östlichen Mittelmeergebiet und ist seit dem Altertum als Heilkraut, Aromatikum und Gewürz bekannt.

BOTANIK
Apiaceae (Doldenblütengewächse). Anis ist ein einjähriges, aufrecht wachsendes Kraut, das zwischen 20 und 80 cm hoch wird. Die grundständigen Blätter sind lang gestielt, ungeteilt, nierenförmig und am Rand gesägt; Stängelblätter haben eine variable Gestalt, von dreilappig bei bodennahen Blättern über dreiteilig bis fadenförmig geteilt bei den höchsten Blättern. Die kleinen weißen Blüten erscheinen in großen (12 cm Durchmesser) terminalen und kleineren (5 cm Durchmesser) axialen Doppeldolden und entwickeln sich zu 3 mm langen Spaltfrüchten, die bei der Reife in zwei ovale, fünfrippige, borstig behaarte Teilfrüchte zerfallen.

ANBAU UND QUALITÄTEN
Anis benötigt gemäßigtes oder subtropisches Klima mit mäßigem Niederschlag und mindestens 120 frostfreien Tagen. Er wird auf Feldern angebaut und aus Samen vermehrt, die bevorzugt in Furchen gesät werden.
Einerseits sollen die Früchte möglichst reif geerntet werden, andererseits reifen sie ungleichmäßig und fallen bei Vollreife von der Pflanze ab. In Ländern mit geringen Arbeitskosten erntet man daher oft zweimal: Zunächst werden die großen reifen Hauptdolden mit der Hand geschnitten, ohne die Pflanze zu zerstören, und ein bis zwei Wochen später wird das Feld vollständig abgemäht und der Schnitt ausgedroschen. In den meisten Anbaugebieten wird jedoch nur einmal geerntet, nämlich bei Vollreife der

Getrocknete Anisfrüchte

AROMAGEBENDE INHALTSSTOFFE

Anisfrüchte enthalten ca. 4 % eines ätherischen Öls mit der Impactverbindung E-Anethol (80–90 %), darüber hinaus Methylchavicol (Estragol, 5 %, siehe auch Estragon) und Z-Anethol (0,2 %), die beide giftig sind. In überlagertem Anisöl treten auch Oxidationsprodukte des Anethols wie Anissäure oder Anisylalkohol auf.

KULINARIK

Anis ist vor allem ein Gewürz **Europas** und der **Levante**. Seine kommerziell bedeutendste Anwendung ist die Aromatisierung von Schnäpsen, etwa *pastis* und *anisette* aus Frankreich, *oúzo* aus Griechenland und *rakı* aus der Türkei. Allerdings wird das echte Anisöl dabei zum Großteil durch Sternanisöl ersetzt, da kaum ein wahrnehmbarer Geschmacksunterschied besteht.

Ferner würzt Anis Kleingebäck, Kuchen und Cremes und wird in würzigen, meist dunklen Brotteigen verarbeitet; das Gewürz soll Bestandteil einiger Pumpernickel-Rezepte gewesen sein. Dagegen findet er in herzhaften Speisen nur selten Verwendung, wird aber gelegentlich zum Einlegen von Gurken und zum Würzen von Pilz- und Fischgerichten eingesetzt.

Außerhalb Europas taucht er in einigen **mexikanischen** *mole*-Rezepten auf. Wenn in manchen **indischen** oder fernöstlichen Rezepten von Anis die Rede ist, dann ist meistens der botanisch verwandte und ähnlich schmeckende Fenchel gemeint.

Hauptdolde; in Industrieländern kommen dabei auch Mähdrescher zum Einsatz. Man kann mit einem Ertrag von etwa einer Tonne Anisfrüchte je Hektar rechnen.

Die Anbaugebiete liegen überwiegend in Europa, dem Mittleren Osten und Nordafrika, aber auch in Mexiko und Japan. Italienischer Anis gilt als besonders hochwertig; die besten Qualitäten erntet man rund um die Abruzzen. In Griechenland hat der Anis aus Lesbos den besten Ruf. Dort finden sich auch die meisten *oúzo*-Destillerien.

VERWENDETER PFLANZENTEIL / GERUCH UND GESCHMACK

Man verwendet vor allem die getrockneten Früchte (»Anissamen«), manchmal auch die frischen Blätter. Anisfrüchte haben einen charakteristischen, süßen Geruch und einen ebensolchen Geschmack.

ANNATTO

ACHIOTE, *Bixa orellana*

HERKUNFT UND GESCHICHTE

Annatto ist in der Karibik und den Tropen Mittel- und Südamerikas heimisch. Zur Zeit der spanischen Eroberungen nutzten die Kariben Annatto als Farbstoff zur Körperbemalung. In Mexiko wurde Annatto zwar als Textilfarbe verwendet, spielte aber auch als Schokoladenzutat eine kulinarische Rolle. Wegen der blutroten Farbe war Annatto als aztekische Ritualpflanze in Gebrauch.

In Europa konnte sich Annatto nie durchsetzen, wird jedoch als Färbemittel für spezielle Käsesorten (englischer *cheddar*, französischer *mimolette*) verwendet.

BOTANIK

Bixaceae (Annattogewächse). Der Annattostrauch ist ein immergrüner Strauch oder 2–6 m hoher Baum mit bis zu 10 cm dickem, braun berindetem Stamm und dünnen, biegsamen Zweigen. Die spiralig angeordneten, lang gestielten Blätter sind ei- bis herzförmig, bis zu 24 cm lang und 16 cm breit, oberseits dunkelgrün und unterseits bräunlich. Die Blüten erscheinen in endständigen, vielblütigen Rispen. Die Einzelblüten sind 5 cm groß, duftend, radiär, mit fünf blassrosafarbe-nen Kronblättern und vielen violetten Staubgefäßen. Sie entwickeln sich zu 4 cm großen, rundlichen oder ovalen, meist leuchtend rot gefärbten, stachelig behaarten Kapseln mit zwei Fächern, die viele 4 mm große, eckige, harte Samen mit ziegelrotem, abreibbarem Arillus (Samenmantel) enthalten.

ANBAU UND QUALITÄTEN

Annatto ist eine kälteempfindliche, tropisch-subtropische Pflanze, die aber sonst geringe Ansprüche stellt. Sie wird aus Samen oder Stecklingen vermehrt, wobei die Vermehrung aus Stecklingen schnellwüchsige und ertragreichere Bäume ergibt. Die Kapseln reifen innerhalb von fünf bis sechs Monaten. Sie werden in reifem Zustand noch vor dem Aufplatzen geerntet; danach trocknet man sie im Schatten und drischt sie aus. Pro Baum erntet man ca. 1 kg Samen.

Zur Herstellung des reinen Farbstoffs werden die Samen mit heißem Wasser behandelt und die Samenmäntel abgerieben; die erhaltene Lösung wird teilweise eingedampft, und der sehr farbintensive, konzentrierte Rückstand wird durch Filtration, Pressung und Trocknung zu einer Paste verarbeitet.

Fast geschmacksneutral: Annatto färbt mittelamerikanische Braten und Saucen. Soll nach Moschus riechen, tut's aber meist nicht.

Annattosamen

VERWENDETER PFLANZENTEIL / GERUCH UND GESCHMACK

Als Gewürz werden die getrockneten Samen verwendet. Kulinarisch spielt eigentlich nur der Samenmantel eine Rolle. Annatto hat einen sehr schwachen, etwas moschusartigen Geruch und kaum ein nennenswertes Aroma.

AROMAGEBENDE INHALTSSTOFFE

Annatto enthält lediglich Spuren ätherischen Öls mit dem Hauptbestandteil Ishwaran, einem Diterpenkohlenwasserstoff. Die Färbekraft der Samen ist auf das im Samenmantel konzentrierte Carotinpigment Bixin zurückzuführen, das in den Samen in schwankender Menge, typischerweise zu 5–8 %, enthalten ist. Bixin löst sich gut in Fett, aber nur schlecht in Wasser; es wird isoliert auch als Lebensmittelfarbstoff (E160b) verwendet.

KULINARIK

Annatto ist weniger Gewürz als vielmehr kulinarisches Färbemittel, denn er hat kaum Aroma. Mit Annatto erreicht man einen tiefgelben bis orangefarbenen Ton, der durchaus mit der Farbe von Safran vergleichbar ist.

In der **karibischen Küche** wird Annatto vorwiegend als öliger Extrakt (Annattoöl) verwendet. Dazu erhitzt man eine Handvoll Annattokörner in Speiseöl, bis sie sich leicht bräunen. Nach dem Abkühlen entfernt man die Kerne und verwendet das goldgelb gefärbte Öl. Auf den spanisch- und französischsprachigen Inseln wird Annatto gerne für Fischsuppen und Reisspeisen verwendet, offenbar analog zur Safranverwendung in mediterranen Küchen – andererseits hat der karibische *arroz con habichuelas* (Reis mit Bohnen und eingesalzenem Schweinefleisch) mit der spanischen *paella* außer der gelben Farbe nicht viel gemeinsam.

In der **südmexikanischen Küche** der Provinzen Chiapas und Oaxaca wird Annatto als Konzentrat *(achiote)* verwendet, das man aus einer wässrigen Aufschwemmung des Bixin-Farbstoffs gewinnt. Stücke dieses Konzentrats werden in öligen Saucen *(moles)* mitgekocht, für die besonders die Region Oaxaca berühmt ist.

Ganz anders in der **Maya-Küche** im Südosten Mexikos (Halbinsel Yucatán) und in den Küchen der sich anschließenden Staaten Guatemala und Belize, in denen die Annattosamen zu einem Pulver zermahlen und in der Gewürzmischung *recado rojo* verwendet werden, die zudem noch Oregano, Kreuzkümmel, Pfeffer und viel Piment enthält. Die Mischung erhält durch Zusatz von etwas Wasser eine dick-pastöse Konsistenz. Die Paste dient zum Einreiben von Fleisch oder zum Aromatisieren von Saucen. Häufig stellt man aus dieser Paste mit gequetschtem Knoblauch, Chilis und dem Saft von Bitterorangen eine Marinade her, in der man Schweinefleisch oder Gemüse vor dem Grillen mariniert *(pibil)*.

Annatto wird heute in vielen asiatischen Staaten angebaut, hat jedoch kaum je nennenswerte Spuren in den Küchen hinterlassen. Ausnahmen sind die **Philippinen** und die **Marianen**, die als spanische Besitzung bereits früher mit Annatto in Berührung gekommen sind. Man kennt dort viele mit Annattoöl gefärbte Reisgerichte und Fleischeintöpfe.

In **Vietnam** und **China** bestreicht man manchmal Fleisch vor dem Grillen mit Annattoöl, um die Farbe der Kruste zu vertiefen.

17

Annattoblüte mit unreifen Früchten (die grünen igelartigen Objekte im Hintergrund)

ASANT

STINKASANT, TEUFELSDRECK, *Ferula assa-foetida*

HERKUNFT UND GESCHICHTE

Die Asantpflanze ist in den Halbwüstenregionen zwischen Iran und Pakistan heimisch und kam erst mit den Kriegszügen von Alexander dem Großen nach Europa. Auf dem Weg nach Indien bemerkten die Soldaten in der afghanischen Steppe ein Gewächs, das entfernt an die mediterrane Gewürzpflanze Silphion erinnerte. Aus dieser Entdeckung entwickelte sich ein beschränkter Handel mit dem Harz, das zunächst nur als minderwertiger Ersatz für das teure Silphiongewürz galt. Als Silphion erst verknappte und schließlich ausstarb, konnte Asant die kulinarische Lücke füllen und entwickelte sich seit dem 1. Jahrhundert n. Chr. zu einer wesentlichen Würze der römischen und byzantinischen Küche. Asant blieb in Europa bis ins frühe Mittelalter populär, verschwand jedoch danach in diesen Breiten praktisch vollständig.

BOTANIK

Apiaceae (Doldenblütengewächse). Stinkasant ist eine robuste, mehrjährige Staude, die 2 m hoch wird. Aus einer langen Pfahlwurzel treiben 80 cm große, im Umriss dreieckige, kahle, fenchelähnliche, dreifach ge-fiederte Blätter und bis zu 2 m hohe, hohle Blütenschäfte. Die Doppeldolden erreichen einen Durchmesser von bis zu 15 cm. Aus den grünen bis grüngelben, 2 mm großen und unscheinbaren Blüten entwickeln sich die familientypischen, 5 mm langen, eiförmigen Spaltfrüchte, die bei der Reife in gekrümmte, kümmelähnliche Teilfrüchte zerfallen.

ANBAU UND QUALITÄTEN

Asant stammt auch heute noch aus Wildbeständen oder kleinräumigen Kulturen. Zur Ernte werden die Stängel in Bodennähe gekappt und die oberen Wurzelteile freigelegt. Danach werden sie mehrfach eingeschnitten und zum Schutz vor Austrocknung abgedeckt. Im Abstand von einigen Tagen wird der ausgetretene Saft gesammelt und die Wurzel von Neuem eingeschnitten. Nach zwei bis drei Monaten hat man ca. 1 kg Harz gewonnen. Die Pflanze braucht dann eine mehrjährige Regenerationsphase. Das Asantgewürz kommt in unterschiedlichen Formen in den Handel, entweder als Harz in Tränen- oder Blockform, oder gemahlen als feines Pulver, wobei der Zusatz von Rieselhilfen notwendig wird: Mit Wei-

Teufelsdreck: Stinkt in purer Form grauenvoll – lässt sich aber durch Sautieren und Verdünnen zu lauchartigem Aroma entschärfen und ersetzt in Indien manchmal die beiden starkschmeckenden Knollen Zwiebel und Knoblauch. Seit Alexander dem Großen dient Asant als billiger Silphionersatz .

Oben: Blühender Asant
Links: Asantharz

zenmehl entsteht ein beigebraunes Pulver, das oft noch durch weiteren Zusatz von Kurkuma und Gummi arabicum blassgelb gefärbt wird.

Die Hauptproduktionsländer sind Afghanistan (aus Kandahar kommt die am meisten geschätzte Qualität) und Iran, wo heute ein Hauptteil der Welternte eingefahren wird.

VERWENDETER PFLANZENTEIL / GERUCH UND GESCHMACK

Alle Teile der Asantpflanze riechen penetrant und unangenehm. Wird die Pflanze in Wurzelnähe verletzt, scheidet sie einen Milchsaft ab, der durch Trocknung zu einer harzartigen, rotbraunen Masse erstarrt. Dieses intensiv riechende Material (»Teufels-

dreck«) wird als Gewürz verwendet, obwohl der Gestank des getrockneten Harzes zunächst nicht erahnen lässt, dass sich beim Weiterverarbeiten ein delikates Aroma entwickelt.

AROMAGEBENDE INHALTSSTOFFE

Das getrocknete Asantharz enthält 6–15 % flüchtige Stoffe in einer Matrix aus polymeren Kohlenhydraten und Estern polyphenolischer Gerbstoffe (Asaresitannol) mit Ferulasäure. Unter den flüchtigen Bestandteilen dominieren Schwefelverbindungen wie Di-, Tri- und Tetrasulfide neben kleinen Mengen von Monoterpenen. Hauptbestandteil (50 %) ist 2-Butyl-2-propenyl-disulfid neben 1-(1-Methylthiopropyl)-1-propenyl-disulfid und 2-Butyl-3-methylthioallyl-disulfid. Polysulfide (Bis-2-butyl-trisulfid, 2-Butyl-methyl-trisulfid und Bis-2-butyl-tetrasulfid) treten in Spuren auf.

Kulinarik

In den **Küchen Europas** ist Asant heute praktisch bedeutungslos. Man kann ihn aber zur Rekonstruktion antiker römischer und griechischer Rezepte verwenden, wo er auch als Silphionersatz eine Rolle spielt (siehe dazu Silphion). In der frühmittelalterlichen Küche Frankreichs wurde Asant zum Würzen von Hammelfleisch verwendet.

Asant spielt eine große Rolle in den **Küchen Indiens**. Das hat mehrere Gründe: Zum einen wird seine verdauungsfördernde Wirkung in der ayurvedischen Medizin geschätzt, weswegen man ihn oft mit schwer verdaulichen Speisen (etwa Hülsenfrüchten) verwendet. Zum anderen galten Zwiebelgewächse in Indien bis zum Eindringen der muslimischen Eroberer als unrein – die kulinarische Nische der lauchartigen Aromen wurde daher allein vom Asant ausgefüllt. Auch heute noch enthalten nur wenige Rezepte Asant in Kombination mit Zwiebel oder Knoblauch.

Zur Entfaltung seines Aromas muss Asant erhitzt werden. Er wird daher fast immer in heißem Fett angebraten, bis sich aus dem beißenden Geruch eine mildere Zwiebelnote entwickelt. Darüber hinaus löst sich das Harz dabei in der Fettphase auf und verteilt sich so besser in den Speisen. Lediglich bei der Verwendung von Asantpulver kann auf diese Vorgehensweise verzichtet werden, sodass man es in Streuwürzmischungen benutzen kann.

Asant schmeckt sehr intensiv und wird daher in kleinen Mengen verwendet: Eine typische Dosierung ist 1/8 Teelöffel des Pulvers oder ein millimetergroßer Krümel des Harzes.

In den südindischen Küchen ist der islamische Einfluss geringer geblieben, und so spielt Asant dort eine größere Rolle als im Norden. Man würzt Kartoffelcurries, gekochte Linsen *(dal)* und die tamilische Gemüse-Linsen-Suppe *sambar* mit Asant, wobei er typischerweise mit Bockshornklee, schwarzen Senfsamen und Curryblättern kombiniert wird.

Im Norden Indiens und in Pakistan ist Asant Bestandteil der *chat*-Gewürzmischung, die für die gleichnamigen salatartigen Snacks aus Gemüse oder frittierten Teigwaren mit Joghurtdressing verwendet wird. Außerdem ist er in der bengalischen Küche beliebt, da sich dort das alte Tabu gegen Zwiebel und Knoblauch zumindest innerhalb der Brahmanenkaste erhalten hat.

BÄRLAUCH

WILDER KNOBLAUCH, *Allium ursinum*

Modekraut der neunziger Jahre: Hat ganze Scharen von Amateurköchen in die Wälder getrieben und fand auch in der *haute cuisine* Anklang. Schmeckt roh am besten – beispielsweise als *pesto*.

Blühender Bärlauch

HERKUNFT UND GESCHICHTE

Bärlauch ist in Europa mit Ausnahme des Mittelmeerraumes heimisch. In den Alpenländern und in Mitteldeutschland dient er seit dem Mittelalter als Wildgemüse. Außerhalb dieser Region ist er kaum bekannt.

BOTANIK

Alliaceae (Lauchgewächse). Bärlauch ist ein mehrjähriges Kraut. Aus kleinen, dünnen Zwiebeln treiben im Frühjahr wenige gestielte, zarte, glänzend grüne, glatte Laubblätter von spitzer, schmal-lanzettlicher Gestalt und bis zu 25 cm Länge. Wenig später folgen die (bis auf ein Paar von Hüllblättern) unbeblätterten, unverzweigten, dreikantigen, bis zu 40 cm langen Blütenschäfte, die an der Spitze einen doldenförmigen Blütenstand aus bis zu 20 Einzelblüten tragen. Letztere werden aus sechs spitz-lanzettlichen, reinweißen Perigonblättern von 1 cm Länge gebildet, was ihnen ein sternförmiges Aussehen verleiht. Die Früchte sind dreifächrige Kapseln mit wenigen schwarzen Samen.

BÄRLAUCH

ANBAU UND QUALITÄTEN

Bärlauch ist auch heute noch eine Wildpflanze und wird nicht kommerziell angebaut. Man findet ihn in lichten Wäldern mit feuchtem Boden, vorwiegend in Auen. Unter günstigen Bedingungen kann er großflächige monokulturartige Teppiche bilden, die im Frühjahr durch ihren Lauchgeruch Spaziergänger je nach persönlicher Disposition verstören oder entzücken.

VERWENDETER PFLANZENTEIL / GERUCH UND GESCHMACK

Man verwendet die frischen jungen Blätter, die ein kräftiges Knoblaucharoma verströmen und mild schmecken. Der Charakter des Aromas ist zwischen Knoblauch und Schnittlauch anzusiedeln.

AROMAGEBENDE INHALTSSTOFFE

Wie seine Verwandten enthält auch der Bärlauch Cysteinderivate, die bei Zellverletzung zu einer großen Anzahl flüchtiger Schwefelverbindungen reagieren. Als Aromakomponenten wurden bisher Divinylsulfid, Dimethylthiosulfonat, Methylallylthiosulfonat und Methanthiol identifiziert.

KULINARIK

Bärlauch ist in den neunziger Jahren in **Deutschland** zum Modegewürz avanciert. Das lauchig riechende Kraut, das bis dato nur einer geringen Anzahl von Wildgemüse-Liebhabern bekannt war, errang binnen weniger Jahre eine riesige Fangemeinde von Laien- und Sterneköchen, die das Versprechen auf Knoblaucharoma (fast) ohne Knoblauchgeruch einlösen wollen.

Bärlauch wird bevorzugt roh verwendet: Gehackt garniert er Salate oder Gemüsespeisen. Er wird auch zu Saucen, die dann entweder rahmbasiert sind oder in ihrer Zubereitung ligurischem *pesto* ähneln, oder zu Bärlauchöl und Bärlauchessig verarbeitet.

Bärlauch sollte nach Möglichkeit nicht erhitzt werden, da sein Aroma beim Kochen sehr leidet. Viele gekochte Bärlauchspeisen, die in den letzten Jahren in Mode gekommen sind, ergeben nur grünes, geschmackloses Mus – eine Ausnahme sind mit Bärlauch gefüllte *ravioli*, denn hier bleibt das Bärlaucharoma im Teig eingeschlossen.

Frische Bärlauchblätter

BASILIKUM

GEWÖHNLICHES BASILIKUM: *Ocimum basilicum*
HEILIGES BASILIKUM: *Ocimum tenuiflorum* (syn. *O. sanctum*)

HERKUNFT UND GESCHICHTE

Die Herkunft von Basilikum ist nicht geklärt, da es keine eindeutig zuordenbare Wildform gibt. Das Heilige Basilikum stammt höchstwahrscheinlich aus Indien, das Gewöhnliche Basilikum möglicherweise ebenfalls.

Das Heilige Basilikum Indiens spielt eine große Rolle in den Kulten um den Gott Viṣṇu und seine Frau Lakṣmī und ist seit der Epoche der *purāṇas* in Verwendung. Wegen seiner Heiligkeit wird dieses Basilikum allerdings nicht in der Küche genutzt, sondern allenfalls als Kräutertee getrunken.

Gewöhnliches Basilikum kannten schon die antiken mediterranen Kulturen, in denen es sowohl als Heilkraut wie als Gewürz diente – das allerdings auch nicht allzu oft, denn Basilikum hatte einen fabelhaft schlechten Ruf als schwarzmagisches, Unglück bringendes Giftkraut, aus dessen Blättern Skorpione und Würmer entstehen. Einen Hinweis auf die Liaison des Krauts mit Tod und Verwesung finden wir bei Boccaccio, der in seinem *Decamerone* die makabere Geschichte von Lisabetta erzählt: Die junge Frau düngt eine Basilikumpflanze mit dem abgetrennten Haupt ihres Liebhabers. Die heutige Popularität des Basilikums in der mediterranen, besonders der italienischen Küche ist eine neuzeitliche Entwicklung.

23

BOTANIK

Lamiaceae (Lippenblütengewächse). Gewöhnliches Basilikum ist ein vielgestaltiges einjähriges Kraut (selten eine kurzlebige, mehrjährige Staude) und wird je nach Sorte 20–100 cm hoch. Die vierkantigen, verzweigten, aufrechten Stängel tragen kreuzgegenständige, gestielte, ganzrandige oder sehr schwach gezähnte, glänzend hellgrüne oder purpurrote, kahle, zarte Blätter, die je nach Sorte flach, wellig oder gewölbt sind. Manche Sorten wie zum Beispiel das *Genovese* haben derbere, fast fleischige Blätter. Die Blattform liegt zwischen breiteiförmig und schmal-oval, meist am Ende zugespitzt. Die Blätter werden bei manchen Sorten nur 3 cm lang, bei anderen dagegen 10 cm. Die Blüten erscheinen in tragblattlosen, voneinander abgesetzten Scheinwirteln am Sprossende, bei wenigen Sorten *(horapha)* auch in pyramidenförmigen Rispen. Die einzelnen Lippenblüten werden 1,5 cm lang und sind bei rein grünblättrigen Sorten weiß, sonst rosa bis purpur gefärbt. Als Früchte

Extrem vielfältiges Kraut mit völlig unterschiedlich schmeckenden Sorten: Je nach Herkunft ist Basilikum süß und lieblich oder auch stechend scharf. Nicht nur in den Küchen Italiens, sondern auch in Thailand, Malaysia und Vietnam gebräuchlich.

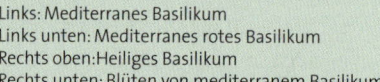

Links: Mediterranes Basilikum
Links unten: Mediterranes rotes Basilikum
Rechts oben: Heiliges Basilikum
Rechts unten: Blüten von mediterranem Basilikum

bilden sich vierteilige Spaltfrüchte, die bei der Reife in tiefschwarze, 1 mm große Einzelfrüchte zerfallen. Diese Einzelfrüchte bilden bei Kontakt mit Wasser eine bläulich schimmernde, schleimige Oberfläche aus. Heiliges Basilikum ist ein wenig verholzender kurzlebiger Halbstrauch mit behaarten, am Rand gezähnten, zumeist rot überlaufenen Blättern und dunkelvioletten Blüten. Den Samen fehlt die Schleimschicht.

ANBAU UND QUALITÄTEN

Basilikum wird vor allem in Mittelmeerländern angebaut: Ägypten, Frankreich, Italien und Israel, daneben auch im nichtmediterranen Südosteuropa. Es ist sehr kälteempfindlich und benötigt nährstoffreiche Böden und sonnige Standorte, an denen es weder zu Staunässe noch zu extremer Trockenheit kommen darf. Basilikum wird aus Samen gezogen und am Mittelmeer einjährig, in den Tropen auch mehrjährig gehalten. Die Ernte erfolgt zu Blühbeginn, wobei je nach Klima bis zu vier Folgeernten im Abstand von zwei bis drei Wochen möglich sind. Das geschnittene Kraut wird entweder getrocknet und gerebelt oder nach teilweiser Trocknung destilliert. Unter günstigen Bedingungen lassen sich bis zu 40 Tonnen Basilikumblätter oder alternativ 40 kg ätherisches Öl je Hektar ernten.

VERWENDETER PFLANZENTEIL / GERUCH UND GESCHMACK

In der Küche verwendet man die frischen Blätter oder die blühenden Sprosse; die Kelche abgeblühter Blüten sind besonders aromatisch. Gewöhnliches Basilikum hat ein äußerst würziges, warmes, aber zugleich sehr variables Aroma, das an Anis, Zimt oder Nelke erinnern kann. Die in Europa heimische Sorte, der »Mittelmeertyp«, riecht und schmeckt mild nelkenartig. Heiliges Basilikum riecht stark, dominant, etwas an Kampfer und Piment erinnernd. Es gibt auch Arten mit einem starken Zitrusduft. Diese Arten sind jedoch nicht eindeutig klassifiziert (*O. citriodorum*, *O. canum* var. *pilosum*).

AROMAGEBENDE INHALTSSTOFFE

Basilikum enthält 0,5 % ätherisches Öl mit sehr stark schwankender Zusammensetzung, wobei sowohl Terpene als auch Phenylpropanoide vorkommen. Im Mittelmeertyp dominieren Linalool und Cineol neben wenig Eugenol, in den anisduftenden Sorten Estragol, im Zitronenbasilikum Citral (eventuell neben Kampfer) und im Zimtbasilikum β-Bisabolen und Methylcinnamat. Im Heiligen Basilikum wurden β-Caryophyllen und Methyleugenol neben wenig Estragol gefunden. Kampfer kommt vor allem in afrikanischen Wildarten wie *O. canum* und *O. kilimandscharicum* vor, während das asiatische Baumbasilikum *O. gratissimum* ein einzigartigerweise aus

25

Thymol und Eugenol zusammenge-
setztes Öl aufweist.

KULINARIK

Seit den frühen neunziger Jahren hat
Basilikum als frisches Kraut auch in
Deutschland einen festen Platz auf
dem heimischen Gewürzregal. Die
Renaissance dieses Krauts haben wir
freilich der **italienischen Küche** zu
verdanken, die es zuerst als Lieblingsgewürz der Tomate *(insalata caprese)*
und bald auf der *pizza Margherita* zu
uns brachte. Gerebeltes und getrocknetes Basilikum ist für diese Speisen
praktisch wertlos, und so kommt es,
dass wir heute in jedem Supermarkt
Basilikumpflanzen kaufen können,
die dann – je nach Jahreszeit – üppi-
ger oder bescheidener ausfallen.

Doch in der italienischen Küche ist
Basilikum mehr als nur Salat- und
Pizzagewürz. Die berühmte Basili-
kumsauce *pesto Genovese* ist die wohl
eindrücklichste Variante von Basi-
likumverwendung: Dazu wird eine
große Menge frischer Basilikumblätter fein gehackt und im Mörser mit
frischem Knoblauch, Pinienkernen,
pecorino (italienischer Hartkäse aus
Schafmilch), Olivenöl, Salz und Pfeffer zur Paste gestampft. Die Konsistenz wird dann weiter mit Olivenöl
eingestellt. *Pesto* ist in erster Linie
eine Pastasauce, wird aber auch gerne
für Brote oder als Dip verwendet und
kann zu Fischgerichten passen.

Mediterranes Basilikum ist ein empfindliches Gewürz. Die feinen Blätter fallen bei zu trockener Lagerung
rasch in sich zusammen und verlieren
ihr Aroma. Außerdem ist das Aroma
kaum thermostabil. Durch Erhitzen
kann man das kräftig grüne Pflanzen-
material schnell in einen unansehn-
lichen bräunlichen Matsch verwandeln, der ziemlich streng schmeckt –
aber nicht mehr nach Basilikum. Daher sollte das Kraut stets gegen Ende
der Garzeit hinzugefügt werden und
dabei nicht zu fein geschnitten sein.
Pasta, die mit *pesto* serviert werden
soll, muss daher kurz nach dem Ab-
sieben in heißem Zustand (*pasta*
übrigens niemals abschrecken!) im
allenfalls lauwarm gehaltenen *pesto*
geschwenkt werden.

In Italien begegnet man auf dem
Land manchmal wild wucherndem,
sehr derbem Basilikum, das großar-
tig schmeckt und für *pesto* und zum
Verfeinern zahlreicher anderer Pastagerichte bestens geeignet ist.

Basilikum würzt ferner kurz gebratene Pilzgerichte sehr gut. In Olivenöl
und Knoblauch gebratene Steinpilze
mit Basilikum sind eine herbstliche
Delikatesse.

Horapha-Basilikumkraut
(Thaibasilikum)

Die **Thai-Küche** hat eine einzigartige Vorliebe für Basilikum: Die Thais verwenden drei verschiedene Basilikumarten, jede für einen eigenen Zweck und ganz und gar nicht austauschbar. Das süß nach Anis riechende *horapha*, ein Kultivar von *O. basilicum*, wird grundsätzlich ähnlich verwendet wie italienisches Basilikum: Es wird grob zerzupft und Speisen wie der scharfsauren Suppe *tom yam* oder den cremigen Curries *gaeng* vor dem Servieren zugefügt und zieht in der heißen, aber nicht kochenden Flüssigkeit gar. Dabei entwickelt es ein intensives Aroma, das sich auf den Straßen Bangkoks aus allen Garküchen verbreitet.

Das thailändische *krapao* ist dagegen ein Heiliges Basilikum mit einem pikanten Nelken- oder Pimentgeruch, der sich erst bei kurzem Erwärmen nennenswert entwickelt. Deshalb wird es für Kurzgebratenes *(stir fry)* verwendet, wobei es nur ein bis zwei Minuten im Wok mitbrät. Ein bekanntes Gericht ist *bai pad krapao*, mit viel frischem roten Chili, Fischsauce und Basilikum kurz gebratenes Hühnerfleisch, das höllische Schärfe mit himmlischem Aroma paart.

Die dritte Thai-Sorte ist das zitronenduftende *manglak*, das nicht gekocht wird, sondern immer roh auf den Teller kommt. Es wird praktisch nur als Kräutergarnitur für frittierten Fisch eingesetzt.

Eine vierte Verwendung für Basilikum findet man in Thailand oder **Malaysia**: Die Samen werden als Bestandteil cremiger Desserts verwendet. Sie haben zwar keinen Geschmack, liefern durch ihren Schleimmantel aber eine eigenartig schlüpfrige und zugleich knusprige Konsistenz.

In **Vietnam**, wo frische Kräuter eine zentrale Rolle für die Küche spielen, wird dagegen nur eine Basilikumart verwendet, die dem thailändischen *horapha* entspricht. Dieses Basilikum ist zusammen mit Koriander, Minze und anderen Kräutern fester Bestandteil der kanonischen Grüngarnitur, ohne die in Südvietnam keine Suppe, kein Curry, kein *stir-fry* und kein Baguette komplett ist.

27

Krapao-Basilikumkraut
(Thailändisches Heiliges
Basilikum)

BEIFUSS

Artemisia vulgaris

HERKUNFT UND GESCHICHTE

Beifuß ist in den gemäßigten Klimaten Europas und Asiens heimisch, mittlerweile aber auch in Nordamerika naturalisiert. Er war bereits in der Antike bekannt, und Plinius berichtet, dass Beifußblätter in den Schuhen die Ermüdung der Füße bei langen Märschen verhinderten. Der deutsche Name »Beifuß« leitet sich eigentlich von dem althochdeutschen Wort *pīpōʒ* »stoßen« ab, wurde aber bereits im Mittelalter unter Bezug auf jenen Aberglauben an »Fuß« angelehnt.

BOTANIK

Asteraceae (Korbblütengewächse). Beifuß ist eine aufrechte mehrjährige Staude, die bis zu 180 cm hoch werden kann. An den kantigen, verzweigten, oft violett überlaufenen, dünn behaarten Stängeln stehen oberseits dunkelgrüne und kahle, unterseits weißfilzig behaarte, am Rande etwas eingerollte Blätter. Grundständige Blätter (bis 10 cm Länge) haben fiederlappige Gestalt und kurze Blattstängel. Die Stängelblätter sind dagegen sitzend, doppelt oder einfach gefiedert, mit lanzettlichen Fiederblättchen. Die außen graufilzig behaarten Blütenkörbchen erscheinen in reichästigen Rispen und enthalten nur wenige Röhrenblüten, wobei die randständigen weiblich und die zentralen zwittrig sind. Aus den Blüten bilden sich winzige, dunkelbraune, kahle, einsamige Früchte.

ANBAU UND QUALITÄTEN

Es existiert kein kommerzieller Anbau. Das geringe Handelsvolumen stammt aus Wildbeständen in mediterranen Ländern.

VERWENDETER PFLANZENTEIL / GERUCH UND GESCHMACK

Man verwendet die knapp vor der Blüte geernteten Sprossspitzen meist in getrocknetem Zustand. Sie riechen streng-aromatisch und schmecken bitter-würzig. Der bittere Geschmack tritt gesteigert bei bereits blühenden

Allgegenwärtig: Beifuß wächst in unseren Breiten an jedem Wegesrand und wird gerne für fette Geflügelbraten oder Schweinefleisch verwendet. Ein Phänomen ist, dass er im Herbst praktisch überall kostenlos zu ernten wäre, aber meist einige Wochen später als getrocknetes Kraut im Supermarkt verkauft wird.

Links: Getrockneter Beifuß
Rechts: Verblühender Beifuß

Körbchen oder bei Laubblättern auf. Die frischen jungen Blätter wurden im 18. Jahrhundert als Salat und gehackt zum Garnieren verwendet.

AROMAGEBENDE INHALTSSTOFFE

Beifuß enthält ein ätherisches Öl, dessen Gehalt in den ungeöffneten Blütenkörbchen (0,003–0,2 %) am höchsten ist. Das Öl ist komplex und variabel zusammengesetzt; die Hauptbestandteile sind die Monoterpene 1,8-Cineol, Kampfer, Linalool und Thujon.

KULINARIK

Beifuß gehört zu jenen exotischen Gewürzen, die nur in einer einzigen Küche heimisch sind – in diesem Fall in der **deutschen Küche**. Das Gewürz wird traditionell zum Würzen von fettem Fleisch (Ente, Gans, Schwein) verwendet und ist im Dezember sogar in Supermärkten in Form getrockneter Bündel zu bekommen. Das mutet natürlich etwas seltsam an, da die Pflanze noch wenige Wochen vorher – in Sommer und Herbst – an jedem Wegesrand wächst.

Zum Würzen einer Gans oder Ente werden vor dem Backen meist die Beifußzweige in die Körperhöhlung gelegt, oder man aromatisiert die Füllung mit grob gemahlenem Beifuß. Entscheidend ist, dass das Gewürz lange Zeit mitgegart oder -geschmort wird.

In der **japanischen Küche** wird die eng verwandte Art A. *princeps* unter dem Namen *yomogi* zum Würzen von gedämpften Küchlein *(mochi)* aus Klebreismehl verwendet. Man setzt das Kraut in Form eines grünen Pulvers dem Teig zu.

BERBERITZENBEERE

Berberis vulgaris

HERKUNFT UND GESCHICHTE

Die Berberitze ist in Mitteleuropa und dem Mittelmeergebiet heimisch. In Europa wurden die Früchte seit dem Mittelalter zu einer vitaminreichen Marmelade verarbeitet. Aber diese Tradition fand 1866 ein Ende: In diesem Jahr wurde die Berberitze als Zwischenwirt des Schwarzrostpilzes erkannt, der durch Vernichtung von Weizenernten zu großflächigen Hungersnöten führen kann. In der Folge wurden Berberitzensträucher systematisch ausgerottet, und ihre Kultivierung wurde behördlich verboten. Als Zierpflanzen verkaufte Berberitzen sind verwandte Arten aus Asien oder Nordamerika. Sie sind von diesem Schädling zwar nicht betroffen, tragen allerdings nur ungenießbare Früchte.

BOTANIK

Berberidaceae (Berberitzengewächse). Die Berberitze ist ein bis zu 4 m hoher sommergrüner Strauch mit 3 cm großen eiförmigen Blättern mit gezähntem Blattrand. Die Blätter stehen zu zweit bis fünft in der Achsel von mehrteiligen Dornen, die eigentlich Langtriebe sind. Die gelben, übel riechenden Blüten erscheinen in vielblütigen, traubenförmigen Blütenständen und entwickeln sich zu spindelförmigen, kirschroten einsamigen Beeren von 1 cm Länge.

ANBAU UND QUALITÄTEN

Berberitzen werden heute nur im Nahen Osten und in Zentralasien angebaut; das wichtigste Exportland ist Iran.

VERWENDETER PFLANZENTEIL / GERUCH UND GESCHMACK

In der Küche werden die getrockneten Berberitzenbeeren verwendet. Sie riechen fruchtig und schmecken erfrischend säuerlich.

AROMAGEBENDE INHALTSSTOFFE

Berberitzenbeeren enthalten reduzierende Zucker, Fruchtsäuren und Vitamin C.

Getrocknete Berberitzen

Saure Reiswürze: Das erfrischend säuerliche Aroma verleiht kaukasischen, persischen und afghanischen Reisgerichten und Saucen einen besonders fruchtigen Charakter.

Reife Berberitzenbeeren am Strauch

KULINARIK

Berberitzenbeeren sind in den Küchen Irans und Zentralasiens häufig anzutreffen. Man verwendet sie vor allem für Reisgerichte, die in der Region in großer Vielfalt zubereitet werden und die oft den Charakter von Festtagsgerichten haben (siehe auch Safran über verwandte indische Reisspeisen).

In **Iran** heißen solche Reisspeisen *polo* oder *polow*. Der Reis wird in einem ersten Kochgang sehr körnig gegart. In einer zweiten Garphase werden Berberitzenbeeren und/oder Nüsse in Butter angebraten, der halb gare Reis wird hinzugegeben (gegebenenfalls teilweise mit Safran gefärbt), mit den angebratenen Komponenten vermischt und kegelförmig aufgeschichtet. Dieser Reiskegel wird bei mäßiger Hitze bis zur körnig-lockeren Konsistenz gegart. Dabei entsteht eine (erwünschte!) Kruste auf dem Topfboden, die zerstoßen und unter den Reis gemischt wird. Zu solchen Reiszubereitungen

wird meist einfach in Brühe gekochtes Fleisch oder Gemüse gereicht, manchmal auch nur Joghurt.

Für die **zentralasiatischen** Reisgerichte *(plov)* werden Reis und Fleisch beziehungsweise Gemüse gemeinsam zubereitet; die komplexesten Rezepte findet man in Usbekistan. Karotten, Fleisch und Gewürze (Kreuzkümmel, Pfeffer, Paprika) werden in viel Fett geschmort, mit Berberitzen vermengt und mit dem rohen Reis überschichtet. Nach Wasserzugabe wird der Reis gar gekocht, ohne dabei die Schichtung zu zerstören. Oft kommen auch andere getrocknete Früchte (Marillen, Schlehenpflaumen, Kirschen) zusammen mit (oder anstelle der) Berberitzen zur Verwendung; es gibt auch rein süße, fleischfreie *plov*-Varianten, die allerdings nicht als Dessert, sondern als Hauptgang gereicht werden.

BOCKSHORNKLEE

Trigonella foenum graecum

HERKUNFT UND GESCHICHTE

Bockshornklee kommt wild oder verwildert vom östlichen Mittelmeerraum bis nach Indien sowie in Ostafrika vor. Seine ursprüngliche Heimat ist nicht mehr auszumachen. Die Römer bezeichneten ihn als »griechisches Heu« *(foenum graecum)*, und dieser Name hat sich in vielen Sprachen bis heute erhalten, unter anderem auch im Deutschen (»Griechisch Heu«). Von den Ägyptern, Griechen und Römern wurde Bockshornklee vorwiegend medizinisch, aber nur wenig kulinarisch verwendet. In Indien war er bereits vor dem Kontakt mit Griechenland bekannt.

BOTANIK

Fabaceae (Schmetterlingsblütengewächse). Bockshornklee ist eine einjährige krautige Pflanze, die eine Höhe von 60 cm erreicht. Die Pflanze bildet eine Pfahlwurzel mit Seitenästen aus, in deren Wurzelknöllchen stickstofffixierende Bakterien *(Rhizobium meliloti)* leben. Die Stängel sind höchstens basal verzweigt und tragen gestielte, kleeähnlich dreigeteilte Blätter, in deren Achsel ein oder zwei weiße Schmetterlingsblü-

ten stehen. Die Früchte sind 10 cm lange, hornartig gekrümmte, lang geschnäbelte Hülsen, denen die Pflanze ihren Namen verdankt. Die Hülsen enthalten fünf bis 20 sehr harte, hellocker gefärbte Samen von unregelmäßig quaderförmiger Gestalt mit einer diagonalen Kerbe auf einer Seite.

ANBAU UND QUALITÄTEN

Bockshornklee liebt warmes sommertrockenes Klima und wird heute im gesamten Raum zwischen Marokko und Indien angebaut – im Mittelmeergebiet über den Sommer, in wärmerem Klima über den Winter. Hauptexporteur ist Indien.

Der Anbau erfolgt aus Samen auf gut gepflügten Feldern. Nach etwa drei bis fünf Monaten sind die unteren Hülsen reif, und die Pflanzen werden entweder von Hand geschnitten, getrocknet und gedroschen oder in einem Arbeitsgang mit dem Mähdrescher geerntet, wobei ungefähr 2 Tonnen Samen je Hektar geerntet werden können.

Zur Gewinnung der Blätter werden die Pflanzen vor der Blüte geschnitten; mehrere Ernten pro Aussaat sind möglich.

Steinhart, bitter und herb: Bockshornkleesamen sind charakterbestimmender Bestandteil des in Europa gebräuchlichen Currypulvers – aber das Aroma entwickelt sich erst beim Rösten.

Blühender Bockshornklee

Verwendeter Pflanzenteil / Geruch und Geschmack

Als Gewürz werden die getrockneten Blätter und die Samen verwendet. Die Blätter riechen durchdringend würzig und liebstöckelähnlich, die Samen haben einen ähnlichen Geruch und einen intensiv bitteren Geschmack. Das Aroma von Bockshornkleesamen ist charakteristischer Bestandteil anglo-indischer Currypulvervarianten. Durch das Rösten der Samen weicht die Bitterkeit einem nussig-warmen Geschmack, während der Geruch noch intensiviert wird.

Aromagebende Inhaltsstoffe

Der aromabestimmende Bestandteil von Bockshornkleesamen ist das Fünfring-Lacton Sotolon, das in Konzentrationen von bis zu 0,0025 % vorliegt. Es bildet sich erst beim Trocknen durch den Abbau von Proteinen. Sotolon riecht intensiv würzig nach Fleischextrakt und wurde auch als charakterbestimmende Komponente in Maggiwürze identifiziert. Sotolon kommt in anderen Gewürzen nicht vor, allerdings sind chemisch verwandte Stoffe (Phthalide) für das Aroma von Sellerie und Liebstöckel verantwortlich.
Daneben enthält Bockshornklee geringe Mengen an ätherischem Öl, das für den Geschmack jedoch keine Rolle spielt.

Kulinarik

Bockshornkleeblätter werden in einigen Küchen als Gewürz und als Grundlage aromatischer Saucen verwendet. Ein Beispiel ist **persisches** *ghormeh sabji*, eine dicke Sauce aus getrockneten Kräutern (Bockshornklee, Petersilie, Minze, Lauch), Zwiebeln und oft auch Bohnen, in der Lammfleisch oder Kartoffeln gegart werden. Als ungewöhnliche Würzkomponente werden hierbei getrocknete Limetten mitgeschmort, wodurch ein erfrischend säuerlicher Geschmack entsteht. Ähnliche Saucen werden gelegentlich auch in Indien zubereitet, wo frische Bockshornkleeblätter auch als Blattgemüse verwendet werden. In der georgischen Küche sind die getrockneten Blätter häufiger Bestandteil von Kräutermischungen.

Die Samen spielen in der **indischen Küche** eine herausragende Rolle. Sie sind Bestandteil vieler Gewürzzubereitungen, die als Grundlage für Curry- und Schmorgerichte dienen. Die Samen werden vor Verwendung praktisch immer trocken geröstet oder in Fett gebraten, bis sie eine goldgelbe Farbe annehmen. Dadurch entwickeln sie ein intensives Aroma und reduzieren ihre Bitterkeit. Bei zu langem Rösten (rotbraune Farbe) werden sie allerdings wieder sehr bitter. Trocken geröstete Bockshornkleesamen werden meist in pulverförmigen Gewürzmischungen verarbeitet (beispielsweise für die tamilische Gewürzmischung *sambar podi*). In der bengalischen Küche brät man die Samen mit vier weiteren Gewürzen in Senföl an und bereitet auf Grundlage dieser Fett-Gewürz-Mischung Saucen zu (bengalische Fünf-Gewürze-Mischung, *panch phoron*).

Im Nahen Osten spielt Bockshornklee keine große Rolle. Eine Ausnahme bildet jedoch die Küche des **Jemen**: Dort hat die Bockshornklee-Sauce *ḥilbā* fast den Charakter eines Nationalgerichts. *ḥilbā* besteht aus gequollenen Bockshornkleesamen, die mit Gewürzen und Zitronensaft püriert und – ganz ähnlich wie die Sesampaste *ḥummuṣ* in anderen arabischen Ländern – als Brotaufstrich, Würzbeilage oder als Bestandteil anderer Speisen eingesetzt wird. Dieses Rezept ist durch Einwanderer auch in Israel sehr populär geworden.

Auch in **Ostafrika** sind Bockshornkleesamen in Verwendung. Äthiopische Gewürzmischungen wie *berbere* enthalten sie oft in gerösteter Form. Im Sudan bereitet man eine Sauce namens *miš* aus Frischkäse, Bockshornklee und Nigella zu.

Getrocknete Bockshornkleesamen

BOHNENKRAUT

SOMMERBOHNENKRAUT: *Satureja hortensis*
WINTERBOHNENKRAUT, BERGBOHNENKRAUT: *Satureja montana*
PERSISCHES BOHNENKRAUT: *Satureja thymbra*

HERKUNFT UND GESCHICHTE

Bohnenkraut war schon in der griechisch-römischen Antike bekannt, allerdings wurde es häufig nicht von verwandten aromatischen Kräutern der Gattungen *Thymus* und *Coridothymus* getrennt. Es diente sowohl als Medizin wie auch als Gewürz; so gibt Apicius einige Rezepte für Saucen an, die zu Fleisch gereicht werden. Die Römer brachten die Pflanze nach Mitteleuropa und England. Während des Mittelalters wurde Bohnenkraut als Arzneimittel in Klostergärten gepflanzt.

Im 17. Jahrhundert nahmen die Pilgerväter Bohnenkraut in die Neue Welt mit. Vielleicht ist Bohnenkraut auch wegen dieser patriotischen Assoziation häufig Bestandteil der Würzmischung für den zu *Thanksgiving* traditionell gegessenen gefüllten Truthahn.

BOTANIK

Lamiaceae (Lippenblütengewächse). Bohnenkraut ist ein einjähriges Kraut *(S. hortensis)* beziehungsweise ein mehrjähriger, vor allem an der Basis verholzender Zwergstrauch und kann bis zu 50 cm hoch werden. An den stark verzweigten, aufrechten Zweigen stehen kreuzgegenständige, linealische, spitz zulaufende, bis zu 4 cm lange Blätter, die bei *S. montana* zäh-ledrige und bei *S. hortensis* zart-krautige Konsistenz haben. Die Blätter von *S. thymbra* sind laubartig, elliptisch geformt und nur 1 cm lang. Blüten erscheinen in der Blattachsel in bis zu 20-blütigen Scheinquirlen. Die lippenförmigen, 4 mm langen Einzelblüten sind weiß bis blassrosa (bei *S. thymbra* tiefrosa) gefärbt und entwickeln sich zu vierteiligen, schwarzbraunen Nussfrüchten, die im persistenten Kelch eingeschlossen bleiben.

ANBAU UND QUALITÄTEN

Beim kommerziellen Anbau wird die einjährige Art *S. hortensis* bevorzugt. Man zieht die Pflanzen aus Samen auf Feldern. Nach ca. 80 Tagen treten sie in die Blühphase ein. Bei der Ernte wird knapp über dem Boden geschnitten, getrocknet und gerebelt. Die Hauptanbaugebiete liegen in den gemäßigten Klimaten Europas und Amerikas; der Anbau in tropischen Gebirgsregionen spielt dagegen keine große Rolle. Als Hauptproduzenten gelten die Mittelmeer- und Balkanländer sowie die USA.

Nicht nur mit Bohnen: Getrocknetes Bohnenkraut ist das bedeutendste Würzkraut Bulgariens und aromatisiert Fleisch- und Gemüseschmortöpfe.

Blühendes Bohnenkraut

VERWENDETER PFLANZENTEIL / GERUCH UND GESCHMACK

Alle oberirdischen Pflanzenteile der Bohnenkrautarten sind aromatisch – vor allem die Blätter und die blühenden Zweigspitzen. Beim nicht verholzenden Sommerbohnenkraut wird der Stiel oft mitverwendet, während vom holzigen Winterbohnenkraut nur abgerebelte Ware im Handel ist. Der Geruch von Bohnenkraut ist stark, aromatisch-rauchig und erinnert etwas an Thymian. Der Geschmack der puren Blätter ist pfeffrig-scharf, was beim Kochen jedoch vergeht. Es gibt auch Varietäten mit einer pikanten Zitrusnote. Die tropische Art *S. biflora* hat einen intensiven, sehr reinen Zitronenduft.

AROMAGEBENDE INHALTSSTOFFE

Bohnenkraut enthält wechselnde Mengen ätherisches Öl, typischerweise 1–2 % in der Trockenware. Hauptinhaltsstoff ist das intensiv riechende Phenol Carvacrol (bis zu 50 %), daneben wurden andere Monoterpenverbindungen wie *p*-Cymol, γ-Terpinen und α-Pinen gefunden. In den zitrusduftenden Sorten und Arten findet sich Citral.

KULINARIK

Trotz seiner mediterranen Herkunft ist Bohnenkraut im **Mittelmeergebiet** nur eines von vielen Kräutern und wird selten für spezielle Gerichte verwendet. Es taucht manchmal in Kräutermischungen aus Frankreich *(bouquet garni)* oder Italien auf. Sowohl in Frankreich als auch in England wird es gerne mit Käse gegessen.

In **Deutschland** gehört Bohnenkraut zu den beliebteren Würzkräutern. Es wird sehr gerne zu Hülsenfrüchten jeder Art verwendet, da seine desin-

fizierenden phenolischen Bestandteile die bekannten Beschwerden
nach dem Verzehr von Bohnen zu
lindern versprechen; außerdem passt
es geschmacklich sehr gut zu mildem,
mehligem Gemüse wie Bohnen oder
auch Kartoffeln. Bohnenkraut wird
auch für eingelegte Gurken, gekochten Kohl oder Gurkensalat, aber eher
selten für Fleischgerichte verwendet.
Allerdings spielt es in der Wurstin-
dustrie als Fleischwürze eine Rolle.
Gelegentlich wurde Bohnenkraut als
Pfefferersatz empfohlen – vor, in und
nach dem Zweiten Weltkrieg bestand
ein politisches und finanzielles Interesse, das Importgewürz Pfeffer zu
vermeiden und stattdessen auf heimische Pflanzen zurückzugreifen. Einen
pfeffrigen Geschmack kann man mit
Bohnenkraut zwar nicht erzielen, aber
das ungekochte Blatt schmeckt durch
die hohe Konzentration an Phenolen
tatsächlich etwas brennend.
Bohnenkraut gehört zu den wichtigsten Kräutern der **bulgarischen
Küche**. Das bulgarische Bohnenkraut
(*čubrica*) hat ein sehr feines, thymi-

Im Nahen Osten werden einige
miteinander verwandte Kräuter
nur ungenau unterschieden: Namen wie *kekik* und *sater* stehen
regional unterschiedlich für Oregano, Thymian, Bohnenkraut und
auch Syrischen Majoran. In der
arabischen Sprache wird zwischen
diesen Gewürzen praktisch gar
nicht unterschieden, sie werden in
den Ländern der Levante fast immer als *za'tar* bezeichnet. Gleichzeitig meint *za'tar* dort allerdings
auch eine Gewürzmischung (siehe
Thymian).

anähnliches Aroma und wird zu mit
Gemüse im Tontopf geschmortem
Geflügel oder Lamm und zur Herstellung von Würsten verwendet.
In der **Levante** wird Bohnenkraut für
einige *za'tar*-Mischungen verwendet,
die in der Hauptsache aus geröstetem
Sesam, Sumach und Thymian oder
Bohnenkraut bestehen. Die Mischungen variieren von Stadt zu Stadt und
von Region zu Region.

Frisches
Bohnenkraut

Borretsch

Borago officinalis

Herkunft und Geschichte

Borretsch ist im Mittelmeergebiet, möglicherweise auf der Balkanhalbinsel, heimisch, wächst aber mittlerweile naturalisiert in weiten Teilen Europas, Asiens und Amerikas. In Europa wurde Borretsch im Mittelalter durch die Mauren erst auf der Iberischen Halbinsel bekannt gemacht und verbreitete sich daraufhin nach Norden. In den Kräuterbüchern des 16. Jahrhunderts wird er bereits als eine in Deutschland heimische Pflanze betrachtet.

Botanik

Boraginaceae (Raublattgewächse). Borretsch ist ein aufrecht wachsendes einjähriges Kraut, das bis zu 1 m hoch werden kann. Der dicke, kantige, hohle, leicht holzige, verzweigte Stängel trägt wechselständige Blätter mit rauer Oberfläche und gebuchtetem Blattrand. Die unteren Blätter sind elliptisch, gestielt, bis zu 25 cm lang und halb so breit, die oberen dagegen sitzend, kleiner und länglich eiförmig. Stängel und Blätter sind dünn borstig behaart. An den Triebspitzen bilden sich reichblütige Korymben aus 2 cm großen, flachen, sternförmigen Einzelblüten. Die Blüten bestehen aus fünf pfriemlichen, schmalen, behaarten Kelchblättern, fünf verwachsenen, himmelblau bis violett (selten rosa oder weiß, manchmal in der Jugend rosa und später blau) gefärbten, spitzen Kronblättern und fünf mit dem Stempel verwachsenen Staubblättern mit schwarzen Staubbeuteln. Aus den einzelnen Fruchtknoten entwickeln sich vierteilige Nussfrüchte.

Anbau und Qualitäten

Borretsch wird aus Samen vermehrt. Die wüchsige und anspruchslose Pflanze kann durch Selbstaussaat in zwei Jahren einen ganzen Garten dominieren. Kommerzieller Anbau als Gewürz spielt keine große Rolle, da die verderblichen Blätter nur lokal gehandelt werden können. In England und Osteuropa wird Borretsch aber als Ölpflanze angebaut.

Verwendeter Pflanzenteil / Geruch und Geschmack

Man verwendet die frischen Blätter, die ein gurkenartiges Aroma verströmen und kühlend schmecken. Die Blüten dienen gelegentlich als Dekoration für Salate oder Cocktails.

Aromagebende Inhaltsstoffe

Das Gurkenaroma geht auf den aliphatischen Aldehyd 2,6-Nonadienal

Nicht nur mit Gurken: Borretsch ist im italienischen Norden fast ein Gemüse und wird als Pasta-füllung oder *risotto*-Würze verwendet. In Deutschland gehört er unbedingt in die Frankfurter Sauce.

Blühender Borretsch

zurück, der auch im Gurkenbouquet gefunden wurde und darum »Gurkenaldehyd« heißt. Hydroxyzimtsäurederivate, Äpfelsäure und Kaliumnitrat (2 % im getrockneten Blatt) sollen für den herb-kühlenden Geschmack verantwortlich sein.

Wie viele verwandte Kräuter enthält auch Borretsch Pyrrolizidin-Alkaloide, die bei Dauereinnahme zu dramatischen Leberschäden führen. In Borretsch wurden Vertreter der problematischen ungesättigten Gruppe (Amabilin, Supinin) gefunden. Der Gehalt in getrockneten Borretschblättern ist mit ca. 10 ppm allerdings sehr gering und wird allgemein für harmlos gehalten; von der volksmedizinischen Anwendung wird jedoch abgeraten.

Borretschfrüchte enthalten ein fettes Öl, das zu ca. 20 % aus der dreifach ungesättigten γ-Linolensäure, einer (ω–6)-Fettsäure, besteht.

KULINARIK

Borretschblätter spenden eine empfindliche und subtile Würze, überwiegend für kalte Speisen, Salate und Saucen. Sie eignen sich als aromatische Dekoration für alle Gurkengerichte, da sie deren Aroma verstärken. Sie vertragen sich besonders mit zarten Aromen wie beispielsweise Sauerrahm und Ei. Borretschblätter müssen sehr fein gehackt oder geschnitten werden, damit die borstige Behaarung den Rachen nicht reizt.

In **Deutschland** ist Borretsch eine Hauptzutat der Frankfurter Grünen

Sauce. Die Herkunft des Rezepts ist umstritten, Vorbilder werden aber in Südeuropa vermutet; beispielsweise in Kräutersaucen wie dem italienischen *pesto* und der *salsa verde.* Ferner werden emulgierte Saucen wie französische *rémoulade* und *mayonnaise* als mögliche Vorläufer gesehen.

Für die Grüne Sauce werden Kräuter (Borretsch, Petersilie, Kerbel, Schnittlauch, Kresse, Pimpinelle, Sauerampfer) mit Öl, Essig, Salz, Pfeffer, Senf, hart gekochtem Eidotter und manchmal auch Rahm oder Schmand zu einer glatten, grünen Paste verarbei-

tet. Man isst sie zu gekochten jungen Kartoffeln und hart gekochten Eiern, manchmal auch zu gekochtem Tafelspitz.

In der **italienischen Küche** ist Borretsch zwar weitgehend unbekannt, aber in Ligurien dienen Borretschblätter manchmal als Gemüse: Sie werden wie Blattspinat gekocht, kommen als Füllung in die *ravioli alla Genovese,* werden in den *risotto* gemischt oder in Teig getaucht und frittiert. Mangold und Borretsch sind darüber hinaus eine beliebte Kombination in der norditalienischen Provinz.

40

Borretschblatt

CHILI, PAPRIKA

Capsicum annuum
C. frutescens
C. chinense
C. baccatum
C. pubescens
C. cardenasii

Getrocknete Sichuan-Chilis (*C. annuum*)

HERKUNFT UND GESCHICHTE

Die Gattung *Capsicum*, von der heute ungefähr 30 Arten bekannt sind, entwickelte sich im nördlichen Südamerika, etwa in der Region zwischen Kolumbien, Bolivien und Nordbrasilien, wo auch heute noch die Mehrzahl aller Wildchiliarten beheimatet ist. Bereits vor mindestens 7000 Jahren wurden Chilis im nördlichen Andengebiet vom Menschen in Kultur genommen, verbreitet und durch Züchtung verändert.

Wahrscheinlich entstanden die drei Arten *C. annuum*, *C. frutescens* und *C. chinense* aus einem gemeinsamen Genpool. Die zunächst nur wenig unterschiedlichen Arten diversifizierten sich weiter durch menschliches Zutun: *C. chinense* ist als ältester domestizierter Chili in den Anden nachgewiesen, *C. annuum* tauchte zuerst in Südmexiko auf, und *C. frutescens* stammt wahrscheinlich aus dem südlichen Mittelamerika (Panama). Diese drei Arten ähneln einander

auch heute noch sehr (*annuum/frutescens/chinense*-Komplex); besonders ihre Wildformen sind schwer zu unterscheiden.

Die beiden Arten *C. baccatum* und besonders *C. pubescens* sind Hochlandpflanzen und daher relativ kältetolerant. Sie werden vor allem in den Anden gezogen. Von *C. baccatum*, das mittlere Höhenlagen besiedelt, kennt man Wildformen, während zu der Hochgebirgsart *C. pubescens* keine gefunden wurden. *C. pubescens* zeigt einige einzigartige Merkmale: Er ist kältetoleranter als andere Chilis, bildet nur sehr wenige verschiedene Sorten und hat schwarze Samen. Die weitläufig verwandte Art *C. cardenasii* ist heute noch eine reine Wildform, deren Früchte (aus Wildsammlung oder Kultivierung im Familiengarten) in Peru und Bolivien lokal gehandelt werden (*ulupica*).

Bereits in präkolumbischer Zeit breiteten sich Chilis nach Norden aus und erreichten die heutige US-Südgrenze.

CHILI, PAPRIKA

In Mexiko wurde dabei fast ausschließlich *C. annuum* kultiviert, eine Art, die in Südamerika gar nicht bekannt war und die durch die Kunst der mexikanischen Züchter auch Früchte von geringer Schärfe hervorbringt. Die Kariben, Einwanderer vom südamerikanischen Festland, brachten Chilis – und zwar nur die Art *C. chinense* – einige Jahrhunderte vor Columbus auf die Kleinen und Großen Antillen. Durch geografische Isolation konnten sich rasch viele unterschiedliche Sorten entwickeln. Heute findet man in der Karibik deutlich mehr verschiedene *chinense*-Sorten als in ihrer ursprünglichen Heimat Peru.

Die europäischen Entdecker seit Columbus verhalfen dem Chili schließlich zu internationalem Erfolg. Im 16. Jahrhundert reisten Chilis um die Welt und erreichten fast jeden Ort, an dem Menschen leben – paradoxerweise mit Ausnahme Europas, das ja Ausgangsort für die Suche nach Gewürzen gewesen war. Die Europäer hielten den Chili für minderwertig und zahlten lieber weiterhin gepfefferte Preise für die bekannten schwarzen Körner aus Indien. Dagegen wurde der Chili von den Bewohnern Afrikas und Asiens begeistert aufgenommen: Ausgehend von europäischen Stützpunkten und Handelszentren verbreitete sich die Pflanze sehr rasch ins Landesinnere, weil sich Chilis – anders als die meisten anderen Gewürze – leicht vermehren und in vielen verschiedenen Klimazonen anbauen lassen. So kam der Chili in die Länder, die man heute oft mit »scharfer Küche« assoziiert: Mosambik, Indien, Thailand und China. Dabei wurde ganz überwiegend die Art *C. annuum* eingeführt, die in einem breiten Bereich unterschiedlicher Klimaten gleichermaßen gedeiht: dekorative Topfpflanze in Spanien, essenzielle Würze in Indonesien.

Der Chili gelangte erst auf dem Umweg über Indien nach Europa: Die osmanischen Türken, die den Chili wohl in den portugiesischen Siedlungen in Indien kennengelernt hatten, führten ihn im 17. Jahrhundert in Osteuropa ein. Vom türkisch besetzten Ungarn aus verbreitete er sich über die benachbarten Balkanländer, wo durch Zucht immer mildere Sorten entstanden. Die schärfefreien Gemüsepaprika sind ein Produkt des späten 19. Jahrhunderts, und auch sie verbreiteten sich rasch über die ganze Welt.

In Westafrika wurden Chilis im 19. Jahrhundert von repatriierten Sklaven bekannt gemacht. Letztere hatten das Gewächs auf den karibischen Baumwollplantagen kennengelernt. Viele der ins westliche Afrika importierten Chilis gehören zu der extrem scharfen Art *C. chinense*, die sonst nirgendwo in der Alten Welt in großem Umfang genossen wird.

BOTANIK

Solanaceae (Nachtschattengewächse). Alle Chili- und Paprikaarten sind mehrjährige Sträucher, die je nach Art mehrere Meter hoch werden können. An den stark verzweigten Zweigen stehen hell- bis dunkelgrüne, meist

Globale Erfolgsstory: Die Chilischärfe soll Säugetiere vom Verzehr der roten Schoten abhalten – aber Menschen sehen das anders: 100 Jahre nach der Entdeckung Amerikas hatte der Chili die ganze Alte Welt erobert.

43

Links: Reife Poblano-Chilis (*C. annuum*)
Links unten: Reifer Tabasco-Chili (*C. frutescens*)
Rechts oben: Reifer Glockenchili (*C. baccatum*)
Rechts unten: Reifende Bolivian-Rainbow-Chilis (*C. annuum*)

Getrockneter Costeño-Amarillo-Chili (*C. annuum*)

kahle, breit bis schmal eiförmige Blätter, oft mit ausgeprägter Spitze. Blüten erscheinen allein oder zu wenigen an den Verzweigungsstellen des Stängels; sie sind zumeist weiß bis grünlich, manchmal auch violett gefärbt. Die Frucht ist eine normalerweise dreifächrige Beere von finger-, kugel- oder lampionartiger Gestalt, deren dünnfleischiges Mesocarp unreif grün (selten auberginenschwarz), bei der Reife jedoch fast immer gelb bis rot (seltener braun) gefärbt ist. Die Samen bilden sich an einer zentralen Plazenta, durch einen Hohlraum vom Mesocarp getrennt, und sind typischerweise 1–2 mm groß, scheibenförmig und hellbeige bis ocker gefärbt.

Capsicum annuum bildet große, robuste Büsche. Die Blüten stehen stets einzeln und sind reinweiß (bei wenigen Sorten violett) mit blauen Staubgefäßen. Die Früchte sind sehr vielgestaltig, von 1 cm großen kugelförmigen Früchten bis zum bekannten Gemüsepaprika; kleine Früchte stehen oft aufrecht, größere hängen. Außerhalb Amerikas ist diese Art mit Abstand am weitesten verbreitet.

Capsicum frutescens ist eine zartere, ausschließlich tropische Pflanze mit dünnen, biegsamen Zweigen. Die Blüten stehen in Gruppen von zwei bis fünf an den Verzweigungsstellen und haben eine blassgrüne Farbe. Die roten, wenige Zentimeter langen Früchte haben die typische, länglichespitze »Chiliform« und stehen immer aufrecht.

Capsicum chinense sieht dem *C. frutescens* recht ähnlich, wächst aber etwas robuster und zeigt größere Vielfalt in der Fruchtform. Viele Sorten entwickeln bunt gefärbte, hängende, lampion- bis kreiselförmige Schoten. Die Kelche zeigen eine ringförmige Einschnürung, oft auch noch zur Fruchtreife sichtbar, die bei den anderen Arten nicht auftritt.

Capsicum baccatum ist robust und wächst nicht nur in den Tropen. Die Blüten stehen einzeln und lassen sich an den gelben Staubgefäßen und einer gelben bis gelbgrünen Zeichnung an der Basis der Kronblätter erkennen. Die Früchte sind rot, orange oder gelb, vielgestaltig, gewöhnlich lampionförmig bis breit fingerförmig und außer bei Wildformen immer hängend.

Capsicum pubescens ist ein robuster, aufrechter bis kletternder Strauch, dessen Zweige und Blätter mehr oder weniger dicht behaart sind. Die dunkelvioletten Blüten entwickeln sich zu meist roten (vereinzelt gelben), ei- bis birnenförmigen, hängenden Früchten. Die dunkelgrauen bis schwarzen Samen unterscheiden diese Art von allen anderen wilden oder kultivierten Chilis.

Capsicum cardenasii ist sehr zart und fragil, mit kleinen, länglich eiförmigen, nach Tomatenlaub duftenden Blättern und einzeln stehenden, nickenden, glockenförmigen Blüten, die sich zu 1 cm großen, roten, kugeligen Beeren entwickeln.

44

Getrockneter *ancho*-Chili (*C. annuum*)

ANBAU UND QUALITÄTEN

Chilis sind wärmeliebende Pflanzen der Tropen und Subtropen. Einige Arten (*C. annuum, C. baccatum*) kommen auch mit kühlerer Umgebung gut zurecht, sterben dann allerdings im Winter ab. Die kälteresistenteste Art, *C. pubescens*, überlebt Temperaturen bis um den Gefrierpunkt.

Dagegen sind *C. frutescens* und besonders *C. chinense* rein tropische Arten, die in gemäßigtem Klima nur schlecht gedeihen, auch wenn Amateurzüchter sie sogar in Nordeuropa erfolgreich bis zur Fruchtreife gebracht haben.

Viele Chili- und Paprikasorten werden kommerziell in großem Maßstab angebaut, meist auf Feldern mit künstlicher Bewässerung. Diese Monokulturen sind für verschiedene Schädlinge anfällig, die ganze Ernten zerstören können; so löschte in den 1960ern das Tabakmosaikvirus fast die gesamten Bestände des Tabasco-Chilis aus, bis schließlich resistente Sorten entwickelt werden konnten. Für die Gewinnung von sortenreinem Saatgut muss Kreuzbestäubung mit Fremdsorten rigoros ausgeschlossen werden, da Chilis innerhalb der Art und innerhalb des *annuum/frutescens/chinense*-Komplexes auch über die Artgrenze hinaus untereinander kreuzbar sind.

Geschmack, Geruch und Schärfe von Chilis hängen sowohl von der Sorte (Kultivar) als auch von den Anbaubedingungen und bei Trockenchilis vom Erntezeitpunkt und der Nachbehandlung ab – als Faustregel kann gelten, dass jede der zahllosen lateinamerikanischen Chilisorten einen individuellen Charakter hat und nur mit viel Erfahrung durch eine andere Sorte ersetzt werden kann; das gilt ganz besonders für mexikanische getrocknete Chilis. Bei asiatischen Chilis ist die Situation dagegen unproblematischer: Scharfe Chilis gibt es in Rot und Grün und darüber hinaus als getrocknete Ware. Innerhalb dieser Gruppen spielt die Herkunft meist keine so große Rolle.

Die verschiedenen Sorten von ungarischem Paprikapulver entstehen nicht aus verschiedenen Chili-Kultivaren, sondern resultieren aus der Verarbeitung: Für den tiefroten, mild-aromatischen und schärfefreien Spezialpaprika (*különleges*) verwendet man nur die Fruchtwände von vollreif geernteten Paprikafrüchten.

45

Getrockneter Chile de Arbol (*C. annuum*)

Die nächsten Qualitäten sind der etwas pikantere Delikatesspaprika *(cse-mege)* und der dezent scharfe edelsüße Paprika *(édes-nemes)*. Für beide werden auch Scheidewände, aber keine Kerne vermahlen. Der im Ausland bekannte Rosenpaprika *(rózsa)* besteht aus vollständigen Früchten unterschiedlichen Reifegrades und schmeckt ausgewogen würzig-scharf, hat aber eine geringere Färbekraft als die besseren Sorten. Überschüssige Kerne und Scheidewände sowie beschädigte Exemplare ergeben dann den Scharfpaprika *(cípős)*, die einfachste Qualität.

Nach Ungarn ist Spanien das zweite europäische »Paprikaland«. Neben mildem *(pimentón dulce)* und mittelscharfem *(pimentón picante)* Paprikapulver gibt es noch eine besondere Spezialität, den geräucherten *pimentón de la Vera* aus der autonomen Gemeinschaft Extremadura im Südwesten Spaniens.

Reifender Habanero-Chili (*C. chinense*)

VERWENDETER PFLANZENTEIL / GERUCH UND GESCHMACK

Man verwendet die Chili- beziehungsweise Paprikafrüchte, reif oder unreif geerntet, frisch, tiefgefroren oder getrocknet (ganz und gemahlen). Frisch haben sie einen süßen oder auch fruchtigen Geruch, der beim Trocknen in andere Qualitäten übergeht: erdig, holzig, tabakartig, rauchig, auch blumig oder beerig. Während getrocknete *C. annuum* meist würzige oder erdige Töne entwickeln, gehen getrocknete Schoten von *C. baccatum* eher in Richtung Trockenobst. Die Art *C. chinense* ist bereits im frischen Zustand hocharomatisch und verströmt einen lilienähnlichen Blütenduft, der das Trocknen nur teilweise übersteht. Der Geschmack von Paprika und Chili ist aromatisch und je nach Sorte mehr oder weniger scharf – das Spektrum reicht vom schärfefreien Gemüsepaprika bis zu den schärfsten *chinense*-Sorten. Um die Schärfe von Chilis zu quantifizieren, entwickelte der Apotheker Willbur Scoville eine Skala (sog. *Scoville-Skala*), die angibt, wie stark ein Chili mit Wasser verdünnt werden muss, damit er gerade noch scharf schmeckt. Dazu wird eine Verdünnungsreihe des Chilis mit leicht gesüßtem Wasser hergestellt. Die Verdünnungen werden – beginnend mit der schwächsten – probiert, bis sich auf der Zunge eine leichte Schärfe bemerkbar macht. Da die Schärfewahrnehmung von individuellen Faktoren abhängt, bildet man für den endgültigen Scoville-Faktor einen Mittelwert von mehreren Testern. Heutzutage wird der Scoville-Wert aus der analytisch bestimmten Konzentration an Capsaicin und Capsaicinoiden nach einer komplizierten Formel berechnet, die die Eigenheiten des menschlichen Geschmackssinnes möglichst genau berücksichtigen soll; einer sehr einfachen Abschätzung zufolge entspricht ein Millionstel (1 ppm) Capsaicin ungefähr 16 Scoville-Punkten (auch SHU für *Scoville heat unit*).

Schärfefreie Chilis werden in der Scoville-Skala mit null klassifiziert. Scharfe südeuropäische Chilis erreichen Werte von bis zu 10 000 SHU: Das bedeutet, dass 1 g des getrockneten Chilis ca. 10 Litern Wasser eine eben noch spürbare Schärfe verleihen kann. Die schärfsten asiatischen Chilis, vor allem die kleinfrüchtigen Sorten aus dem tropischen Südostasien (*bird's eye*), bleiben knapp unter der Grenze von 100 000; knapp darüber liegen der *Tabasco* und seine Verwandten. Noch höhere Werte erreicht man ausschließlich mit der lateinamerikanischen Art *C. chinense*, von der viele Sorten mit Schärfegraden von 200 000–300 000 SHU bekannt sind. Der schärfste bekannte Chili, der *naga jolokia*, stammt aus Assam und wurde erst im Jahr 2000 wissenschaftlich untersucht. 2006 löste er mit einer Schärfe von 1 Million SHU den bisherigen Rekordhalter *red savina* ab.

Die Scoville-Resultate sind häufig Kultzahlen, mit denen Züchter untereinander wetteifern, ihre Bedeutung sollte also nicht überbewertet werden: Schwankungen um den Faktor zwei zwischen Früchten derselben Ernte sind nicht ungewöhnlich. Der Test einer einzelnen Schote sagt daher über die Sorte nicht allzu viel aus. Dazu kommt, dass auch Wachstumsbedingungen und Reifezustand beträchtlichen Einfluss haben. Hohe Temperaturen und Trockenheit führen zu tendenziell schärferen Früchten, und viele Hobbyzüchter lassen die Pflanzen absichtlich »dürsten« und alle paar Tage etwas anwelken, um die Fruchtqualität zu verbessern. Reife Chilis sind grundsätzlich schärfer als unreife, wobei der Schärfezuwachs in den letzten Tagen der Reife wiederum sehr von der Sorte abhängt.

Entgegen einem populären Irrglauben ist die Schärfe der Chilis nicht auf die Samen konzentriert, sondern auf das schwammige Gewebe, das die Samen trägt (Plazenta), und vor allem auf die Scheidewände innerhalb der Kapsel. Kochbücher empfehlen oft, man solle zur Entschärfung der Chilis »die Samen entfernen« – das funktioniert auch, weil mit den Samen die wirklich scharfen Teile ebenfalls erfasst werden und nur die Fruchtwände übrig bleiben, die Aroma und Färbekraft beherbergen.

AROMAGEBENDE INHALTSSTOFFE

Das Paprika- beziehungsweise Chiliaroma wird von geringen Mengen flüchtiger Inhaltsstoffe hervorgerufen, beispielsweise von langkettigen aliphatischen Kohlenwasserstoffen, Fettsäuremethylestern, Alkylmetho-

Geräucherte Chipotle-Chilis (*C. annuum*)

xypyrazinen und anderen heterocyclischen Duftstoffen. Reife Chilis enthalten auch Vitamin C, Zucker und Carotin-Farbstoffe.

Der scharfe Geschmack von Chilis geht auf Capsaicin und einige ähnliche Moleküle (Capsaicinoide) zurück. Der Gesamtcapsaicinoidgehalt liegt bei mildwürzigen Paprikasorten unter 0,01 % (1 600 SHU) und steigt bei den schärfsten in Europa und Asien bekannten Sorten auf maximal 1 % für Arzneibuch-Chilis (160 000 SHU) an; dieser Wert wird jedoch von den karibischen *chinense*-Arten weit übertroffen, die mehr als 3 % enthalten können.

Weitere Inhaltsstoffe von Chilis und Paprika sind Carotin-Farbstoffe, die für die rote (Capsorubin, Capsanthrin) oder gelbe (β-Carotin) Farbe reifer Chilis verantwortlich sind. Einige wenige Chilisorten enthalten im unreifen Zustand auch violett bis schwarz gefärbte Anthocyane. Zuletzt ist der hohe Gehalt an Vitamin C in reifen Paprikas zu erwähnen, der 0,1 % betragen kann.

KULINARIK

In unsere heutige Küchenlandschaft ist der Chili auf mehreren Wegen gekommen: anfangs über die ungarische Küche, die ihr Gulasch mit Zwiebel-Paprika-Saucen grundiert und dabei vergleichsweise mildwürzigen Rosenpaprika verwendet.

Mit dem Import einer zunehmend authentischen **italienischen Küche** in den 1990er Jahren beginnt schließlich auch der mediterrane *peperoncino* eine Rolle zu spielen; die Leib- und Magenküche vieler Deutscher nutzt Chilis gelegentlich – oft gemeinsam mit Knoblauch – als Würzgrundlage ihrer Saucen. Manchmal sogar in äußerster Reduktion; *spaghetti aglio, olio e peperoncino* ist ein prominentes Beispiel für italienische Küchen-Schlichtheit: In Olivenöl werden Knoblauch und frische oder getrocknete zerkleinerte Chilis angebraten. Dieses ölige Produkt ist für sich schon Pastasauce, in der die gegarten Nudeln dann geschwenkt werden. Fast jede italienische Region hat ihre eigene Variante dieser basalen Spaghetti-Zubereitung. Auch andere *soffritti* (fettige Saucengrundlagen) werden mit Chilis zubereitet (beispielsweise der *sugo all'arrabbiata*, meist mit Penne-Nudeln).

Darüber hinaus dient eine Zubereitung von getrockneten, ganzen oder zerkleinerten Peperoncini in Olivenöl als Tischwürze. Besonders in den Abruzzen wird dieses *olio santo* oder *olio piccante* großzügig über die Speisen geträufelt.

In **Frankreich** wird zu provenzalischen Fischsuppen (berühmt: die *bouillabaisse* aus Marseille) eine scharfe Knoblauch-Safran-Mayonnaise gereicht, die sogenannte *rouille*. Im Mörser werden dazu Knoblauch, Chili, Safran, Salz und eine mehlig gekochte Kartoffel (oder in Fischbrühe eingeweichtes Weißbrot) zerstoßen.

Im französischen **Baskenland** verarbeitet man eine lokale Chilisorte, den *piment d'espelette*, zu einem blumigwürzig duftenden – aber auch ziemlich scharfen – Würzpulver. Über diese lokale Provenienz wacht sogar die Europäische Union mit einem A.O.C.-Gütesiegel. Mit diesem Chilipulver gewürzter Dijon-Senf hat eine interessante »Doppelschärfe«.

Die **ungarische Küche** verwendet Paprika als »Nationalgewürz«. *Gulyás* ist eine pikante, dicke Suppe mit Rindfleischstücken, Gemüse und Teigwaren. Das deutsche oder österreichische »Gulasch« entspricht eher dem *pörkölt*, einem lang gekochten Rindsragout, dessen Sauce ihren Körper von feinstgehackten, in Schweineschmalz sautierten Zwiebeln erhält. Beide Rezepte werden mit Rosenpaprika (manchmal gemischt mit etwas Scharfpaprika) gewürzt; das Paprikapulver wird dazu ganz kurz in der heißen Zwiebel-Schmalz-Mischung erhitzt und sofort mit Kochflüssigkeit abgelöscht, da es sonst einen bitteren Geschmack annimmt. Das *paprikás*, mit Rahm geschmortes Hühnerfleisch, verdankt Farbe und Geschmack dagegen dem milderen Delikatesspaprika.

In **Nordafrika** verwendet man zum Schärfen eine Paste namens *ḥarīssā*, die hauptsächlich aus Chilis, Olivenöl, Knoblauch, Minze, Koriander, Kreuzkümmel und eventuell auch echtem Kümmel besteht. Eine ähnliche Aufschwemmung von Chilis in Öl wird auch im gesamten **Vorderen Orient** verwendet; sie heißt meist einfach nur *ḥār* »scharf«. Im Jemen und in Israel ist ein etwas komplexeres Rezept als *šaṭṭā* bekannt. Darüber hinaus kommt trockenes Chilipulver als Tischwürze zum Einsatz.

In der **indischen Küche** werden Chilis durchgehend, aber oft sparsam verwendet. Nordindische Speisen sind typischerweise milder als südindische – besonders an der Südostküste kocht man allerdings sehr scharf und verwendet sowohl getrocknete als auch frische grüne Chilis. Der schärfste Teil des Subkontinents ist **Sri Lanka**, wo man Fleischcurries mit großen Mengen intensiv rotem Chilipulver zubereitet. Ein beliebter Snack sind frittierte Bällchen aus Linsenteig mit grob gehackten grünen Chilis.

Die **thailändische Küche** hat sicherlich den »schärfsten« Ruf. In Thailand gebräuchliche rote Currypasten (*prik gaeng daeng*) haben einen Chiligehalt

49

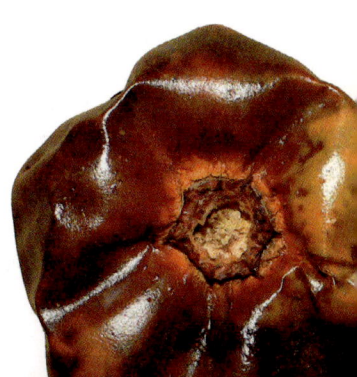

Getrockneter Cascabel-Chili (*C. annuum*)

von bis zu 50 %. Dass die Thai-Curries trotz explosiver Schärfe bei uns einen so durchschlagenden Erfolg haben konnten, geht sicherlich auch auf die relativierende Milde der gesüßten Kokosmilch zurück, in der die Schärfe der kleinfrüchtigen, spitzen Thai-Chilis in abgepufferter Form aufgeht. *Lab gai* – ein lauwarm servierter Hühnerfleischsalat mit getrockneten und frischen Thai-Chilis und frischen Zwiebeln – ist hingegen eher etwas für hartgesottene Genießer. Als Tischwürze wird in Thailand gerne Fischsauce gereicht, in der frische Chili-Ringe schwimmen *(nam pla prik)*.

Einige Kochstile der **indonesischen Inselwelt** sind ebenfalls ausgesprochen scharf, etwa die Padang-Küche aus Sumatra, in der frische rote Chilis mit Knoblauch und Ingwer zu einer Paste verrieben werden, mit der man Fleisch mariniert oder Saucen abschmeckt. Überall in Indonesien bekommt man *sambal ulek*, eine Paste aus frischen Chilis, Salz und manchmal Öl, als Tischgewürz – allerdings hat dieses Produkt nicht viel Ähnlichkeit mit dem abgepackten *sambal ulek*, den man in deutschen Supermärkten kaufen kann und der eher zum Kochen brauchbar ist.

In der Küche der **chinesischen Region Sichuan** werden getrocknete Chilis für praktisch alle im Wok zubereiteten *stir-fry*-Gerichte stark frittiert, sodass sie beißende Schärfe entwickeln. Auf diese Weise vorbereitete Chilis sind auch Würzbestandteil des scharfen Feuertopfes *(huǒ guō)*, einer Art Fondue mit scharfer Brühe, in der Fisch, Fleisch, Tofu, Gemüse und Nudeln bei Tisch gegart werden.

Dòubànjiàng ist eine fermentierte Mischung aus Pflanzenöl und mehr oder minder fein zerstoßenen Chilis und Bohnen. Die Paste dient als Würzgrundlage für Schmor- und *stir-fry*-Gerichte, wird großzügig eingesetzt und sorgt für eine nussig (fermentierte Bohnen!) grundierte Schärfe und zinnoberrote ölige Saucen. Die vom Capsaicin ausgehende Chili-Schärfe *(là)* wird in Sichuan gerne mit der prickelnd-betäubenden Schärfe des Sichuanpfeffers *(má)* ergänzt.

Eine weitere chililastige Regionalküche Chinas findet man in **Hunan**. Saure Geschmacksnoten und eine Vorliebe für geräuchertes Fleisch und frische Kräuter (Koriander, Lauch, Perilla) geben ihr ein charakteristisches Gepräge. Man verwendet oft frische Chilis, und die Gerichte haben einen frischeren Charakter und eine beißendere Schärfe als in Sichuan. Andere chinesische Regionen schätzen scharfe Speisen weniger.

Auch **Korea** ist ein chilibegeistertes Land. Eingelegtes Gemüse *(kimch'i)* in großer Vielfalt gilt als Nationalspeise, und die meisten Rezepte ergänzen den deftigen Geschmack von Fermentation und Knoblauch mit großzügigen Mengen eines feuerroten Chilipulvers. Die koreanische Chili-Bohnen-Paste *koch'ujang* hat durch Klebreis eine sämige Konsistenz und schmeckt so elegant, dass sie sogar als Tischwürze dienen kann, auch wenn

Getrocknete Sieben-Stern-Chilis (*C. annuum*)

man sie häufiger analog dem chinesischen *dòubànjiàng* zum Kochen verwendet.

Im **präkolumbischen Amerika** waren Chilis die einzigen weithin verfügbaren Gewürze. Aus dem genetischen Material züchteten die Bewohner der Anden und Mexikos eine unglaubliche Vielfalt an Sorten mit verschiedenem Geschmack und Aroma. Chilis dienten primär als Aromaspender – ihre Schärfe war nur ein erfreulicher Zusatznutzen. Deshalb entfernt man oft die scharfen Scheidewände zusammen mit den Samen vor der Verwendung, sodass man mit den aromatischen, aber relativ milden Fruchtwänden mehr Geschmack bei gleicher Schärfe erreicht.

Die Inkas in **Peru** kochten mit drei verschiedenen Chiliarten: Der dickfleischige *rocot uchu*, heute als *rocoto* bekannt (*C. pubescens*), ließ sich nicht trocknen und wurde roh gegessen, oder auch mit Kartoffeln gefüllt und gekocht verzehrt. Seine lang anhaltende Schärfe und sein ungewöhnlicher Geschmack machen den *rocoto* zu einem exotischen Einzelgänger unter den Chilis. Die zweite Sorte, *kellu*

uchu, wurde frisch oder getrocknet und gemahlen zum Würzen verwendet (*C. baccatum*). Unter den Namen *ají amarillo* (gelb) und *ají colorado* (rot) sind diese Chilis auch heute für die Küchen Perus und Boliviens charakteristisch. Man findet ihre Abbildungen sogar auf dem Fresko des Letzten Abendmahls in der Kathedrale von Cuzco: Für den Künstler, der es schuf, war eine Mahlzeit ohne *ajíes amarillos* offenbar nicht komplett. Die dritte und kostbarste Sorte war der rote, kirschförmige *chinchi uchu*, der nur in wenigen klimatisch begünstigten Randbezirken des Inkareich wuchs (*C. chinense*) und dessen besonders aggressive Schärfe hochgeschätzt war.

Die Azteken in **Mexiko** kannten dagegen nur die Art *C. annuum*, aus der einzigartigerweise sowohl milde als auch scharfe Sorten hervorgehen. Das Geschmacksspektrum wurde durch raffinierte Verarbeitungstechniken noch vergrößert: Chilis wurden getrocknet, geröstet und auch geräuchert. Chilis waren das Herzstück in der Küche der Azteken – unser Wort »Chili« geht auf die aztekische Sprache Náhuatl zurück, in der das Gewürz *chilli* heißt.

Die heutige **mexikanische Küche** verwendet Chilis vielleicht vielfältiger als jede andere Küche der Welt. Großfruchtige, milde Sorten wie der *Poblano* werden gefüllt als Gemüse verzehrt oder dienen getrocknet (dann als *mulato* oder *ancho* bezeichnet) als Grundlage von Saucen, in denen man

Fleisch und Gemüse schmort. Zur Geschmacksintensivierung dienen verschiedene Hitzebehandlungen: Getrocknete Chilis werden in warmem Wasser eingeweicht und in heißem Schmalz zu einer groben Sauce gestampft, frische oft im Ofen erhitzt, bis sich die Haut abziehen lässt, und danach gefüllt und in Tomatensauce geschmort (*chiles rellenos*) oder in Streifen geschnitten als pikante Dekoration verwendet. Der berühmte *mole Poblano* ist eine dicke Sauce aus drei relativ milden Trockenchilis (*mulato*, *ancho* und *pasilla*) mit weiteren Zutaten (Tomaten, Knoblauch, Pfeffer, Anis, Sesam) und einem Hauch Bitterschokolade, in der man traditionell Truthahn schmort.

Der *jalapeño* ist ein mittelscharfer, fingerlanger Chili, der meistens unreif und roh gegessen wird. Seine knackige Konsistenz und mittlere Schärfe machen ihn zu einem kulinarischen Kontrastpunkt in milden Saucen wie etwa dem *guacamole*, einer Paste aus Tomaten und Avocados mit einigen altweltlichen Zutaten wie Korianderkraut und Knoblauch. Reife *jalapeños* lassen sich nicht einfach trocknen; stattdessen werden sie geräuchert und ergeben dann die pikant rauchigwarm schmeckenden *chipotles*, die in Mexiko und ganz besonders in den Südstaaten der USA (Texas, Arizona) den Charakter von lang geschmorten Saucen (*adobo*) bestimmen.

In **Yucatán** verwendet man den orangeroten, extrem scharfen *habanero*, dessen Name (»aus Havanna«) seinen karibischen Ursprung anzeigt; er ist als einziger *chinense*-Chili in Mexiko eingebürgert. Die Maya lassen oft angestochene ganze *habaneros* in Saucen kurz mitkochen, um den Geschmack, aber nicht zu viel Schärfe zu extrahieren – zu dieser Technik sagt man: »Der Habanero geht durch den Topf.« *Habaneros* sind auch Bestandteil von Gewürzpasten wie *recado* (mit Annattosamen und Bitterorangensaft, siehe Annatto). Den frischen, fein gehackten Chili reicht man gerne als Tischwürze.

Reife Red-Savina-Chilis
(*C. chinense*)

CURRYBLÄTTER

Murraya koenigii (syn. *Chalcas koenigii*)

Es gibt sie wirklich: In Indien ist Curry kein Gewürz, sondern eine Speise, und die Curryblätter sind vor allem im Süden dazu unentbehrlich. Für das zitrus-nuss-artige Aroma braucht man aber unbedingt frische Blätter – getrocknet taugen sie nichts.

Blühender Currybaum

HERKUNFT UND GESCHICHTE

Curryblätter sind auf dem indischen Subkontinent vom Süden bis zum Himalaja sowie in Burma heimisch. In vielen südindischen Sprachen tragen sie Namen wie »Saucenblätter«, beispielsweise im Tamil: *kari vepillai.* Das tamilische Wort *kari* steht für »Suppe« oder »Sauce« und wurde von den Briten in der Form *curry* als Sammelbezeichnung für alle saucigen und pikanten indischen Speisen übernommen – und nicht selten auch für ähnliche Speisen anderer Länder. Das von britischen Heimkehrern adaptierte Currypulver hat jedoch mit indischem *kari* in der Regel nicht viel – und mit den Curryblättern schon gar nichts – zu tun, von einer gewissen Ähnlichkeit bei der Auswahl verwendeter Würzkomponenten einmal abgesehen.

BOTANIK

Rutaceae (Rautengewächse). Der Currybaum ist ein kleiner, schlanker

Baum (5 m) mit zarten Zweigen, an denen 20 cm lange, paarig gefiederte Blätter mit bis zu 5 cm langen, spitzelliptischen, ganzrandigen Blättchen wachsen. Die cremeweißen, fünfzipfeligen Blüten erscheinen in vielblütigen cymoiden Blütenständen, sind trichterförmig mit 1 cm Durchmesser und duften stark. Aus ihnen entwickeln sich 2 cm große, dunkelrote bis schwarze Beeren.

ANBAU UND QUALITÄTEN

Der Currybaum wird auch heute noch überwiegend in privaten Gärten oder in kleinen Farmen gepflanzt und praktisch nur regional gehandelt.

VERWENDETER PFLANZENTEIL / GERUCH UND GESCHMACK

Als Gewürz werden die Blätter verwendet. Da sie nach dem Trocknen rasch das gesamte Aroma verlieren, werden sie nur frisch oder tiefgefroren verarbeitet. Frische Curryblätter haben einen starken, etwas mandarinenartigen Geruch, dem kein anderes Gewürz nahekommt. Der Geschmack ist ebenfalls zitrusartig, aber nicht fruchtig, sondern herb und appetitanregend.

AROMAGEBENDE INHALTSSTOFFE

Die Blätter enthalten variable Mengen (0,5–2,7 %) ätherisches Öl, dessen Zusammensetzung stark schwankt. Eine Anzahl verschiedener Monoterpene (β-Phellandren, α-Pinen, β-Pinen) und Sesquiterpene (β-Caryophyllen, Aromadendren, α-Selinen) wurden in nord- beziehungsweise südindischen Bäumen identifiziert. Auch in srilankanischem Material fanden sich überwiegend Sesquiterpene: β-Caryophyllen, β-Gurjunen und β-Elemen, daneben auch geringe Mengen von β-Phellandren und anderen Monoterpenen.

KULINARIK

Curryblätter sind ausschließlich ein Gewürz des indischen Subkontinents und werden in der übrigen Welt nicht verwendet. Zwar transportierten indische Auswanderer den Baum in zahlreiche Länder (Malaysia, Réunion, Südafrika und die Karibik), aber auch dort blieben die Blätter bis heute ein Gewürz der indischen Minderheit, ohne in die Rezepte der autochthonen Lokalküchen einzugehen.

In **Nordindien** verwendet man Curryblätter häufig in kartoffelgefüllten Teigtaschen *(samosa)*, in Gemüse-Schmorgerichten *(korma)* und in Hülsenfrüchtengerichten *(dal)*. Sie werden selten zu Fleischgerichten gebraucht.

In **Südindien** spielen Curryblätter in den dominant vegetarischen Küchen eine große Rolle. Sie tauchen in fast allen bekannten südindischen Rezepten auf: *masala dosa* (knusprige Fladen mit Kartoffelfüllung) und *sambar* (suppenförmiger Linsen-Gemüse-Curry) aus Tamil Nadu, *bisi bele hui anna* (saurer Reis mit Hülsenfrüchten und Gemüse) aus Karnataka und den Fisch- oder Schalentiercurries aus Kerala.

Frische Curryblätter

In den südindischen Küchen werden Curryblätter oft gemeinsam mit schwarzen Senfsamen, Asant und Chilis in heißem Fett (oft Kokosöl) gebraten, bis sich ihr Aroma voll entwickelt hat. Alternativ werden sie auch in der heißen Pfanne getrocknet und mit anderen gerösteten Gewürzen (schwarze Senfsamen, Kreuzkümmel, Bockshornklee, Koriander) zu einem Pulver vermahlen; wegen der Flüchtigkeit des Curryblattaromas sind solche Pulver aber nicht haltbar. Wenn kommerzielle Currypulver manchmal Curryblätter enthalten, dann wohl nur, um dem Namen gerecht zu werden: Denn bis das Pulver beim Konsumenten ankommt, hat sich das Aroma längst verflüchtigt.

In der **srilankanischen Küche** spielen Curryblätter ebenfalls eine wichtige Rolle. Man findet sie in Gemüsespeisen, aber auch in Lamm- und Hühnercurries, und von denen haben die buddhistischen Singhalesen eine unüberschaubare Vielfalt. Diese Curries werden mit Ingwer, Curryblättern, Zimtstangen und Kardamomkapseln sowie viel Chili gewürzt und mit einer kleinen Menge Kokosmilch angedickt.

Die in Gärtnereien erhältliche »Currypflanze« *(Helichrysum italicum)* ist weder botanisch noch kulinarisch mit den Curryblättern verwandt.

DILL

Anethum graveolens

HERKUNFT UND GESCHICHTE

Dill ist eine mediterrane Pflanze und seit der Antike bekannt, wobei sie oft ungenau von Anis unterschieden wurde. Im frühen Mittelalter verbreitete sich die Pflanze als Heilkraut auch nach Mittel- und Nordeuropa und fand Eingang in die lokalen Küchen.

BOTANIK

Dill ist ein aufrecht wachsendes, einjähriges Kraut, das bis zu 150 cm hoch werden kann. Aus einer schlanken, bis zu 12 mm dicken Pfahlwurzel entspringt ein verzweigter, teilweise hohler Stängel mit zahlreichen wechselständigen Blättern, deren kegelförmige Blattscheide den Stängel umfasst. Die Blätter sind typischerweise 20 cm lang mit ovalem bis dreieckigem Umriss, kahl, blaugrün und zwei- bis dreifach gefiedert mit fadenförmigen Blattzipfeln. Die Blüten erscheinen in ca. 20 cm großen Doppeldolden; die Einzelblüten sind gelblich und 1–2 mm groß. Aus ihnen entwickeln sich 4 mm große Doppelspaltfrüchte, die in zwei linsenförmige Einzelfrüchte mit zwei flügelartig verbreiterten Längsrippen zerfallen.

ANBAU UND QUALITÄTEN

Dill wird weltweit in den gemäßigten Klimaten angebaut, in Europa vor allem in Holland, Polen und dem Balkan; die bedeutendsten Anbaugebiete liegen jedoch in Nordafrika (Ägypten), Indien, den USA und Südamerika. Der Anbau erfolgt auf Feldern in sonnigem, trockenem Klima. Zur Gewinnung von Kraut beziehungsweise Früchten wurden jeweils spezialisierte Sorten entwickelt.

Blühender Dill

Lieblingswürze von Fischgerichten: Dill wird in ganz Mitteleuropa für Fischgerichte verwendet, würzt aber auch Kartoffelspeisen und Salate. In Iran werden damit Bohnengerichte schmackhaft gemacht.

Getrocknete Dillfrüchte

Krautdill wird für den Frischverkauf kontinuierlich beerntet oder für Trockenware vor der Blüte (etwa 50 Tage nach Aussaat) geerntet; Dillkrautöl wird aus frisch verblühten Pflanzen destilliert. Körnerdill wird etwa 150 Tage nach der Aussaat maschinell geschnitten und noch am Feld gedroschen, wobei die ungleiche Reifezeit von Haupt- und Nebendolden unvermeidbare Verluste bedingt.

Verwendeter Pflanzenteil / Geruch und Geschmack

Als Gewürz werden sowohl die frischen (manchmal auch getrockneten) Blätter (»Dillspitzen«) als auch die getrockneten Früchte (»Dillsamen«) verwendet. Beide erinnern in Geruch und Geschmack an Kümmel, sind jedoch milder mit einer anisartigen, süßen Note; die Blätter werden auch oft als mild krautig beschrieben.

Aromagebende Inhaltsstoffe

Sowohl die Früchte (3 %) als auch die Blätter (0,3 %) verdanken ihr Aroma einem ätherischen Öl mit den Hauptbestandteilen Carvon und Limonen. Das Fruchtöl besteht fast vollständig aus diesen Komponenten (50 bzw. 40 %), während im Blattöl (40 bzw. 30 %) auch Phellandren (15 %) und andere Monoterpenverbindungen gefunden wurden.

Kulinarik

Trotz seiner mediterranen Herkunft spielt Dill in den **Mittelmeerküchen** keine besondere Rolle – mit Ausnahme der griechischen und türkischen Küchen: Dort wird das Dillkraut gerne für Joghurtspeisen verwendet, beispielsweise in manchen Varianten der türkischen kalten Gurkensuppe *cacık*. In **Mitteleuropa** ist Dillkraut sehr populär. Es hat eine gewisse Affinität zu senfhaltigen und essigsauren Speisen und ist von Deutschland bis Russland übliche Würze sauer eingelegter Gemüsezubereitungen, vor allem milchsauer fermentierter Gurken. Russische Gemüsekonserven enthalten oft ganze Dillzweige im Glas. Die Kombination von Dill mit rohen (Gurkensalat), eingelegten oder gekochten Gurken

DILL

ist in Deutschland so beliebt, dass Dill oft auch »Gurkenkraut« genannt wird – nicht zu verwechseln mit Borretsch, der wegen seines gurkenartigen Aromas auch manchmal so heißt. Dill eignet sich – allein oder zusammen mit anderen frischen Kräutern – sehr gut für Kräuteressig und Salatdressings. Außerdem ist Dill in unseren Breiten *das* Fischgewürz schlechthin; allein oder auch kombiniert mit beispielsweise Schnittlauch, Petersilie, Estragon und Zwiebeln, würzt das Kraut sowohl See- als auch Binnenfischgerichte; entweder als direkte Würzung oder auch indirekt in Saucen oder Remouladen. Ferner wird Dill für Kohl-, Eier- und Kartoffelgerichte verwendet.

In **Frankreich** würzt Dill eine zitronige Sahnesauce, die *sauce a l'aneth*, die sowohl rotes Fleisch als auch Fisch begleiten kann.

Die **skandinavische Küche** nutzt frisches Dillkraut in oft gewöhnungsbedürftigen Mengen zu Fischsuppen und gekochtem Gemüse. Schwedischer *gravlax* ist mit Salz, Zucker und Dill gebeizter Lachs und wird üblicherweise mit einer Dill-Senf-Sauce serviert. In Kombination mit Schnittlauch wird Dill in skandinavischen Rezepten gerne für Kartoffelspeisen verwendet – und sogar Kartoffelchips werden gelegentlich mit Dill gewürzt. Im **Baltikum** streut man gehackte Dillblätter zur Dekoration über Gemüsespeisen, Knödel und Suppen, etwa so wie Schnittlauch in Deutschland.

In **Ägypten** wird Dill für *ṭaʿmiyā*, eine regionale Variante der levantinischen *falāfil*, benutzt (siehe auch Kreuzkümmel). Diese frittierten Bällchen aus Saubohnen können frisches Dillgrün im Bohnenteig enthalten.

Die **iranische Küche** verwendet frisches Dillkraut zu Bohnen *(baghla)*, die mit Lammfleisch und gekochtem Reis *(baghali-pollo)* oder mit Ei als eine Art Omelett *(baghali-ghatogh)* gegessen werden. Auch in **Indien** ist Dill, sowohl als Frucht als auch als Kraut, ein übliches Gewürz für Hülsenfrüchte, vor allem für Linsengerichte aus dem Nordwesten.

Frisches Dillkraut

EBERRAUTE

Artemisia abrotanum

Blühende Eberraute

Unterschätzt: Diese fast verges-sene Pflanze alter Bauerngärten würzt mit ihrem intensiven Aroma Schweinebraten und Kalbfleisch-pasteten und sticht den verwand-ten Beifuß aromatisch aus. Leider fast nur noch in alten Familienre-zepten anzutreffen.

HERKUNFT UND GESCHICHTE

Eberraute ist im gesamten Mittel-meergebiet, in Südosteuropa und West-asien eingebürgert; ihre ursprüngliche Heimat ist nicht bekannt.

BOTANIK

Asteraceae (Korbblütengewächse), Unterfamilie Asteroidae. Die Eber-raute ist ein an der Basis verholzender Halbstrauch und wird 1–2 m hoch. Die aufrechten Stängel verzweigen sich erst im oberen Drittel und sind dicht beblättert. Die dunkelgrünen, unterseits schwach behaarten Blätter sind entweder dreispaltig oder ein- bis zweifach gefiedert, mit lanzettlichen bis fadenförmigen Fiederabschnitten.

Eberraute

Die blassgelben Blüten erscheinen in hängenden, kugeligen, rein röhrenblütigen Körbchen, die zu rispenartigen Blütenständen zusammengefasst sind.

Anbau und Qualitäten

Eberraute wird meist in Privatgärten kultiviert und spielt im Gewürzhandel keine Rolle. Es gibt verschiedene Kultursorten mit erheblich abweichendem Aroma, die beispielsweise als »Zitronen(eber)raute« und »Kampfer(eber)raute« bezeichnet werden. Kampfereberraute ist im Aroma wesentlich strenger und daher für kulinarische Zwecke ungeeignet.

Verwendeter Pflanzenteil / Geruch und Geschmack

Alle oberirdischen Pflanzenteile sind stark aromatisch; man verwendet vor allem die Blätter und die vor dem Erblühen geernteten Blütenköpfchen am besten in frischem Zustand. Eberraute hat ein sehr starkes, harzig-balsamisches, etwas penetrantes Aroma, manchmal mit deutlicher Zitruskomponente, und einen aromatischen, leicht bitteren Geschmack.

Aromagebende Inhaltsstoffe

Zu den Inhaltsstoffen der Eberraute findet man unterschiedliche Angaben; offenbar existieren verschiedene chemische Rassen. Das ätherische Öl besteht entweder hauptsächlich aus 1,8-Cineol oder aus Thujon; weitere Monoterpene und die Sesquiterpenoide Davanol, Davanon und Hydroxydavanon wurden nachgewiesen.

Kulinarik

Eberraute wächst in manchen alten Bauerngärten in den **Alpen**, spielt jedoch als Gewürz keine große Rolle. Aromatisch ist die Eberraute mit Beifuß vergleichbar; sie passt daher gut zu Gänse- oder Entenbraten. In der alpinen Bauernküche verwendet man Eberraute auch – ähnlich wie Salbei in Italien – zu Kalbfleischbraten und -pastete.

Russischer Estragon

ESTRAGON
Artemisia dracunculus

HERKUNFT UND GESCHICHTE

Die Herkunft des Estragons ist nicht bekannt – Vermutungen reichen von Süd- oder Osteuropa bis nach Sibirien. Es ist auch nicht klar, ob Estragon den antiken mediterranen Kulturen bekannt war. Einen unzweifelhaften Auftritt hat der Estragon erst im Spätmittelalter, als er sich durch arabische Vermittlung in Europa verbreitete.

BOTANIK

Asteraceae (Korbblütengewächse), Unterfamilie Asteroidae. Estragon ist eine mehrjährige Staude, die bis zu 150 cm hoch werden kann. Estragon bildet ein holziges, verschlungenes Rhizom, teilweise auch mit unterirdischen Ausläufern, aus denen gewöhn-

lich mehrere aufrechte, verzweigte, längs gefurchte, wechselständig beblätterte Stämme sprießen. Die 5 cm langen und 1 cm breiten Blätter sind ungestielt, linealisch (im unteren Teil der Pflanze mitunter dreilappig mit linealischen Einzellappen), ganzrandig und grün bis blaugrün gefärbt. Die winzigen Blüten (ausschließlich Röhrenblüten) sind zu annähernd kugelförmigen, 3 mm großen, nickenden Körbchen zusammengefasst, die in reichblütigen Rispen an den Stammspitzen erscheinen. Als Früchte bilden sich winzige Nüsschen.

Man unterscheidet zwei Typen: Russischer Estragon steht der Wildform nahe, ist robuster, hat leuchtend grüne Blätter und bildet große Mengen keimfähiger Samen; dagegen sind die Pflanzen von Deutschem (oder Französischem) Estragon oft etwas bläulich überlaufen und bilden zumeist nur sterile Samen.

ANBAU UND QUALITÄTEN

Estragon wird vegetativ aus Zweigen oder Rhizomstücken und heute auch durch Zellkultur vermehrt. Die schnellwüchsige Pflanze kann bereits wenige Monate nach dem Aussetzen beerntet werden, wobei pro Jahr zwei bis drei Ernten möglich sind. Da ältere Pflanzen weniger ätherisches Öl bilden, werden die Felder etwa im Vierjahresrhythmus neu bepflanzt. Estragon kommt für den Endverbraucher überwiegend getrocknet in den Handel, hat aber in dieser Form ein viel schwächeres Aroma als die frische Pflanze. Für die Lebensmittelindustrie wird Estragon auch gleich vor Ort destilliert und als ätherisches Öl gehandelt.

Estragon wird weltweit angebaut, etwa in Europa (vor allem Frankreich, Deutschland und Holland), Amerika (USA, Brasilien) und Asien (Indonesien, Indien, Philippinen). Die Weltjahresproduktion liegt bei etwa 250 Tonnen.

Französischer Estragon

VERWENDETER PFLANZENTEIL / GERUCH UND GESCHMACK

Man verwendet die Blätter, die kurz vor der Blüte ihr maximales Aroma entwickeln. Frischer Französischer Estragon riecht sehr intensiv, etwas anis- bis marzipanartig, eher würzig als süß, und schmeckt ebenso, mit leicht brennendem Unterton. Russischer Estragon hat dagegen kein erkennbares Aroma und schmeckt etwas herb; daher ist er als Gewürz praktisch wertlos und soll nicht weiter behandelt werden.

AROMAGEBENDE INHALTSSTOFFE

Estragon enthält bis zu 3 %, üblicherweise jedoch 1–2 % eines ätherischen Öls mit dem Hauptbestandteil Estragol (Methylchavicol, 60–80 %), daneben etwas Anethol (max. 10 %) und verschiedene Terpene (trans-β-Ocimen, cis-β-Ocimen, γ-Terpineol) mit Anteilen von 5–15 %. Estragol ist giftig und löst im Tierversuch Leberkrebs aus, gilt aber in gewürztypischen Mengen als ungefährlich.

KULINARIK

Estragon wird besonders in der **französischen Küche** verwendet. Das Kraut sollte unbedingt frisch eingesetzt werden; gehackt streut man Estragon über fertige Speisen, oft zusammen mit Schnittlauch, Petersilie und Kerbel in Form der Mischung *fines herbes*, oder er wird als Bestandteil des Kräuterstraußes *bouquet garni* mitgekocht. Er eignet sich für Fisch-, Kalb- und Geflügelgerichte, beson-

Elegant: Estragon gehört zum Würzkanon der französischen Küche. Er macht Senf grün und aromatisch und passt perfekt zu Bratkartoffeln und Geflügel.

Frisches Estragonkraut

ders als Würzung cremiger Sahnesaucen; dort geht Estragon hervorragend mit Senfaromen zusammen, sodass Senfsaucenrezepte häufig seine Verwendung vorschreiben.

Ein Klassiker ist die *sauce béarnaise*, eine emulgierte Buttersauce, die ihren Geschmack dem konzentrierten Absud von Kräutern und Gewürzen mit Weißweinessig verdankt. Estragon ist ein Hauptbestandteil der dazu verwendeten Kräutermischung.

Französischer Senf ist oft mit Estragon aromatisiert. Das gilt besonders für den milden Bordeaux-Typ, aber auch Dijon-Senf mit Estragonaroma ist im Handel. Darüber hinaus wird das Gewürz oft für Kräuteressige und zum Einlegen von Gurken benutzt. In der **deutschen Küche** werden mit Estragon gelegentlich Kartoffelgerichte, -beilagen und Fischgerichte gewürzt. In **Italien** ist er eher Fleisch- und Geflügelgewürz.

Estragon kann übrigens als Ersatz für einige exotische und nicht immer leicht erhältliche Gewürzkräuter dienen, etwa das thailändische *horapha*-Basilikum oder die mexikanischen Pfefferblätter. Umgekehrt dient die in Mexiko heimische Pflanze *Tagetes lucida* (Winterestragon, *pericón*) oft als Ersatz für Estragon, besonders im Süden der USA, wo es für die Kultur von Estragon zu heiß und zu trocken ist.

FÄRBERSAFLOR

SAFLOR, FÄRBERDISTEL, *Carthamus tinctorius*

Herkunft und Geschichte

Färbersaflor ist wahrscheinlich eine mediterrane oder vorderasiatische Pflanze. In der Antike wurde er von den Ägyptern und Griechen als Färbepflanze genutzt, die Griechen verzehrten auch die Blütenköpfe und die reifen Samen. Seit dem 3. Jahrhundert v. Chr. werden die Samen zur Produktion von Speiseöl verwendet, aber erst im 20. Jahrhundert entwickelte sich Saflor zu einer bedeutenden Ölpflanze.

Botanik

Asteraceae (Korbblütengewächse), Unterfamilie Asteroideae. Färbersaflor ist ein einjähriges Kraut und wird bis zu 180 cm hoch. Aus einer dicken, bis zu 3 m langen Pfahlwurzel entwickelt sich ein stark verzweigter Stamm mit spiralig angeordneten, ungestielten, 10 cm langen und 3 cm breiten Blättern, die bei den Kulturformen eiförmig mit scharfer Spitze, bei Wildformen aber auch lanzettlich oder mit gewelltem und stachelbewehrtem Blattrand ausgebildet sein können. Die orangefarbenen (selten gelben) Blüten erscheinen terminal in urnenförmigen, etwa 4 cm großen rein röhrenblütigen Köpfchen zu ma-

ximal 80 Einzelblüten. Die unsymmetrisch-eiförmigen, vierkantigen, blassbraunen Nussfrüchte werden bis zu 8 mm lang und 5 mm dick und tragen einen kurzen, rudimentären Pappus, der meist nur bei den inneren Früchten eines Köpfchens voll entwickelt ist.

Anbau und Qualitäten

Färbersaflor bevorzugt warmes und halbtrockenes Klima und Höhenlagen unter 1000 m. Allerdings stehen spezialisierte Kultivare mit gesteigerter Kältetoleranz zur Verfügung. Der Anbau erfolgt auf Feldern, entweder im Herbst (die Pflanzen überwintern in einem Rosettenstadium) oder im Frühjahr. Die Blüte beginnt frühestens zwei bis drei Monate nach der Aussaat und wird bei vielen Kultivaren von einer Tageslänge über 14 Stunden eingeleitet. Die Blüten sind selbstbestäubend und entwickeln sich in ca. einem Monat zu reifen Samen, die maschinell geerntet und weiterverarbeitet werden.

Verwendeter Pflanzenteil / Geruch und Geschmack

In der Küche werden die getrockneten Blüten verwendet, die einen schwach

Ausgetrickst: Mit Färbersaflor werden nichts ahnende Touristen aufs Glatteis geführt. Die blass färbende, aber praktisch geschmacksneutrale Blüte wird als angeblicher Safran verkauft.

Getrocknete Saflorblüten

krautigen oder heuähnlichen Geruch verströmen und kaum Geschmack aufweisen.

AROMAGEBENDE INHALTSSTOFFE
Saflorblüten enthalten kein ätherisches Öl; ihr kulinarischer Wert beruht nur auf ihrer Färbekraft, die auf zwei Flavonfarbstoffe zurückgeht: das wasserlösliche gelbe Carthamidin und das in Wasser schwer, aber in Alkalien gut lösliche rote Carthamin.

Das aus den reifen Samen gewonnene fette Öl (»Distelöl«) besteht hauptsächlich aus einfach ungesättigten Fettsäuren – je nach Kultivar Öl- oder Linolsäure – und ist daher mit Olivenöl vergleichbar.

Färbersaflorblüten spielen im internationalen Handel keine Rolle. Safloröl erreichte in den Siebzigern mit einer Jahresproduktion von 600 000 Tonnen eine kurze Phase großer Beliebtheit, wurde seither aber von Sonnenblumen- oder Rapsöl verdrängt.

Die wichtigsten Produktionsgebiete liegen in Indien, Nordamerika und Zentralasien.

KULINARIK
Der Färbersaflor ist kein Gewürz im eigentlichen Sinne: Er färbt Speisen hellgelb, liefert aber nur ein schwaches Aroma. Seine Bedeutung liegt vielmehr darin, dass er unwissenden Konsumenten oft als Safran verkauft wird – besonders Touristen bringen ihn aus Indien, Nordafrika oder Ungarn mit, wo sie Safran zu einem unglaublich günstigen Preis gekauft haben wollen. Die nächste *bouillabaisse* wird dann natürlich nichts.

In **Georgien** werden die gelben Blüten von *Tagetes*-Arten (Studentenblume) als optisch auflockernder Bestandteil der *khmeli-suneli*-Gewürzmischung verwendet. Diesen sogenannten Imeretischen Safran kann man durch die leichter erhältlichen Färbersaflorblüten ersetzen.

FELSENKIRSCHE

HERKUNFT UND GESCHICHTE

Die Felsenkirsche ist im östlichen Mittelmeerraum heimisch, kommt aber auch in Mitteleuropa an einigen besonders geschützten Standorten vor.

BOTANIK

Rosaceae (Rosengewächse), Unterfamilie Prunoidae. Felsenkirschen wachsen auf einem kleinwüchsigen Baum, der maximal 12 m hoch werden kann. Der mit einer rissigen Rinde bedeckte Stamm verzweigt sich zu einer dichten, im Alter breit ausladenden Krone, die durch die hängenden Zweige fast bis zum Erdboden reichen kann. Die elliptischen bis rundlichen, zugespitzten, am Rand gezähnten, dunkelgrünen, an den Adern durchscheinenden Blätter werden bis zu 5 cm lang; sie erscheinen erst am Ende der Blühphase in Kurztrieben. Die Blüten stehen in etwa zehnblütigen, kompakten, aufrechten Trauben. Die Einzelblüten haben fünf reinweiße, 1 cm lange Kronblätter und zahlreiche Staubblätter mit durch Pollen rötlich gefärbten Staubbeuteln. Es gibt neben den zwittrigen auch rein weibliche Bäume mit entwickelten, aber leeren und deshalb blasseren Staubbeuteln. Aus dem tief in den glockenförmigen Kelch eingesenkten Fruchtknoten entwickeln sich 1 cm große, schwarzrote, dünnfleischige Steinfrüchte – typischerweise werden nur ein oder zwei Blüten pro Blütenstand befruchtet.

ANBAU UND QUALITÄTEN

Der Anbau von Felsenkirsche spielt kommerziell keine Rolle. In den Hauptproduktionsländern Türkei, Syrien und Iran stammen die Kerne aus Wildbeständen oder kleinbäuerlichem Anbau.

Blühende Felsenkirsche

Fruchtstand der Felsenkirsche

Nussig-betörend: Die getrockneten Kerne der Felsenkirsche sind im Orient Standardbeigabe für Backwerk und würzen Kekse, Pudding – aber auch Käse.

Getrocknete Felsenkirschenkeimlinge

VERWENDETER PFLANZENTEIL / GERUCH UND GESCHMACK

Als Gewürz verwendet man den von der harten Steinschale befreiten, bis zu 8 mm langen, tropfenförmigen, ockergelben Samen. Die Samen haben eine weiche, ölige Konsistenz, einen aromatischen, etwas an Heublumen erinnernden Geruch und einen bitteren Geschmack.

AROMAGEBENDE INHALTSSTOFFE

Über die Aromastoffe der Felsenkirsche ist nicht viel bekannt. Cyanogene Glycoside (wie bei Mandeln) scheinen keine Rolle zu spielen; in den vegetativen Pflanzenteilen kommen Cumarine in Konzentrationen von 0,4 % vor. Möglicherweise sind solche Stoffe auch für den Geruch der Kerne verantwortlich. Durch den hohen Ölgehalt werden die Kerne rasch ranzig.

KULINARIK

Die Kerne der Felsenkirsche sind ein Gewürz, das nur in den Ländern am nordöstlichen Ende des Mittelmeeres verwendet wird. Es taucht in verschiedenen Arten von Gebäck und Kuchen auf, aber selten in salzigen Speisen. Eine Ausnahme sind eingelegte Käselaibe, die im Orient gerne mit Nigella und Felsenkirsche gewürzt werden.

In **Griechenland** würzt man das Ostergebäck *tsouréki*, einen geflochtenen Zopf aus süßem briocheähnlichem Teig, mit gemahlenen Felsenkirschkernen und einem weiteren, noch exotischeren Gewürz: dem Harz des Mastixstrauches, der nur auf der griechischen Insel Chios wächst. Auch der Hefekuchen *vasilópita* und der zypriotische Käsekuchen *flaoúnes* werden mit Felsenkirsche aromatisiert – zumindest in der traditionellen Variante. Moderne Rezepte verwenden stattdessen häufig Vanille.

In der **Türkei** und an der **Levanteküste** werden Felsenkirschen ebenfalls zum Würzen von Gebäck verwendet, etwa das kranzförmig geflochtene Frühstücksbrot *simit* oder das Teegebäck *çörek*, von denen die Armenier auch eine trockene, keksähnliche Variante (*chorek*) entwickelten. Die Kombination von Zimt mit Felsenkirsche findet man manchmal in Pudding aus Milch und Weizengrieß oder Reis (*muhallebi* und *aşure*).

Fenchel

Bitterfenchel, Wildfenchel: *Foeniculum vulgare* var. *vulgare*
Süssfenchel, Gewürzfenchel: *Foeniculum vulgare* var. *dulce*
Gemüsefenchel, Knollenfenchel: *Foeniculum vulgare* var. *azoricum*

Herkunft und Geschichte

Fenchel ist eine mediterrane Pflanze, die seit der Antike bekannt ist und häufig mit Anis verwechselt wurde (und wird). Fenchel wurde von den Griechen und Römern als Gewürz, Gemüse und Heilkraut verwendet und gelangte im Mittelalter nach Nordeuropa.

Botanik

Apiaceae (Doldenblütengewächse). Fenchel ist eine robuste Staude, die bis zu 2 m hoch wird. Der stark verzweigte, aufrechte, im Alter hohle, längs gestreifte Stängel trägt bis zu 15 cm lange, wechselständige, kahle, leuchtend grüne, mehrfach fiederteilige Blätter mit fadenförmigen, am Ende zugespitzten Fiederabschnitten. Tief stehende Blätter sind scheidig gestielt, die oberen ungestielt und kleiner (die vergrößerten, fleischigen Blattscheiden sind der essbare Teil des sogenannten »Knollenfenchels«). Die kleinen gelben Blüten erscheinen in terminalen, etwa 20-strahligen Doppeldolden und entwickeln sich zu 3–8 mm langen, ovalen bis zylindrischen, leicht gekrümmten Spaltfrüchten.

Anbau und Qualitäten

Fenchel wird auf Feldern angebaut und gedeiht am besten in warmem gemäßigtem Klima. Er wird aus Samen vermehrt und kann nach etwa 180 Tagen geerntet werden. In europäischen Anbaugebieten erfolgt die Ernte meist mit Mähdreschern, so-

Fenchelkraut

Italien ist voll davon: Im Sommer säumen Fenchelstauden die Landschaft. In der toskanischen Salami *finocchiona* ist er geschmacksgebende Zutat. Er passt zu Braten, in Suppen und auch zu Eingelegtem. In Mitteleuropa wird daraus magenberuhigender Tee zubereitet.

Blühender Fenchel

bald die Früchte der Mitteldolde reifen; zu diesem Zeitpunkt sind Früchte aus den Nebendolden jedoch noch unterentwickelt. Die früher übliche Methode, die zuerst reifenden Früchte manuell mit einem Kamm zu ernten (»Kammfenchel«), wird heute nur noch selten praktiziert, liefert aber bessere Qualität als der später geerntete gedroschene »Strohfenchel«, der Früchte unterschiedlichen Reifegrades enthält. Nach der Ernte werden die Fenchelfrüchte rasch im Schatten getrocknet, wobei sie als Qualitätsmerkmal ihre grüne Farbe behalten. Größere Fenchelfrüchte sind hochwertiger als kleine.

Fenchel wird weltweit angebaut. Man findet ihn in den kühl-gemäßigten Breiten und auch in den Tropen – dort allerdings nur in Gebirgslagen. Die bedeutendsten Produzenten sind China, Indien und die Mittelmeerländer, vor allem Ägypten. Für den europäischen Markt spielt neben Frankreich und Italien auch der Schwarzmeerraum eine Rolle. Die Jahres-Weltproduktion wird auf 60 000 Tonnen geschätzt. Bitterfenchel aus Wildsammlung (*finocchio selvatico*) wird nur in der Toskana in geringem Umfang produziert. Diese Früchte sind klein (3 mm) und schwarzbraun.

VERWENDETER PFLANZENTEIL / GERUCH UND GESCHMACK

Zumeist werden die getrockneten Früchte (»Fenchelsamen«) verwendet, aber auch die frischen Blätter und besonders die Blüten sind aromatisch. Alle diese Pflanzenteile riechen süßlich würzig, etwas anisartig und sehr charakteristisch; der Geschmack ist süß. Wildformen (»Bitterfenchel«)

Fenchelknolle

Fenchelfrüchte werden in der mitteleuropäischen Küche vorwiegend für das Würzen von Broten, am Mittelmeer dagegen für Fleisch- und Fischgerichte verwendet.

So wird in **Italien** Spanferkel *(porchetta)* mit Fenchel gewürzt, und in der Toskana bereitet man aus Fenchelsaat, Rosmarin und Knoblauch eine Kruste für hocharomatischen Schweinebraten. In der Toskana wächst Fenchel allerorts, die Pflanzen prägen im Sommer und Herbst die Landschaft wie kaum ein anderes Kraut, und so werden auch die frischen Blätter häufig fein gehackt zum Garnieren über Suppen gestreut oder in Brühen oder Schmorgerichten mitgekocht. Mit den Fenchelpollen hat die Toskana auch ein ganz eigenes, nirgendwo sonst verwendetes Fenchelgewürz, das man erst bei Tisch über die Speisen streut. Fenchelsamen sind integrale Zutat einer mittlerweile berühmten toskanischen Spezialität: Die *finocchiona*, eine intensiv gewürzte Fenchelsalami aus Schweinefleisch, ist inzwischen an vielen Wursttheken auch hierzulande eine Selbstverständlichkeit. Ihr unverwechselbares Aroma geht auf den Fenchel zurück, wobei für die besten Sorten nur Wildfenchel verwendet wird.

Außerdem werden Fenchelknollen in Italien sehr oft als Gemüse genossen. Sie werden als Salat mit Orangen gegessen, zu Cremesuppen verarbeitet, überbacken oder zu Pastasaucen verkocht. Ferner finden Fenchelfrüchte

haben ein herberes Aroma und einen leicht bitteren Geschmack. Ein äußerst exklusives Gewürz sind die getrockneten Pollen der Fenchelblüten. Dieses gelbe Pulver riecht fenchelartig mit tannenähnlichem, ätherisch-harzigem Oberton.

AROMAGEBENDE INHALTSSTOFFE

Fenchel verdankt sein Aroma einem ätherischen Öl, das in schwankender Menge (0,5–6 %) in den getrockneten Früchten enthalten ist. Bei den meisten Kulturarten dominiert das Phenylpropanoid Anethol (bis zu 80 %), daneben werden vor allem Monoterpene gefunden (Limonen und Fenchon). Wildformen enthalten mehr oder ausschließlich Fenchon.

oder kleine Knollenschnipsel manchmal als Zutat eingelegter Oliven oder anderer marinierter *antipasti* Verwendung.

In Italien und Frankreich wird Fisch gerne mit Fenchel und Zitrone gewürzt; zudem wird als Beilage zu Fischgerichten auch Fenchelbutter gereicht, für die die Früchte im Mörser zerstoßen und dann mit Butter verknetet werden. Die französischen *herbes de Provence* enthalten als einzigen nicht krautigen Bestandteil Fenchelfrüchte.

Auch in den Küchen des **indischen Subkontinents** spielt Fenchel eine Rolle. Er findet sich oft in kleiner Menge in nordindischen Gewürzmischungen, vor allem für Geflügel. In der bengalischen Küche ist Fenchel Bestandteil der Fünf-Gewürze-Mischung *panch phoron*, die vor der Verwendung

meist in Senföl leicht gebräunt wird. Dagegen wird Fenchel in Sri Lanka vor der Verwendung trocken geröstet, um ihm ein würziges und weniger süßes Aroma zu verleihen.

In Nordindien wird sehr oft Fenchel als Digestif nach dem Essen gegessen – man kaut einfach einige Fenchelfrüchte zusammen mit Zucker und der leicht anregend wirkenden Betelnuss, was gleichzeitig die Verdauung stimulieren und den Atem reinigen soll.

Ebenfalls verwendet wird Fenchel in der **chinesischen Küche**. Einerseits bestimmt das Gewürz das Aroma des Fünf-Gewürze-Pulvers mit, andererseits werden zerstoßene Fenchelfrüchte fast immer zum Würzen von Brühen verwendet.

71

Links: Getrocknete Wildfenchelfrüchte
Rechts: Getrocknete Kammfenchelfrüchte

FINGERWURZ

CHINESISCHER INGWER, *Boesenbergia pandurata* (syn. *B. rotunda*)

HERKUNFT UND GESCHICHTE

Die Pflanze ist im westlichen indonesischen Archipel (Java, Sumatra) heimisch, wird aber in ganz Südostasien und auch in Indien als Heilkraut und Gewürz angebaut.

BOTANIK

Zingiberaceae (Ingwergewächse). Fingerwurz ist eine ausdauernde Staude mit einem kugelförmigen, wenige Zentimeter großen Wurzelstock und daraus treibenden fleischigen, zylindrischen Wurzeln (20 cm lang und bis zu 2 cm dick). Oberirdisch bildet die Pflanze bis zu 80 cm lange Triebe mit nur wenigen, aufrechten, spitz-elliptischen bis breit-lanzettlichen Blättern, an deren Spitze die Blütenstände mit bis zu zehn schlundförmigen violetten Blüten von 2 cm Durchmesser stehen. Die Pflanze bildet keine Früchte.

ANBAU UND QUALITÄTEN

Fingerwurz stammt fast ausschließlich aus privaten Hausgärten und kleinen Gartenbetrieben. Der Handel ist nur von lokaler Bedeutung.

VERWENDETER PFLANZENTEIL / GERUCH UND GESCHMACK

Wurzeln und Wurzelstock werden meistens frisch verwendet. Das Gewürz hat einen starken, etwas medizinischen Geruch und einen dominant-aromatischen Geschmack mit scharfen und bitteren Obertönen.

Fingerwurz-rhizome

Nur in Thailand: Frische Finger-wurz ist Bestandteil von Currypasten und wird oft in Fischcurries als Gemüse mitgegart.

Fingerwurzblüte

AROMAGEBENDE INHALTSSTOFFE

Neben Flavonglykosiden, die für den bitteren Geschmack verantwortlich sind, und ca. 10 % Stärke enthält Fingerwurz bis zu 3 % ätherisches Öl. Darin wurden Monoterpene (Geraniol, 1,8-Cineol, Kampfer, Borneol), Sesquiterpene (Zingiberen, Zingiberon) und Phenylpropanoide (Zimtsäuremethylester) nachgewiesen.

KULINARIK

Fingerwurz wird vorwiegend in der **thailändischen Küche** genutzt und hat durch manche Anwendungen nicht nur Gewürz-, sondern auch Gemüsecharakter. Gelegentlich wird die Wurzel in Form dünner Scheiben oder schlanker Streifen verarbeitet, die länger in Currygerichten mitgeschmort werden. Häufiger wird sie jedoch im Mörser gemeinsam mit anderen frischen oder getrockneten Gewürzen zu einer Paste zerstampft. Entlang der Küste werden vor allem Fischspeisen damit gewürzt, weiter im Landesinneren auch Gemüse; dagegen kommt Fingerwurz selten an Fleisch oder Geflügel.

Frische Fingerwurz ist bei uns häufig in thailändischen Lebensmittelläden zu bekommen; sie wird auch getrocknet verkauft, schmeckt in diesem Zustand aber viel strenger und sollte nur im Notfall verwendet werden (vor der Verwendung einweichen).

In Kochbüchern findet man das Gewürz häufig nur mit dem Thai-Namen *krachai*.

Fingerwurz wird in der Literatur manchmal mit Kleinem Galgant verwechselt.

GALGANT

GALANGA, *Alpinia galanga* UND *A. officinarum*

HERKUNFT UND GESCHICHTE

Die genaue Herkunft von Galgant ist unbekannt, aber man vermutet, dass die Pflanze aus Südchina (*A. galanga*) oder dem malesischen Raum stammt (*A. officinarum*). Galgant erreichte den Mittelmeerraum erst in der Spätantike und wurde seit dem 5. Jahrhundert in der römischen, seit dem 9. Jahrhundert auch in der maurischen Medizin verwendet. Über die Medizin gelangte Galgant schließlich auch in die mittelalterliche Küche, beispielsweise für *galantyne*, eine mit Brot angedickte Sauce aus Rotwein, Essig, Zucker, Ingwer und Galgant, oder für gewürzten Wein. Galgant ist in vielen Rezepten Hildegards von Bingen enthalten. Auf den Britischen Inseln würzte man in der frühen Neuzeit auch Bier mit Galgant.

BOTANIK

Zingiberaceae (Ingwergewächse). Galgant ist eine ausdauernde Staude, die bis zu 3,5 m hoch werden kann. Sie entwickelt sich aus einem unterirdischen, stark verzweigten Rhizom mit elliptischem Querschnitt (2–4 cm Durchmesser). Die Rhizomaußenseite ist blassgelb bis leicht rötlich mit dunklen Querringen (Blattnar-ben). Im Innern ist es elfenbeinweiß, hart und faserig. Dem Rhizom entspringen Triebe mit grundständigen Blättern und zweizeilig beblätterten Scheinstämmen. Die Blätter sind eiförmig bis lanzettlich, ganzrandig, zugespitzt und ca. 50 cm lang. Die weißen, dorsiventralen, 4 cm großen Blüten erscheinen in endständigen, vielblütigen Trauben und entwickeln sich zu annähernd kugelförmigen, weinroten Kapselfrüchten, die jedoch nur selten voll ausreifen.

ANBAU UND QUALITÄTEN

Die Vermehrung erfolgt aus Rhizomstücken, die in der Erde rasch austreiben und bereits nach wenigen Monaten geerntet werden können. Galgant wird in Südostasien überwiegend in Hausgärten oder bäuerlichen Kleinbetrieben angebaut und gelangt vor allem in den lokalen Handel. In Indien und China erfolgt auch feldmäßiger Anbau zur Verwendung in der Traditionellen Chinesischen Medizin. Die Handelsstatistiken unterscheiden nicht zwischen den beiden Arten *A. galanga* und *A. officinarum* und geben Thailand, Indien und Indonesien als Hauptexporteure an.

Riecht nach Nadelholz: Die rein-weißen Rhizome werden in Scheiben geschnitten oder zu Paste zerrieben und sind in Indonesien und Thailand Standardwürze.

Galgantpflanze

VERWENDETER PFLANZENTEIL / GERUCH UND GESCHMACK

Wie bei vielen verwandten Gewürz-pflanzen verwendet man beim Gal-gant das Rhizom (Wurzelstock, un-terirdischer Stamm), im Produkti-onsgebiet manchmal auch die Blätter. Das Rhizom hat im frischen Zustand einen tannennadelartigen Geruch, der sich beim Trocknen zu einem süßlich würzigen, zimtähnlichen Ton wandelt. Der Geschmack des frischen Rhizoms erinnert an Ingwer und ist – mit einer deutlichen harzigen Note – leicht scharf.

AROMAGEBENDE INHALTSSTOFFE

Galgantwurzelstöcke enthalten ein scharf schmeckendes Harz (Alpinol, besteht aus Gingerolen, Diarylhep-tan-3,5-dionen und davon abgeleite-ten Verbindungen), 15 % Stärke und zwischen 0,2 und 1,5 % ätherisches Öl mit variabler Zusammensetzung. In Öl aus frischem Galgant finden sich sowohl Monoterpene (1,8-Cineol, α-Thujen und Pinene) als auch Sesqui-terpene (E-β-Farnesen, β-Bisabolen, α-Bergamoten) und Spuren von Phe-nylpropanoiden (Eugenol), während im getrockneten Galgant die Zahl der Aromaverbindungen stark reduziert ist (1,8-Cineol, E-β-Farnesen).

KULINARIK

Galgant ist im Wesentlichen ein Ge-würz des Fernen Ostens. In anderen Küchen spielt er kaum eine Rolle; al-lenfalls sporadisch in mittelöstlichen Reisspeisen oder auch in Europa, wo

Galgantrhizome

man ihn manchmal in Glühweinmischungen findet – ein Überbleibsel seiner häufigen Verwendung im europäischen Mittelalter.

In der **thailändischen Küche** ist frischer Galgant eine universelle und vielseitig eingesetzte Zutat. Der Wurzelstock wird meist gerieben verwendet und ist in dieser Form auch Bestandteil praktisch aller Currypasten, denen er ein frisch-würziges Aroma verleiht. Die reine Galgantpaste wird auch zum Würzen von Fleischfarcen verwendet, und fein gehackt kommt das Gewürz in Würsten *(si uah)* zum Einsatz, die vorwiegend in Thailands gebirgigem Norden hergestellt werden. So ist Galgant aus den Fleisch-, Geflügel- und Gemüsezubereitungen Thailands kaum wegzudenken; lediglich bei den Fischcurries der Region wird eher Fingerwurz bevorzugt.

Schmorgerichten mit langer Zubereitungszeit fügt man das Rhizom übrigens in Form dünn geschnittener Scheiben zu, die dann aber nicht mitgegessen werden. Auch Suppen enthalten die Rhizomscheiben: beispielsweise die kokosmilchgebundene *tom kha*, die sogar nach Galgant *(kha)* benannt ist.

Die Thai-Küche kombiniert Galgant gerne mit anderen frischen Aromen wie Ingwer, Zitronengras und Kaffernlimettenblättern. Mit Sojasauce oder fermentierten Sojabohnen zubereitete Speisen enthalten allerdings selten Galgant.

In vielen Küchen **Indonesiens** und **Malaysias** spielt Galgant ebenfalls eine herausragende Rolle. Das Rhizom ist oft in den indonesischen Würzpasten *bumbu* enthalten, die aus Zwiebeln und frischen Gewürzen zubereitet werden und die in roher Form zum Marinieren von Fleisch oder in angebratener Form als Saucengrundlage dienen. Das scharfe Büffelragout *rendang* aus Westsumatra enthält ein *bumbu* aus Zwiebel, Chili und Galgant, mit dem das Fleisch zunächst scharf angebraten wird, bevor es dann stundenlang in Kokosmilch vor sich hin simmert.

Das Nationalgericht Indonesiens ist gebratener Reis *(nasi goreng)* mit einer unüberschaubaren Anzahl von Varianten. Als Grundrezept werden Knoblauch, Ingwer, Gemüse und kleine Fleischstücke im Wok scharf angebraten und unter heftigem Rühren auf hoher Flamme mit vorgekochtem (aber abgekühltem) Reis vermengt. Zum Schluss rührt man eine pikante Würzsauce *(sambal)* ein; in Java und Bali bevorzugt man *sambal tomat*, eine Tomatensauce, die mit Galgantscheiben und anderen Gewürzen dick eingekocht wird.

In Südostasien steht Galgant stets frisch zur Verfügung und wird auch ausschließlich so verwendet. Da getrockneter Galgant, insbesondere gemahlen, erheblich anders schmeckt, ist man für diese Küchen auch auf frischen Galgant angewiesen.

Demgegenüber benutzt die **chinesische Küche** Galgant immer getrocknet. Er ist optionale Zutat des Fünf-Gewürze-Pulvers und wird darüber hinaus in Form getrockneter Scheiben oder Rhizomstücke zum Würzen von Brühen verwendet. Zu diesen Zwecken wird allerdings auch häufig der Kleine Galgant verwendet.

Siehe auch Kleiner Galgant

77

GEWÜRZNELKE

Syzygium aromaticum (syn. *Eugenia caryophyllata*)

HERKUNFT UND GESCHICHTE

Gewürznelken sind auf den Nordmolukken im Osten Indonesiens heimisch. Die beiden Sultanate Ternate und Tidore, gelegen auf zwei benachbarten Vulkaninseln mit ca. 10 km Durchmesser, belieferten mindestens seit dem 1. Jahrhundert v. Chr. über Zwischenhändler die Märkte in China, Indien und etwas später auch Europa. Gewürznelken dienten als Medizin, Parfüm und besonders in China als Stimulans und Mittel gegen Mundgeruch, daneben auch als Gewürz. Das älteste europäische Rezept mit Nelken stammt aus dem 4. Jahrhundert.

Die Herkunft des fremdartig nagelförmigen Gewürzes blieb mehr als 1000 Jahre im Dunkeln. Erst im 13. Jahrhundert erschienen die ersten arabischen Beschreibungen von Ternate und den Gewürznelkenbäumen; Marco Polo, der nie in Ternate war, berichtete von umfangreichem Handel mit Gewürznelken an den südindischen Häfen. Als Vasco da Gama

1498 Indien erreichte, konnte er neben dem dort heimischen Pfeffer auch Nelken zu niedrigen Preisen kaufen – aber damit waren die Portugiesen nicht zufrieden.

1512 erreichte die erste portugiesische Expedition unter Francisco Serrão Ternate und errichtete einen Stützpunkt, den sie 1575 unter Druck des Sultans aufgeben musste. In den folgenden Jahren konnte Ternate seine Machtposition weiter ausbauen, bis der Sultan von Tidore, besorgt über den Aufstieg der traditionell verfeindeten Nachbarinsel, in eine Allianz mit den Spaniern trat. Die Auseinandersetzungen zwischen Ternate, Tidore, Spanien und Portugal dauerten fast 100 Jahre an, und am Ende gab es einen überraschenden Sieger: Holland.

Die Holländer erkannten den kommerziellen Wert des Nelkenmonopols und brachten den Anbau unter ihre Kontrolle. Einheimische Plantagen in Ternate und Tidore wurden zerstört, um den Anbau auf die südliche Insel Ambon zu verlegen, die leichter kontrollierbar schien. Auf Schmuggel von Pflanzen stand die Todesstrafe, um das Monopol zu bewahren. Um lokalen Handel zu unterdrücken, ließ man die gesamte Ernte zu Festpreisen abliefern. Der einzig zugelassene Handelsplatz für Gewürznelken sollte Amsterdam sein. Die holländische Ostindien-Gesellschaft (*Vereenigde Oostindische Compagnie*, VOC) regierte die Inseln mit eiserner Hand und erhob den Anspruch, den Handel vollständig zu kontrollieren.

Doch das Monopol konnte nicht konsequent erzwungen werden. Vereinzelt überlebten Nelkenbäume außerhalb des zugelassenen Gebiets die holländische Zerstörungswut: So kann man heute noch in Ternate den »alten Nelkenbaum« *pohon cengke afu* besichtigen, der angeblich schon Sir Francis Drake 1579 gezeigt wurde.

Trotz der regelmäßigen Razzien durch die holländische Kolonialverwaltung gab es eine gewisse Menge Schwarzanbau und Schleichhandel, vor allem mit Java und China. Ein französischer Abenteurer und Botaniker namens Pierre Poivre konnte ab 1766 mehrmals schwarzgezogene Nelken- und Muskatbäume auf französische Territorien (Mauritius, Réunion) schmuggeln und nach anfänglichen Schwierigkeiten auch weiterzüchten. Damit war das Monopol der VOC schwer angeschlagen; sein endgültiges Ende kam mit der kurzen englischen Herrschaft über den indonesischen Archipel (1811–1815), im Zuge dessen der Gouverneur Stamford Raffles alle bedeutenden Nutzpflanzen der Region in anderen britischen Gebieten ansiedelte.

BOTANIK

Myrtaceae (Myrtengewächse). Der Nelkenbaum ist immergrün und bis zu 20 m hoch (wird allerdings in Plantagen auf 5 m gehalten), mit in der Jugend kegelförmiger, danach zylindrischer Krone. Die zarten und zerbrechlichen Zweige tragen wechselständige, zugespitzt eiförmige,

Würzt nicht nur in der Küche: Die Hälfte der Weltnelkenproduktion wandert gar nicht in Kochtöpfe, sondern in die indonesische *kretek*, die in dem Inselreich allgegenwärtige Nelkenzigarette. Nelken sind aber auch fester Bestandteil diverser arabischer Gewürzmischungen (*bahārāt*) und der französischen *quatre-épices*.

79

Gewürznelken

ganzrandige, dunkelgrün glänzende Blätter. Die zwittrigen Blüten erscheinen zu fünf bis 15 in Dreiergruppen, die dichte, endständige Rispen bilden. Die Knospen sind 2 cm lang, rötlich überlaufen und bestehen aus einem röhrenförmig verlängerten Kelch mit vier fleischigen Kelchblättern und den zu einer Halbkugel verwachsenen Kronblättern sowie einem unterständigen Fruchtknoten.

Bei Blütenbeginn fallen die Kronblätter sofort ab, sodass die vielen cremeweißen, 7 mm langen Staubgefäße sichtbar werden. Die Frucht (»Mutternelke«) ist eine 2 cm lange, elliptische bis zylindrische Beere mit ein oder zwei Samen.

ANBAU UND QUALITÄTEN

Der Nelkenbaum ist eine empfindliche Kulturpflanze, die nur auf tropischen Vulkaninseln und bevorzugt in Meeresnähe gedeiht, obwohl einige Anbaugebiete auf bis zu 900 m Höhe liegen. Die Pflanze wird aus Samen vermehrt; Jungbäume tragen ab dem vierten Jahr und erreichen mit 20 Jahren ihre volle Produktivität.

Die Blütenknospen bilden sich mit dem Beginn der Regenzeit, erblühen aber erst sechs bis acht Monate später. Zur Ernte wird ein gesamter Blütenstand gekappt, kurz bevor sich die erste Blüte öffnet. Dann werden die Knospen in der Sonne getrocknet. Die Erntezeit erstreckt sich zumeist über einen Zeitraum von zwei Monaten. Die Erträge schwanken sehr stark in einem drei- bis vierjährigen Rhythmus, betragen aber im Schnitt nur wenige Kilogramm pro Jahr und Baum.

Im Handel werden Gewürznelken primär nach ihrer Herkunft beurteilt. Der Markt wird von Sansibar dominiert, das bis in die 1980er-Jahre fast das Monopol im Welthandel hatte, da der hohe indonesische Bedarf die inländische Produktion vollständig verbrauchte. Durch groß angelegte Anbauprojekte produziert Indonesien seit 1982 Überschüsse, die als Devisenbringer exportiert werden und zu einem Preisverfall im Großhandel geführt haben.

Die indonesische Sorte *siputih* produziert die größten und teuersten Gewürznelken, ist aber nur in geringem Umfang verfügbar. Die Standardsorte ist *kiri* und wird sowohl in Indonesien als auch in Sansibar angebaut.

Zu spät geerntete, schlecht getrocknete oder aus betrügerischen Gründen teilextrahierte Ware enthält wenig ätherisches Öl. Da Nelkenöl schwerer als Wasser ist, schwimmen solche minderwertige Nelken waagrecht auf der Wasseroberfläche, während ölreiche Ware eine vertikale Position einnimmt (unter der halbkugelförmigen Haube aus den Blütenblättern befindet sich eine Luftblase) oder ganz untergeht.

VERWENDETER PFLANZENTEIL / GERUCH UND GESCHMACK

Die Knospen werden kurz vor dem Aufblühen geerntet und getrocknet. Andere aromatische Pflanzenteile (Blätter, Blütenstiele) werden selten als Gewürz verwendet, dienen aber als Quelle für ätherisches Öl. All diese Pflanzenteile haben einen stark aromatischen, süßlichen Geruch und scharfen, wärmenden Geschmack gemeinsam.

AROMAGEBENDE INHALTSSTOFFE

Das ätherische Gewürznelkenöl ist im Gewürz zu 15 % enthalten und wird vom Eugenol (80 %) als Impactverbindung dominiert; als Nebenbestandteile treten Eugenolacetat und β-Caryophyllen auf. Gewürznelkenstiele und -blätter enthalten 6 bzw. 2 % eines Öls mit ähnlicher Zusammensetzung (allerdings weniger Eugenolacetat). In den Früchten finden sich 2–8 % eines Öls, dessen Hauptbestandteil ebenfalls Eugenol ist, das aber ca.

Nelkenknospen

Mutternelken (Nelkenfrüchte)

35 % 2-Hydroxy-4,6-dimethoxy-5-methylacetophenon enthält.

KULINARIK

In den europäischen Küchen würzt die Nelke sowohl süße als auch herzhafte Speisen. **Französische** Ragoutgerichte und opulente Braten, sofern sie Geflügel, Wild oder Rind enthalten, kommen selten ohne Nelken aus (berühmtes Beispiel ist der *coq au vin*). Ferner sind Gewürznelken fester Bestandteil von Grundfonds und -saucen, in denen sie eine zurückhaltende, erdig-süße Hintergrundnote liefern. Die französische Gewürzmischung *quatre-épices* enthält neben ihrem Hauptanteil Pfeffer in variablen Anteilen noch Muskat, Zimt und Nelken. Sie wird für Fleischgerichte und bei der Pasteten- und Wurstherstellung verwendet.

Abgesehen von ihrem umfangreichen Einsatz in der Bratenküche haben Nelken aber gerade in **Europa** den Charakter eines Süßspeisengewürzes. Gegarte Obstspeisen und Kompotte enthalten oft Nelken, und im Lebkuchen sind sie mit Zimt zusammen geradezu charakterspendend. Da Lebkuchen klassischerweise auch als Saucengrundlage dient, wird aus dieser Süßspeise leicht wieder ein Begleiter für Wild oder Geflügel.

In den Küchen des **Nahen Ostens** sind Nelken integraler Bestandteil der Gewürzmischung *bahārāt*. Für diese Mischung gibt es zwar eine Vielzahl unterschiedlicher Rezepturen, die meisten aber enthalten neben Nelken noch Zimt, Piment, Muskat, Kardamom, Kreuzkümmel und Korianderfrüchte. Tendenziell entsteht ein ausgewogen warm-würziges Aroma, das durch Nelken und Zimt eine gewisse Süße erhält. Oft hat jede Familie ihr »privates« Mischungsverhältnis, das sie beim Gewürzhändler individuell zusammenstellen und vermahlen lässt. *Bahārāt* ist einerseits Tischwürze, kommt andererseits aber auch als Würz- und Saucengrundlage bei Fleisch- und Reisgerichten (wie beispielsweise kuwaitischem *majbūs*) zum Einsatz.

In **Ostafrika** nutzt man Nelken für Schmorgerichte wie den äthiopischen *wat*, eine gulaschartige Zubereitung aus Fleischstücken in einer dicken Sauce aus Zwiebeln und Gewürzen, meistens in Form fertiger Gewürzmischungen des *berbere*-Typs. In Äthiopien und Eritrea trinkt man auch mit Nelken gewürzten Schwarztee und sogar Kaffee, wobei im letzteren Fall die Kaffeebohnen zusammen mit Gewürznelken und anderen Gewürzen geröstet und gemahlen werden.

GEWÜRZNELKE

Gewürznelken sind ein weltweit verbreitetes Gewürz, das in zahllosen Küchen verwendet wird. Insofern ist es geradezu ironisch, dass sie ausgerechnet in den Küchen **Indonesiens**, also im Heimatland der Pflanze, keine besondere Rolle spielen. Sie kommen lediglich manchmal in Gewürzmischungen zu geschmortem Fleisch in geringer Menge vor. Dass Indonesien trotzdem Hauptverbraucher der Weltproduktion ist, hat einen anderen Grund: Das Gewürz ist geschmackstragende Zutat der *kretek*, einer mit Nelken gewürzten Zigarette, die sich seit ein paar Jahren auch in Europa einiger Beliebtheit erfreut. Ihren lautmalerischen Namen verdanken diese Zigaretten den knisternden Geräuschen, die beim Verbrennen der Nelkenstücke entstehen.

In **Indien** gehören Nelken zu den Eckpfeilern vieler Regionalküchen, vor allem der Mogul-Küche im Norden. Die meisten mogulischen Rezepte beginnen mit dem Anbraten von Gewürznelken, Zimt oder Kardamom in Öl oder Butterschmalz. Die Nelken werden dabei so heiß, dass sie anschwellen und bei weiterem Erhitzen sogar lautstark platzen würden. Sobald die Gewürze das richtige Aroma entwickeln, senkt man die Temperatur durch Zugabe von gehackten Zwiebeln. Solche fettig angebratenen Würzarrangements sind die Grundlage für die meisten mogulischen Saucen (siehe auch Zwiebel).

Die nordindische Gewürzmischung *garam masala* enthält ebenfalls Nelken. Sie wird meist als nachträgliche Würzung über bereits fertig gekochte Speisen gestreut, beispielsweise über Fleischcurries auf Joghurt- oder Tomatenbasis.

In Südindien verwendet man Nelken sowohl ganz als auch gemahlen als Bestandteil von Gewürzpulvern oder -pasten, die für bestimmte Gerichte frisch zubereitet werden. Besonders die Küche von Kerala – seit Jahrhunderten Umschlagplatz südostasiatischer Gewürze in Indien – verwendet sie häufig in Kombination mit Zimt und Pfeffer.

In **China und Südostasien** spielen Gewürznelken als Bestandteil des chinesischen Fünf-Gewürze-Pulvers eine Rolle, das auch in die Küchen vieler Anrainerstaaten Eingang gefunden hat. Chinesische Brühen werden oft mit Mischungen ungemahlener Gewürze aromatisiert, die – neben Orangenschalen, Zimt, Sternanis und Fenchel – meist auch Nelken enthalten. In Thailand sind Nelken darüber hinaus auch in der *masaman*-Currypaste enthalten.

GRANATAPFEL

Punica granatum

Granatäpfel

HERKUNFT UND GESCHICHTE

Der Granatapfel stammt wahrscheinlich aus dem südlichen Zentralasien, aus der Region zwischen Iran und dem Himalaja. Allerdings war er bereits in der frühen Antike am Mittelmeer bekannt: Er wird in ägyptischen Quellen erwähnt, taucht zahllose Male im Alten Testament auf (übrigens auch im Koran) und spielt eine zentrale Rolle in einem alten griechischen Mythos, der den Wechsel der Jahreszeiten er-

klärt: Der Totengott Hades entführte Persephone, die Tochter der Erdgöttin Demeter. Die wütende Mutter erwirkte mit der Drohung von ewigem Winter die Rückgabe ihrer Tochter. Da Persephone jedoch im Totenreich eine Mahlzeit eingenommen hatte, konnte sie nicht vollständig in die Oberwelt zurückkehren, sondern musste einen Teil des Jahres als Gemahlin des Hades verbringen: In dieser Zeit grämt sich ihre Mutter, und die Menschen

GRANATAPFEL

erleben den Winter, in dem die Erde unfruchtbar bleibt. Die verhängnisvolle Speise, die uns den Winter beschert hat, war – ein Granatapfel.

Wegen seiner zahlreichen Samen galt und gilt der Granatapfel in vielen Kulturen als Fruchtbarkeitssymbol. Sein hoher Gerbstoffgehalt begründet die seit der Antike bezeugte Verwendung in der Lederherstellung.

BOTANIK

Der Granatapfelbaum ist ein kleiner, gewöhnlich 6 m hoher, krummwüchsiger, Laub abwerfender Baum, der bei nicht idealen Wachstumsbedingungen auch strauchigen Habitus annimmt. Der Stamm verzweigt sich bereits knapp über Erdniveau in viele dünne, zumeist dornige und herabhängende Zweige, die gegenständige oder wirtelige, lanzettliche, am Ende zugespitzte, bis zu 9 cm lange, ganzrandige, oberseits glänzende Blätter tragen. Die Blüten stehen in kleinen Gruppen an der Zweigspitze. Der fünf- bis achtzipfelige, persistente Kelch und der Blütenboden verschmelzen zu einer 2–3 cm langen, fleischigen, trompetenförmigen, wachsigen, scharlachroten Struktur, aus der sich die zerknitterten, zumeist hellroten, weißen oder rot-weiß gesprenkelten Blütenblätter und die zahlreichen gelben Staubgefäße entfalten. Als Frucht entwickelt sich eine blassgrüne bis orangefarbene, kugelige Beere mit 6–12 cm Durchmesser, die durch schwammig-ledrige Häute in unregelmäßig geformte Abteilungen gegliedert wird. Diese Abteilungen sind dicht mit ca. 5 mm großen, grob würfelförmigen Kernen ausgefüllt, die aus dem eigentlichen Samen und einem fleischigen, saftigen, roten bis rosafarbenen, transparenten Samenmantel (»Fruchtfleisch«) bestehen.

ANBAU UND QUALITÄTEN

Granatapfelbäume sind an subtropisches Klima angepasst und werden vom Mittelmeer über Zentralasien bis nach Indien angebaut; geringere Mengen stammen aus China, Japan und den USA. Sie sind genügsam, beschränkt frosthart und bevorzugen heiße, aride Sommer. In den Tropen sind sie dagegen problematisch zu halten und liefern schlechtere Fruchtqualität. Die weltweite Jahresproduktion liegt bei 800 000 Tonnen.

In den Subtropen fruchten die Bäume nur einmal pro Jahr, im späten Herbst. Granatäpfel sind gut haltbar und kommen frisch als Obst in den Handel oder werden zu Fruchtsaft verarbeitet; für manche nahöstlichen Rezepte benötigt man Granatapfelsirup, der durch Reduktion des Fruchtsafts hergestellt wird.

Die als Gewürz verwendeten Granatapfelsamen stammen von kleinfruchtigen, halbwilden Sorten, teilweise sogar aus Wildbeständen. Die Samen werden reif geerntet und in der Sonne getrocknet.

VERWENDETER PFLANZENTEIL / GERUCH UND GESCHMACK

Der essbare Teil des Granatapfels sind die Samenmäntel; die kleinen Samen

Süß, aber herzhaft: Granatapfelkerne dienen in Iran und der Levante als Fleischwürze. Getrocknete Kerne würzen nordindische Schmorgerichte, die frischen Kerne werden über nordwestindische Gemüsespeisen gestreut.

Granatapfelblüte

werden jedoch häufig mitgegessen und haben einen herben Geschmack und eine knusprige Konsistenz. Die Samenmäntel riechen fruchtig und schmecken je nach Sorte süß, süß-sauer oder auch rein sauer.

AROMAGEBENDE INHALTSSTOFFE

Granatapfelsamen enthalten bis zu 20 % Zucker (Fructose, Glucose) und 0,5–3,5 % Zitronensäure, dazu 40 ppm Vitamin C.

KULINARIK

Granatäpfel sind ein beliebtes Obst in den asiatischen Tropen und Subtropen. Sie werden vorwiegend zu Erfrischungsgetränken verarbeitet, dienen jedoch auch gelegentlich zur Zubereitung salziger Speisen: Granatapfelsirup *(dibs ar-rummān)* säuert **türkische** Salate wie den Hartweizengrießsalat *kısır*. In **Georgien** und **Iran** schmort man Fleisch oder Fisch in einer dicken, mit Kräutern gewürzten Granatapfelpaste (beispielsweise iranisches *khoresht-e fessenjan*, Geflügel in Walnuss-Granatapfel-Sauce). Ferner wird Granatapfelsirup im Orient zum Würzen von Reisfüllungen ausgehöhlter Zucchini oder entkernter Paprika verwendet. Als Vorspeise werden in den **Levanteländern** auch gerne mit dem Sirup gewürzte, herzhafte Reiszubereitungen mit Weinblättern zigarrenförmig umwickelt.

In **Indien** streut man frische Granatapfelkerne manchmal über Gemüsecurries, besonders in der tendenziell süßen Küche von Gujarat. Getrocknete und im Mörser zerriebene Granatapfelkerne *(anardana)* verleihen nordindischen Gemüse- und Hülsenfrüchtecurries einen angenehm säuerlichen Geschmack. In der mogulischen Küche von Uttar Pradesh und in Pakistan werden sie auch ungemahlen für Schmor- und besonders Reisgerichte *(pullao, biriyani)* verwendet, wobei sie ungefähr dieselbe Rolle spielen wie Berberitzen in der iranischen Küche; neben dem sauren Geschmack verleihen sie dem Gericht aber auch eine knusprige Note.

INDISCHE LORBEERBLÄTTER

Cinnamomum tamala

HERKUNFT UND GESCHICHTE

Der Indische Lorbeerbaum wächst wild im südöstlichen Himalaja und in den sich anschließenden Gebirgen Burmas und Chinas. Die Blätter wurden seit dem Altertum von den dort lebenden Bergvölkern gesammelt und an den Häfen im Golf von Bengalen zum Kauf angeboten. So gelangten sie über Zwischenhändler bis nach Europa, wo sie als *malabathrum* bekannt waren.

Im Rom des 1. Jahrhunderts n. Chr. stellte man aus Indischen Lorbeerblättern Parfümöl her und verwendete die getrockneten Blätter gelegentlich auch zum Würzen von Saucen. Apicius führt in seinem berühmten Kochbuch einige Beispiele an, etwa eine Sauce aus fermentierter Fischsauce, Honig, Essig, Indischen Lorbeerblättern, Kreuzkümmel und verschiedenen Kräutern, die zu Austern gereicht werden soll.

Das exotische Gewürz wurde mindestens bis ins frühe Mittelalter nach Byzanz und Europa geliefert und hieß im Küchenlatein einfach *folia* (»Blätter«). In der Folgezeit wurde echtes *malabathrum* zunehmend durch die reichlich verfügbaren mediterranen Lorbeerblätter ersetzt, für die die gleiche Bezeichnung benutzt wurde. So gerieten die Indischen Lorbeerblätter in Europa völlig in Vergessenheit, und selbst ihre botanische Identität war nicht mehr bekannt, bis der Naturforscher und Arzt García de Orta sie im 16. Jahrhundert in Indien neu entdeckte und mit dem antiken Gewürz identifizierte.

BOTANIK

Lauraceae (Lorbeergewächse). Indische Lorbeerblätter stammen von einem eng mit den Zimtarten verwandten immergrünen Baum, der wie diese bis zu 20 m hoch wird und harte, lanzettlich-eiförmige Blätter mit drei stark hervortretenden Blattnerven trägt.

ANBAU UND QUALITÄTEN

Indische Lorbeerblätter stammen überwiegend aus Wildsammlung. Sie gelangen kaum in den außerindischen Handel. Die bedeutendste Herkunftsregion ist Sikkim.

VERWENDETER PFLANZENTEIL / GERUCH UND GESCHMACK

Als Gewürz werden die getrockneten Blätter verwendet. Die Rinde dient manchmal als minderwertiger Ersatz

Dauerbrenner: Beliebtes Parfüm und Gewürz der Spätantike, ist es seit einigen Jahren als wichtiger Bestandteil der nordindischen Kochkunst in Europa wieder im Handel.

Indische Lorbeerblätter

für Zimt. Indische Lorbeerblätter haben einen zimtähnlichen, süßen Duft, der übrigens keine Ähnlichkeit mit dem mediterranen Lorbeer hat.

Aromagebende Inhaltsstoffe

Die Blätter enthalten ein terpenreiches ätherisches Öl mit dem Hauptbestandteil Linalool und den Nebenbestandteilen Pinen, Cymen und Zimtaldehyd.

Kulinarik

Indische Lorbeerblätter spielen, abgesehen von historischen europäischen Rezepten, nur in **Nordindien** eine Rolle. Ihr lieblicher Zimtduft macht sie zu einem bevorzugten Gewürz der Küche der Moguln, jener muslimischen Dynastie, die Indien im 16. und 17. Jahrhundert beherrschte und deren Küche auch heute noch berühmt ist – und die leider auch in »indischen Restaurants« heftig bastardisiert wird. Die mogulischen Speisen sind oft Schmorgerichte *(korma)*, die stundenlang, manchmal auch tagelang gegart werden; bei dieser Zubereitungsart erhält man dicke, aromatische Saucen und butterweiches Gargut. Auch die duftigen Reisspeisen *(biriyani)* und das in Paprika-Knoblauch-Joghurt-Sauce geschmorte Lammfleisch *roghan josh* gehören zu dieser Kochtradition. Mogulische Speisen werden sehr häufig mit Indischen Lorbeerblättern gewürzt, wobei man sie in Butter oder Fett leicht anbräunt und dann einfach mitkochen lässt. In manchen Versionen der Gewürzmischung *garam masala* sind auch Indische Lorbeerblätter vermahlen.

Die Blätter sind im Handel schwer zu bekommen, am ehesten noch unter dem Namen *tejpat* bei indischen Lebensmittelhändlern. Sie lassen sich recht gut durch Zimtpulver ersetzen, aber auf keinen Fall durch Lorbeer, wenngleich manche Kochbücher das vorschlagen.

INGWER

Zingiber officinale

HERKUNFT UND GESCHICHTE

Das Ursprungsland des Ingwers ist nicht präzise bekannt, aber aller Wahrscheinlichkeit nach stammt Ingwer aus Südchina. Im Zuge der austronesischen Migration gelangte die Pflanze bereits vor etwa 6000 Jahren von dort nach Südostasien und schließlich in die pazifische Inselwelt und nach Madagaskar. Die Inder kannten ihn bereits zu vedischen Zeiten, aber sein Sanskrit-Name *śṛṅgavera* ist südindischer (dravidischer) Herkunft – wenn Ingwer dort nicht heimisch war, dann muss er Indien auf dem Seeweg erreicht haben.

Im klassischen Altertum war Ingwer wohlbekannt. Die Griechen nannten ihn nach der indischen Bezeichnung *zingíberis*, und dieser Name blieb in mannigfaltigen Modifikationen in allen europäischen Sprachen bestehen. In Griechenland diente er weniger als Gewürz denn als Heilmittel. Auch römische Rezepte nennen ihn häufig. Er war sowohl in getrockneter als auch in eingelegter Form erhältlich und gehörte zu den billigsten tropischen Gewürzen. Man nahm an, Ingwer komme aus Arabien oder Äthiopien – was wohl nur bedeutet, dass er über arabische Zwischenhändler importiert wurde.

Die Araber belieferten auch das mittelalterliche Europa mit Ingwer. Für die Araber war Ingwer ein wichtiges Heilmittel und Aromatikum. Wichtig genug offenbar, um als einziges typisches Gewürz Eingang in den Koran zu finden: Die »Ingwerquelle« *(as-salsabīl)* wird als eine der Freuden des Paradieses beschrieben. Auch in Europa wurde seine erwärmende Kraft geschätzt, und getrockneter, gemahlener Ingwer taucht in vielen Rezepten für Saucen und Gebäck aus dem Mittelalter und der frühen Neuzeit auf. Nach der Entdeckung Amerikas wurde Ingwer rasch in die Neue Welt verpflanzt. Bereits in der Mitte des 16. Jahrhunderts produzierten karibische Pflanzungen Ingwer für den europäischen Markt.

BOTANIK

Zingiberaceae (Ingwergewächse). Ingwer ist eine mehrjährige Staude mit einem knapp unter der Oberfläche wachsenden, verdickten, fleischigen, hellbraun berindeten Wurzelstock, der sich in einer Ebene sympodial, unregelmäßig-fächerförmig verzweigt. Aus diesem Rhizom sprießen ein oder mehrere aufrechte, unverzweigte Triebe aus grundständigen Blättern,

Konfekt und Curry: Ingwer wird kandiert, zu Marmelade verarbeitet und als Tee getrunken. In allen tropischen Ländern ist er Universalgewürz.

Ingwerrhizom

die einen bis zu 1,3 m hohen, zweizeilig beblätterten Scheinstamm bilden; die Blattspreiten sind linealisch bis lanzettlich, 30 cm lang und 2 cm breit und erscheinen durch die parallelen Blattnerven längs gerieft. Fertile Triebe tragen keine Laubblätter, sondern enden in einer 5 cm langen, kompakten, schmal-eiförmigen Ähre, die aus robusten Tragblättern aufgebaut ist. Die lippenförmigen, dreilappigen, kurzlebigen, blassgelben Blüten stehen einzeln in den Achseln der Tragblätter und entwickeln sich zu roten, dreifächrigen Kapseln mit schwarzen Samen. Keimfähige Samen werden allerdings nur sehr selten gebildet.

ANBAU UND QUALITÄTEN

Ingwer benötigt tropisches, feuchtwarmes, sonniges Klima und nährstoffreichen Boden. Heute wird er weltweit in den Tropen angebaut. Der beste Ingwer – mit einem stark zitrusartigen Aroma – kommt aus Jamaika und wird als frischer Wurzelstock vermarktet. Ihm steht der sehr scharfe, aber aromaarme nigerianische Ingwer gegenüber, der für die Lebensmittelindustrie zu Oleoresin verarbeitet wird. Die asiatischen Produktionsländer exportieren wegen des hohen Inlandsverbrauchs nur wenig, und daher lässt sich die weltweite Ingwerproduktion schlecht abschätzen; sie dürfte jedoch bei knapp einer Million Tonnen frisches Rhizom liegen.

Ingwer wird aus Rhizomstücken vegetativ vermehrt und auf Feldern angebaut. Bei ausreichender Düngung kann bereits nach fünf Monaten »grüner Ingwer« (unreife Rhizomstücke zur Frischverwendung) geerntet werden. Etwa acht bis neun Monate nach dem Pflanzen vertrocknen die Blätter. Das ist der richtige

Zeitpunkt, die reifen Rhizome zu ernten, die gewaschen, geschält und in der Sonne getrocknet werden; ungeschälte (»schwarze«) Rhizome werden zu Oleoresin oder ätherischem Öl weiterverarbeitet. Wegen des hohen Nährstoffbedarfs der Ingwerpflanzen werden die Felder in einem Vierjahresrhytmus gewechselt.

VERWENDETER PFLANZENTEIL / GERUCH UND GESCHMACK

Man verwendet überwiegend das frische oder getrocknete Rhizom; in den Tropen dienen junge Triebe und Blätter aus dem eigenen Garten als Küchenkraut. Ingwerrhizome riechen aromatisch und je nach Herkunft auch zitronenartig. Der Geschmack ist charakteristisch, wärmend und scharf.

AROMAGEBENDE INHALTSSTOFFE

Das Ingweraroma geht auf ein ätherisches Öl zurück, von dem bis zu 3 % im frischem Rhizom enthalten sind. Es besteht zum größten Teil aus Sesquiterpenen: Zingiberen (80 %), daneben ar-Curcumen, β-Sesquiphellandren, Bisabolene und Farnesen. Als Scharfstoffe wurden nichtflüchtige Hydroxyarylketone wie das Zingeron und die zweikernigen Gingerole (2 % im frischen Rhizom) identifiziert. Die Gingerole wandeln sich bei Lagerung zu den milderen Shoaolen um.

KULINARIK

Ingwer ist eines der bedeutendsten Gewürze. Er wird in praktisch allen tropischen und vielen subtropischen Küchen verwendet, nur in Europa und Lateinamerika spielt er eine geringere Rolle.

In **Japan** wird Fleisch vor dem Grillen mit Ingwer-Presssaft mariniert. Frischer, geraspelter Ingwer liefert Salaten und anderen Kaltspeisen zusätzliches Aroma, und eingelegter Ingwer (*beni shōga*) begleitet die bekannten Reisbissen *sushi* oder andere japanische Speisen. Der eingelegte Ingwer wird aus sehr jungen Rhizomen der nur in Japan verbreiteten Art *Z. mioga* hergestellt; die meisten Marken sind durch Zusatz von Perillablättern rötlich gefärbt.

In **China** spielt Ingwer eine zentrale Rolle. Trotz seines südlichen Ursprungs ist er in allen chinesischen Regionalküchen gut vertreten und ist unentbehrliche Zutat der chinesischen Brühen, da er den unattraktiven Geschmack von rohem Fleisch abmildert; für im Wok gebratene Gerichte wird Ingwer oft zusammen mit Knoblauch in einem ersten Arbeitsschritt rasch angebräunt, um seinen Geschmack zu entwickeln (in Sichuan fügt man noch getrocknete schwarze Bohnen oder Chili-Bohnen-Paste hinzu). Durch das Anbraten verliert Ingwer übrigens seine Schärfe, was gelegentlich mit Chili oder Sichuanpfeffer korrigiert wird.

Zahllose bekannte chinesische Gerichte enthalten Ingwer. Das Huhn nach Kungpao-Art (*gōngbǎo jīdīng*) aus Sichuan besteht aus mariniertem Hühnerfleisch, das mit Chilis, Ingwer und Erdnüssen im Wok gebraten wird.

Blütenstand der Ingwerpflanze

Die nordchinesischen Teigtaschen (*jiǎozi*), Nudeln aus Weizenmehlteig, die mit einer ingwergewürzten Farce aus Fleisch und Chinakohl gefüllt und gekocht werden, kommen gedämpft oder gebraten auf den Tisch. Aus der Shanghai-Küche stammen in Wein gekochte Hühnerflügel (*jiǔshāo jīchì*), die vorfrittiert und in einer Garflüssigkeit aus Brühe, Reiswein und Ingwer zart geschmort werden. Eine kantonesische Spezialität mit viel Ingwer ist der Qilin-Fisch (*qílín yú*) – dicke Fischscheiben, die mit Ingwer und Pilzen abwechselnd geschichtet und gedämpft werden.

Von den südostasiatischen Küchen benutzt die **indonesische** den Ingwer am ausgiebigsten. Er wird oft in heißem Fett gebräunt, etwa für den gebratenen Reis *nasi goreng*; typisch für Indonesien aber sind ingwerhaltige Würzpasten (*bumbu*) zum Marinieren von Fleisch oder zum Würzen von Schmorgerichten; sie enthalten meistens Zwiebel, Knoblauch, Ingwer, Zitronengras und weitere frische Gewürze.

In **Thailand** wird Ingwer in Currypasten verarbeitet oder auch frisch direkt in die köchelnden Currygerichte gerieben. Ferner nutzt man ihn gerne für Teezubereitungen. Er spielt aber eine geringere Rolle als sein Verwandter, der Galgant.

Auch in **Indien** ist der Ingwer aus der Küche nicht wegzudenken. In den nordindischen Speisen wird er in aller Regel in einer frühen Phase (nach den getrockneten Gewürzen, aber vor den Hauptzutaten) in Öl oder Butterfett gebraten; das ähnelt zwar der entsprechenden Praxis in China, aber durch die viel längeren Garzeiten der indischen Küche verschmilzt das Ingweraroma mit dem der anderen Zutaten und ist kaum mehr als einzelnes Aroma wahrnehmbar. Südindische Speisen setzen Ingwer dagegen oft gemischt mit Chili, Knoblauch und Zwiebeln in Form einer Paste ein, die zusammen mit der jeweiligen Hauptzutat gekocht wird.

Weiter nordwestlich, in Zentralasien und dem Nahen Osten, kann Ingwer nicht mehr angebaut werden und spielt daher eine geringere Rolle. Die **afghanische Küche** verwendet häufig getrockneten Ingwer, etwa für die Fleisch- oder Gemüseschmortöpfe (*qorma*) oder für Reisfleischgerichte (*chalau*). In den persischen und arabischen Küchen ist Ingwer weniger verbreitet.

Im **mittelalterlichen Europa** gehörte getrockneter Ingwer zu den bedeutendsten tropischen Gewürzen. Er diente zur Bereitung von Saucen und Gewürzweinen, und vor allem als Würze für pikantes Gebäck, von dessen einstiger Vielfalt heute nur noch Lebkuchen in vielen Varianten erhalten ist.

Moderne **europäische Küchen** verwenden den Ingwer kaum, außer in archaischen Rezepten wie Lebkuchen, der französischen Gewürzmischung *quatre épices* und einigen Getränken; in England beispielsweise aromatisiert Ingwer das alkoholfreie Erfrischungsgetränk *ginger ale*. *Ginger beer* hingegen ist ein in der Flasche nachgegärtes Ingwerbier mit knappen 2 Volumenprozent. Sogenannter *Ginger wine* ist etwas hochprozentiger, enthält aber auch Zitronen und Rosinen als aromatische Komponenten. In England ist Ingwer seit der Kolonialzeit beliebt; er wird in kandierter Form oder als Ingwerkonfekt zum Tee gegessen und als Gewürz für Marmelade, Fruchtzubereitungen unterschiedlichster Art und Kekse (*gingerbread*) verwendet. Außerdem wird in unseren Breiten seit einigen Jahren eifrig Karottensuppe mit Ingwer gewürzt.

In den Küchen des lateinamerikanischen Festlandes spielt Ingwer keine Rolle; in der **Karibik** wird Ingwer jedoch in großem Umfang zum Export angebaut und hat teilweise Eingang in die lokale Küche gefunden, besonders im ehemals britischen Jamaika. Die *jerk*-Paste, nach Rum das wohl wichtigste kulinarische Exportgut Jamaikas, enthält frischen Ingwer, und man findet ihn naturgemäß in den indisch beeinflussten karibischen Curries.

JESUITENTEE

EPAZOTE, WOHLRIECHENDER GÄNSEFUSS
Chenopodium ambrosioides (syn. *Teloxys ambrosioides*)

Nicht nur für Tee: Jesuitenteeblätter sind Bohnen- und Saucenwürze in Südmexiko. Das Kraut wird in der Maya-Küche auch zum Würzen von Kartoffeln verwendet.

93

Jesuitentee

HERKUNFT UND GESCHICHTE

Jesuitentee stammt aus dem zentralen und südlichen Mexiko. Er wurde bereits von Azteken und Maya als Ritual-, Heil- und Würzkraut genutzt.

BOTANIK

Chenopodiaceae (Gänsefußgewächse), nach anderer Systematik Amaranthaceae (Fuchsschwanzgewächse). Jesuitentee ist ein aufrechtes, einjähriges Kraut, das bis zu 150 cm hoch werden kann. Die stark verzweigten, verholzenden, gefurchten, oft rötlich überlaufenen Stängel tragen wechselständige, 1–10 cm lange, länglich lanzettliche, spitz zulaufende, am Rand gezähnte Blätter. Die Blüten erscheinen in der Achsel der Blätter in einer ausgedehnten, beblätterten Rispe. An sonnigen Standorten werden besonders an den Zweigenden kaum Blätter gebildet; zugleich nehmen Stängel und Blütenkelche eine intensive Purpurfarbe an. Die winzigen, gelbgrünen, zumeist zwittrigen Blüten entwickeln sich zu 0,8 mm großen, vom Blütenkelch eingeschlossenen Nüsschen.

JESUITENTEE

ANBAU UND QUALITÄTEN

Jesuitentee wurde bis in die fünfziger Jahre in den USA großflächig angebaut, da das aus den Samen gewonnene Öl *(wormseed oil)* ein wirksames Mittel gegen Eingeweidewürmer ist. Nach seiner Verdrängung durch synthetische Anthelmintika spielt der Handel mit Jesuitentee heute keine Rolle mehr; der größte Teil der Ernte stammt aus Wildsammlung oder Hausgärten, nur in Mexiko und auf den Philippinen gibt es bescheidenen kommerziellen Anbau.

VERWENDETER PFLANZENTEIL / GERUCH UND GESCHMACK

Als Gewürz verwendet man die Blätter und oft auch junge, zarte Zweige. Die Blätter lassen sich nur mit Aromaeinbußen trocknen. Das Aroma ist sehr intensiv, etwas penetrant und sehr variabel. Je nach Klima und Chemotyp erinnert es in unterschiedlichem Ausmaß an Zitronen, Thymian und Minze. Die Früchte riechen ähnlich, aber gröber, haben dafür jedoch den Vorteil, dass sie auch getrocknet werden können.

AROMAGEBENDE INHALTSSTOFFE

Ätherisches Öl findet sich in der ganzen Pflanze; der Gehalt beträgt in den Blättern 0,7 %, in den unreifen Früchten aber bis zu 2,5 %. Die Zusammensetzung schwankt je nach Herkunft: Der charakterbestimmende Inhaltsstoff ist das Monoterpenperoxid Asca-

ridol, dessen Gehalt in mexikanischer Ware oft nur 10 % beträgt, während in Europa gezogene Pflanzen bis zu 80 % Ascaridol enthalten. Zur Abrundung des Geschmacks tragen verschiedene andere Monoterpenverbindungen bei (Limonen, *trans*-Isocarveol, α-Pinen, α-Phellandren), die in mexikanischen Pflanzen mit je bis zu 30 % auftreten, während in europäischen Pflanzen nur geringe Mengen davon gefunden werden.

KULINARIK

Jesuitentee ist ein ausschließlich in **Mittelamerika** verwendetes Gewürz. Die Küche der Maya in Yucatán verwendet ihn gerne zu Bohnen und Gemüse, während er in Zentralmexiko für den *mole verde* verwendet wird, eine Kräutersauce aus mexikanischen Pfefferblättern mit Jesuitentee, die oft mit Kürbiskernen oder Maismehl angedickt wird.

Ein bekanntes mexikanisches Gericht, das auch oft in Tex-Mex-Restaurants angeboten wird, ist das Bohnenpüree *frijoles refritos* – allerdings bekommt man es meist in einer eher faden europäisierten Variante serviert. In Mexiko werden für diese Speise Bohnen mit Chilis, Zwiebeln, Knoblauch und Jesuitentee in Wasser oder Brühe weich gekocht. Danach wird die gesamte Gemüseeinlage zusammen mit frischem Jesuitentee in heißem Schmalz zu einem groben Brei zerstampft.

KAFFERNLIMETTE

KAFFIRLIMETTE, KAFFIRZITRONE, *Citrus hystrix*

Zitronencreme: Kaffernlimettenschale und Kaffernlimettenblätter verleihen thailändischen kokosmilchlastigen Currygerichten cremiges Zitrusaroma. Riecht und schmeckt stärker als Zitronengras!

Kaffernlimetten

HERKUNFT UND GESCHICHTE

Die Herkunft der Kaffernlimette ist nicht bekannt; heute reicht ihr Verbreitungsgebiet von Burma bis Malesien.

BOTANIK

Rutaceae (Rautengewächse). Die Kaffernlimette ist ein Strauch oder kleiner Baum mit krummem Stamm, der bis zu 12 m hoch wird, in Kultur jedoch auf 3–4 m gehalten wird. Die Zweige tragen Dornen und gestielte Blätter. Der 5–10 cm lange Blattstiel ist spreitenartig verbreitet, sodass der Eindruck zweier »aufeinandergepfropfter« Blätter entsteht. Die Blätter sind ledrig, oberseits dunkelgrün und glänzend, unterseits blasser und matt,

bis zu 15 cm lang und 6 cm breit, elliptisch mit gekerbtem Blattrand. Aus den kleinen, weißen, duftenden Blüten entwickeln sich 7 cm große, ei- bis birnenförmige grüne Beeren mit stark warziger Oberfläche. Sie entsprechen in ihrem Bau einer Zitrone, haben jedoch eine wesentlich dickere Schale (Mesocarp) und ein trocken-strohiges Fruchtfleisch mit vielen Kernen.

ANBAU UND QUALITÄTEN

Die Kaffernlimette ist eine empfindliche, rein tropische Pflanze. Der Anbau erfolgt in Hausgärten und auch in Plantagen, wo die Blätter kontinuierlich geerntet werden. Der Handel ist überwiegend regional beschränkt.

Kaffernlimette

Verwendeter Pflanzenteil / Geruch und Geschmack

Als Gewürz werden meist die frischen Blätter, gelegentlich auch die Fruchtschale verwendet. Beide sind durch denselben sehr intensiven und etwas penetranten Zitrusduft gekennzeichnet, der sich vom Geruch der Zitrone oder Limette deutlich unterscheidet. Die Blätter können getrocknet werden, verlieren jedoch beim Lagern rasch ihr Aroma; daher lagert man sie besser tiefgekühlt.

Aromagebende Inhaltsstoffe

Das ätherische Öl von Kaffernlimettenblättern wird von (S)-Citronellal als Impactverbindung dominiert. Das Fruchtschalenöl enthält Limonen, β-Pinen und (S)-Citronellal.

Kulinarik

Kaffernlimettenblätter, im deutschsprachigen Handel auch oft als »Zitronenblätter« bezeichnet, sind ein Charaktergewürz der **Thai-Küche**. Sie passen besser als jedes andere zitrusduftende Gewürz zu den stechenden Fischaromen der Thai-Küche und lassen sich daher kaum durch Limettenschale ersetzen, wie manche Kochbücher es vorschlagen. Zumeist werden die ganzen Blätter einfach mitgekocht, etwa zur sauerscharfen Suppe tom yam. Das frische Zitrusaroma verbindet sich gut mit dem cremigen Charakter der kokosmilchlastigen Thai-Currys, in denen praktisch immer Kaffernlimettenblätter mitgekocht werden. Die abgeriebene Fruchtschale ist auch in manchen Currypasten enthalten und hat eine ähnliche geschmackliche Funktion wie das oft ebenfalls enthaltene Zitronengras.

Zu Speisen mit kürzerer Zubereitungszeit werden die Kaffernlimettenblätter in haarfeine Streifen geschnitten, wodurch sie ihr Aroma rascher freisetzen und trotz ihrer zähen Konsistenz beim Essen nicht stören. Diese Würzmethode wird für Salate (etwa den scharfen Fleischsalat *lab*) oder Küchlein und Bällchen aus feinstgehacktem Fleisch *(tod man pla)* verwendet.

In Rezepten aus dem Westen **Kambodschas** findet man die Blätter auch oft. Sie werden meist mit Chili, Knoblauch und Ingwer zu einer Paste zerrieben, die man dann in Suppen oder Saucen einrührt.

In **Indonesien** spielen Kaffernlimettenblätter eine geringere Rolle. Man verwendet sie besonders gerne zu Geflügel und – in christlichen und hinduistischen Regionen – zu Schweinefleisch wie dem scharfen *tinuransa* aus Nordsulawesi. Manchmal lässt man auch geviertelte Kaffernlimettenfrüchte in Hühnercurries mitschmoren. In Gewürzpasten sind sie gewöhnlich nicht enthalten – hier wird eher Zitronengras verwendet.

Kaffernlimettenblätter

KAPERN

Capparis spinosa

HERKUNFT UND GESCHICHTE

Das Verbreitungsgebiet der Kapern erstreckt sich vom Mittelmeer bis nach Pakistan; da die Pflanze eine ausgeprägte Anpassung an trockenes Klima aufweist, vermutet man die ursprüngliche Heimat in den zentralasiatischen Halbwüsten. Im Mittelmeerraum sind die Kapern bereits seit der Antike bekannt.

BOTANIK

Capparidaceae (Kaperngewächse). Der Kapernbusch ist ein stark verzweigter, kriechender bis aufrechter Strauch, der bis zu 2 m hoch werden kann. Die verholzten, aber biegsamen Zweige tragen Dornen (die bei den meisten Kulturformen fehlen) und wechselständige, kurz gestielte, mattblaugrüne, einfache, breit-eiförmige Blätter von bis zu 7,5 cm Länge und 5 cm Breite. Die Blüten stehen gestielt in der Blattachsel. Die unsymmetrischen, näherungsweise zygomorphen Knospen öffnen sich über Nacht zu kurzlebigen Blüten mit vier unsymmetrischen cremeweißen, 5 cm langen Kronblättern und über 100 Staubgefäßen mit 5 cm langen purpurfarbenen Filamenten. Aus dem oberständigen, mit einem 6 cm langen Gynophor gestielten Frucht-

Saurer Zwerg: Kapern begleiten Fisch-, Geflügel- und Kalbsgerichte, können in der Sauce oder auf der Pizza liegen und machen sich gut mit Zitronensaft, Oliven und Eiern.

Eingelegte Kapern

knoten entwickelt sich eine hängende, verkehrt-eiförmige, längs gestreifte, 5 cm lange, vielsamige Beere.

ANBAU UND QUALITÄTEN

Kapern benötigen als Xerophyten ein heiß-trockenes Klima und vertragen keine Temperaturen unter 10 °C. Sie werden hauptsächlich in Mittelmeerländern angebaut, vor allem Südfrankreich, den Balearen und Zypern; Kapernbeeren stammen dagegen überwiegend aus Spanien.

Kapernbüsche werden aus Ablegern vermehrt und können ab dem ersten Jahr beerntet werden. Sie bleiben viele Jahrzehnte produktiv, allerdings nimmt der Ertrag nach dem achten Jahr langsam ab. Eine Plantage liefert etwa 3 Tonnen Kapern pro Jahr und Hektar.

Die Blütezeit erstreckt sich über den ganzen Sommer. Die Ernte ist sehr aufwendig, da die Pflanzen im Abstand weniger Tage nach erntereifen Knospen abgesucht werden müssen. Nach dem Pflücken lässt man die Knospen einige Tage welken und legt sie danach in Salz-Essig-Sud oder in starke Kochsalzlösung ein – das Aroma entwickelt sich im Lauf einiger Tage bis Wochen durch Milchsäuregärung. Nach Abschluss der Gärung werden die Kapern entweder in essigsaure Salzlake eingelegt oder durch Einbetten in Kochsalz (Salzkapern) in die endgültige Handelsform gebracht.

Im Handel werden verschiedene Kapernqualitäten nach der Größe und Geschlossenheit unterschieden. Die beste Sorte heißt *nonpareilles* »unvergleichlich« und besteht aus 4–7 mm großen, vollkommen geschlossenen, blaugrünen, vierkantigen Knospen, während bei anderen Sorten graugrüne Farbe und vereinzelt nicht ganz geschlossene Knospen toleriert werden. Als zweite Qualität gelten die *surfines* mit einem Durchmesser von 7–8 mm, diesen folgen die *capucines* (bis 9 mm) und die *capotes* (bis 10 mm); noch größere Sorten bezeichnet man als *fines* (12–13 mm) und *communes* (13–15 mm) – die genauen Größenangaben können sich aber je nach Hersteller etwas verschieben.

Verwendeter Pflanzenteil / Geruch und Geschmack

Als Gewürz verwendet man vorwiegend die Blütenknospen, die in Lake oder Salz eingelegt in den Handel kommen. Sie schmecken bedingt durch die Konservierung sauer bis salzig und pikant, leicht bitter. Eingelegte Kapernbeeren (»Kapernäpfel«) sind in Deutschland erst seit wenigen Jahren gut erhältlich; ihr Geschmack gleicht dem der Blütenknospen, ist aber intensiver.

Aromagebende Inhaltsstoffe

Kapern enthalten Schwefelverbindungen, zum Beispiel Glucocapparin und dessen Hydrolyseprodukt Methylisothiocyanat. Für den herb-bitteren Geschmack ist das Flavonglycosid Rutin verantwortlich.

Kulinarik

Kapern sind in der **italienischen Küche** ein häufig anzutreffendes Säuerungs- und Würzmittel. Ihre erfrischende Würze verträgt sich gut mit Zitronensaft, Oliven und Sardellen (und eingelegtem Fisch ganz allgemein), sodass diese Kombination in

Kapernblüte

Kapernknospen

einer großen Anzahl von Rezepten vorgeschrieben ist.

Die Sauce zum *vitello tonnato* (dünne Scheiben aus in Brühe gekochter Kalbsnuss mit Thunfischsauce) wird immer mit Kapern zubereitet. Dazu wird eine glatte emulgierte Creme aus Eigelb, Olivenöl, Zitronensaft, Sardellen und Kapern bereitet, mit der die feinen Fleischscheiben teilweise oder ganz bedeckt werden. Bei manchen Zubereitungen werden die Kapern nicht mit den anderen Zutaten in die Sauce passiert, sondern auf dem Teller verstreut. Darüber hinaus werden einige zitronensaure Fleisch- und Fischbratengerichte mit Kapern gewürzt oder – zurückhaltender – damit garniert.

Für Tomatensaucen gehören Kapern manchmal zerkleinert in den *soffritto* (die ölige Grundlage der Sauce), oder sie ergänzen sich mit Oliven zur charakterbestimmenden Zutat des Tomatensugo – wie beispielsweise bei *spaghetti marinara*. Ferner sind Kapern – auch oft im Verbund mit Sardellen und Oliven – eine beliebte Pizzaauflage.

In **Frankreich**, wo die besten Kapernqualitäten geerntet werden, sind Kapern Bestandteil der Olivencreme *tapenade*, die aus schwarzen Oliven, Anchovis, Senf, Olivenöl und Kapern bereitet und als Vorspeise mit Weißbrot gegessen wird.

Französischer *bœuf broufado*, eine mediterrane Version des *bœuf bourguignon*, ist ein in säuerlicher Kochflüssigkeit aus Essig, Weißwein und Olivenöl mit Kräutern, Kapern und Anchovis weich geschmortes Ragout aus der Rinderkeule.

In **Deutschland** werden die Knospen für Kapernsauce verwendet – eine helle Sauce auf Mehlschwitzenbasis, die mit Zitronensaft und Kapern gewürzt wird. In dieser oder einer ähnlichen Sauce werden auch Königsberger Klopse gar gezogen, wobei manche Rezepte Milchprodukte (Sahne, *crème fraîche*) hinzufügen. Gelegentlich werden Kapern auch – fein gehackt und zusammen mit Sardellen – im Fleischteig der Klopse selber verarbeitet.

KARDAMOM

GRÜNER KARDAMOM, *Elettaria cardamomum*

HERKUNFT UND GESCHICHTE

Kardamon stammt aus Südasien und kommt heute noch wild in den Südwest-Ghats (Hinterland der Malabarküste) und in Sri Lanka vor. Er wird wohl seit Jahrtausenden angebaut und gehandelt, taucht aber erst in der epischen Epoche in der nordindischen Literatur auf.

In den frühen Mittelmeerkulturen fehlen Belege für Kardamom, aber seit der griechischen und römischen Antike war Kardamom ein viel importiertes Aromatikum. Er wurde überwiegend in der Medizin und in der Parfümerie verwendet, fand aber nur selten seinen Weg in die Küche – das Apicius-Kochbuch führt es zwar in einer Liste von empfohlenen Gewürzen an, enthält aber nur zwei Rezepte mit Kardamom, darunter ein *oxygarum* (Würzmittel oder Digestif aus Fischsauce mit verschiedenen Gewürzen).

BOTANIK

Zingiberaceae (Ingwergewächse). Kardamom ist eine mehrjährige Staude, die 3 (var. *minor*) oder 5 m (var. *major*) hoch wächst. Aus einem ausgedehnten, 2 cm dicken, geringelten Rhizom treiben meterhohe Scheinstängel mit 25–100 cm langen, zweizeilig angeordneten, lanzettlichen, scharfspitzigen, oberseits dunkelgrün glänzenden, unterseits helleren Blättern. Die Blüten erscheinen in kurzen aufrechten Rispen auf 60–100 cm langen, kriechenden Schäften, die nahe den Blatttrieben dem Rhizom entspringen. Die grünlich weißen Einzelblüten sind zwittrig, zygomorph, röhrig mit einer vergrößerten Unterlippe (Labellum), die auf der Innenseite lebhaft purpur oder braun gezeichnet ist. Der unterständige Fruchtknoten entwickelt sich zu einer 6–30 mm langen, rundlichen oder länglich elliptischen, dreifächrigen, grasgrünen Kapsel, die ca. 20 unregelmäßig eckige, runzelige, dunkelgraue, von einem klebrigen Arillus umgebene, 2 mm große Samen enthält.

ANBAU UND QUALITÄTEN

Kardamom ist eine tropische, Schatten liebende Gebirgspflanze und benötigt warmes, niederschlagsreiches Klima bei Höhenlagen von 600–1500 m. Der größte Produzent mit etwa 50 % Weltanteil ist Guatemala, wo Kardamom seit Beginn des 20. Jahrhunderts kultiviert wird; in Asien sind Indien,

Mokkawürze: Grüner Kardamom wird im Orient mit gerösteten Kaffeebohnen vermahlen und verleiht dem Kaffee eine zitrus- und eukalyptusartige Note. Ansonsten perfektes Reisgewürz in Nordindien.

Kardamomkapseln

Sri Lanka und Papua-Neuguinea die produktivsten Anbaugebiete. Die weltweite Kardamomernte liegt bei 10 000 Tonnen getrockneter Samen. Wegen der unregelmäßigen Keimgeschwindigkeit der Samen werden Kardamompflanzen meist aus Rhizomstücken vermehrt; allerdings muss eine Plantage aus verschiedenen Stammpflanzen aufgebaut werden, da Kardamom selbstinkompatibel ist und eine genetisch einheitliche Population keine Früchte bildet. Die Stauden tragen ab dem dritten Jahr Früchte und erreichen erst mit sechs Jahren ihre volle Produktivität, die dann bis zum 15. Jahr anhält. Der Ernteertrag schwankt sehr stark und liegt meist zwischen 50 und 150 Tonnen je Hektar.

Kardamom blüht ganzjährig. Die Früchte benötigen etwa neun Monate bis zur Erntereife und müssen vorsichtig von Hand geerntet werden, um Blüten und jüngere Früchte auf derselben Pflanze nicht zu verletzen.

Die Haupterntezeit fällt in den meisten Anbaugebieten in den Herbst. Nach der Ernte werden die Kardamomkapseln gereinigt und am besten bei künstlicher Hitze getrocknet; erst in diesem Schritt nehmen sie ihr starkes Aroma an. Trocknen in der Sonne führt zu einem bleicheren, minderwertigen Gewürz. Die schlechtesten Qualitäten werden mit Wasserstoffperoxid oder Schwefeldioxid gebleicht – diese viktorianische Unsitte ergab sich aus der Forderung des Handels nach einheitlich gefärbter Ware, stirbt aber glücklicherweise langsam aus.

Auch der Erntezeitpunkt beeinflusst die Qualität kritisch: Noch nicht voll entwickelte, weiße oder rötliche Samen bilden ein nur schwaches Aroma aus, aber zu reife Früchte platzen beim Trocknen auf, sodass die Samen ungeschützt frei liegen. Kardamom guter Qualität besteht aus geschlossenen Kapseln einheitlicher Größe und lebhaft grasgrüner Farbe.

Ein weiteres Qualitätsmerkmal liegt in der Größe und Form der Kapseln: Der vor allem in Sri Lanka verbreitete Große Kardamom (var. *major*) hat längliche, bis zu 3 cm lange Kapseln und schmeckt schwächer als der indische Kleine Kardamom (var. *minor*).

VERWENDETER PFLANZENTEIL / GERUCH UND GESCHMACK

Als Gewürz werden die Samen verwendet. Sie werden aus Gründen der Haltbarkeit in den Kapseln verkauft, obwohl die Kapselwand kaum Aroma beisteuert. Kardamom riecht frisch, aromatisch, etwas zitronenartig und hat einen starken Eukalyptus-Zitronen-Geschmack.

Blühende Kardamompflanze

Die frischen Kardamomblätter spielen nur in den Anbaugebieten als Gewürz eine Rolle; sie weisen einen zimtartigen Duft auf. In Gartencentern wird Kardamom daher manchmal unter dem Namen »Zimtpflanze« angeboten.

AROMAGEBENDE INHALTSSTOFFE

Der Gehalt an ätherischem Öl in Kardamomsamen hängt stark von Herkunft, Sorte und Lagerbedingungen ab, kann aber bis zu 10 % betragen. Die Zusammensetzung ist variabel: Hauptbestandteile sind Monoterpene wie 1,8-Cineol, Myrcen, α-Terpinylacetat, Limonen, Linalool und Linalylacetat.

Kardamom ist ein empfindliches Gewürz, das beim Lagern große Verluste an ätherischem Öl und damit an Aroma erleidet, wobei sowohl Verdampfung als auch (bei Zutritt von Luft und Licht) Verharzung eine Rolle spielen. Geschälter, ungemahlener Kardamom verliert pro Jahr grob 40 % seines ätherischen Öls. Außer bei sehr hohem Verbrauch sollte Kardamom daher immer in Form von ganzen Kapseln gekauft und erst vor der Verwendung geschält und gemahlen werden.

KULINARIK

Typischerweise wird Kaffee in den arabischen Ländern mit Kardamom gewürzt – die Länder des Maghreb und Mashrek sind die Hauptverbraucher des Gewürzes Kardamom und importieren mehr als die Hälfte des Welthandelsvolumens. Der Kaffee wird zubereitet, indem man Kaffeebohnen und Kardamomkapseln getrennt röstet und gemeinsam vermahlt; dieses Pulver wird dann mit Wasser und Zucker in einer kleinen Kupferkanne mit langem Holzstiel (*ibrīq*) zum Kochen gebracht, und der fertige Kaffee wird mitsamt Kaffeesatz in kleinen Tassen (*finjān*) serviert. Gelegentlich werden ganze Kardomomkapseln auch in den fertig gebrühten Kaffee gegeben.

Arabische Kochrezepte mit Kardamom sind dagegen vergleichsweise selten und am häufigsten auf der **Arabischen Halbinsel** oder in **Irak** zu finden. So verwendet man Kardamom für die duftende Reisspeise *majbūs* aus den Golfstaaten, für die irakische Gewürzmischung *bahārāt* oder optional auch für die jemenitische Gewürzpaste *zūq*. Auch in der nordafrikanischen Gewürzmischung *rās al-ḥānūt* sind meist Kardamomkapseln enthalten.

Kaffeezeremonien sind Bestandteil der Alltagskultur in **Äthiopien** und **Eritrea**. Der Kaffee wird dazu geröstet, oft zusammen mit Gewürzen wie Kardamom, Zimt und Nelken. Danach wird er in einem Holzmörser zerstoßen und in einem bauchigen Lehmgefäß (*jebena*) mehrmals mit heißem Wasser aufgebrüht. Während der ganzen Zubereitung erfüllt Weihrauchduft die Luft, und der fertige Kaffee kann noch mit aromatischen Blättern, beispielsweise Weinraute, serviert werden.

Auf dem **indischen Subkontinent** ist Kardamom das Standardgewürz

für Tee. Tee kann mit Kardamom allein gewürzt werden, kaschmirischer Grüntee mit Zucker und Kardamom ist ein Beispiel, aber üblicherweise verwendet man eine Mischung von Gewürzen mit Kardamom als Schlüsselaroma. Die übliche Variante von Gewürztee (*chai masala*, in Deutschland oft als »Yogitee« angeboten) wird zubereitet, indem man kaltes Wasser mit schwarzen Teeblättern, Milch, Zucker und Gewürzen auf das Feuer stellt und einige Minuten kochen lässt. Die Gewürzmischungen selbst sind variabel, aber am beliebtesten sind Kardamom, Nelken, Zimt und Fenchel; im Winter kommen meist Pfeffer und Ingwer dazu.

Im Norden Indiens gibt es für Kardamom noch viele weitere Anwendungen. In der mogulischen Küche ist er für etliche mildwürzige Fleischspeisen mit Joghurtsauce unentbehrlich, beispielsweise *murg badami* (Huhn in Mandel-Joghurt-Sauce), und er gehört zu den Hauptgewürzen für die Reisspeise *biriyani*. Wie meistens in Indien werden dazu bevorzugt ganze Kardamomkapseln verwendet, die in einem ersten Arbeitsgang in Butterfett erhitzt werden, um ihr Aroma zu intensivieren. Der betörende Kardamomgeruch vieler indischer Süßspeisen geht dagegen auf frisch gemahlenes Kardamompulver zurück, beispielsweise beim Grießpudding *khir* oder beim Karottendessert *gajar halva*.

Extrem scharfe Fleischcurries mit Kardamom-Zimt-Aroma sind dagegen für **Sri Lanka** typisch.

Kardamompflanze

In den meisten **europäischen Küchen** spielt Kardamom keine allzu große Rolle. Er ist ein Backgewürz, besonders für würzige Kekse und Kuchen, und auch in vielen Lebkuchen-Mischungen ist er enthalten.

In **Skandinavien** ist Kardamom eines der meistgebrauchten Gewürze. Einerseits verwendet man ihn für Backwaren, besonders dänisches und schwedisches Feingebäck; andererseits wird er fast universell für viele lokale Wurstsorten und Pasteten verwendet.

KERBEL

Anthriscus cerefolium

HERKUNFT UND GESCHICHTE

Kerbel stammt aus dem östlichen Mittelmeergebiet und dem Vorderen Orient und war in Griechenland und Rom als Würzkraut, Wildgemüse und Heilpflanze bekannt.

BOTANIK

Apiaceae (Doldenblütengewächse). Kerbel ist ein einjähriges Kraut mit bis zu 70 cm Höhe. Aus einer dünnen, weißlichen Pfahlwurzel entwickeln sich zuerst grundständige, gestielte, dreifach gefiederte, 12 cm lange Blätter von annähernd gleichseitig-dreieckigem Umriss, danach monochasial verzweigte fertile Triebe; die Stängelblätter sind farnähnlich, zweifach gefiedert und werden bis zu 7 cm lang. Die Blüten erscheinen in sitzenden Doppeldolden (manchmal teilweise Dreifachdolden) an den Enden der Stängelglieder. Als Früchte bilden sich die familientypischen Spaltfrüchte mit 10 mm langen und 1 mm dicken, zylindrischen, schwach gerippten, kahlen (bei der Wildform borstig behaarten) Einzelfrüchten.

ANBAU UND QUALITÄTEN

Kerbel ist eine sehr kurzlebige Pflanze, die unter Glashausbedingungen in nur sechs Wochen einen vollen Zyklus vom Keimen bis zum Fruchten durchleben kann; bei Feldanbau oder im Kräutergarten verlängert sich diese Zeit auf drei bis sechs Monate, weswegen Kerbel im Herbst schlecht verfügbar ist. Kerbelpflanzen werden vor der Entwicklung der ersten Blüten geschnitten und danach getrocknet, tiefgefroren oder frisch gehandelt.

VERWENDETER PFLANZENTEIL / GERUCH UND GESCHMACK

Die gesamte Kerbelpflanze ist aromatisch, man verwendet aber meist nur die frischen grundständigen Blätter. Kerbel riecht anis- bis fenchelartig süß, mit einer erfrischenden petersilienähnlichen Komponente. Die Wurzeln können als Wildgemüse gegessen werden.

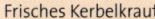

Frisches Kerbelkraut

Die feinere Petersilienvariante, besonders in Frankreich: Kerbel ist wenig thermostabil und verliert beim Garen fast das gesamte Aroma – stets zum Ende der Garzeit und frisch gehackt verwenden!

Blühender Kerbel

Aromagebende Inhaltsstoffe

Kerbelblätter enthalten nur 0,3 % ätherisches Öl, das vornehmlich aus den Phenylpropanen Methylchavicol (bis zu 80 %), Methyleugenol und 3-Allyl-1,2-dimethoxybenzol sowie bis zu 20 % Undecan besteht. Die Zusammensetzung des Öls verändert sich mit dem Alter der Pflanze.

Kulinarik

Kerbel wird insbesondere in **Frankreich** verwendet. Das anis- bis fenchelartige, feine Aroma der zarten Blättchen würzt Fisch, Gemüse und helle Saucen und ist auch sonst eher mild schmeckenden Speisen vorbehalten. Weil der Geschmack beim Garen recht schnell vergeht, wird Kerbel meistens kurz vor dem Servieren über die Speisen gestreut – in dieser Hinsicht unterscheidet sich Kerbel wenig von seinen botanischen Verwandten, Korianderkraut in Vietnam und Thailand oder Petersilie in den orientalischen oder anderen mediterranen Küchen. In manchen Sprachen heißt Kerbel auch »französische Petersilie«. Man könnte sagen, dass Kerbel die vornehmere und zurückhaltende Alternative zur kräftig schmeckenden Petersilie ist. Außerdem passen die Blätter durch ihre filigrane Gestalt optisch besser zu eleganteren Gerichten – als Grüngarnitur sind sie daher sehr beliebt.

Kerbel ist Bestandteil der französischen *fines herbes*, einer Mischung von vier frischen Kräutern (Schnittlauch, Kerbel, Estragon, Petersilie), die man fein gehackt über verschiedene Speisen streut. Kerbel taucht trotz seiner geringen Kochfestigkeit auch gelegentlich im Würzstrauß *bouquet garni* auf.

In der **deutschen Küche** verarbeitet man das Kraut zu Kerbelsuppe und verwendet es auch als Bestandteil der Frankfurter Grünen Sauce. In Österreich würzt Kerbel zusammen mit Minze das Kärnter Nationalgericht Kasnudeln.

KLEINER GALGANT

GEWÜRZLILIE, *Kaempferia galanga*

HERKUNFT UND GESCHICHTE

Die Pflanze wächst heute überall im tropischen Asien. Ihre Heimat liegt in Indien oder in Südostasien.

BOTANIK

Zingiberaceae (Ingwergewächse). Der Kleine Galgant ist eine zwei- oder mehrjährige Staude mit einem ingwerähnlichen, an der Außenseite rotbraun gefärbten, sympodial verzweigten Wurzelstock von etwa 1 cm Durchmesser, aus dem kurzlebige Triebe mit nur wenigen Blättern ohne Stamm sprießen. Die Blätter sind in der Jugend trichterförmig eingerollt, später flach auf der Erde ausgebreitet, breit-eiförmig oder herzförmig bis rundlich, fächrig geadert und bis zu 20 cm lang. Die Blüten stehen in wenigblütigen Trauben oder einzeln kurz gestielt in der Blattachsel. Die 2 cm große Einzelblüte hat ausgesprochen zygomorphe Gestalt; ihre Hülle besteht aus einem röhrenförmigen Kelch, drei lanzettlichen echten Kronblättern und drei kronblattartig verbreiteten sterilen Staubblättern, von denen eines (Labellum) vergrößert, tief gelappt und oft (vor allem an der Basis) blau bis purpur gefärbt ist. Als Frucht wird eine bei der Reife aufspringende Kapsel gebildet.

ANBAU UND QUALITÄTEN

Kleiner Galgant wird in Zentraljava und Westsumatra angebaut; die Jahresernte wird auf etwa 20 000 Tonnen frisches Rhizom geschätzt und hauptsächlich zu traditionellen Heilmitteln wie dem populären Tonikum *jamu* verarbeitet. Größere Mengen stammen auch aus Wildbeständen oder Hausgärten und finden keinen Eingang in die Statistik. Die Pflanze gedeiht in tropischem Klima in Höhenlagen von bis zu 1000 m.

Der Anbau ähnelt dem von Ingwer: Man pflanzt die Rhizomstücke auf

Blüte vom Kleinen Galgant

Feldern und erntet am Ende der Vegetationsperiode des darauffolgenden Jahres, unter sehr günstigen Kulturbedingungen auch im selben Jahr.

VERWENDETER PFLANZENTEIL / GERUCH UND GESCHMACK

Man verwendet das frische oder getrocknete Rhizom. Es hat einen stark aromatischen, warmen Geruch, der an Zimt und Kampfer erinnert, und einen brennend-aromatischen, aber nicht scharfen Geschmack.

AROMAGEBENDE INHALTSSTOFFE

Der Kleine Galgant enthält 2,4–3,9 % ätherisches Öl, dessen Hauptbestandteile Zimtsäureester sind (Ethylcinnamat und Methyl-4-methoxycinnamat); Terpene (3-Caren-5-on) spielen eine geringere Rolle.

KULINARIK

Kleiner Galgant prägt einige **indonesische Küchen**, vor allem die der Inseln Java und Bali. Es ist dort ein häufiger Bestandteil von *bumbu*-Pasten (siehe Zitronengras), die den Gerichten ihren typischen Geschmack verleihen. Man findet es in Gemüsegerichten wie *sayur lodeh* (in Kokosmilch geschmorte gemischte Gemüse) oder *gado-gado* (Salat aus gekochtem Gemüse mit Erdnussdressing), oft auch in der scharf-süßsauren Erdnusssauce *sambal kacang*. In der Regel wird das frische Rhizom verwendet.

Eines der bekanntesten balinesischen Gerichte ist *bebek betulu*, eine mit hocharomatischer Gewürzpaste gefüllte Ente, die in Bananenblätter gewickelt und gebacken wird. Diese bekannte Festtagsspeise ist besonders

Kleiner Galgant

Chinesische Brühe: Getrocknete Scheiben von Kleinem Galgant werden im Reich der Mitte in Brühen mitgekocht. In Bali werden Enten mit dem frischen Rhizom gefüllt und zum Garen in Umschläge aus Bananenblättern getütet.

Getrocknete Scheiben von Kleinem Galgant

bei Touristen beliebt. Die Gewürzpaste besteht aus Zwiebeln, Knoblauch, der Garnelenpaste *trassi* und verschiedenen frischen Rhizomen (Ingwer, Kurkuma, Galgant und Kleiner Galgant), deren Aromen das Fleisch während der langen Backzeit völlig durchdringen.

In der **chinesischen Küche** hat Kleiner Galgant ebenfalls seinen Platz, allerdings wird das Rhizom dort meist in Form von getrockneten kreisrunden Chips verwendet. Es bildet einen optionalen Bestandteil des Fünf-Gewürze-Pulvers und wird ansonsten ähnlich wie Schwarzer Kardamom verwendet, also für Brühen und Meistersaucen (siehe Zimt).

Kleiner Galgant ist in Deutschland nicht leicht erhältlich; man findet ihn jedoch manchmal getrocknet in chinesischen Lebensmittelläden, wo er oft als »Sandingwer« (vom chinesischen *shā jiāng*) bezeichnet wird. Für indonesische Rezepte ist dieses getrocknete Produkt wenig geeignet,

aber man kann die Rhizomscheiben in warmem Wasser einweichen, bis sie in Konsistenz und Geschmack an frische erinnern. Viele indonesische Kochbücher opfern die Authentizität der Bequemlichkeit und lassen das Gewürz *(kencur)* leider ganz weg – der ambitionierte Indonesienfreund wird die frischen Rhizome allerdings aus dem Urlaub mitbringen oder in Amsterdam erstehen, zumal sie im Tiefkühlschrank jahrelang aufbewahrt werden können.

Kleiner Galgant wird in der Literatur manchmal mit Fingerwurz oder gewöhnlichem Galgant verwechselt.

KNOBLAUCH

Allium sativum

HERKUNFT UND GESCHICHTE

Die Spur des Knoblauchs verliert sich im Dunkel der Geschichte. Wilde Laucharten finden sich vor allem in Zentralasien. Aber kein Wildlauch konnte bisher eindeutig als Stammform des Knoblauchs identifiziert werden; die Art *A. longicuspis* aus dem Tiānshān ist ein möglicher Kandidat. Die frühesten Erwähnungen des Knoblauchs stammen aus Ägypten und Mesopotamien; deshalb gehen Botaniker davon aus, dass Knoblauch zunächst in Zentralasien in Kultur genommen wurde und danach von prähistorischen Völkern ans Mittelmeer transportiert wurde.

In Ägypten war Knoblauch sehr geschätzt. Das Alte Testament erwähnt Knoblauch ein einziges Mal, als die Israeliten sich sehnsüchtig an das gute Essen in Ägypten erinnern (3. Buch Mose). Der Koran enthält eine fast gleichlautende Stelle (2. Sure). Die ägyptische Medizin wusste um die desinfizierende Wirkung von Knoblauch, die in den dicht bevölkerten Arbeiterquartieren beim Bau der Großen Pyramiden sehr willkommen war: Knoblauch gehörte zur täglichen Versorgungsration der Arbeiter.

Auch in Mesopotamien waren Lauchgewächse, also Zwiebel, Knoblauch und Porree, die aromatischen Eckpfeiler der Küche. Dieser Eindruck ergibt sich jedenfalls aus einem Keilschrift-Kochbuch des 17. Jahrhunderts v. Chr.: Fast jedes Rezept enthält einschlägige Gewürze, die je nach Rezept verschieden eingesetzt wurden, entweder mitgekocht oder als rohe Paste vor der Fertigstellung noch rasch unter die Sauce gerührt.

Es gab aber auch knoblauchverachtende Gesellschaften, beispielsweise im frühen Indien. Der Ṛgveda schweigt über die Knolle, und das Mahābhārata aus dem 1. Jahrtausend v. Chr. erwähnt Knoblauch und Zwiebel nur sporadisch, stets in einem Atemzug mit Unreinheit und Sündhaftigkeit. Damit zubereitete Speisen waren für rituelle Zwecke nicht geeignet. Diese Tabus scheinen sich später noch verfestigt zu haben: Im 7. Jahrhundert n. Chr. beschrieb der chinesische Reisende Xuán Zàng, dass jene, die Knoblauch und Zwiebel aßen, nicht innerhalb der Stadtmauern wohnen durften.

Auch die antiken mediterranen Kulturen hatten kein unverkrampftes Verhältnis zum Knoblauch, schätzten

Wandlungsfähig: Das Aroma von Knoblauch ist stark abhängig von seiner Verarbeitung. Ob gepresst, geschnitten, gebraten, frittiert oder gekocht – in allen Varianten entwickelt die Knolle ein eigenes Geschmacksprofil. Die schmackhaftesten Sorten haben kräftig violette Häute.

Knoblauchknolle

jedoch Zwiebeln. Knoblauch wurde von den Griechen wenig verwendet, während er in Rom durchaus seinen Platz hatte – allerdings in der Küche der Armen, denn die Oberschicht vermied das stinkende Gewürz. Die deftige Landküche des älteren Cato (2. Jahrhundert v. Chr.) hat noch viele knoblauchlastige Rezepte vorzuweisen, aber die Poeten der Kaiserzeit verachten ihn: Horatius nennt ihn gar giftig und vergleicht ihn mit dem Schierlingsbecher.

Die Germanen wiederum hatten eine hohe Meinung vom Knoblauch und seinen Verwandten. In der *Edda* rühmt die trauernde Witwe Gudrun ihren ermordeten Mann Sigurd mit dem eigenartigen Kompliment, er übertreffe alle anderen Krieger »so wie Knoblauch, der über grünes Gras wächst«.

BOTANIK

Alliaceae (Lauchgewächse). Knoblauch ist eine ausdauernde Staude, die 50–150 cm hoch wird. Die bis zu 10 cm dicke Zwiebel besteht aus einem scheibenartig verkürzten Stamm, einem zentralen Meristem (»Säule«) und einem Kranz von vier bis 15 länglich eiförmigen fleischigen Nebenzwiebeln, die in eine dünne, weiße bis violette Haut eingeschlossen sind. Die Pflanze treibt nur einen unverzweigten, unbeblätterten, in der unteren Hälfte durch langscheidige Grundblätter scheinbar zweizeilig beblätterten Blütenschaft, der bei dem Schlangenknoblauch oder Rocambole (var. *ophioscorodon*) schlangenartig gekrümmt ist. Die Blätter sind bis zu 50 cm lang und 2 cm breit, blaugrün, linealisch, spitz zulaufend, längs gerillt und unterseits gekielt. Als Blütenstand wird eine vom Hochblatt umhüllte terminale Scheindolde gebildet, die außer Blüten auch Brutzwiebeln trägt. Die sechszähligen, winzigen, rötlich oder grün gefärbten Blüten entwickeln nur sehr selten keimfähige Samen.

Der sogenannte Elefantenknoblauch ist eine Kultursorte von *A. ampeloprasum* (zu dieser Art gehört auch der Porree). Er ist leicht an seinen großen Blütenständen ohne Brutzwiebeln zu erkennen. Bei den manchmal angebotenen »einzehigen« Knoblauchknollen handelt es sich um nach dem ersten Jahr geerntete Brutzwiebeln, die zumeist ebenfalls von *A. ampeloprasum* stammen.

ANBAU UND QUALITÄTEN

Knoblauch stellt eher geringe Ansprüche an das Klima, benötigt jedoch nährstoffreichen, tiefgründigen und lockeren Boden. Es existieren zahlreiche an lokale Gegebenheiten angepasste Sorten, die heute einen weltweiten Anbau ermöglichen. Pro Jahr werden weltweit drei Millionen Tonnen Knoblauch gegessen – das sind 500 g für jeden Erdenbürger.

Die Vermehrung erfolgt entweder aus Zehen oder aus Brutzwiebeln. Die Brutzwiebeln müssen ein Jahr lang angezüchtet werden, bevor sie in der nächsten Saison als Steckzwiebeln im Feld ausgesetzt werden. In den gemäßigten Zonen pflanzt man den Knoblauch im Herbst und erntet im darauffolgenden Spätsommer, während in den Tropen und Subtropen die gesamte Entwicklung in etwa fünf Monaten abläuft. In jedem Fall sind die Knoblauchknollen erntefertig, sobald die oberirdischen Pflanzenteile verwelken. Danach werden die Knollen ausgegraben, gewaschen und leicht angetrocknet, bevor sie in den Verkauf gelangen.

Sorten mit stark violetter Haut und elfenbeinfarbenen Zehen haben ein feineres Aroma als die häufig anzutreffenden bleichweißen Knollen. Die violetten bis roten Knollen sind bei uns allerdings vorwiegend in der kalten Jahreszeit im Handel.

In den letzten Jahrzehnten sind auch Produkte aus Trockenknoblauch beliebt geworden. Dazu werden die Zehen geschält, in Scheiben geschnitten und in elektrischen Dörren bis zu einem Restwassergehalt von etwa 6 % getrocknet. Knoblauchpulver wird entweder durch Vermahlen solcher getrockneter Scheiben hergestellt oder durch Sprühtrocknung aus frischem Knoblauchpüree. Knoblauchpulver zieht Wasser an und ist nur bei sicherem Feuchtigkeitsausschluss haltbar.

VERWENDETER PFLANZENTEIL / GERUCH UND GESCHMACK

Als Gewürz werden vor allem die unterirdischen Reserveblätter (»Zehen«) verwendet; in geringem Umfang benutzt man auch die frischen Laubblätter. Knoblauch hat einen charakteristischen, sehr durchdringenden Geruch und im rohen Zustand einen aromatischen, brennendscharfen Geschmack; diese Schärfe geht aber beim Garen oder Einlegen verloren.

Knoblauchpflanze

komplexe Folgereaktionen mit Wasser, anderen Schwefelverbindungen und Luftsauerstoff eingeht. Als Endprodukte entstehen bei Raumtemperatur Disulfide, Trisulfide und heterocyclische Schwefelverbindungen, wobei auch der Zerkleinerungsgrad eine Rolle spielt. Die Hauptkomponente im Aroma von zerquetschtem Knoblauch ist Diallyldisulfid.

Beim Garen kommt es zu weiteren Reaktionen der Schwefelverbindungen. Die Art dieser Prozesse ist von der Temperatur und dem Wassergehalt der Zubereitung abhängig. Der Koch kann das Knoblaucharoma daher ziemlich genau steuern. Beispielsweise schmeckt wässrig gegarter Knoblauch völlig anders als in Öl anfrittierte Zehen.

Grundsätzlich sind bei der Verarbeitung zwei häufige Zubereitungsfehler zu vermeiden: Knoblauchstücke sollten nicht gebräunt werden, da sie dann ein bitteres Aroma entwickeln (es gibt eine Ausnahme in der Thai-Küche), und zerdrückter Knoblauch sollte nicht an der Luft liegen bleiben – er nimmt dann nämlich durch Oxidation mit Luftsauerstoff einen unangenehm schalen Geschmack an.

AROMAGEBENDE INHALTSSTOFFE

Knoblauch enthält kein ätherisches Öl, sondern eine Anzahl von nicht-flüchtigen Schwefelverbindungen, bei denen es sich, chemisch gesehen, um Derivate der Aminosäure Cystein handelt; die wichtigste Einzelverbindung ist das Alliin (S-Allyl-cystein-S-oxid). Diese auch als »Thioglycoside« bezeichneten Substanzen werden bei Zellverletzung durch das Enzym Alliinase gespalten. Dabei bildet sich aus dem Alliin zunächst Allicin (Diallyldisulfid-S-oxid), eine stark keimtötend wirkende, instabile Substanz, die dann

KNOBLAUCH

KULINARIK

In unseren Breiten wird Knoblauch bekanntermaßen zurückhaltend eingesetzt. Die mediterranen Küchen sind allerdings dafür verantwortlich, dass das Gewürz inzwischen beinahe zur Selbstverständlichkeit geworden ist, denn die in Deutschland mittlerweile so beliebten **Mittelmeerküchen** sind ohne Knoblauch praktisch undenkbar. Das stark schmeckende Gewürz ist dort Grundlage von Saucen und *soffritti*, würzt jede Art von Gemüse, Fleisch oder Fisch und wird sogar roh auf frisch geröstetem Brot zerrieben.

Die geradezu exzessiven Knoblauchpasten des Mittelmeerraums dürften bei uns aber nach wie vor eher etwas für Liebhaber sein. In **Spanien** wird beispielsweise *mojo picón* zubereitet: eine Creme aus viel frischem Knoblauch, Olivenöl, Essig und Chilis, die roh genossen wird. Die Spanier lassen gerne Knoblauchzehen im Fett mitbraten, wenn sie Gemüse oder Kartoffeln frittieren. Außerdem begegnet man gelegentlich aromatisch eingelegten Knoblauchzehen, die dann Teil von Vorspeisenplatten sind. Die katalanische Knoblauchmayonnaise *allioli* besteht lediglich aus Knoblauch, Olivenöl und Salz. Manche Rezepte sehen auch Eigelb vor. Die goldfarbene Creme wird mit Weißbrot und Tomaten gegessen.

Auch in **Frankreich** gibt es rohe Knoblauchpasten: Die provenzalischen Varianten der iberischen Knoblauchmayonnaisen heißen *aïoli* und *rouille*. Erstere wird ganz ähnlich zubereitet wie ihre katalanische Schwester. *Rouille* hingegen ist eine komplexere und äußerst delikate Spezialität, die bei keiner *bouillabaisse* (eine berühmte provenzalische Fischsuppe) fehlen sollte. Die Paste wird aus Knoblauch, Olivenöl, einer mehlig gekochten Kartoffel (alternativ eingeweichtem Weißbrot), frischen roten Chilischoten, einigen Safranfäden und Salz bereitet. Die Zutaten werden dazu im Mörser zerstoßen und die Konsistenz mit Fischbrühe eingestellt. Manche Rezepte sehen auch Fischleber vor. Traditionell wird *rouille* zu vielen Fischgerichten und -suppen gegessen, und die intensiv gelbe Paste wird stets mit geröstetem Weißbrot gereicht.

In **Italien** gibt es eine Pastasauce, deren gesamtes Aroma auf die Kombination von Olivenöl und Knoblauch zurückgeht: Genau genommen kann man beim abruzzesischen Pastagericht *spaghetti aglio, olio e peperoncino* nicht einmal von einer Sauce im eigentlichen Sinn sprechen – denn die Nudeln werden nach dem Garen in einem puren *soffritto* aus Olivenöl, Unmengen von zerstoßenem Knoblauch, gehackten Chilischoten und Petersilie geschwenkt. Dazu wird oft sehr alter, fein geriebener Schafskäse (ein *pecorino vecchio* oder *Romano*) gereicht.

Darüber hinaus dürfte es kaum *soffritti* für *pasta* geben, die ohne eine gewisse Menge zerstoßenen oder fein gehackten Knoblauch auskommen.

Chinesischer einzehiger Knoblauch

Besonders Tomatensaucen und ragoutartige Saucen brauchen das Gewürz in ihrer öligen Vorbereitungsphase fast immer.

Die **griechische** Vorspeisenpaste *skordaliá* wird aus gekochten Kartoffeln, Knoblauch, Essig und Olivenöl zubereitet. **Rumänien** hat hingegen eine dünnflüssigere Variante: Die dort heimische Knoblauchsauce *mujdei* wird aus Knoblauch, Pflanzenöl und Essig bereitet.

In der **arabischen Küche** wird Knoblauch beispielsweise für die Kichererbsenpaste *ḥummuṣ* und für das Auberginenpüree *bābā ǧanūǧ* verwendet. Ein besonders delikates und äußerst knoblauchlastiges Gericht ist *yabraq*. Für *yabraq* wird eine Mischung aus Reis und Mett in Weinblätter gewickelt. Diese zigarrenförmigen Rollen werden Lage für Lage in einen Topf geschichtet und mit einer großen Menge ganzer Knoblauchzehen und Tomatensauce gekocht.

Die heutige **indische Küche** hat sich unter islamischem Einfluss dem Knoblauch geöffnet. Lediglich einige Gruppen von Brahmanen – vor allem in Bengalen – halten an dem traditionellen Verbot fest und ersetzen Knoblauch durch Asant.

In fast allen indischen Regionalküchen ist Knoblauch eine Grundlage zahlloser Speisen, wobei er meist mit Ingwer kombiniert wird. In heißem Öl gebratene getrocknete ungemahlene Gewürze, Ingwer, Knoblauch und Chili ergeben gerichtspezifische Würzen *(masala)* für die meisten nordindischen Curries. Meist enthalten diese *soffritto*-ähnlichen Zubereitungen auch noch gehackte Zwiebeln, die je nach Rezept bis zu einem bestimmten Farbton gebraten werden müssen.

Im Lehmofen gegarte nordindische *tandoori*-Gerichte werden vor dem Grillen mit einer Mischung aus Joghurt, Limettensaft sowie Knoblauch- und Ingwerpüree mariniert. Auch in Südindien kommt Knoblauch meist als Marinadenbestandteil zur Anwendung. Südindische Marinaden bestehen aus Chili, Knoblauch und Ingwer, die mit gemahlenen Gewürzen gemeinsam zerrieben und manchmal mit etwas Öl angereichert werden. Eine ungewöhnliche tamilische Spezialität sind Knoblauchcurries, bei denen ganze Knoblauchzehen in einer mit schwarzem Senf gewürzten Kokosnusssauce geschmort werden. Knoblauchhaltige Gewürzpasten findet man auch in **Indonesien**, wo sie *bumbu* genannt werden. Sie dienen häufig als Marinade oder werden in Öl angebraten, sodass sie als Würzgrundlage einer Suppe oder eines Schmorgerichts dienen können. *Bumbu* enthält meist typisch südostasiatische Gewürze wie Galgant und Zitronengras, in Java und Bali auch immer die stark riechende Garnelenpaste *trassi*.

Auch die Currypasten **Thailands** enthalten immer Knoblauch, der besonders in der grünen Currypaste den Charakter bestimmt. Für schnell gebratene Wok-Gerichte ist der erste Schritt häufig, Knoblauchscheiben in Öl anzufrittieren, bis sie eine mittelbraune Farbe annehmen; der Knoblauch wird entfernt, und das Öl überträgt das Knoblaucharoma auf die Speise, die beim Servieren nochmals mit den braunen Knoblauchstücken bestreut werden kann.

Auch die **chinesische Küche** kennt – wie viele Mittelmeerküchen – rohen Knoblauch. Salatdressings enthalten oft Knoblauchpüree in Kombination mit Essig oder Chili. Häufiger kommt Knoblauch jedoch gebraten zum Einsatz: Ähnlich wie in Indien werden oft in einem ersten Arbeitsgang Knoblauch und Ingwer zusammen gebraten, in Sichuan auch mit der scharfen Bohnenpaste *dòubànjiàng*. Sobald sich ein starkes Aroma entwickelt, werden die anderen Zutaten hinzugefügt. Bedingt durch die kurze Gesamtgarzeit entsteht dabei jedoch oft ein stärkeres Knoblaucharoma als bei den lange geschmorten indischen Gerichten.

In der **koreanischen Küche** würzt Knoblauch Brühen, Suppen, Eintöpfe und natürlich besonders eingelegtes Gemüse *(kimch'i)*, das Nationalgericht Koreas. Der in Europa bekannteste Typ heißt *paech'u-kimch'i* und besteht aus Chinakohl, der zusammen mit Ingwer, Chili und Knoblauch fermentiert wird – sozusagen eine fernöstliche Variante von Sauerkraut. Es wird als Vorspeise oder Zwischenmahlzeit gegessen oder dient als Basis für ein herzhaftes, recht flüssiges Eintopfgericht *(kimch'i tchigae)*.

KOKOSNUSS

Cocos nucifera

Kokosnuss

HERKUNFT UND GESCHICHTE

Die Herkunft der Kokospalme war lange Zeit umstritten, da sie einerseits eine alte asiatische Nutzpflanze ist, andererseits ihre nächsten Verwandten in der Neuen Welt hat. Durch die Entdeckung fossiler Kokosnüsse zwischen Indien und Neuguinea scheint der asiatische Ursprung der Pflanze mittlerweile gesichert zu sein; wahrscheinlich wurde sie erstmals auf der Malaysischen Halbinsel in Kultur genommen.

Vor etwa 4000 Jahren verbreitete sich die Kokosnuss mit den austronesischen Auswanderern über die pazifische Inselwelt. Sonst ist über ihre Frühgeschichte wenig bekannt; in Indien ist sie beispielsweise erst in der buddhistischen Literatur eindeutig nachweisbar (und im Süden sogar noch später).

BOTANIK

Arecaceae (Palmengewächse). Die Kokospalme ist ein bis zu 30 m hoher Baum, manche Zwergsorten erreichen aber nur 10 m. Der Baum besteht aus einem einzelnen säulenförmigen, fast immer unverzweigten, aber oft geneigt wachsenden Stamm mit einem endständigen Schopf aus bis zu 7 m langen, langlebigen, spiralig angeordneten Fiederblättern, die aus einem zentralen Meristem (Vegetationskegel) sprießen. Die Blätter bestehen aus etwa 200 Paaren von bis zu 90 cm langen und maximal 5 cm breiten Fiederblättchen, die schräg zur Blattebene stehen.

Bei ausgewachsenen Pflanzen entspringt jeder Blattachsel ein Stängel, der eine große Anzahl fädiger, bis zu 2 m langer, ockergelber Blütentrauben trägt. Jede Traube enthält mindestens 200 männliche und knapp an der Basis eine oder mehrere weibliche Blüten, die sich erst nach den männlichen öffnen. Da sie vorwiegend durch Insekten bestäubt werden, produzieren sie Nektar und Blütenduft. Die sogenannten »Kokosnüsse« sind kugelige oder elliptische, dreikantige, bis zu 30 cm lange und 2,5 kg schwere

Steinfrüchte. Ihr Fruchtfleisch ist fasrig und ungenießbar, der essbare Teil der Kokosnuss ist das Nährgewebe (Endosperm) im Inneren der bis zu 15 cm großen und 1 kg schweren, hartschaligen Samen. Man unterscheidet zwischen flüssigem Endosperm (Kokoswasser) und festem Endosperm (Kokosfleisch).

ANBAU UND QUALITÄTEN

Kokospalmen sind geradezu Charakterpflanzen der Inneren Tropen; sie gedeihen in Meeresnähe bei Höhenlagen von bis zu 500 m, bei wenigen Kultursorten auch höher. Einige wenige Kultivare können in trockenerem Klima gezogen werden. Kokosprodukte spielen im internationalen Handel eine beträchtliche Rolle: Allein die jährliche Produktion an getrocknetem Kokosfleisch *(kopra)* beträgt um die fünf Millionen Tonnen.

Kokosnüsse beginnen bald nach der Ernte zu keimen und können wegen ihres beträchtlichen Nährstoffvorrats die ersten Blätter auch ohne Kontakt der Wurzeln zum Boden entwickeln. Diese ersten Blätter sind noch ungefiedert; erst nach einem Jahr, in dem ungefähr zehn Blätter gebildet wurden, erreichen die Blätter ihre endgültige Fiedergestalt. In dieser Zeit dehnt sich auch das Meristem auf die endgültige Größe aus. Sobald sie erreicht ist, beginnt der Stamm zu wachsen; Palmen haben kein Dickenwachstum, deshalb kann der Stammdurchmesser sich nachträglich nicht mehr ändern. Die ersten Blüten werden erst gebil-

det, wenn die Palme ihre Endhöhe fast erreicht hat: Das ist bei Zwergsorten nach zwei, bei hochwüchsigen aber erst nach sieben Jahren der Fall.

Kokospalmen blühen und fruchten gleichmäßig das ganze Jahr über; von der Blüte zur Fruchtreife vergehen elf bis zwölf Monate, und die reifen Früchte hängen noch für weitere drei Monate am Baum, bis sie spontan abfallen. In den meisten Anbaugebieten werden sie jedoch bereits vorher geerntet, und zwar entweder von Pflückern, die den glatten Stamm hochklettern, oder – besonders in Festland-Südostasien – von dressierten Makaken. Danach werden die Früchte geschält und aufgebrochen; das Endosperm trocknet in der Sonne oder bei künstlicher Beheizung bis zu einem Restwassergehalt von 20 % *(kopra)*.

Ein Teil des *kopra* gelangt in Form von Kokosflocken oder -chips in den Handel, aber der größte Teil wird mit einer Pressausbeute von etwa 55–62 % zu Kokosöl weiterverarbeitet. Eine Kokospalme produziert pro Jahr etwa 150 Früchte, was etwa 30 kg *kopra* oder 18 kg Kokosöl entspricht. Kokospalmen bleiben viele Jahrzehnte produktiv, aber nach 20 bis 30 Jahren nehmen die Erträge ab.

VERWENDETER PFLANZENTEIL / GERUCH UND GESCHMACK

Kaum ein Pflanzenteil der Kokospalme wird nicht verwendet: Die Blätter dienen als Deckmaterial für Dächer, aus den Stämmen werden Schiffe, Häuser

Getrunken, geraspelt, gepresst:
Kokosnüsse werden in jungem
Zustand getrunken, als Raspeln zu
südindischen Currygerichten geröstet oder zu Kokosnussmilch gepresst, der Schmorflüssigkeit der
thailändischen Küche schlechthin.

Kokosraspeln

und Möbel gebaut, Kokosfasern lassen sich als Dämmmaterial oder Ma-
tratzenfüllung einsetzen, und aus den
Schalen werden Knöpfe, Trinkschalen
und andere kunsthandwerkliche Er-
zeugnisse hergestellt.

Von kulinarischer Bedeutung ist in
erster Linie das feste Endosperm. Es
kann getrocknet (*kopra*, Kokosraspeln), als wässriger Extrakt (Kokosmilch) oder nach dem Pressen als
reines Kokosfett genutzt werden. Das
flüssige Endosperm junger Kokos-
früchte wird als Erfrischungsgetränk
genossen. Das Aroma von Kokos-
fruchtprodukten ist einzigartig und
charakteristisch und lässt sich kaum
beschreiben.

Das sogenannte Palmenherz (der
etwa 1 kg schwere Vegetationskegel an
der Spitze des Stamms) wird im tropischen Asien als Gemüse genossen
und wegen seiner erstaunlich zart-
knackigen Konsistenz und des feinen
Aromas geschätzt – die Ernte eines
Palmenherzens ist jedoch mit dem
Absterben der Pflanze verbunden.

Ein weiteres kulinarisch verwertbares
Produkt ist der Palmzucker. Um ihn
zu gewinnen, werden die Blütenstände
abgetrennt; aus dem Strunk treten im
Laufe einiger Tage mehrere Liter Saft
aus, der anschließend eingekocht und
in Form von handtellergroßen Laiben
gehandelt wird. Palmzucker hat einen
karamellartigen Geschmack.

Aromagebende Inhaltsstoffe

Getrocknetes Kokosfleisch *(kopra)*
besteht zu etwa 60–70 % aus Fett.
Kokosnussöl enthält Triglyceride ge-
sättigter Fettsäuren und ist bei Raumtemperatur fest bis halbfest. Es dominieren Laurinsäure (40–55 %) und
Myristinsäure (15–20 %). Der Geruch
ranzigen Kokosfetts rührt vom geringen Anteil kürzerkettiger Fettsäuren.
Für den typischen Kokosgeruch sind
δ-Lactone wie das 5-Decanolid (5-
Pentyloxan-2-on) verantwortlich.
Synthetisches Kokosaroma enthält
darüber hinaus auch oft das 4-Non-
anolid (5-Pentyloxolan-2-on), ein γ-
Lacton.

Kokospalme mit Fruchtstand

KULINARIK

In unseren Breiten sind vor allem die getrockneten Kokosraspeln als Backzutat bekannt. In den Herkunftsregionen der Kokospalme jedoch spielen Kokosprodukte eine wichtige kulinarische Rolle.

Kokosraspeln werden in **Südindien** – geröstet und ungeröstet – als Andickungsmittel und nussige Würze gebraucht. Sie werden für Gewürzmischungen wie das *bisi-bele*-Pulver aus Karnataka verwendet und geben Curries aus Kerala und Karnataka einen nussigen Geschmack und eine typische Konsistenz – ein Beispiel ist *avial*, gekochtes Gemüse in einer Joghurt-Kokos-Sauce mit der klassisch südindischen Würze aus kurz anfrittierten Curryblättern und Senfsamen.

Durch Pressen von getrocknetem Kokosfleisch lässt sich ein farbloses und weitgehend geschmacksneutrales Fett gewinnen, das in manchen Ursprungsländern (vor allem in **Indonesien** und Südindien) – und in raffinierter Form weltweit – zum Backen, Braten und Frittieren verwendet wird.

Das kulinarisch bedeutendste Kokosprodukt ist die Kokosnussmilch, die auf Indonesisch *santen* und auf den Philippinen *gata* heißt. Sie wird durch Heißwasserextraktion der Kokosraspeln und anschließende Filtration gewonnen. Im Handel sind unterschiedliche Verdünnungsgrade erhältlich – von suppig bis hin zu cremig-buttrig. Ferner gibt es *creamed coconut*, ein wasserlösliches Kokosmilchkonzentrat. Die auch bei uns erhältliche pulverförmige Instantkokosmilch ist aufgrund ihres geringen Fettgehalts und der daraus resultierenden Körperlosigkeit für die Küche praktisch wertlos.

In **Thailand** ist Kokosmilch ein beliebtes Kochmedium. Speisen, die in Kokosmilch geschmort werden, bezeichnet man als Currygerichte (*gaeng*). Aromatische Grundlage für die thailändischen Currygerichte bilden dabei immer Currypasten in vier Grundtypen: die grünen, roten, gelben und *masaman*-Pasten.

Kokosmilch kann auch Ablöschflüssigkeit für trocken oder in wenig Wasser gegarte Gerichte sein. Diese Technik ist vor allem in Sri Lanka und Indonesien verbreitet, wo viele Currygerichte in dünner Kokosmilch gekocht werden. Auch für viele indonesische Curries ist Kokosmilch unersetzlich.

Palmzucker spielt für das Süßen der thailändischen Currygerichte eine gewisse Rolle und wird häufig für fernöstliche und indische Süßspeisen verwendet.

KORIANDER

Coriandrum sativum

Getrocknete Korianderfrüchte

HERKUNFT UND GESCHICHTE

Koriander stammt aus dem östlichen Mittelmeerraum, wo er schon lange bekannt ist: Er wird im altägyptischen *Papyrus Ebers* erwähnt und kommt auch im Kernteil des Alten Testaments (2. Buch Mose) vor. Die Griechen gaben ihm den Namen »Koriander«, unter dem er heute noch fast überall bekannt ist und der sich wahrscheinlich von einem Wort mit der Bedeutung »Wanze« ableitet, was sich auf den Geruch der Blätter beziehen dürfte.

Nach Öffnung der zentralasiatischen Handelsrouten (Gewürzstraße) gelangte Koriander zusammen mit anderen mediterranen Gewürzen (Safran, Ajowan, Kreuzkümmel) ab dem 4. Jahrhundert v. Chr. nach Indien, wo sein Anbau von der Maurya-Dynastie gefördert wurde.

BOTANIK

Apiaceae (Doldenblütengewächse). Koriander ist eine einjährige, krautige Pflanze, die bis über 1 m hoch wird. Aus einer fingerlangen Pfahlwurzel entwickeln sich zunächst grundständige, glänzend dunkelgrüne, 20 cm lange, doppelt fiederteilige oder fiederlappige Blätter mit petersilienähnlicher Form, danach verzweigte Stängel, die doppelt gefiederte, dillähnliche Stängelblätter und terminale Doppeldolden tragen. Die herzförmigen, weißen oder rötlichen Kronblätter sind nur 1 mm lang, aber an der Außenseite von Randblüten oft zwei- bis dreifach verlängert, und zumeist zwittrig, im Inneren der Dolden bei manchen Sorten auch rein männlich. Aus den Zwitterblüten entwickeln sich die je nach Sorte 2–5 mm großen, kugelförmigen Spaltfrüchte, die anders als bei den meisten verwandten Arten nicht spontan in Teilfrüchte zerfallen.

Koriander

Anbau und Qualitäten

Koriander gedeiht sowohl in gemäßigtem als auch in tropischem Klima und wird in vielen Ländern mit passendem Klima angebaut, beispielsweise in Ägypten, Indien, Türkei, Iran und Mexiko. In Europa findet man kommerziellen Korianderanbau in den Niederlanden und in einigen Ländern Osteuropas (Bulgarien, Ungarn, Tschechien). Die Jahresproduktion an Früchten liegt bei 600 000 Tonnen.

Von Korianderfrüchten kennt man zwei leicht unterscheidbare Typen: die europäischen, kältetoleranten Sorten (subsp. *microcarpum*, mehr als 130 Früchte pro Gramm) und die großkörnigen orientalischen Sorten (subsp. *macrocarpum*), bei denen 1 g aus 75 bis 100 Früchten besteht. Innerhalb der Unterart *macrocarpum* wird manchmal zwischen einer *indicum*-Gruppe (ovale Früchte) und den *sativum*-Sorten mit kugelförmigen Früchten unterschieden. Alle Sorten haben ein sehr ähnliches Aroma, wobei der europäische Koriander würziger schmeckt und besser zum Backen geeignet ist. Manche »Blattkoriander«-Sorten gehen besonders spät in Blüte und liefern daher über einen längeren Zeitraum Blätter.

Koriander wird aus Samen gezogen. Für die Produktion von Blattkoriander wird nach etwa zwei Monaten die Blattrosette mitsamt der Wurzel geerntet (nur wenige Sorten erlauben kontinuierliche Ernte); Fruchtkoriander treibt bereits nach zwei bis drei Monaten die ersten Blüten, die sich binnen sechs Wochen zu erntefähigen Früchten entwickeln. Bei Vollreife der Mitteldolde wird die Pflanze geschnitten und vorsichtig getrocknet, damit die Früchte aus den Nebendolden noch nachreifen können. Das anschließende Dreschen erfordert große Sorgfalt, damit die Früchte nicht in die halbkugeligen Teilfrüchte zerfallen.

Verwendeter Pflanzenteil / Geruch und Geschmack

Koriander liefert zwei völlig unterschiedliche Gewürze: Korianderblätter und Korianderfrüchte.

Die frischen Blätter des Korianders verströmen einen intensiven Duft, der sehr unterschiedlich empfunden und beschrieben wird: Die einen schätzen das Aroma als erfrischend und zitronenartig ein, während sich andere an verbranntem Kunststoff oder Wanzen erinnert fühlen. Die weniger vorteilhafte Einschätzung trifft man fast ausschließlich in Europa oder Nordamerika an, wo die Verwendung von Korianderblättern erst vor wenigen Jahrzehnten in Mode gekommen ist.

Das würzig-nussige Aroma und der warme Geschmack der Korianderfrüchte wird hingegen auf der ganzen Welt geschätzt.

Aromagebende Inhaltsstoffe

Das Aroma der Blätter wird vollständig von langkettigen aliphatischen Aldehyden wie Decanal und 2*E*-Tridecenal bestimmt. Ähnliche Verbindungen bewirken auch den korianderähnlichen Geruch einiger anderer

Wanzenkraut: Den einen ein Graus, den anderen ein Muss in der Suppe. Korianderkraut ist in Südostasien so wichtig wie die Petersilie in Europa. In Mitteleuropa gibt es allerdings zahllose Phobiker. Die Korianderfrüchte sind dagegen auf der ganzen Welt beliebt – nussige Würze für Herzhaftes und Süßes gleichermaßen.

Frisches Korianderkraut

Blattgewürze, beispielsweise des Langen Korianders.

Korianderfrüchte hingegen enthalten zu knapp 1 % ein ätherisches Öl mit dem Hauptbestandteil Linalool; daneben treten weitere Monoterpenabkömmlinge wie α- und β-Pinen, γ-Terpinen, Limonen und andere auf. Beim Rösten bilden sich, wie beim verwandten Kreuzkümmel, Alkoxypyrazine mit typischem Brataroma.

KULINARIK

Korianderfrüchte sind auf der ganzen Welt beliebt: Neben ihrer eigentlichen Heimat, dem Mittelmeergebiet, kennt man sie auch in **Afrika** bis zum Äquator und in Asien von der **Levante** bis nach **Indien**. Der Geschmack von Korianderfrüchten kann verschiedene Aromen miteinander verschmelzen und komplexe Aromen abrunden. Daher wird er sehr häufig in großen Mengen für Gewürzmischungen verwendet: Fast alle Mischungen zwischen Marokko und Indien enthalten Korianderfrüchte, oft sogar in großer Menge: Beispiele dazu sind das tunesische *tābil*, das irakische *bahārāt* und das indische *garam masala*.

Darüber hinaus haben Korianderfrüchte eine hohe Affinität zu Kreuzkümmel – diese beiden Gewürze bilden geradezu ein natürliches kulinarisches Paar. Wie Kreuzkümmel erhält auch Koriander durch Rösten ein stärkeres, nussig-würziges Aroma, das vor allem in **Südindien** und **Sri Lanka**, aber auch in **Äthiopien** geschätzt wird.

Im Fernen Osten treten getrocknete Gewürze zugunsten von frischen Kräutern in den Hintergrund. In China und Indonesien, noch mehr aber in **Vietnam** und **Thailand** spielen Korianderblätter eine große Rolle als aromatische Grüngarnitur, die oft sparsam, vor allem aber in Vietnam geradezu verschwenderisch vor dem Servieren über Speisen aller

Blühender Koriander

Reifende Korianderfrüchte

Art gestreut wird. Der Doldenblütler Koriander spielt damit in Asien eine vergleichbare Rolle wie die Petersilie in Europa. Vereinzelt findet man grünen Koriander auch weiter westlich, beispielsweise in Indien, Jemen und Georgien.

In der **Neuen Welt** hat sich Koriander als ein allgegenwärtiges Küchenkraut etabliert. Während er in den Tropen Mittelamerikas und zum Teil in den Andenländern schon länger eingebürgert ist, ist seine Beliebtheit in den USA erst in den letzten Jahrzehnten drastisch gewachsen, was auf den kombinierten Einfluss der mexikanischen und der fernöstlichen Küchen zurückzuführen sein dürfte. In Europa wird *cilantro*, wie das Kraut mit seinem mexikanischen Namen oft genannt wird, erst seit den neunziger Jahren in nennenswertem Umfang verwendet.

Der als Gewürz gehandelte frische Koriander ist eine filigrane und empfindliche Pflanze. Hitze und mecha-

nische Belastung machen das Gewürz rasch unansehnlich und zerstören das Aroma. Korianderblätter sollten daher stets frisch verwendet und keinesfalls mitgegart werden. Gerichte, bei denen das Gewürz über längere Zeit hohen Temperaturen ausgesetzt ist, vermitteln kaum ein bemerkenswertes Korianderaroma. Dasselbe gilt für die getrockneten Blätter – sie sind in der Küche praktisch wertlos.

Mehrere Gewürze haben Namen, die sie als Varianten des Korianders ausweisen, beispielsweise Langer (auch: Breiter, Mexikanischer) Koriander oder Vietnamesischer Koriander.

KRESSE

HERKUNFT UND GESCHICHTE

Gartenkresse ist eine westasiatische oder iranische Pflanze, die seit dem Altertum im Mittelmeergebiet bekannt ist. Die Brunnenkresse stammt aus Nordafrika oder Westasien und ist mittlerweile weltweit eingebürgert. Kapuzinerkresse stammt aus den südamerikanischen Tropen und Subtropen (Ecuador bis Peru). Sie wurde im 16. Jahrhundert als Zierpflanze nach Europa eingeführt.

BOTANIK

Garten- und Brunnenkresse gehören zur Familie Brassicaceae (Kreuzblütengewächse), Kapuzinerkresse dagegen in die nicht verwandte Familie Tropaeolaceae (Kapuzinerkressengewächse).

Gartenkresse ist ein einjähriges Kraut, das 80 cm Höhe erreicht. Die Pflanze bildet verkehrt-eiförmige Grundblätter und verzweigte, bläulich bereifte Stängel mit unteren doppelt fiederteiligen und oberen einfach-linealischen Blättern aus. Die weißen, 2 mm großen Blüten stehen in terminalen und axialen Trauben; aus ihnen entwickeln sich rundliche, 5 mm lange, geflügelte Schötchen.

Brunnenkresse ist eine mehrjährige aquatische oder semiaquatische Staude mit kriechendem Habitus, deren bis zu 100 cm lange Zweige etwa 40 cm Höhe erreichen; im Wasser wachsende Zweige entwickeln an den Blattachseln Adventivwurzeln. Die Blätter sind bis zu 15 cm lang, unpaarig gefiedert, mit 4 cm langen, breit-elliptischen, am Rand buchtigen Blättchen. Die weißen, kleinen Blüten stehen in Trauben und entwickeln sich zu 1,5 cm langen Schoten mit 1 mm großen, flach eiförmigen Samen.

Kapuzinerkresse ist eine mehrjährige,

Frische Brunnenkresse

Nasser Wattebausch: Kresse braucht keinen grünen Daumen. Die Sämlinge wachsen auf jeder feuchten Unterlage und liefern eine scharf-würzige Butterbrotauflage und Salatgarnitur.

Links: Gartenkresse
Links unten: Blühende Gartenkresse
Rechts unten: Blühende Brunnenkresse

Blühende Kapuzinerkresse

aber nicht winterharte, kriechende Staude mit meterlangen Ausläufern, die ohne Stützstrukturen etwa 30 cm hoch wird. Die lang gestielten, bis zu 7 cm großen Blätter fallen durch ihre schildförmige Gestalt bei exzentrisch angewachsenem Blattstiel auf; in ihren Achseln entspringen ebenfalls lang gestielte, dorsiventrale, duftende Blüten mit gewöhnlich orangefarbener, mitunter aber auch gelber oder karminroter Farbe. Drei der fünf Kelchblätter bilden eine Oberlippe, die in einen 3 cm langen, gekrümmten Sporn ausläuft. Die nur schwach dorsiventrale, trichterförmige Krone wird von fünf freien, rundlichen, 2 cm langen Kronblättern gebildet.

Aus dem oberständigen Fruchtknoten bildet sich eine Spaltfrucht aus drei (manchmal vier) runzeligen nierenförmigen Teilfrüchten.

ANBAU UND QUALITÄTEN

Gartenkresse ist eine schnellwüchsige Pflanze, deren Samen mit wenig Feuchtigkeit selbst ohne Erde in wenigen Tagen zu grünen, pikant schmeckenden Keimlingen heranwachsen. Kommerzieller Anbau spielt eine sehr geringe Rolle. Die Keimlinge können am effizientesten in Hydrokultur produziert werden, allerdings ist für den Konsumenten der Anbau in der eigenen Küche bequemer – man braucht nicht mehr als ein feucht gehaltenes

Stück Küchenpapier und vier Tage Geduld. Größere Pflanzen mit entwickelten Laubblättern erhält man im Feldanbau, wobei sich Folgesaaten im Abstand von zwei Wochen empfehlen.

Brunnenkresse ist dagegen schwerer zu kultivieren. Sie gedeiht am besten in flachen, langsam fließenden oder stehenden Gewässern, kann aber auch in staunasser nährstoffreicher Erde gezogen werden. Sie wird in Mittel- und Westeuropa in sehr geringem Umfang für den lokalen Markt produziert.

Die wärmeliebende Kapuzinerkresse ist nur als Zierpflanze von Bedeutung. Sie benötigt sonnige Standorte mit trockener, sandiger Erde und verträgt extreme Trockenheit recht gut.

Verwendeter Pflanzenteil / Geruch und Geschmack

Von allen drei Kressearten werden die frischen Blätter verwendet, die einen schwach senf- bis rettichartigen Geruch verströmen und mild senfartig schmecken. Die unreifen Teilfrüchte (»Samen«) der Kapuzinerkresse haben ein starkes meerrettichartiges Aroma und können ebenfalls als Gewürz verwendet werden.

Aromagebende Inhaltsstoffe

Kressen enthalten – wie Meerrettich, Senf und verwandte Gewürze – Glucosinolate, aus denen sich bei Gewe-

beverletzung stechend riechende und scharf schmeckende Isothiocyanate bilden (siehe Meerrettich). In Garten- und Brunnenkresse dominiert das Gluconasturtiin beziehungsweise das daraus gebildete 2-Phenylethylisothiocyanat. Dagegen enthalten Kapuzinerkresseblätter Glucotropaeolin, das zu Phenylisothiocyanat abgebaut wird; in den Früchten findet man wiederum Glucoputranjivin, das beim Abbau das sehr flüchtige, die Nase reizende Propylisothiocyanat liefert.

Kulinarik

Die drei Kressearten sind in der Küche weitgehend austauschbar – ganz anders als die südamerikanische Parakresse, die trotz des ähnlichen Namens kulinarisch nicht zu vergleichen ist.

Durch ihre erfrischende, milde Schärfe passen Kressen gut zu zarten Speisen. Ihr Aroma ist stark temperaturempfindlich: Meist werden sie daher für kalte Zubereitungen wie Salate oder belegte Brote verwendet. Warme Speisen (beispielsweise Rührei) kann man bei Tisch mit gehackten Kresseblättern bestreuen, aber ein Erhitzen des Krauts sollte vermieden werden.

Die stark schmeckenden Früchte der Kapuzinerkresse können frisch gegessen oder eingelegt und wie Kapern verwendet werden.

KREUZKÜMMEL

CUMIN, *Cuminum cyminum*

Charakterwürze Indiens: Gehört in sämtliche Currygerichte des Subkontinents. Er wird vor der Verwendung oft geröstet, um einen nussigeren Geschmack zu erhalten. Vor allem im Süden schmecken fast alle Curries nach dunkel geröstetem Kreuzkümmel.

Getrocknete Kreuzkümmelfrüchte

HERKUNFT UND GESCHICHTE

Kreuzkümmel stammt aus dem östlichen Mittelmeergebiet und war bereits griechischen Ärzten der Antike bekannt; er wird auch mehrfach im Alten und Neuen Testament erwähnt (deutsche Übersetzungen schreiben allerdings »Kümmel«). In dem spätantiken Apicius-Kochbuch gehört Kreuzkümmel zu den häufigsten Gewürzen und wird in fast allen Saucenrezepten verwendet. Erst in der Zeit des Hellenismus gelangte der Kreuzkümmel auf den indischen Subkontinent, wo er heute als einschlägiges Charaktergewürz in allen regionalen Küchen verwendet wird.

BOTANIK

Apiaceae (Doldenblütengewächse). Kreuzkümmel ist eine einjährige, krautige Pflanze, die bis zu 50 cm hoch wird. Aus der dünnen Pfahlwurzel entwickelt sich ein längs gefurchter, stark verzweigter Stängel mit wechselständigen, gestielten Blättern, die nur aus drei fadenförmigen Segmenten bestehen (und die ihrerseits noch weiter dreigeteilt sein können). Die etwa 2 mm großen, weißen oder rosafarbenen Blüten stehen in nur 3,5 cm großen terminalen Doppeldolden und entwickeln sich zu Spaltfrüchten aus zwei gestreckten oder leicht gekrümmten, 5 mm langen Teilfrüchten.

ANBAU UND QUALITÄTEN

Kreuzkümmel benötigt warmgemäßigtes bis subtropisches Klima mit einer sonnig-trockenen Phase während der Vegetationsperiode. Der kommerzielle Anbau erfolgt auf Feldern; Kreuzkümmel blüht zwei Monate nach der Aussaat, und bereits einen Monat später können die reifen Pflanzen geschnitten, getrocknet und gedroschen werden. Der Ertrag schwankt sehr stark, im Schnitt werden um die 100 kg je Hektar erzielt.

Genaue statistische Angaben zur jährlichen Kreuzkümmelproduktion sind nicht verfügbar. Die indische Produktion beträgt 150 000 Tonnen, wovon jedoch wegen des hohen Inlandsverbrauchs nur wenig exportiert wird; das jährliche Handelsvolumen beträgt ca. 50 000 Tonnen. Die bedeutendsten Anbaugebiete liegen in Indien, daneben spielen China, Zentralasien (Iran, Russland) und die Mittelmeerländer (Türkei, Ägypten, Marokko) eine Rolle.

VERWENDETER PFLANZENTEIL / GERUCH UND GESCHMACK

Als Gewürz werden die getrockneten Früchte verwendet. Geruch und Geschmack sind intensiv und werden häufig als charakteristisch für vorderasiatische und indische Küche empfunden. Das Aroma verändert sich stark beim Braten oder Rösten – die Früchte verströmen dann einen nussigen Geruch.

AROMAGEBENDE INHALTSSTOFFE

Die Früchte enthalten 2,5–4 % ätherisches Öl, das von den beiden Aldehyden *p*-Mentha-1,4-dienal und Cuminal dominiert wird. In gerösteten Kreuzkümmelfrüchten findet man eine Vielzahl von typischen Röstaromen der Pyrazinreihe; ähnliche Verbindungen bestimmen auch das Aroma anderer gerösteter Gewürze (Bockshornklee, Koriander).

KULINARIK

In den Küchen **Nordafrikas** und der **Levante** wird Kreuzkümmel ungeröstet und gemahlen verwendet, zum Beispiel für Fleischmarinaden. Er ist fester Bestandteil der levantinischen Gewürzmischung *bahār*, die als Fleisch- und Tischwürze dient. Gemahlener Kreuzkümmel wird auch über fertige Speisen gestreut, zum Beispiel beim Kichererbsenpüree *ḥummuṣ* oder der Auberginenvorspeise *bābā ġanūj*, dann meist kombiniert mit gemahlenem und getrocknetem Paprika und einem Schuss Olivenöl. In Marokko würzt Kreuzkümmel neben anderen Gewürzen die scharfe Chilipaste *ḥārīssā*.

In ganzen Vorderen Orient sind *falāfil* eine beliebte Zwischenmahlzeit, die meist mit anderen Zutaten und Saucen in Fladenbrot gegessen werden. Dabei handelt es sich um frittierte Bällchen aus einem Teig von rohen Hülsenfrüchten, der mit Kreuzkümmel, Petersilie und Knoblauch gewürzt ist. Die nordafrikanische Variante (*ṭa'miyā*) verwendet Saubohnen, während in der Levante Kichererbsen

Kreuzkümmelpflanze

und Curryblätter. Dazu werden die Gewürze trocken und separat erhitzt, bis sie eine dunkle Farbe annehmen und hocharomatisch riechen. Die so vorbehandelten Gewürze werden zusammen gemahlen und mit viel Chilipulver den meist mit dünner Kokosmilch zubereiteten Curries zugesetzt. Srilankanische Curries haben einen besonders »dunklen« Geschmack mit starken Röstaromen. Gewürzmischungen enthalten in dieser Region auch auf ähnliche Art geröstete kleinfrüchtige Bohnen- und Linsensorten. In der **chinesischen Küche** spielt Kreuzkümmel eine recht geringe Rolle und kommt nur in einigen regionalen Spezialitäten aus Hunan und Sichuan vor. Bedeutender ist Kreuzkümmel in der zentralasiatisch beeinflussten Küche der chinesischen Provinz Xinjiang, der Heimat der Uiguren. Eine mittlerweile in ganz China beliebte uigurische Spezialität sind mit Kreuzkümmel und Chili gewürzte Lammspieße *(yáng roù chuàn)*.

Kreuzkümmel hat sich auch in **Lateinamerika** einen Platz erobert, wo er erst seit dem 16. Jahrhundert bekannt ist. Man verwendet ihn von Bolivien bis Mexiko, beispielsweise für andine Fleischspeisen *(fricasé)*, die berühmten mexikanischen *mole*-Saucen und das texanische Nationalgericht *chili con carne.*

üblich sind; in Israel wird der Teig zusätzlich mit Weizengrieß (Bulgur) angereichert.

In **Indien** ist Kreuzkümmel allgegenwärtig. Zur Zubereitung eines nordindischen Currygerichts sautiert man in einer ersten Phase *(baghar)* trockene Gewürze (darunter fast immer Kreuzkümmel), Zwiebel, Knoblauch und Ingwer in Butterfett *(ghi)* oder Pflanzenöl, bis sie ein rundes Aroma verströmen, wobei man eine ölige aromatische Masse erhält, die in indischem Englisch oft als *wet masala* bezeichnet wird (siehe dazu auch Zwiebel). Leicht geröstete und gemahlene Kreuzkümmelfrüchte dienen als Tischwürze oder werden – oft gemeinsam mit anderen Gewürzen – für gesalzene und gekühlte Joghurtgetränke *(lassi)* oder Salate *(raita)* verwendet.

In **Südindien** und **Sri Lanka** werden Gewürze vor der Verwendung oft geröstet – das betrifft vor allem Kreuzkümmel, Koriander und Bockshornklee, seltener auch Chili, Fenchel

> Besonders in deutschsprachiger Literatur werden Kümmel und Kreuzkümmel sehr oft verwechselt.

KUBEBENPFEFFER

Piper cubeba

HERKUNFT UND GESCHICHTE

Kubebenpfeffer stammt von der indonesischen Insel Java. In der europäischen Antike war er unbekannt; er taucht im Lauf des 1. Jahrtausends n. Chr. zunächst in Indien, dann in Arabien und Europa auf. Die Beeren waren ein beliebtes mittelalterliches Gewürz, wurden aber in der Neuzeit von schwarzem Pfeffer verdrängt. Im 19. Jahrhundert kam es wieder zu einer kurzen Phase der Popularität, weil man die Pflanze als Heilmittel gegen die Syphilis einsetzte.

BOTANIK

Piperaceae (Pfeffergewächse). Kubebenpfeffer ist eine zweihäusige, ausdauernde Kletterpflanze. Die holzigen Zweige werden 5–10 m lang und tragen wechselständige, ledrige, dunkelgrüne, kurz gestielte, länglich eiförmige, spitz auslaufende, an der Basis rundliche bis herzförmige Blätter, die bis zu 15 cm lang und bis zu 9 cm breit werden können. Die winzigen Blüten erscheinen in kompakten, kurz gestielten, 3–10 cm langen Ähren gegenüber den Blättern. Aus den weiblichen Blüten entwickeln sich 6–8 mm große, gestielte, kugelige Beeren, die sich bei der Reife orange färben. Nur ein Teil der Beeren enthält einen großen, kugeligen Samen; die Mehrzahl ist dagegen hohl.

ANBAU UND QUALITÄTEN

Kubebenpfeffer wird in Indonesien und Indien produziert, wegen der geringen Nachfrage allerdings nur in kleinbäuerlichen Betrieben. Die Welt-Jahresproduktion dürfte etwa 100 Tonnen betragen, wovon ein Großteil in der Parfümerie Verwendung findet.

Kubebenpfeffer wird aus Stecklingen vermehrt, wobei auf ein Verhältnis von weiblichen zu männlichen Pflanzen von etwa 10:1 geachtet wird. Als Stützbäume dienen oft Schattenbäume von Kaffee- oder Kakaoplantagen. Die Pflanzen sind sehr empfindlich, erlauben aber unter günstigen Umständen vom dritten Jahr an für einige Jahrzehnte Ernten von 0,5 kg getrockneten Beeren pro Jahr.

Zur Ernte werden die Fruchtstände geerntet, sobald sich die Beeren gelb färben; danach rebelt man die Früchte vorsichtig von der Spindel und trocknet sie in der Sonne. Ähnlich wie schwarzer Pfeffer färben sie sich dabei dunkelbraun bis schwarz und entwickeln eine netzrippige Oberfläche. Bei

Bitter-scharf-aromatisch: Kubeben finden vor allem in nordafrikanischen Schmorgerichten Verwendung. Im europäischen Mittelalter auch als Pfefferersatz gebräuchlich, waren sie dem neuzeitlichen Geschmack zu bitter.

Getrockneter Kubebenpfeffer

der Ernte verletzte Beeren nehmen dagegen eine gräuliche Farbe an und gelten als minderwertig.

VERWENDETER PFLANZENTEIL / GERUCH UND GESCHMACK
Als Gewürz werden die Beeren verwendet, die sich beim Trocknen schwarzbraun färben. Kubebenpfeffer hat einen aromatischen, an Terpentin erinnernden Geruch und einen scharf-bitteren Geschmack.

AROMAGEBENDE INHALTSSTOFFE
Anders als bei seinen Verwandten, dem schwarzen und dem Langen Pfeffer, verdankt der Kubebenpfeffer seinen scharfen Geschmack einem Lignan, dem Cubebin. Daneben enthalten die Früchte außerordentlich viel (10–20 %) ätherisches Öl, das sich in wechselnden Anteilen aus Sesquiterpenen (Cubeben, Copaen, Cubebol und Cadinen) und kleineren Mengen Monoterpenen (Sabinen, Dipenten) zusammensetzt.

KULINARIK
Kubebenpfeffer taucht häufig in europäischen Rezepten des Mittelalters und danach noch bis ins 17. Jahrhundert auf. In den heutigen europäischen Küchen ist er nicht mehr in Gebrauch. Das Gewürz ist jedoch in einigen Magenbittersorten enthalten. Dort würzt er in gemahlener Form die typischen Eintöpfe *(ṭājin)* und *couscous*-Beilagen. Gelegentlich ist er in der marokkanischen Gewürzmischung *rās al-ḥānūt* enthalten. Kubebenpfeffer wird heute nur noch in den Küchen des **Maghreb** verwendet.

KÜMMEL

Carum carvi

HERKUNFT UND GESCHICHTE

Kümmel ist in Europa und Westasien heimisch; sein heutiges Verbreitungsgebiet reicht von Skandinavien über den Mittelmeerraum bis Anatolien. Kümmelfrüchte wurden in 5000 Jahre alten mitteleuropäischen Pfahlbausiedlungen gefunden – allerdings gibt es keinen klaren Beweis, dass sie von den Steinzeitbauern auch gegessen wurden, immerhin ist Kümmel eine häufige Wildpflanze der Region.

In der griechischen und römischen Antike war Kümmel wohlbekannt. Die antiken Ärzte verwendeten ihn gegen Verdauungsbeschwerden, und Apicius führt in seinem Kochbuch einige Rezepte mit Kümmel *(careum)* an. Allerdings stand der Kümmel ganz im Schatten des mediterranen Kreuzkümmels *(cuminum)*, der sehr häufig verwendet wurde und in der römischen Küche die Rolle eines Charaktergewürzes spielte.

In den Nordprovinzen des Römischen Reichs wurde dagegen mehr mit Kümmel gekocht, offenbar vertrat dabei das einheimische *careum* das ähnlich aussehende, aber fremdländische *cuminum*. Die beiden Gewürze sehen einander so ähnlich, dass sie bis heute in der Literatur oft miteinander verwechselt werden, allerdings sind sie geschmacklich ganz und gar nicht austauschbar.

BOTANIK

Apiaceae (Doldenblütengewächse). Kümmel ist ein zweijähriges Kraut, das etwa 150 cm hoch werden kann; in Ägypten und Westasien gibt es auch einjährige Sorten. Im ersten Jahr entwickelt die Pflanze eine spindelförmige bis zylindrische, lange, fleischige Pfahlwurzel und eine Rosette zwei- bis dreifach gefiederter Blätter mit dreieckigem Umriss und fadenförmigen Blattsegmenten. Im zweiten Jahr erheben sich hohle, längs gestreifte, wechselständig beblätterte, im obersten Drittel verzweigte Stängel, an deren Enden die Blüten in Doppeldolden erscheinen. Die weißen, 1–2 mm großen Einzelblüten entwickeln sich zu den familientypischen Spaltfrüchten, die in zwei sichelförmig gekrümmte, 3–5 mm lange Teilfrüchte mit fünf deutlichen Längsrippen zerfallen.

ANBAU UND QUALITÄTEN

Kümmel wird in weiten Teilen Europas (Niederlande, Finnland, Balkan, Russland), in Nordafrika (Ägypten) und in Nordamerika angebaut. In

Nicht jedermanns Sache: Kümmel wird entweder geliebt oder verabscheut; Kümmelstangen können perfekte Käsebegleitung sein. Für Schnaps – etwa den *akvavit* – taugen die Spaltfrüchte auch.

Getrocknete Kümmelfrüchte

Deutschland liegt das wichtigste Anbaugebiet in Thüringen. Die Bezeichnung »Kümmeltürke« entstand im 18. Jahrhundert für Studenten aus der »Kümmeltürkei«, dem damaligen Kümmelanbaugebiet rund um Halle/Saale.

Der zweijährige Kümmel wird im Frühjahr gesät und im Sommer des Folgejahres geerntet – die einjährigen orientalischen Varianten kommen ohne eine Winterpause aus. Bei den traditionellen Sorten muss vorsichtig geerntet werden, sobald die Mitteldolde reift, da die reifen Früchte von der Pflanze abfallen; es gibt jedoch auch nichtstreuende Kultivare, die sich besser für maschinelle Ernte eignen. Der Ernteertrag schwankt zwischen ein und zwei Tonnen je Hektar, bei modernen Sorten und optimalen Anbaubedingungen auch bis drei Tonnen.

Die zweijährigen Sorten (»Winterkümmel«) liefern bessere Ausbeuten und ein aromatischeres Gewürz als die einjährigen (»Frühlingskümmel«). Die besten Qualitäten kommen aus Finnland.

VERWENDETER PFLANZENTEIL / GERUCH UND GESCHMACK

Das Kümmelgewürz besteht aus den Früchten, die meist als »Kümmelsamen« bezeichnet werden. Kümmel hat ein starkes, warm-erdiges Aroma mit leichter Zitrusnote und einen aromatischen, etwas brennend-bitteren Geschmack. In geringem Umfang dienen auch frische, junge Kümmelblätter als Gewürz, und die Wurzel kann als Wildgemüse gekocht werden.

AROMAGEBENDE INHALTSSTOFFE

Kümmelfrüchte sind reich an einem ätherischen Öl (bis zu 7 %) mit den Hauptkomponenten Carvon (bis zu 80 %) und Limonen (bis zu 30 %) mit geringen Anteilen weiterer Monoterpene.

Blühende Kümmelpflanze

Fruchtende Kümmelpflanze

KULINARIK

Kümmel ist ein Charaktergewürz besonders der **deutschen** und **österreichischen Küchen.** Er wird oft zum Würzen von Gemüse, besonders Kohlgerichten, verwendet – im Sauerkraut ist er in vielen Regionalvarianten Pflicht. In Österreich werden Kartoffelgerichte und manchmal sogar Schweinebraten und Gulasch gerne gekümmelt. Wirkliche Liebhaber bevorzugen die ganzen Früchte, die beim Zerbeißen ein besonders starkes Kümmelerlebnis bieten, aber auch frisch gemahlener Kümmel ist sehr aromatisch.

Kümmel wird – besonders im Süden Deutschlands – in Brotteigen verarbeitet oder großzügig über Brote und herzhafte Gebäcke gestreut, vor allem bei dunklem Brot aus Roggenmehl. Sein Geschmack verträgt sich gut mit vielen Käsesorten, und so findet er nicht nur beim Brot Verwendung, sondern aromatisiert auch ganze Käselaibe. In Hessen wird in der Apfelweinsaison als abendlicher Snack der Handkäs mit Musik gegessen: mit Essig, Zwiebeln und Kümmel gewürzter

Harzer Käse, zu dem Schwarz- oder Graubrot gereicht wird.

Ferner ist Kümmel die aromaspendende Zutat des skandinavischen Schnapses *akvavit*, mit dem auch gekocht wird: Man rührt ihn zum Abschmecken unter Suppen oder Saucen, oder bereitet damit ein Kümmelsteak zu. Dazu wird das Steak mit Kümmel gewürzt, gebraten und mit *akvavit* flambiert.

Im Mittelmeergebiet und außerhalb Europas ist Kümmel eher unbekannt, und sein recht häufiges Auftreten in deutschsprachigen Kochbüchern zur indischen, arabischen oder mexikanischen Küche ist meist nur einer Verwechslung mit dem Kreuzkümmel geschuldet. Echte kümmelhaltige Rezepte gibt es jedoch in Nordafrika: So wird die scharfe Sauce *hārīssā* je nach Region mit Kümmel, Kreuzkümmel oder beiden (neben anderen Gewürzen wie Koriander und Knoblauch) gewürzt.

> Besonders in deutschsprachiger Literatur werden Kümmel und Kreuzkümmel sehr oft verwechselt.

KURKUMA

CURCUMA, GELBWURZ
Curcuma longa (syn. *C. domestica*)

HERKUNFT UND GESCHICHTE

Kurkuma stammt aus dem tropischen Asien, wahrscheinlich Indien. Sie ist eine triploide Kulturpflanze und entstand vermutlich als Hybrid zweier Wildsorten. Bei einem Elter dürfte es sich um die diploide Art *C. aromatica* aus Indien gehandelt haben; der andere, tetraploide Elter scheint dagegen heute nicht mehr zu existieren.

Als die Arier in der ersten Hälfte des 2. Jahrtausends nach Indien kamen, wurde Kurkuma dort bereits kultiviert: Der *Yajurveda* bezeichnet die Urbevölkerung abfällig als »Kurkuma-Esser«. Aber die Arier nahmen die Kurkuma rasch in die Liste ihrer heiligen Pflanzen auf, und bis heute gilt Kurkuma als Glücksbringer, der Bestandteil vieler Verlobungs-, Hochzeits- und Fruchtbarkeitsriten ist. Sakralgegenstände werden oft mit Kurkumapulver eingerieben, um Glück und Segen zu beschwören.

Es ist unklar, in welchem Ausmaß Kurkuma in den antiken Mittelmeerländern bekannt war. Dioskurides berichtet von einer grasartigen Pflanze mit gelb gefärbter Wurzel, und Diokletian kaufte »arabischen Safran« zur Verpflegung des Heeres – mit beidem könnte durchaus Kurkuma gemeint sein.

Dagegen spielte Kurkuma in der arabischen Medizin eine große Rolle und kam über die spanischen Mauren auch nach Europa. Das Wort *Curcuma* ist arabischen Ursprungs, und manche Sprachen bezeichnen Kurkuma auch als »arabischen Safran«. Im europäischen Mittelalter wurde Kurkuma als Medizin und Farbstoff verwendet, spielte jedoch in der Küche keine Rolle.

Blütenstand der Kurkumapflanze

Kurkuma

Botanik

Zingiberaceae (Ingwergewächse). Kurkuma ist eine mehrjährige Staude mit einem im Inneren auffällig gelb gefärbten Rhizom. Dieses Rhizom besteht aus einem zentralen, handgroßen, kompakten Primärteil und daraus entspringenden verzweigten Nebenrhizomen von 2 cm Durchmesser, die ein dichtes Netz bilden und aus denen Blätter und Triebe sprießen. Die Blätter sind bis zu 70 cm lang, lanzettlich eiförmig und stark geadert. Die Blüten stehen in bis zu 20 cm langen, zylindrischen, kompakten, durch Hüllblätter auffällig gestalteten Blütenständen, die bei manchen Ziersorten blauviolett gefärbt sind. Die Einzelblüten sind 5 cm groß, weiß bis gelblich (manchmal mit purpurnen Tupfen) bei lippen- bis rachenförmiger Blütenform. Die Pflanze bildet selten Früchte aus, und diese enthalten niemals keimfähige Samen.

Anbau und Qualitäten

Die Kurkumapflanze benötigt tropisches oder subtropisches Klima mit viel Regenfall, stellt aber sonst keine hohen Ansprüche an Licht, Boden oder Temperatur. Die Pflanze wird traditionell über Rhizomstücke vermehrt, in moderneren Betrieben auch mit Zellkultur. Bei Feldanbau mit guter Düngung vergehen zwischen Pflanzung und Ernte etwa acht bis zehn Monate. Nach der Ernte werden die Rhizome etwa eine Stunde in schwacher Lauge gekocht, geschält und getrocknet. Der Handel unterscheidet zwischen dem kugelförmigen Hauptrhizom (»Curcuma rotunda«) und dem fingerförmigen und verzweigten Nebenrhizom (»Curcuma longa«).

Kurkuma wird auf dem indischen Subkontinent, in Südostasien (Burma, Indonesien) und in China angebaut, allerdings überwiegend für den Inlandsmarkt. So gelangen nur 5 % der indischen Ernte in den Welthandel. Die wichtigsten Exportländer liegen in Amerika (Jamaika, Haiti, Peru), aber die indische Ware gilt als hochwertiger – der Handel benennt sie nicht nach Anbaugebiet, sondern nach den Ausfuhrhäfen (Madras und Aleppey).

Verwendeter Pflanzenteil / Geruch und Geschmack

Als Gewürz wird der Wurzelstock verwendet, der im frischen Zustand gemüseartig-aromatisch und getrocknet eher erdig-warm riecht und aromatisch bis leicht scharf schmeckt. In den Tropen nutzt man gelegentlich auch die frischen Blätter als Küchenkraut.

Aromagebende Inhaltsstoffe

Kurkuma ist reich an ätherischem Öl (5 % im getrockneten Rhizom), das größtenteils aus Sesquiterpenverbindungen zusammengesetzt ist; viele davon kommen nur in Kurkuma und eng verwandten Arten vor. Als Hauptbestandteile wurden Tumeron, ar-Tumeron, Tumerol, Zingiberen und β-Curcumen identifiziert. Die genaue Zusammensetzung schwankt je nach

Häufiger Irrtum: Die getrockneten Kurkumabrösel werden in Mitteleuropa oft für Safran gehalten, haben aber mit dem feinen Krokus nichts zu tun. Tatsächlich gehört Kurkuma als Gewürz und als Kultpflanze nach Indien.

Kurkumarhizom

Anbaugebiet und Sorte. Merkliche Mengen Kampfer und Camphen deuten auf eine Verunreinigung mit anderen Arten (*C. xanthorrhiza* und *C. aromatica*) hin.

Die gelbe Farbe des Kurkuma-Rhizoms geht auf eine Mischung von Diarylheptanoiden mit konjugierten Doppelbindungen zurück (1,7-Diaryl-hepta-1,6-dien-3,5-dionen), die ebenfalls nur in der Gattung *Curcuma* vorkommen. Die wichtigste Einzelverbindung ist das Curcumin. Diese Kurkuma-Farbstoffe sind in der EU als Lebensmittelzusatzstoff E100 zugelassen.

Getrocknete Kurkuma enthält beträchtliche Mengen Stärke (40–60 %), die industriell gereinigt als »Ostindisches Pfeilwurzmehl« in den Handel kommt.

KULINARIK

Kurkuma ist aus der **indischen Küche** nicht wegzudenken – jede indische Regionalküche benutzt das Gewürz.

Eine Ausnahme ist hier die Jain-Küche im Nordwesten, da die Jains grundsätzlich keine unterirdischen Pflanzenteile verzehren. Das Gewürz wird fast immer als Pulver eingesetzt, das man bei der Zubereitung bereits früh zugibt und lange mitkochen lässt. Die Färbewirkung wird verbessert, wenn man das Pulver vorsichtig in Fett anbrät.

Zu den Speisen, die so gut wie immer mit Kurkuma zubereitet werden, gehören alle Arten von Hülsenfrüchten (*dal*), die man oft nur mit Kurkuma und Ingwer kocht und danach mit in Öl gebratenen Gewürzen aromatisiert (*tadka*, siehe dazu auch Ajowan). Kartoffelcurries werden immer mit Kurkuma gewürzt. Gelb gefärbter Reis (*pullao*) und die Gemüsefüllung der knusprigen Teigtaschen (*samosa*) sind weitere Beispiele.

Kurkuma ist auch in manchen indischen Gewürzmischungen enthalten, wie etwa dem südindischen *sambar podi*, nicht aber in den nordindischen *garam-masala*-Varianten. Das anglo-indische Currypulver enthält typischerweise 20 % Kurkuma und machte dieses Gewürz auch in Europa bekannt – allerdings konnte Kurkuma in Europa nur sehr wenige Nischen erobern, beispielsweise das Gelbfärben von Speisesenf.

Westlich von Indien sind **Afghanistan** und **Iran** bedeutende Kurkumaverbraucher. Die afghanische Küche verwendet Kurkuma zu Suppen *(shorba)* und, offenbar in erster Linie aus optischen Gründen, zu Eierspeisen *(tokhom)*. In Iran würzt und färbt man Schmorgerichte *(ghorme)* aus Kartoffeln, Hülsenfrüchten und Fleisch mit einer Prise Kurkuma. In den arabischsprachigen Ländern westlich davon spielt Kurkuma dagegen keine kulinarische Rolle.

Die **ostafrikanischen Küchen** zeigen in ihrer Gewürzverwendung oft Ähnlichkeiten mit Indien und verwenden gerne Kurkuma zum Würzen von Gemüseeintöpfen und Hülsenfrüchten. Kurkuma ist in der äthiopischen Gewürzbutter *niter qibbi* und in manchen Versionen der *berbere*-Mischung enthalten.

In **Südostasien** wird Kurkuma bevorzugt als frischer Wurzelstock verwendet. Zerriebene Kurkuma ist die farbgebende Zutat zur gelben Currypaste *(prik gaeng liang)* Thailands – tatsächlich ist die Paste aber eher orange, was an den großzügig zugefügten roten Chilis liegt. Kurkuma wird auch für einige Varianten der malaysisch-chinesischen Nudelsuppe *laksa* und für vietnamesische Curries *(ca ri)* gebraucht, dort manchmal sogar in Form des anglo-indischen Currypulvers. Frische Kurkuma kann auch als Gemüse gedämpft oder geschmort werden – durch den hohen Stärkeanteil ist sie sehr nahrhaft und dabei leicht verdaulich.

Die Küche der Insel **Bali** zeigt durch ihre hinduistische Tradition viele Besonderheiten, durch die sie sich von anderen indonesischen Lokalküchen unterscheidet. Kurkuma hat hier eine ähnliche Bedeutung wie in Indien und wird viel mehr verwendet als im Rest Indonesiens. Ein typisches Beispiel ist *nasi kuning*, mit Kurkuma gelb gefärbter und leicht gewürzter Reis, der an hinduistischen Festtagen oder zu Opferzeremonien zubereitet wird. Balinesische Gewürzpasten *(jangkap,* indonesisch *bumbu)* enthalten häufig frische Kurkuma, zusammen mit anderen Rhizomen (Ingwer und Galgant).

LANGER KORIANDER

MEXIKANISCHER KORIANDER, *Eryngium foetidum*

Karibischer Bruder: Auf einigen Karibischen Inseln vertritt der stark schmeckende Lange Koriander seinen »gewöhnlichen« Bruder – die intensiv duftenden lang gezogenen Blätter sind erheblich thermostabiler und können mitgebraten werden.

Blühender Langer Koriander

HERKUNFT UND GESCHICHTE

Langer Koriander ist in Mittelamerika heimisch, er wächst aber inzwischen naturalisiert in den Tropen der Alten Welt. In Asien ist er erst seit dem Ende des 19. Jahrhunderts eingebürgert; die meisten asiatischen Sprachen haben keinen eigenen Namen dafür, sondern bezeichnen ihn wegen der olfaktorischen Ähnlichkeit als »dornigen«, »mexikanischen« oder »fremden« Koriander, beispielsweise Thai *pakchi farang* – das Thai-Wort *farang* leitet sich zwar historisch von »Franke« ab, bezeichnet aber praktisch alles Ausländische. Auch der häufigste Name in der spanisch sprechenden Welt, *culantro*, ist nur eine Variante von *cilantro*, der Bezeichnung für Korianderkraut.

BOTANIK

Apiaceae (Doldenblütengewächse). Langer Koriander ist ein mehrjähriges Kraut mit bis zu 80 cm Höhe.

Die Pflanze entwickelt zunächst eine Rosette aus dunkelgrünen, verkehrteiförmig bis länglich spatelförmigen, 30 cm langen und 4 cm breiten Blättern mit stachelig-gesägtem Blattrand. Später sprießt daraus ein nur an Verzweigungsstellen beblätterter Schaft, der die Blüten trägt. Die winzigen, unauffälligen Blüten stehen in vielblütigen Einfachdolden, die durch extrem verkürzte Blütenstiele zu 2 cm langen, zylindrischen Köpfchen reduziert sind. Durch starre, stachelige Hüllblätter um die Köpfchen bekommt die Pflanze ein distelartiges Aussehen.

ANBAU UND QUALITÄTEN

Die Pflanze stellt geringe Ansprüche, bevorzugt aber schattige Standorte und gut entwässerte Böden. Sie wird aus Samen gezogen. Für den Eigengebrauch werden die Blätter einzeln geerntet, für den Handel dagegen sticht man die jungen Pflanzen aus und verkauft

LANGER KORIANDER

die vollständige Blattrosette mit Teilen der Wurzel, was die Haltbarkeit erhöht. Ein kommerzieller Anbau erfolgt nur in geringem Umfang; die bedeutendsten Exporteure sind Panama und Trinidad (für den US-Markt). Thailand und Vietnam produzieren für die inländischen Märkte und exportieren in geringem Umfang nach Europa.

VERWENDETER PFLANZENTEIL / GERUCH UND GESCHMACK

Die Blätter werden immer frisch verwendet. Geruch und Geschmack sind korianderähnlich und sehr intensiv.

AROMAGEBENDE INHALTSSTOFFE

Die Blätter von Langem Koriander enthalten ein ätherisches Öl, das zum Großteil aus aliphatischen und aromatischen Aldehyden, daneben auch Monoterpenen zusammengesetzt ist. Die Impactverbindung ist das E-2-Dodecenal; weitere Aldehyde sind Dodecanal, E-2-Tridecenal und 2,3,6-Trimethylbenzaldehyd. Die Öle

Frischer
Langer Koriander

aus Wurzel (aromatische und partiell hydrierte aromatische Aldehyde und Alkohole) und Samen (Mono- und Sesquiterpene) sind wesentlich anders zusammengesetzt.

KULINARIK

Nur selten trifft man zwei Gewürze, deren Aromen sich so sehr ähneln, wie es beim Koriander und beim Langen Koriander der Fall ist. Der wesentliche Unterschied zwischen den beiden besteht darin, dass Langer Koriander robuster ist und sowohl das Trocknen als auch das Kochen zwar nicht gut, aber doch besser als der mediterrane Koriander verträgt. Thailändische Lebensmittelläden führen ihn häufig, da auch bei längerem Transport aus Asien das Aroma nur wenig leidet.

Langer Koriander wird im Wesentlichen genauso eingesetzt wie Koriander, also als Kräutergarnitur in **Vietnam**, gehackt als frische Geschmacksnote in vielen **Thai**-Speisen und in **karibischen** *salsas*. Zumeist macht man keinen Unterschied zwischen den beiden Kräutern und ersetzt kommentarlos je nach Verfügbarkeit das eine durch das andere.

In **Puerto Rico** hat Langer Koriander (*racao*) fast den Status eines Nationalgewürzes; Puerto Ricaner behaupten oft, er sei dem mediterranen Koriander überlegen. In den USA wurde Langer Koriander durch den Einfluss puerto-ricanischer Einwanderer seit den achtziger Jahren ziemlich populär; mittlerweile wächst er in Florida sogar wild.

LANGER PFEFFER

INDISCHER LANGER PFEFFER: *Piper longum*
INDONESISCHER LANGER PFEFFER: *Piper retrofractum*

**Erster Pfeffer in Europa:
Zu Alexanders Zeiten war Langer Pfeffer in Europa ein Eckpfeiler der Küche, später wurde er vom schwarzen Pfeffer verdrängt.**

Getrockneter Langer Pfeffer

HERKUNFT UND GESCHICHTE

Piper longum ist im Nordosten Indiens (Bengalen, Assam) und in Burma heimisch und wurde bereits in vorgeschichtlicher Zeit in Indien als Gewürz und Medizin genutzt; die erste literarische Erwähnung stammt aus dem *Yajurveda*. Durch seine nordindische Herkunft profitierte er rasch von der Öffnung der Handelsrouten nach den Eroberungszügen von Alexander dem Großen: Seit dem 4. Jahrhundert v. Chr. wurde er nach Griechenland und später nach Rom exportiert, wo er eines der teuersten und geschätztesten Gewürze war. Sein Sanskrit-Name *pippali* wurde von den Griechen übernommen und später auf den eng verwandten schwarzen Pfeffer übertragen.

Bereits in der Antike wurden Langer und schwarzer Pfeffer gleichwertig verwendet, allerdings galt der Lange Pfeffer als die bessere Sorte, die den dreifachen Preis erzielte. Da die Römer häufig süß-scharf kochten, passte der Lange Pfeffer mit seinem warmen Aroma perfekt zu ihrem Kochstil. Trotzdem steht in den Rezepten des Apicius meist nur *piper* – es wurde wohl diejenige Sorte genommen, die man sich leisten konnte.

Im Lauf der Zeit verlor Langer Pfeffer jedoch zugunsten des schwarzen Pfeffers an kulinarischer Bedeutung; in der Kräuterheilkunde konnte er sich bis ins 16. Jahrhundert halten, wurde aber danach zunehmend mit den ähnlich geformten und ebenfalls scharf schmeckenden amerikanischen Chilis (die ebenfalls als »langer Pfeffer« bezeichnet wurden) verwechselt und von diesen verdrängt.

Der in Thailand, Malaysia und Indonesien heimische *Piper retrofractum* hat keine so lange Geschichte: Er wurde von der holländischen Ostindien-Gesellschaft VOC für den europäischen Markt »entdeckt«, aber die rasch eingerichteten Pflanzungen in Java kamen zu spät, da Langer Pfeffer in Europa inzwischen nicht mehr gefragt war. Die indonesische Ernte wurde stattdessen schon früh nach Indien exportiert.

BOTANIK

Piperaceae (Pfeffergewächse). Der Lange Pfeffer ist eine Staude oder ein schwach verholzender Strauch von kriechendem oder kletterndem Habitus. *P. retrofractum* bildet auch Haftwurzeln aus. Die dunkelgrünen, drüsenbesetzten, spitz-herzförmigen Blätter werden bei *P. longum* 7 cm, bei *P. retrofractum* jedoch bis zu 20 cm lang. Die kleinen, unauffälligen Blüten stehen dicht gedrängt in ähren-förmigen, aufrechten Blütenständen. Langer Pfeffer ist zweihäusig: Die

männlichen Pflanzen tragen bis zu 6 cm lange Ähren, während weibliche Ähren nur 3 cm lang werden. Aus Letzteren entwickeln sich kompakte, bei der Reife rotbraune, 4 cm lange und 8 mm dicke zylindrische Fruchtstände, die aus vielen miteinander verwachsenen Einzelfrüchten (einsamige Beere mit 2 mm Durchmesser) bestehen.

ANBAU UND QUALITÄTEN

Langer Pfeffer wird nur in kleinem Umfang angebaut; in Indien stammt er oft noch aus Wildbeständen. Anbau und Ernte entsprechen denen des schwarzen Pfeffers. Der wichtigste Produzent und Hauptexporteur ist Indonesien.

VERWENDETER PFLANZENTEIL / GERUCH UND GESCHMACK

Man verwendet die getrockneten Fruchtstände, die wegen der charakteristischen Form auch »Stangenpfeffer« genannt werden. Sie riechen warm, etwas dumpf-erdig, und schmecken intensiv pfeffrig-scharf mit süßem Oberton.

AROMAGEBENDE INHALTSSTOFFE

Langer Pfeffer enthält eine Reihe von Säureamiden des Piperin-Typs, neben dem scharf schmeckenden Piperin auch Piperlongumin, Pipercid und Filfilin. Der Piperingehalt ist mit 6–8 % etwas höher als beim schwarzen Pfeffer. Außerdem ist ein ätherisches Öl zu ca. 1 % enthalten, das sich aus je 10–20 % der Terpene β-Caryophyl-

Reifender
Langer Pfeffer

len und Bisabolen, dem makrocyclischen Sesquiterpenkohlenwasserstoff Germacren D sowie den aliphatischen Kohlenwasserstoffen Pentadecan, Heptadecan und Heptadec-8-en zusammensetzt.

KULINARIK

Der Lange Pfeffer spielt heute in der Küche nur eine untergeordnete Rolle. In **Indien** hat er seine frühere Bedeutung weitgehend verloren und taucht fast nur noch in Rezepten für in Öl eingelegte Früchte oder Gemüse (*achar*, auf Englisch *pickle*) auf. Die

Bengalen, die in Indien als »Pickle-Meister« gelten, verwenden dazu oft den in ihrer Region heimischen Langen Pfeffer und fügen ihn als Pulver der Pickle-Masse zu. Ferner taucht Langer Pfeffer in den Rezepten einiger Ritualspeisen auf.

Die einzige außerindische Küche, die den Langen Pfeffer in nennenswertem Maße verwendet, ist die **äthiopische**. Die äthiopische Gewürzmischung *berbere* enthält kleine Mengen davon, und das gemahlene Gewürz wird auch direkt in Fleischschmorgerichte (*wat*) gegeben.

LAVENDEL

Lavandula angustifolia

HERKUNFT UND GESCHICHTE

Die Heimat des Gewürzlavendels liegt wahrscheinlich im westlichen Mittelmeergebiet. In der Antike fand er keine Beachtung, sondern stand im Schatten verwandter Arten, beispielsweise des Schopflavendels *(Lavandula stoechas)*. Seit dem 12. Jahrhundert wird Lavendel als Zusatz zu Seifen und Badeessenzen verwendet – diesem Umstand verdankt er auch seinen Namen, der sich von lateinisch *lavare* »waschen« herleitet.

BOTANIK

Lamiaceae (Lippenblütengewächse). Lavendel ist ein Strauch, der in seiner Heimat bis zu 2 m hoch werden kann, in kälterem Klima aber typischerweise nur 30–50 cm Höhe erreicht. Die aufrechten, stark verzweigten, verholzten Zweige tragen kreuzgegenständige, linealische, silbrig behaarte, 17 mm lange und 2 mm breite Blätter. Die Blüten erscheinen in 5 cm langen, terminalen, ährenartigen Gruppen von Scheinquirlen, die von ca. 15 cm langen, blattlosen Schäften getragen werden. Jede Ähre besteht aus mehreren vertikal eng gedrängten Wirteln, die in den Achseln kleiner Tragblätter stehen.

Die Einzelblüten sind lippenförmig, blass violettblau und ca. 1 cm lang; der persistierende Kelch ist zur Blütezeit ebenfalls bläulich überlaufen und trägt zur Schauwirkung bei. Als Früchte bilden sich spindelförmige, vierteilige Nüsschen.

ANBAU UND QUALITÄTEN

Lavendel ist wenig anspruchsvoll und verträgt karge Böden, Trockenheit und Frost. In seinem natürlichen Habitat besiedelt er das Trockenheide-Biotop *(garigue)*, aber der kommerzielle Anbau erfolgt auf gewöhnlichen Feldern. Nach der Aussaat verbleiben die Jungpflanzen ein Jahr im Anzuchtbeet und werden erst dann auf ihren endgültigen Standort verpflanzt. Die Ernte erfolgt bei Vollblüte – früher von Hand mit der Sichel, heute zum größten Teil mechanisiert.

Die frisch geschnittenen Lavendelstängel werden einige Tage in der Sonne getrocknet und danach sofort zu Lavendelöl für die Parfümerie verarbeitet; der Handel mit unverarbeiteten Lavendelblüten spielt dagegen kaum eine Rolle. Pro Hektar Anbaufläche gewinnt man ca. 40 kg Lavendelöl. Die Jahresproduktion von Lavendelöl liegt bei 250 Tonnen,

Blaue Blüten: Lavendel wird als rein regionales Gewürz praktisch nur in Südfrankreich verwendet. Dort isst man ihn zu Gegrilltem, zu Kartoffeln oder mischt ihn in die berühmten Kräuter der Provence.

Lavendelblüten

wozu Frankreich und Bulgarien je ca. 100 Tonnen beitragen.

VERWENDETER PFLANZENTEIL / GERUCH UND GESCHMACK

Als Gewürz werden meist die getrockneten Blüten, vor allem die Kelche, verwendet; allerdings eignen sich auch die frischen Blätter. Lavendel hat ein sehr charakteristisches, parfümiertes Aroma und einen aromatischen, leicht bitteren Geschmack.

AROMAGEBENDE INHALTSSTOFFE

Lavendelblüten enthalten bis zu 3 % ätherisches Öl mit den Hauptbestandteilen Linalool und Linalylacetat. Als Spurenbestandteile wurden weitere Monoterpene und auch Cumarinderivate gefunden.

KULINARIK

Lavendel ist als Bestandteil von Seifen und anderen kosmetischen Produkten sicherlich bekannter denn als Gewürz. Eine kulinarische Rolle spielt er praktisch nur in **Südfrankreich**: Dort würzt man mit dem Kraut Kartoffel- und Lammgerichte. Auch in Fischsuppen kommt er gelegentlich zum Einsatz. Die oft für Grillgerichte verwendete Gewürzmischung *herbes de Provence* enthält neben Rosmarin, Thymian, Bohnenkraut, Majoran, Estragon und Fenchel oft auch Lavendel; leider findet man häufig Mischungen, bei denen Fenchel und Lavendel schlicht fehlen – obschon beide charakterbestimmend wären. *Herbes de Provence* sind auch in getrockneter Form noch sehr intensiv und passen bestens zu gegrilltem Fleisch oder Schmortöpfen in der Art von *ratatouille*.

Nicht wirklich ein Würzeinsatz: Provenzalische Lavendelfelder werden natürlich auch gerne von Bienen frequentiert – daher ist Lavendelhonig dort regionale Spezialität.

LIEBSTÖCKEL

MAGGIKRAUT, *Levisticum officinale*

HERKUNFT UND GESCHICHTE

Liebstöckel ist wahrscheinlich ein mediterranes, eventuell auch ein zentralasiatisches Gewürzkraut. Bereits im Altertum wuchs es an der ligurischen Küste. Die Bezeichnung »Liebstöckel« leitet sich vom Namen der Provinz ab, und hat keineswegs – wie man vielleicht denken könnte – etwas mit Liebe (auch im Englischen heißt Liebstöckel *lovage*) zu tun. Liebstöckelkraut gehörte zu den beliebtesten Kräutern der altrömischen Küche und taucht im Kochbuch des Apicius in Rezepten mit Fisch, Meeresfrüchten und Huhn auf. In Mitteleuropa wurde Liebstöckel auf dem Umweg über Klostergärten bekannt.

BOTANIK

Apiaceae (Doldenblütengewächse). Liebstöckel ist eine ausdauernde Staude mit bis zu 2,5 m hohen Blütenschäften. Aus einem verdickten, mehrköpfigen Wurzelstock sprießen runde, hohle Stängel, die sich erst in der oberen Hälfte sympodial verzweigen. Die dunkelgrünen, glänzenden Laubblätter werden bis zu 70 cm lang und sind doppelt gefiedert, mit keilförmigen, grob gezähnten oder unvollständig dreigeteilten Blättchen; die oberen Blätter sind erheblich kleiner und nur einfach gefiedert. Die 1 mm großen, gelben Blüten erscheinen in 10 cm breiten Doppeldolden und entwickeln sich zu 8 mm langen Doppelschließfrüchten, die bei der Reife in breit geflügelte, gekrümmte, innen abgeflachte Teilfrüchte zerfallen.

ANBAU UND QUALITÄTEN

Liebstöckel bevorzugt tiefgründigen, feuchten Boden und sonnige Standorte, ist aber sonst recht anspruchslos. Der Anbau erfolgt auf Feldern durch Direktaussaat. Liebstöckelanbau ist auf Mittel- und Osteuropa beschränkt; die bedeutendsten Anbauländer sind Deutschland, Holland, Polen und Bulgarien.

Die Pflanzen werden im ersten und zweiten Jahr mehrmals mit Balkenmähern geerntet und am Ende des zweiten Jahres ausgegraben, um den als harntreibende Droge genutzten Wurzelstock zu gewinnen. Liebstöckelblätter kommen frisch und getrocknet in den Handel; in der Lebensmittelindustrie ist Liebstöckel auch als Oleoresin (aromatischer Extrakt) in Verwendung, das aus Wurzelstock oder Früchten, seltener aus den Blättern hergestellt wird.

Verwendeter Pflanzenteil / Geruch und Geschmack

Die ganze Liebstöckelpflanze riecht aromatisch. Meistens werden die frischen Blätter und Stängel verwendet, weniger die Früchte und die Wurzel; getrocknet verlieren die Blätter ihr Aroma, aber sie lassen sich gut tieffrieren. Liebstöckelblätter haben einen würzigen, sellerieartigen Geruch und Geschmack, der an Maggi-Sauce (eine Würzsauce aus teilweise hydrolysiertem Protein) erinnert und der dem Liebstöckel den Spitznamen »Maggikraut« beschert hat.

Aromagebende Inhaltsstoffe

Die frischen Blätter enthalten bis zu 0,5 % eines ätherischen Öls, das neben Terpenen hauptsächlich aus Phthaliden besteht. Die wichtigsten Einzelsubstanzen sind Ligustilid, Butylphthalid und Sedanolid.

Solche Phthalide kommen auch in einigen verwandten Gewürzen wie Sellerie vor; darüber hinaus besteht eine chemische Ähnlichkeit zum Sotolon aus Bockshornkleeblättern. Sotolon wird wegen seines maggiähnlichen Geruchs auch als »Maggi-Keton« bezeichnet.

Suppengrün: Liebstöckel peppt Fleisch- und Gemüsebrühen auf – seine aromatische Ähnlichkeit zur Maggiwürze hat ihm den Spitznamen »Maggikraut« beschert.

Frisches Liebstöckelkraut

LIEBSTÖCKEL

KULINARIK

Trotz seiner Beliebtheit in der Antike steht Liebstöckel in der heutigen **italienischen Küche** nicht mehr hoch im Kurs. Gehackte Liebstöckelblätter werden in Ligurien gelegentlich zum Würzen von Salaten und *minestrone* verwendet, aber in anderen italienischen Regionen zieht man dafür Sellerie vor.

In der **süddeutschen** und **österreichischen Küche** dienen ganze Liebstöckelzweige oder -blätter häufig zum Würzen von Eintöpfen oder Fleisch- und Gemüsebrühe, bei Letzteren oft in Kombination mit anderen Kräutern und aromatischen Wurzeln (Suppengrün) – für den Winter werden Liebstöckelblätter auch fein gehackt mit Salz konserviert, was eine sehr konzentrierte Würze ergibt. Die Samen werden manchmal als Gebäckwürze verwendet.

In Osteuropa spielt Liebstöckel eine größere Rolle, etwa für **bulgarische** Fischsuppen. Er wird häufig in **rumänischen** Rezepten für Hülsenfrüchte oder Kartoffeln verwendet und ist besonders für die deftigen bäuerlichen Suppen unentbehrlich, zum Beispiel *borș cu perișoare*, eine Sauerkrautsuppe mit Einlage aus gehacktem Fleisch oder *ciorbă de burtă* aus Kalbsmagen und Sauerrahm. In bulgarischen und rumänischen Kochbüchern wird Liebstöckel oft kommentarlos durch Sellerie ersetzt.

150

Blühende
Liebstöckelpflanze

LORBEER

Laurus nobilis

Lorbeerblätter

HERKUNFT UND GESCHICHTE

Der Lorbeerbaum stammt wahrscheinlich aus Kleinasien und verbreitete sich bereits in der Antike über den ganzen nördlichen Mittelmeerraum. Er taucht mehrfach in der griechischen Mythologie auf: So war er dem Zeus heilig und wurde zur Bekränzung der siegreichen Athleten in Olympia verwendet, später auch als Auszeichnung siegreicher römischer Feldherren. Es wird auch erzählt, dass die Nymphe Daphne in einen Lorbeerbaum verwandelt wurde, um sich den Nachstellungen des Gottes Apollon zu entziehen; seither gilt Lorbeer als Symbol des Gottes und der von ihm gepflegten Dichtkunst, und auch die Priesterinnen des Delphischen Orakels kauten Lorbeerblätter. Auf Griechisch heißt Lorbeer heute noch *dáfne*.

Lorbeerblätter und -früchte wurden in der antiken griechischen und römischen Küche verwendet, etwa bei Cato und Apicius; bei Letzterem gibt es ein interessantes Rezept für ein Gebäck, dessen Teig mit Kreuzkümmel, Wein und Käse gewürzt wird und das in einem mit Lorbeerblättern ausgelegten Ofen gebacken wird. Allerdings schreiben manche spätantike Rezepte nur *folia*, also »Blätter«, und es ist nicht klar, ob damit die mediterranen Lorbeerblätter oder die exotischen Indischen Lorbeerblätter gemeint sind.

BOTANIK

Lauraceae (Lorbeergewächse). Lorbeer ist ein kleiner immergrüner, zumeist zweihäusiger Strauch oder Baum und wird zwischen 2 und 15 m hoch. Die kahlen, bräunlichen Zweige tragen wechselständige, kurz gestielte, oberseits glänzend dunkelgrüne, unterseits matte, ledrige, 10 cm lange Blätter, mit glattem und umgekrempeltem Rand. Die Blattform schwankt zwischen rundlich und beidseitig zugespitzt lanzettlich. Die weißlichen, vielzähligen Blüten erscheinen achselständig in reichblütigen, dichten, doldenähnlichen Rispen und entwickeln sich zu schwarzen, elliptischen, 2 cm langen Steinfrüchten.

Anbau und Qualitäten

Der Anbau von Lorbeer ist auf die Mittelmeer- und Schwarzmeerregion beschränkt, wobei die Türkei mehr als 50 % der Welternte von ca. 2000 Tonnen einbringt. Der Lorbeerbaum benötigt sonnige, nährstoffreiche Standorte und verträgt weder starken Frost noch Trockenheit; die besten Qualitäten wachsen in Küstennähe. Lorbeer wird meist aus Stecklingen vermehrt und in Plantagen, sogenannten Lorbeergärten, angebaut. Die Ernte ist Handarbeit und kann kontinuierlich oder in ein bis zwei Erntesaisons erfolgen: Man schneidet junge Zweige ab, die dann langsam im Schatten getrocknet werden, manchmal auch zwischen Lagen von saugfähigem Papier, um ein Aufrollen der Blätter zu verhindern. Bei guter Bewässerung können pro Jahr und Hektar bis zu 5 Tonnen getrocknete Lorbeerblätter produziert werden.

Verwendeter Pflanzenteil / Geruch und Geschmack

Als Gewürz werden vorwiegend die Blätter, in geringem Umfang auch die getrockneten Früchte verwendet. Die Blätter haben einen starken, erfrischenden Geruch, der bei längerer Lagerung rasch abnimmt. Das Aroma ist bei frischen Blättern besonders fruchtig und erinnert entfernt an Zitronen. Der Geschmack ist leicht bitter.

Aromagebende Inhaltsstoffe

Der Gehalt an ätherischem Öl in Lorbeerblättern ist herkunftsbedingten und jahreszeitlichen Schwankungen unterworfen und erreicht sein Maximum von bis zu 10 % im Herbst; typische Werte liegen bei 2–4 %. Als Hauptbestandteil tritt mit knapp 50 % das 1,8-Cineol auf, allerdings ist die Zusammensetzung des Lorbeeröls sehr variabel. Nebenbestandteile sind Linalool, p-Cymen, Terpineol und Eugenol.

Als nichtflüchtige Inhaltsstoffe sind bittere Flavonoide und Sesquiterpenlactone erwähnenswert. Beim Trocknen werden Letztere abgebaut – frische Lorbeerblätter schmecken daher bitterer als getrocknete und sollten zurückhaltend dosiert werden.

Kulinarik

Lorbeerblätter werden in Europa ziemlich universell eingesetzt. Aufgrund ihrer ledrig-zähen Konsistenz können sie – sofern ungemahlen verwendet – nicht mitgegessen werden.

In **Frankreich** gehören die Blätter praktisch immer zum *bouquet garni*, werden mitgekocht oder -gedünstet und würzen Ragouts, Geflügelgerichte, Braten und Wild. Oft sind sie auch bereits Bestandteil des *mirepoix* (fettige, angebratene Würzgrundlage ähnlich dem italienischen *soffritto*), auf dessen Basis dann Suppen, Saucen und Fleischgerichte zubereitet werden. Da das Aroma der Blätter hervorragende Thermostabilität aufweist, können Lorbeerblätter auch

Thermostabil: Lorbeerblätter können ohne Geschmacksverlust längere Zeit mit dem Braten im Ofen verbringen und liefern in frischem Zustand zitronig-fruchtige Würze. Sparsamer Einsatz wird empfohlen!

Lorbeerstrauch

längere Zeit im Bräter oder im Topf mitgaren.

In **Italien** dienen Lorbeerblätter zum öligen oder süßsauren Einlegen von Gemüse, Fisch oder Oliven. Sie werden in Marinaden verarbeitet und – ganz wie in Frankreich – für Geflügel- und Wildbraten eingesetzt und verleihen gegrillten Wachteln oder Kaninchen ein harzig-würziges Aroma.

Zu frischem Fisch, ob nun gebraten oder geschmort, passen junge, hellgrüne Lorbeerblätter sehr gut. Sie sorgen für ein fruchtig-würziges Aroma, das mit der obligatorischen Zitrone gut harmoniert.

Ein Gericht, bei dem Lorbeerblätter absolutes Muss sind, ist die Mailänder Kalbshaxe *(ossobuco Milanese)*.

Wenn man – wie es in mediterranen Regionen oft der Fall ist – frische Blätter zur Hand hat und die fruchtige Komponente des Aromas schätzt, sollte das Gewürz erst zum Ende der Garzeit zugegeben werden. Länger mitgarte Lorbeerblätter entfalten eher eine herbe Komponente. Getrocknete Lorbeerblätter sollten relativ rasch verbraucht werden. Überlagerte Ware verliert schnell sämtliches Aroma. Zurück bleiben bestenfalls die bitteren Geschmacksanteile.

Majoran

ECHTER MAJORAN, GARTENMAJORAN: *Majorana hortensis*
(syn. *Origanum majorana*)
SYRISCHER MAJORAN, ECHTER STAUDENMAJORAN: *Majorana syriaca*
(syn. *Origanum maru*)

HERKUNFT UND GESCHICHTE

Majoran stammt vermutlich aus dem östlichen Mittelmeerraum, wahrscheinlich aus Zypern oder der Türkei; er ist heute wild vom Mittelmeer bis zum Himalaja verbreitet.

Majoran ist seit der Antike bekannt und wurde bereits von den Ägyptern angebaut. Den Griechen und Römern diente er als Medizin, Parfüm und vermeintliches Mittel für Liebeszauber. Auch im west- und mitteleuropäischen Brauchtum tritt er oft bei Hochzeitsriten auf. Er wird zwar im römischen Apicius-Kochbuch erwähnt, scheint aber in der antiken Küche keine besondere Rolle gespielt zu haben; auch die mittelalterlichen Kräuterbücher erwähnen seine kulinarische Verwendung nur am Rande.

BOTANIK

Lamiaceae (Lippenblütengewächse). Der Echte Majoran ist ein mehrjähriger Zwergstrauch (in Mitteleuropa nur einjährig) mit bis zu 50 cm Höhe. Die zarten, flaumig rotbraun behaarten Stängel verzweigen sich bereits auf Erdniveau, wachsen dann aber aufrecht; sie tragen kreuzgegenständige, kurz gestielte, eiförmig-rundliche, ober- und vor allem unterseits filzig graublau behaarte, ganzrandige, 3 cm lange Blätter. Die kleinen, weißen oder blassrosa gefärbten Blüten erscheinen in den Achseln von gut ausgebildeten Hochblättern, die beim sogenannten »Französischen Staudenmajoran« zu 5 mm großen, kugelförmigen Knöpfen geformt sind, während der »Deutsche Knospenmajoran« längliche, zapfenförmige Ähren bildet. Aus den nur undeutlich lippenförmigen Blüten entwickeln sich die familientypischen vierteiligen Spaltfrüchte.

Syrischer Majoran sieht ähnlich aus, seine verholzenden Stängel erreichen jedoch 1 m Höhe und tragen stärker behaarte, derbere Blätter mit deutlich sichtbaren Blattadern.

ANBAU UND QUALITÄTEN

Majoran ist eine Mittelmeerpflanze und an warmes Klima angepasst; er ist deutlich weniger frosthart als andere Mittelmeerkräuter, weshalb er in Mitteleuropa nur einjährig angebaut werden kann. Zum Anbau sind humusreiche Böden und sonnige, aber nicht zu trockene Standorte nötig. Trotz dieser Einschränkungen wird Majoran in fast allen europäischen Ländern und auch in Nordamerika kultiviert, in Deutschland vor allem

Wurstkraut: Fleisch, Fleisch, Fleisch – zumindest in Mitteleuropa wird er fast hauptsächlich an der Fleischfront eingesetzt. Im Orient ist der Verwandte namens Syrischer Majoran für die herbe Komponente der verbreiteten Gewürzmischung *za'tar* verantwortlich.

Frisches Majorankraut

in Franken und Thüringen. Die besten Qualitäten stammen aus dem Mittelmeerraum – mit Ägypten als größtem Produzenten. Zur weltweiten Jahresproduktion liegen keine exakten Zahlen vor, sie dürfte aber bei etwa 3000 Tonnen liegen.

Majoran wird gewöhnlich aus Samen vermehrt, wobei selbst in Mitteleuropa zwei oder drei Ernten bis zum Herbst möglich sind; in Südeuropa wird die Pflanze zweijährig kultiviert und erlaubt im zweiten Jahr bei ausreichender Düngung und Bewässerung sogar vier Ernten. Die Erträge schwanken und liegen pro Hektar bei etwa 3 Tonnen im ersten und 4,5 Tonnen im zweiten Jahr.

Die erste Ernte findet knapp vor dem Blühen statt; zur Gewinnung von ätherischem Öl schneidet man allerdings bei Vollblüte, was Folgeernten meist unmöglich macht. In jedem Fall wird der Majoran knapp über dem Bodenniveau geschnitten, gereinigt und bei etwa 40 °C getrocknet, wobei er sein Aroma ausbaut und verstärkt. Wegen des niederen Wuchses und der rauen Blätter ist getrockneter Majoran meist mit kleinen Mengen Sand oder Steinchen verunreinigt.

VERWENDETER PFLANZENTEIL / GERUCH UND GESCHMACK

Alle oberirdischen Pflanzenteile sind aromatisch, aber als Gewürz dienen meist die abgerebelten Blätter, seltener ganze Zweige. Majoran hat einen aromatischen, harzigen und etwas zitronigen, blumigen Geruch und einen warmen, aber nicht brennenden Geschmack. Syrischer Majoran hat

Blühender Syrischer Majoran

Frischer Syrischer Majoran

dagegen eine erkennbare Thymian- oder Oregano-Note.

Aromagebende Inhaltsstoffe

Majoran enthält ein ätherisches Öl (1–3 %) mit dem Hauptbestandteil *cis*-Sabinenhydrat, einem instabilen tertiären Alkohol mit Monoterpenstruktur. Beim Trocknen oder unter Destillationsbedingungen reagiert es zu anderen Monoterpenen wie α-Terpinen, Limonen und 4-Terpineol. Daher unterscheiden sich native Pflanze, getrocknetes Gewürz und reines ätherisches Öl in Zusammensetzung und Geruch voneinander.

Das ätherische Öl der frischen Pflanze enthält 40–80 % *cis*-Sabinenhydrat und als Nebenbestandteile *cis*-Sabinenhydratacetat (bis zu 40 %), Sabinen (bis zu 10 %) und 4-Terpineol. Durch Wasserdampfdestillation gewonnenes Öl enthält gewöhnlich 4-Terpineol und *cis*-Sabinenhydrat in vergleichbaren Mengen, wobei Ersteres den Geruchseindruck bestimmt.

Es gibt auch Majoransorten mit hohem Phenolgehalt (Thymol und vor allem Carvacrol), deren Aroma an den botanisch eng verwandten Oregano anschließt. Dazu gehört insbesondere der Syrische Majoran (bis zu 80 % Phenole); umgekehrt gibt es von *Origanum vulgare* var. *hirtum* Populationen mit fast reinem Majoranaroma (Linalool, Sabinenhydrat).

Kulinarik

In der **deutschen Küche** dient Majoran vornehmlich als Fleischgewürz und spielt in der Wurstproduktion eine herausragende Rolle, weswegen er auch »Wurstkraut« genannt wird. Majoran wird in der rustikaleren Küche oft zum Würzen von Ragouts oder Braten verwendet, wobei er sich gut mit Pfeffer, Muskat und (im Fall von Wild) Wacholderbeeren kombinieren lässt. Beispiele für mit Majoran gewürzte Hausmannskost sind Hackbraten oder das österreichische Majoranfleisch, ein Rindfleischragout mit

Essig oder Weißwein und Sauerrahm. Auch deftige Gemüsegerichte wie beispielsweise Linseneintopf, Röst- und Bratkartoffeln oder Kartoffelaufläufe werden sehr oft mit Majoran gewürzt. Das Kraut wird meistens getrocknet verwendet, verliert dadurch aber seine erfrischend-blumige Note. Frisches Kraut ist nicht besonders thermostabil und sollte den Speisen erst gegen Ende des Garvorgangs hinzugefügt werden. Im **italienischen Norden** wird Majoran für *risotti* und Fleischgerichte verwendet.

Der Syrische Majoran ist wegen seines halb zwischen Majoran und Oregano stehenden Geschmacks eigentlich keine Variante, sondern schon ein eigenständiges Gewürz. Er wird alternativ zu Thymian und Bohnenkraut verwendet. In **Syrien** würzt er

gegrilltes Fleisch und Fladenbrote, und in Jordanien braucht man ihn für die *za'tar*-Gewürzmischung, die ein weitverbreitetes Tischgewürz der Region ist.

Im Nahen Osten werden einige miteinander verwandte Kräuter nur ungenau unterschieden: Namen wie *kekik* und *sater* stehen regional unterschiedlich für Oregano, Thymian, Bohnenkraut und auch Syrischen Majoran. In der arabischen Sprache wird zwischen diesen Gewürzen praktisch gar nicht unterschieden, sie werden in den Ländern der Levante alle als *za'tar* bezeichnet. Gleichzeitig meint *za'tar* dort allerdings auch eine Gewürzmischung (siehe Thymian).

Mango

Mangifera indica

Herkunft und Geschichte

Mangos stammen aus dem Nordosten Indiens. Sie werden seit Jahrtausenden kultiviert: Außer einer unsicheren Erwähnung im Ṛgveda findet sich das älteste literarische Zeugnis in den Upanischaden aus dem Anfang des 1. Jahrtausends v. Chr. Die Mango galt

und gilt den Hindus als heilige Frucht. Nahe der Stadt Kanchipuram in Tamil Nadu soll heute noch ein Mangobaum stehen, der in jeder Himmelsrichtung verschieden schmeckende Früchte trägt und der daher als ein Symbol des vierköpfigen Gottes Brahmā betrachtet wird.

Reifende Mangofrüchte

reicht bei einem Stammdurchmesser von über 1 m bis zu 45 m Höhe, wird in Plantagen aber kleiner gehalten. Die schmal elliptischen, manchmal halbmondförmigen, ganzrandigen bis wellig gekerbten, ledrigen Blätter sind in der Jugend rötlich, im Alter dunkelgrün gefärbt. Die teils zwittrigen, teils männlichen Blüten erscheinen in vielblütigen, wenig kompakten, weiträumig verzweigten, bis zu 60 cm langen, aufrecht stehenden Rispen. Die Einzelblüten sind 5 mm groß, fünfzählig, gelb-grünlich und eher unscheinbar. Pro Blütenstand entwickeln sich fünf bis 20 Steinfrüchte, die typischerweise bis zu 30 cm lang werden. Sie haben eine unregelmäßig-eiförmige Gestalt und sind gelb, orange bis rot gefärbt.

In Südostasien wurden die Mangos im Zuge der Hindisierung vor 1500 Jahren eingeführt; in den letzten Jahrhunderten gelangten sie auch in die Tropen und Subtropen Afrikas, Amerikas und Australiens.
Besonders in Indien, aber auch in Südostasien gibt es Hunderte verschiedener Mangosorten, die sich in Süße, Säure, Aroma und Konsistenz stark unterscheiden. Was in Deutschland als Mango verkauft wird, rangiert im Vergleich dazu zwischen zweitklassig und kümmerlich, da Mangos nur reif geerntet ein perfektes Aromaprofil entwickeln.

BOTANIK
Anacardiaceae (Sumachgewächse). Der immergrüne Mangobaum er-

ANBAU UND QUALITÄTEN
Während der Anbau von Mangos als Obstsorte heute mit modernen Methoden der Pflanzenzucht in großem Stil erfolgt, stammen die als Gewürz verwendeten Mangos von halbwilden, nicht veredelten Mangobäumen, die ohne viel Pflege gedeihen. Die Früchte werden unreif geerntet, aufgeschnitten, entkernt und getrocknet. Sie kommen meist gemahlen in den Handel.

VERWENDETER PFLANZENTEIL / GERUCH UND GESCHMACK
Als Gewürz werden die unreifen Früchte kleinfrüchtiger Mangosorten verwendet, die der Wildform noch nahestehen. Sie riechen und schmecken harzig und sauer.

MANGO

Unreif: Noch grüne, halbwilde Mangofrüchte geben eine harzige Säure, die in Nordindien zu Fleischmarinaden und Hülsenfrüchten genutzt wird. Praktisch immer für *tandoori*-Gerichte!

159

Unreife Mangofrüchte

AROMAGEBENDE INHALTSSTOFFE

Das Mangoaroma geht auf verschiedene Terpene (Ocimen, Myrcen, Limonen) zurück, ferner auf Aldehyde und die für Fruchtaromen typischen Ester. Für den sauren Geschmack sind Fruchtsäuren verantwortlich.

Das Fruchtfleisch reifer Mangos ist durch Carotine orange gefärbt; die Früchte enthalten 10 % Zucker und sind reich an den Vitaminen C, B_1 und B_2.

KULINARIK

Das Mangopulver, das in vielen **indischen** Sprachen *amchur* heißt, ist ein typisches Gewürz der nordindischen und besonders der nordwestindischen Küchen, wo sie statt der südindischen Tamarinden als Säuerungsmittel verwendet werden, beispielsweise in Linsengerichten aus dem Punjab. Im Unterschied zu den dunkelbraunen Tamarinden trägt das Mangopulver aber nur Säure (und keine Färbung) bei.

Mangopulver ist ein wesentlicher Bestandteil der Gewürzmischungen für nordindische Grillgerichte. Das Grillen im Lehmofen (*tandur* oder *tandoor*) ist eine uralte Kochtechnik, die in Zusammenhang mit dem Brotbacken steht und die im Nahen Osten und in Zentralasien in verschiedenen Variationen überall betrieben wird. Der indische *tandur* ist ein grubenförmiger, hoch aufheizbarer Ofen, an dessen Wand Fladenbrote gebacken werden, während Fleisch oder Fisch an Spießen im Innenraum gegrillt wird. Ein beliebtes Gericht sind Hühner (anglo-indisch: *tandoori chicken*), die zuvor in einer Paste aus Joghurt mit verschiedenen Gewürzen, vor allem Muskat, Nelken, Kreuzkümmel, Koriander, Ingwer und Knoblauch, mariniert werden. Historische Rezepte verwenden oft Safran, doch heute wird die gelbrote Farbe im Allgemeinen durch Kurkuma und Paprika oder häufig sogar Lebensmittelfarbe erzielt.

MEERRETTICH

KREN, *Armoracia rusticana*

HERKUNFT UND GESCHICHTE

Die Herkunft von Meerrettich liegt vermutlich in Südosteuropa oder Westasien. Antike Erwähnungen sind zweifelhaft und beziehen sich wahrscheinlicher auf Rettich; die Pflanze erlangte erst im Mittelalter als Gewürz und Heilkraut allgemeine Verbreitung. Seit dem 12. Jahrhundert wird Meerrettich in Deutschland angebaut.

BOTANIK

Brassicaceae (Kreuzblütengewächse). Meerrettich ist eine ausdauernde Staude mit einer maximalen Höhe von 150 cm. Aus einer fleischigen, 8 cm dicken, zylindrischen bis konischen und bis zu 60 cm langen Pfahlwurzel treibt die Pflanze im ersten Jahr nur eine Blattrosette, in den Folgejahren zusätzlich einen oder mehrere Blütenschäfte. Die grundständigen Blätter sind lang gestielt, länglich eiförmig mit herzförmigem Grund, wellig, am Rand gekerbt und 30–100 cm lang. Die im oberen Teil verzweigten Stämme tragen kleinere, lanzettliche oder dreiteilige Blätter und enden in reichblütigen Rispen von gestielten, reinweißen, etwa 1 cm großen, vierzähligen Blüten, aus denen sich 5 mm lange wenigsamige Schötchen entwickeln.

ANBAU UND QUALITÄTEN

Meerrettich wird in den gemäßigten Zonen Europas und Amerikas angebaut, meistens in kleinen Betrieben. Er benötigt leichten und tiefgründigen Boden ohne Sommertrockenheit, stellt aber sonst keine besonderen Ansprüche.

Die Vermehrung erfolgt aus Seitenwurzeln von ein- oder zweijährigen Pflanzen, die im Frühjahr gepflanzt werden. Im Sommer gräbt man sie aus und entfernt Seitenwurzeln und Seitentriebe; geerntet wird im Herbst, sobald die Blätter verwelken, oder im darauffolgenden Frühjahr. Dazu wird das Feld mit einem speziellen »Krenpflug« gerodet, und die Wurzeln werden gewaschen und getrimmt, wobei Seitenwurzeln für die nächstjährige Kultur anfallen.

VERWENDETER PFLANZENTEIL / GERUCH UND GESCHMACK

Als Gewürz wird ausschließlich die Wurzel verwendet, die frisch oder eingelegt, mitunter auch als trockenes Pulver in den Handel kommt. Die unverletzte Meerrettichwurzel ist geruchlos, aber bei Verletzung entwickeln sich rasch ein tränenreizender Geruch und ein beißend-scharfer Geschmack.

Senfschärfe für Fortgeschrittene: Frisch gerieben ist Meerrettich am stärksten. Nach zehn Minuten verliert das Gewürz aber seine durchschlagende Wirkung. Gerne zu Lachs, Osterfleisch oder Tafelspitz.

Blühende Meerrettichpflanze

AROMAGEBENDE INHALTSSTOFFE

Wie seine Verwandten Senf, Kresse und Wasabi weist der Meerrettich ein komplexes Verteidigungssystem auf. Aus einer inaktiven Vorstufe, den Glycosinolaten, werden bei Verletzung freie Isothiocyanate gebildet, die durch ihren scharfen Geschmack pflanzenfressende Tiere abschrecken und durch ihre desinfizierende Wirkung pathologische Keime abtöten. Meerrettich enthält insgesamt 0,5 % Glucosinolate, darunter das auch im Schwarzen Senf vorkommende Sinigrin (0,15 %), darüber hinaus Gluconasturtiin und Glucobrassicanasturtiin. Als zweite Komponente des Verteidigungssystems dient das Enzym Myrosinase, das in speziellen Zellen (Myrosinzellen) akkumuliert ist.

Sobald das Gewebe verletzt wird, trifft die Myrosinase auf die Glucosinolate und setzt sie zu aggressiven freien Isothiocyanaten (Allylisothiocyanat, 2-Phenylethylisothiocyanat bzw. 4-Pentenylisothiocyanat) um. Diese Stoffe sind kurzlebig, da sie teils verdampfen und teils von Wasser deaktiviert werden, wobei verschiedene weitere, zum Teil toxische Substanzen gebildet werden, etwa Isothiocyanat-Ionen oder Thioharnstoffderivate.

KULINARIK

Meerrettich wird nur selten zum Kochen verwendet, sondern kommt meist in Form von Würzbeilagen auf den Tisch. Im einfachsten Fall verwendet man frisch geriebenen Meerrettich, der allerdings seine Intensität

MEERRETTICH

in kurzer Zeit verliert; man kann die Schärfe durch Zusatz von Essig, Zitronensaft oder anderen Säuerungsmitteln stabilisieren. Viele industrielle Würzsaucen enthalten Meerrettich, und für »Schnittchen« und »Häppchen« mit Lachs, Roastbeef oder Schinken werden hierzulande gerne mit Milchprodukten abgepufferte Meerrettichpasten verwendet.

In **Norwegen** wird aus Meerrettich, Zucker und Essig eine Creme namens *pepperotsaus* zubereitet, die als aromatische Beilage zu Fischgerichten gegessen wird. Darüber hinaus ist Meerrettichwürze in den verschiedensten Varianten in ganz Nordeuropa zu Fischgerichten beliebt.

In **Österreich** reicht man eine Mischung aus geriebenem Meerrettich, geriebenen Äpfeln und Zitronensaft (Apfelkren) als Beilage zu Wiener Tafelspitz und Schweinebraten. Eine weitere beliebte Zubereitung ist Semmelkren, eine mit zerkleinerten Brötchen angedickte Sauce aus Fleischbrühe und Schlagsahne, die noch warm mit geriebenem Meerrettich versetzt wird, wobei das Gewürz einen Teil seiner Schärfe verliert. Frisch geriebener Meerrettich wird in Österreich, aber auch in Ungarn und Polen traditionell zu Ostern mit geräuchertem Schinken gegessen, was auf die jüdische Tradition der »bitteren Kräuter« zum Paschafest zurückgeht.

In der **jiddischen Küche** Osteuropas kennt man eine mit Essig und Zucker süßsauer abgeschmeckte Meerrettichsauce *(khreyn)*, die oft mit Roter Bete gefärbt wird. *Khreyn* ist die traditionelle Beilage zu der bekannten jiddischen Spezialität *gefilte fish*, einer fein gewürzten Fischfarce, die in Fischhaut gefüllt und in Brühe gargezogen wird.

Meerrettichwurzel

Mexikanischer Blattpfeffer

PFEFFERBLATT, *Piper auritum*

Duftende Hülle: In Südmexiko werden Fleisch und Fisch vor dem Garen in Mexikanischen Blattpfeffer eingewickelt. Fast so groß wie Bananenblätter, kann man (und sollte man) den Blattpfeffer allerdings mitessen.

163

Mexikanischer Blattpfeffer

Herkunft und Geschichte

Der mexikanische Blattpfeffer stammt aus der Karibik und den angrenzenden Teilen Mexikos. Er diente den Azteken als Ritualpflanze, wovon heute noch der spanische Name *hoja santa* »heiliges Blatt« zeugt.

Botanik

Piperaceae (Pfeffergewächse). Blattpfeffer ist ein kurzlebiger, wenig verholzender Strauch, seltener ein Baum (in kühlerem Klima eine mehrjährige Staude) mit bis zu 5 m Höhe. Die bis zu 50 cm langen und 25 cm breiten, dicken, rauen, dünn und kurz behaarten, türkisgrünen Blätter stehen an stark geflügelten, 10 cm langen Blattstielen; sie sind an der Basis unsymmetrisch herzförmig gelappt und laufen zu einer schmalen Spitze aus. Die winzigen Blüten sind zu kompakten, bis zu 20 cm langen, zylindrischen, cremeweißen, zur Blütezeit aufrecht stehenden Ähren zusammengefasst, die kurz gestielt an den Stängelknoten entspringen. Die dreikantigen Früchte werden außerhalb der Tropen nur selten gebildet.

Anbau und Qualitäten

P. auritum bewohnt helle Standorte in tropischen Wäldern und besiedelt Rodungsareale. Die Pflanze ist erstaunlich robust und erträgt sogar leichten Frost, benötigt jedoch viel Wasser. Wegen ihrer Anspruchslosigkeit und Schnellwüchsigkeit hat sie sich inzwischen auf einigen Pazifikinseln etabliert.

Die Ernte stammt überwiegend aus Wildsammlung oder Kultivierung in Privatgärten, zum Teil auch aus Kleinbetrieben, und gelangt nur in den lokalen Handel. Die Pflanze lässt sich leicht aus Wurzeltrieben oder Stängelabschnitten vermehren. Ein brasilianischer Verwandter, *P. hispidinervium*, wird kommerziell zur Gewinnung von Safrol angebaut, das als Ausgangsstoff für die Parfümherstellung gebraucht wird. Entsprechende Versuche mit *P. auritum* sind jedoch erst in der Planungsphase.

Verwendeter Pflanzenteil / Geruch und Geschmack

Als Gewürz werden die frischen Blätter verwendet, manchmal auch die Stängel. Sie verströmen ein intensives, sehr würziges Anis- oder Estragon-Aroma, jedoch ohne eine Spur von Süße. Der Geschmack ist ähnlich, mit einer vor allem an den Stängeln ausgeprägten pfeffrig-scharfen Komponente.

Aromagebende Inhaltsstoffe

Blattpfeffer ist ein problematisches Gewürz; seine frischen Blätter enthalten beträchtliche Mengen ätherisches Öl (0,2 %), das zu 80 % aus dem Phenylpropanoid Safrol besteht. Trotz seines Wohlgeruchs ist Safrol signifikant toxisch und führt zu Leberschäden. Nach europäischem Verständnis müsste man Blattpfeffer daher als Giftpflanze bezeichnen, auch wenn er in Mittelamerika von Millionen Menschen regelmäßig gegessen wird.

Kulinarik

Mexikanische Pfefferblätter sind in einigen **mexikanischen Provinzen** ein beliebtes Gewürz. Sie sind vor allem in Veracruz, Oaxaca, Chiapas und Tabasco gebräuchlich. Die Blätter eignen sich zum Einwickeln von Fleischstücken oder ganzen ausgenommenen Fischen, die man dann über Feuer grillt oder in einer würzigen Sauce schmort (*pescado en hoja santa*). Durch diese Technik übertragen die Blätter ihr angenehmes Aroma auf das Fleisch und werden gleichzeitig zart, sodass man sie mitessen kann.

In ganz Lateinamerika isst man *tamales*, mit Fleisch und Gemüse gefüllte Maisklöße, die in Blätter gewickelt und gedämpft werden. Dazu verwendet man meist Laub- oder Hüllblätter von Mais, besonders in Veracruz aber auch Pfefferblätter, die den *tamales* einen sehr aromatischen Geschmack verleihen.

Für eine andere Anwendung werden die Blätter püriert – sie würzen so Saucen oder Schmorflüssigkeiten. Zusammen mit Maismehl (*masa harina*), Chilis und Brühe entsteht aus ihnen der *mole verde*, eine der berühmten sieben Saucen aus Oaxaca.

In Europa sind die Pfefferblätter praktisch nicht erhältlich; manche Kochbücher raten aus Gesundheitsgründen von ihrem Einsatz ab und empfehlen getrocknete Avocadoblätter als Ersatz, aber die schmecken einerseits schlechter und enthalten andererseits ebenfalls das giftige Safrol – ein eher dürftiger Kompromiss. Das thailändische *horapha*-Basilikum ist als Ersatz besser geeignet. Wer das einzigartige Aroma nicht missen will, der baut die Pflanze am besten selbst an und sammelt die Blätter im Tiefkühlschrank.

Minzen

GRÜNE MINZE: *Mentha spicata*
KRAUSEMINZE: *Mentha spicata* var. *crispa* (syn. *M. crispata*)
PFEFFERMINZE: *Mentha piperita*
POLEIMINZE: *Mentha pulegium*
ROSSMINZE: *Mentha longifolia*
APFELMINZE: *Mentha suaveolens* (FÄLSCHLICH *Mentha rotundifolia*)
WASSERMINZE: *Mentha aquatica*
ACKERMINZE: *Mentha arvensis*
JAPANISCHE MINZE: *Mentha arvensis* var. *piperascens* (syn. var. *japonica*)
EDELMINZE: *Mentha gentilis*

HERKUNFT UND GESCHICHTE

Minzen sind in Europa und Asien heimisch und seit der Antike als Aromatika und Heilkräuter in Verwendung; allerdings können antike Beschreibungen selten eindeutig bestimmten Minzarten zugeordnet werden, da die Bestimmung von subtilen Merkmalen abhängt und die Minzen als schnell evolvierende Gruppe über die Jahrtausende neue Arten und Hybriden bilden.

Die antike römische Küche bevorzugte die heute kaum verwendete Poleiminze, während andere Minzen als Heilpflanzen genutzt wurden. Die Kräuteredikte Karls des Großen schrieben den Anbau von vier verschiedenen Minzsorten vor, die als Poleiminze, Rossminze, Wasserminze und Grüne Minze gedeutet wurden. Die daraus erwachsenen Kreuzungen führten zu neuen Sorten, von denen die Pfefferminze heute am bekanntesten ist.

Die Mehrzahl der heute verwendeten Typen geht auf eine braunblättrige Pfefferminze zurück, die zuerst im Minzanbaugebiet der englischen Stadt Mitcham gefunden wurde.

Pfefferminze
(*M. piperita*)

MINZEN

BOTANIK

Lamiaceae (Lippenblütengewächse). Bei den Minzen handelt es sich um eine äußerst vielgestaltige, systematisch schwierige Gruppe mit vielen Hybriden, Kleinarten und kleinräumigen Kultivaren. Alle Minzen sind ausdauernde Stauden von zumeist aufrechtem Wuchs und etwa 100 cm Höhe. Minzen haben ein ausgedehntes Wurzelsystem und treiben häufig ober- oder unterirdische Ausläufer. Die vierkantigen, stark verzweigten Stängel tragen kreuzgegenständige, meistens ungestielte, oft behaarte, länglich eiförmige oder lanzettliche, ungefähr 5 cm lange Blätter mit gezähntem oder gesägtem Blattrand. Die durchweg rosa bis blassviolett gefärbten Blüten stehen in Scheinquirlen, die entweder voneinander isoliert bleiben oder unter Ausfall der Tragblätter zu einer terminalen, spitzen, walzenförmigen oder kopfigen Scheinähre zusammengefasst sind. Viele Arten, vor allem die Kultursorten, bilden selten oder niemals Samen.

Folgende Arten sind kulinarisch bedeutend:

Grüne Minze hat leicht gestielte, lanzettliche, hellgrüne Blätter und lange, ährenförmige Blütenstände. Die kulinarisch besonders bedeutsame Krauseminze fällt durch krause, breitere Blätter mit scharf und doppelt gesägtem Blattrand auf.

Wasserminze hat gestielte, ober- und unterseits variabel behaarte, breit elliptische, gesägte Blätter und Blüten in zu einer halbkugeligen, kopffartigen Struktur verbundenen Scheinquirlen.

Pfefferminze ist ein steriler Hybrid aus Grüner Minze und Wasserminze. Je nach Kultivar sind Stängel und Blätter grün (»weiße Pfefferminze«) oder violett überlaufen (»schwarze Pfefferminze«, »Mitcham-Minze«). Pfefferminze hat kurz gestielte, glatte, kahle, eiförmige Blätter und trägt die Blüten in Scheinquirlen, von denen die unteren isoliert bleiben, während die oberen zu einer kurzen walzenförmigen Scheinähre verschmelzen.

Apfelminze hat behaarte Stängel und runzelige, unterseits filzig bis schwach behaarte, rundlich-eiförmige Blätter mit gekerbtem Rand; es gibt auch eine Kulturform (»Ananasminze«) mit grün-weiß gezeichneten Blättern. Die Blüten stehen in voneinander abgesetzten, blattlosen Scheinquirlen.

Poleiminze ist eine kriechende oder aufrechte, niederwüchsige Art mit schmal-elliptischen, kurzen, am Rand wenig gezähnten Blättern und Blüten in abgesetzten Scheinquirlen, die in der Achsel von kleinen Tragblättern stehen.

Kärnter Minze hat rotbraune Stängel und rotbraun überlaufene kahle, ungestielte Blätter; die Blüten stehen in abgesetzten Scheinquirlen in der Achsel von gewöhnlich großen Tragblättern.

Unüberschaubare Sortenviel-
falt: Minze gibt es in jeder Geschmacksnote von Pfeffer bis Eau
de Cologne. In England wird sie
für Konfekt und Hammelbraten
verwendet, im Orient für Salate, in
Indien für Reis und in Südvietnam
für fast alles.

Blühende Ananasminze (*M. suaveolens*)

167

ANBAU UND QUALITÄTEN

Minzen sind anspruchslose, fast un-
verwüstliche Pflanzen, die auf praktisch jedem Boden in gemäßigtem
Klima wachsen; für den Anbau in
den Tropen eignen sich dagegen nur
die Japanische und die eng verwandte
Javanische Minze (*M. arvensis* var. *ja-
vanica*), während andere Minzen dort
meist nicht zur Blüte kommen.
Außerhalb der Tropen spielen nur die
Pfefferminze und die *spearmint* eine
kommerzielle Rolle. Die Hauptanbaugebiete sind China, Brasilien und
Indien für die Japanische Minze und
USA, Indien, England sowie Süd- und
Südosteuropa für die Pfefferminze;
spearmint stammt fast ausschließlich
aus den USA.
Minzen werden aus Ablegern vermehrt und können im Feldanbau
ein- oder mehrjährig gehalten werden, wobei Letzteres außerhalb der
Tropen die Regel ist. Die Ernte wird
nach kurzer Trocknung gleich vor Ort
der Destillation unterzogen.

Pfefferminze wird bei beginnender
Blüte geschnitten, wobei schwankende Erträge von durchschnittlich
etwa 70 kg Pfefferminzöl und 90 kg
spearmint-Öl pro Jahr und Hektar
erzielt werden. In den Tropen sind
zwei bis drei jährliche Ernten mit
einem entsprechend hohen Ertrag
von bis zu 250 kg je Hektar möglich.
Die weltweite Jahresproduktion von
Minzöl wird auf 7000–8000 Tonnen
geschätzt, davon etwa 55 % Japanische Minze und 30 % Pfefferminze.

VERWENDETER PFLANZENTEIL /
GERUCH UND GESCHMACK

Alle Minzen haben aromatische Blätter, die sich jedoch im Aroma deutlich
unterscheiden, wobei innerhalb der
Arten durch Zucht ein großes Spektrum verschiedener Düfte existiert.
Die kulinarisch genutzten Arten haben entweder den typisch kühlenden
Mentholgeschmack (Pfefferminze,
Japanische Minze, manche Sorten
der Grünen Minze), ein stumpferes,

Blühende Poleiminze (*M. pulegium*)   Blühende Rossminze (*M. longifolia*)

milderes, entfernt pfefferminzähnliches Aroma (Apfelminze, Rossminze) oder einen kümmelähnlichen Duft (Krauseminze, Kärntner Minze). Poleiminze fällt durch ein abweichendes, gröberes Aroma aus dem Rahmen.

Aromagebende Inhaltsstoffe

Pfefferminze enthält bis zu 2,5 % ätherisches Öl mit der Leitsubstanz Menthol, einem Monoterpenalkohol (50 %). Wichtigster Nebenbestandteil ist das Menthon, das bei kurzer täglicher Lichtperiode vermehrt (bis zu 30 %) gebildet wird und durch seinen groben Geschmack die Qualität des Pfefferminzöls herabsetzt. Die mentholreichste Minze ist die Japanische Minze (70 %); nach Reduktion des Mentholgehaltes auf knapp 50 % kommt das Öl als »japanisches Pfefferminzöl« (auch »chinesisches Pfefferminzöl«) in den Handel.

Die kümmelartig riechenden Minzen enthalten als Hauptbestandteil Carvon (in der Krauseminze ungefähr 50 %). Eine besondere Züchtung von *M. spicata*, die als *spearmint* bezeichnet wird, enthält neben Carvon noch Limonen, was ihr einen besonders frischen Geruch verleiht. *Spearmint* wird zum Aromatisieren von Kaugummis verwendet.

Der Geschmack von Poleiminze wird vom schwach giftigen Monoterpenketon Pulegon (80 %) dominiert.

Kulinarik

Pfefferminze wird in der **europäischen Küche** vorwiegend zur Herstellung industrieller Süßwaren wie Konfekt, Speiseeis und Erfrischungsgetränken verwendet, hat im Haushalt jedoch kaum eine Bedeutung.

In der **britischen Küche** hat Minze eine herausragende Rolle – sie ist mit Thymian das wichtigste Würzkraut. Frische Minzblätter dienen als Würze für zartes Gemüse wie junge Kartoffeln oder grüne Erbsen. Die traditionelle Minzsorte für die berühmte *mint sauce* ist allerdings nicht Pfefferminze, sondern Apfelminze oder auch Grüne Minze. Minzsauce wird in England zu gekochtem oder gegrilltem Fleisch gereicht und schmeckt am besten zu

Hammel und anderem fetten Fleisch. Eine **österreichische** Spezialität mit Minzaroma sind die *Kärnter Kasnudeln* (Käsenudeln), mit einer Quark-Kartoffelmasse gefüllte große *ravioli*-ähnliche Nudeln, die gekocht und mit zerlassener Butter serviert werden. Der Geschmack der Füllung stammt von Kerbel und einer lokalen Minzsorte, die ein an *spearmint* erinnerndes Aroma hat.

Die Küchen des **östlichen Mittelmeerraums** verwenden Krauseminze, die in der Region unter ihrem arabischen Namen *na'nā'* bekannt ist. Ihr erfrischendes, etwas kümmelartiges Aroma würzt Salate wie die libanesische *tabbūlī* aus Hartweizengrieß und Petersilie oder die türkische Version *kısır*. Nana-Minze wird gerne mit Joghurt kombiniert, beispielsweise in der türkischen kalten Joghurt-Gurken-Suppe *cacık*. In der arabischen Küche werden Fleischspeisen oft mit etwas Joghurt und Minzblättern garniert. In **Iran** isst man Joghurt mit fein gehackten Minzblättern als Vorspeise oder als Beilage zu trockenen Reisgerichten *(polo)*.

Frische Minze ist auch eines der wenigen Kräuter, die in der **indischen Küche** zum Einsatz kommen. *Pudine ki chutney* oder Minzchutney besteht aus Joghurt, Minzblättern und grünen Chilischoten; es ist eine erfrischende Beilage zu gegrilltem Fleisch oder knusprigen Teigtaschen *(samosa)* und auch aus deutschen Indien-Restaurants wohlbekannt. Minz-Joghurt-Mischungen dienen ebenso zum Marinieren wie als Saucengrundlage für angenehm kühlend schmeckende Fleischgerichte.

In **Südostasien** spielt frische Ackerminze eine besondere kulinarische Rolle. Sie ist unverzichtbar für die scharfen thailändischen Nudel- und Fleischsalate und prägt besonders die vietnamesische Küche. In Südvietnam wird zu fast jeder Mahlzeit eine großzügige Portion frischer Kräuter serviert, von denen Minze nach Koriander und korianderähnlich riechenden Kräutern an zweiter Stelle kommt.

> Die sogenannte Vietnamesische Minze ist keine Minze; siehe Vietnamesischer Koriander.

Frische Apfelminze
(*M. rotundifolia*)

MOHN

SCHLAFMOHN, *Papaver somniferum*

HERKUNFT UND GESCHICHTE

Der Schlafmohn ist die Kulturform des im Mittelmeergebiet verbreiteten Borstenmohns *(Papaver setigerum)*. Er wird in Europa seit dem Neolithikum als Ölpflanze angebaut und diente den Sumerern als Medizin und euphorisierende Droge. In der Antike wurden Mohnsamen zum Bestreuen von Gebäck und gemischt mit Honig und Gewürzen als Dessert verwendet.

Antike Ärzte verschrieben Abkochungen und Pillen aus Mohnkapseln als Schmerz- und Schlafmittel, aber erst im 8. Jahrhundert entdeckten arabische Ärzte die konzentrierte Wirkung des Opium-Saftes und revolutionierten damit die Schmerzbehandlung. Die Schattenseite dieser Entdeckung, das Opiumessen, verbreitete sich über weite Teile Asiens, da das Rauschmittel Opium im Islam nicht den gleichen Grad an Ächtung wie der Alkohol erfuhr. Seit dem 17. Jahrhundert wird Opium im Fernen Osten auch geraucht.

Im 19. Jahrhundert forcierten die Briten den Opiumhandel mit China, um mit dem in Britisch-Indien produzierten Opium die negative Handelsbilanz mit dem Reich der Mitte

zu verbessern. Gleichzeitig sollte so die chinesische Verwaltung durch die weitverbreitete Drogensucht geschwächt werden. Der Dàoguāng-Kaiser ließ ab 1838 britisches Opium beschlagnahmen und vernichten, was zu den beiden sogenannten Opiumkriegen um die Mitte des Jahrhunderts führte. Infolge derer musste China in den Verträgen von Nanjing den bedeutenden Hafen Hongkong an England abtreten und Einschränkungen seiner Souveränität hinnehmen.

BOTANIK

Papaveraceae (Mohngewächse). Mohn ist ein einjähriges Kraut, das bis zu 150 cm hoch wird. Die stielrunden, aufrechten, wenig verzweigten Stängel tragen auffallend blaugrüne, kahle, gewellte, stängelumfassende Blätter mit grob gezähntem Blattrand und bis zu 10 cm Länge. Die 5–8 cm großen, schüsselförmigen, kurzlebigen Blüten stehen terminal an den Stängeln; die Blüten bestehen aus einem bei Anthese abfallenden Kelch, vier großen, zarten Kronblättern, zahlreichen Staubblättern und dem oberständigen Fruchtknoten mit ungestielter, breiter, flacher, 8–12-strahliger Narbe. Die 3–8 cm langen,

Verboten: Der Mohnanbau wird in vielen Ländern restriktiv gehandhabt. Zum Kochen und Backen wird er aber in Europa und im Orient gleichermaßen gerne verwendet. In Indien sorgt der weiße Mohn für körperreiche Saucen.

Verblühender Mohn

breit-keilförmigen Kronblätter sind zumeist helllila gefärbt, gelegentlich auch karminrot, mit einem dunklen, 1–2 cm großen, basalen Fleck. Als Frucht entwickelt sich eine rundliche oder ovale, 5 cm lange, vierfächrige Kapsel, die sich unterhalb der persistenten Narbe in kleinen Poren öffnet und die zahlreichen, 0,5 mm großen, nierenförmigen Samen freigibt. Die Farbe der Samen kann je nach Sorte weiß, beige, schwarz, grau oder bläulich sein.

ANBAU UND QUALITÄTEN

Schlafmohn gedeiht in einem breiten Klimabereich von der gemäßigten Zone bis in die Gebirgslagen der Äußeren Tropen. Die illegale Opium-Produktion konzentriert sich auf Afghanistan und das »Goldene Dreieck« zwischen Thailand, Burma und Laos; die legale Produktion beträgt etwa 2000 Tonnen jährlich und wird überwiegend in Indien und der Türkei eingefahren.

Mohnsamen zur kulinarischen Nutzung werden in manchen europäischen Ländern, vor allem in Holland, in Osteuropa und am Balkan produziert. Dabei gibt es in einzelnen Staaten unterschiedlich restriktive Regelungen, um die Produktion von Rauschmitteln zu unterbinden. In Deutschland ist die Kultur von Mohn grundsätzlich verboten, während in Österreich Lizenzen zum Anbau morphinarmer Züchtungen erteilt werden.

Die Aussaat erfolgt je nach Sorte im Herbst (Wintermohn) oder Frühling (Sommermohn). Mohn blüht im Juni und erreicht im August die Erntereife. Mohnkapseln müssen möglichst schonend gedroschen werden – einzelne unreife Kapseln können sonst die Samen mit ihrem Saft verunreinigen und damit den natürlichen Alkaloidgehalt vervielfachen.

VERWENDETER PFLANZENTEIL / GERUCH UND GESCHMACK

In der Küche verwendet man ausschließlich die Samen, die vor allem beim Rösten oder Backen einen nussigen Geruch und Geschmack entwickeln.

AROMAGEBENDE INHALTSSTOFFE

Native Mohnsamen enthalten kaum flüchtige Bestandteile (Kohlenwasserstoffe, Aldehyde), aber beim Rösten

Links: Weißer indischer Mohn
Rechts: Österreichischer Blaumohn

oder Backen bilden sich Maillard-Produkte wie 2-Pentylfuran, die für den nussigen Geschmack verantwortlich sind.

Die Samen enthalten knapp 50 % eines fetten Öls, das als kaltgepresste Qualität im Spezialhandel erhältlich ist und überwiegend aus einfach und doppelt ungesättigten Fettsäuren (Ölsäure, Linolsäure) besteht.

Die ganze Mohnpflanze, vor allem aber die Kapseln, enthalten einen weißen Milchsaft, der in getrockneter Form als »Opium« bezeichnet wird. Opium besteht neben Proteinen, Kohlenhydraten und Harzen zu 20–30 % aus verschiedenen Alkaloiden, darunter die Phenanthren-Alkaloide Morphin (15 %), Codein (1 %) und Thebain (0,5 %) sowie die ursprünglicheren Benzylisochinolin-Alkaloide Narcotin (5 %) und Papaverin (1 %). Mohnsamen enthalten lediglich 50 ppm Alkaloide: Diese Menge ist harmlos, kann aber bei empfindlichen Tests Drogenmissbrauch vortäuschen.

KULINARIK

Mohnsamen sind ein häufiger Bestandteil von **ostmediterranem** Gebäck, das vor dem Backen mit den Samen bestreut wird – diese Art der Verfeinerung von Backwerk gab es schon in der Antike. Oft steht dabei der Mohn in Konkurrenz zum ähnlich schmeckenden Sesam, beispielsweise für türkisches *simit*. Es gibt auch Blätterteiggebäck mit einer Füllung aus Mohn (oder anderen Samen oder Nüssen) und Honig.

Mohnkapsel

Mohnstrudel, die deutsche Mohn-schnecke und die dreieckigen jiddi-schen Mohntaschen *(hamantashn)*. Eine österreichische Spezialität tsche-chischen Ursprungs ist der Germ-knödel, ein großer Knödel aus Hefe-teig, der mit einem konzentrierten, säuerlich fruchtigen Zwetschgenmus *(Powidl)* gefüllt ist und mit einer Mi-schung aus Puderzucker, Mohn und zerlassener Butter serviert wird.

In **Indien** dienen Mohnsamen oft als aromatisches Bindemittel, um Schmorflüssigkeiten anzudicken. In den mogulischen *korma*-Gerichten ist diese Technik am weitesten entwickelt: Das Gargut, entweder Fleisch oder Gemüse, wird in einem verschlosse-nen Topf so lange mit einer aromati-schen Flüssigkeit, zumeist gewürztem Joghurt, geschmort, bis alle Flüssig-keit aufgesaugt ist oder in Form einer dicken Paste am Gargut klebt. Um die blasse Farbe des fertigen *kormas* zu erhalten, bevorzugt man dabei weiße Mohnsorten.

Geröstete Mohnsamen spielen als Streuwürzmittel in **Japan** eine Rolle, wo sie bei Tisch über Suppen oder Nudelgerichte gestreut werden. Häu-fig verwendet man sie als Bestand-teil der Sieben-Gewürze-Mischung *shichimi tōgarashi*.

173

Die mohnhaltigen Süßgebäcke **Mit-tel- und Osteuropas** gehen auf der-artige nahöstliche und byzantinische Vorbilder zurück, die über osmani-sche Vermittlung nach Südosteuropa und Österreich-Ungarn gelangten. Hierzu gehören der österreichische

MUSKATNUSS UND MUSKATBLÜTE

Myristica fragrans

HERKUNFT UND GESCHICHTE

Vom Muskatbaum existiert heute keine Wildform mehr; es gilt aber als sicher, dass er nur auf den Banda-Inseln heimisch ist. Der isolierte Banda-Archipel im Osten Indonesiens besteht aus neun Inseln, von denen die inneren drei (Banda Neira, Banda Besar und die Vulkaninsel Gunung Api) nur durch schmale, flache Meeresarme getrennt sind und durch ihre Form einen perfekten, sturmsicheren Hafen bilden.

Muskatnüsse wurden erst relativ spät für den Handel entdeckt und gelangten wahrscheinlich ab Mitte des 1. Jahrtausends nach China, Zentralasien und Europa – vereinzelte frühere Erwähnungen sind zweifelhaft und reichen nicht vor die Zeitenwende zurück; lediglich im indischen Mahābhārata findet sich ein deutlich älteres literarisches Zeugnis. Ins mittelalterliche Europa wurden Muskatnüsse ab dem 8. Jahrhundert importiert, blieben jedoch anfangs selten und teuer.

Die Portugiesen erreichten 1512 unter António de Abreu als erste Europäer die Banda-Inseln; allerdings konnten sie den Handel nie vollständig kontrollieren. Das gelang erst den Holländern, die sich Anfang des 17. Jahrhunderts nach ihren Erfolgen mit Gewürznelken nun auf die Banda-Inseln konzentrierten und auf dem Tropenparadies ein Schreckensregime installierten, das in Südostasien ohne Vergleich war.

Die Bandanesen erwiesen sich als aufsässig und versuchten, der holländischen Kolonialherrschaft durch ein Bündnis mit England zu entgehen. Die holländische Handelsgesellschaft VOC kontrollierte die drei inneren Inseln, aber der englische Abenteurer und Handelsmann Nathaniel Courthope besetzte 1616 die etwas weiter entfernte Insel Run, von der aus er unter den Stammesfürsten der anderen Inseln nach Verbündeten gegen die allseits verhassten Holländer suchte. Die Antwort der VOC unter ihrem Generalgouverneur Jan Coen bestand in einem gründlichen Vernichtungskrieg, der bis 1621 andauerte und dem nicht nur die englische Garnison auf Run, sondern auch fast die gesamte bandanesische Bevölkerung von etwa 15 000 Menschen zum Opfer fiel.

Die VOC verteilte das Land an holländische Siedler (*perkeniers*) und importierte Sklaven als Arbeitskräfte

Tausendsassa: Muskat liefert gleich zwei Gewürze, die Nuss und die Blüte. Beide sind weder Nuss noch Blüte, sondern eigentlich Keimling und Samenmantel. In Europa sind sie bestens integriert, die »Nuss« beispielsweise in der französischen Mischung *quatre-épices*, für Fleischgerichte, Spinat und Kartoffeln; die »Blüte« für Süßes, zum Beispiel im Dresdner Stollen.

Muskatnüsse

für die Plantagen (*perken*), womit das Muskatmonopol gesichert war. Es hielt sich, ebenso wie das Nelkenmonopol, über mehr als 100 Jahre und fand zugleich mit diesem sein Ende. Die Insel Run war zuerst von den Engländern kolonisiert worden und nach dem Völkerrecht dieser Zeit daher ungeachtet der De-facto-Kontrolle durch Holland britisches Gebiet. Zur Beendigung des permanenten Streits tauschten die beiden Mächte 1667 im Vertrag von Breda einige koloniale Besitztümer gegeneinander: So verloren die Briten Run und erhielten dafür eine kleine Insel vor der nordamerikanischen Küste, die sie einige Jahre zuvor als Rache für Run gekapert hatten: Manhattan.

BOTANIK

Myristicaceae (Muskatgewächse). Der unvollständig zweihäusige Muskatbaum wird bis zu 20 m hoch, mit kegelförmiger Krone und zarten Zweigen, deren Rinde bei Verletzung einen roten Milchsaft abscheidet. Die wechselständigen, kurz gestielten Blätter sind bis zu 15 cm lang, dunkelgrün, spitz eiförmig, ganzrandig und riechen aromatisch. Aus den Blattachseln entspringen hängende Scheindolden (bei männlichen Pflanzen vielblütig, bei weiblichen mit nur ein bis drei Blüten) aus 5–10 mm großen, elfenbeinweißen, dreilappig-glockenförmigen Blüten. Aus den weiblichen Blüten entwickeln sich 5–8 cm große, pfirsichähnliche, gelbe Steinfrüchte, die bei der Reife an einem Spalt aufplatzen und dadurch den hartschaligen Kern und den ihn umhüllenden, hochrot-violetten, ledrigen Samenmantel (Arillus) freigeben.

ANBAU UND QUALITÄTEN

Der Muskatbaum ist eine wärmeliebende, empfindliche Tropenpflanze, die nur in windgeschützter Lage, auf nährstoffreichem, vulkanischem Boden und bei ausreichend Luftfeuchtigkeit und Niederschlag (aber ohne Staunässe) gedeiht. Pflanzungen sind daher auf Vulkaninseln der Inneren Tropen bei höchstens 800 m Höhenlage beschränkt.

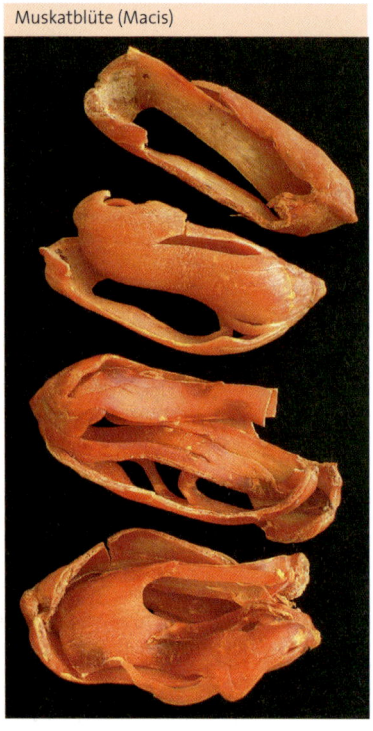

Muskatblüte (Macis)

Die Pflanzen werden in der Regel aus Samen gezogen, wobei die männlichen Jungpflanzen erst nach der ersten Blüte, mit etwa fünf Jahren, erkannt und ausgemerzt werden können; zur Bestäubung reicht ein männlicher Baum auf zehn weibliche. Die volle Produktivität wird erst nach 15 bis 20 Jahren erreicht, und die Bäume bleiben bis zu 80 Jahre fruchtbar. Pro Jahr und Baum lassen sich im Schnitt 1000 Früchte ernten, aber durch die genetische Uneinheitlichkeit der Muskatbäume treten dabei große Schwankungen auf.

Der Baum blüht und fruchtet bei gleichförmigem Klima das ganze Jahr über, wobei je nach Fruchtanzahl die Reifedauer zwischen sechs und neun Monate beträgt. Die reifen (aufgesprungenen) Früchte werden in Indonesien mit einem Muskatfänger, einer Schere an langem Stiel und einem kleinen Korb unter der Klinge, geerntet. In den karibischen Anbaugebieten liest man die Samen nach dem Abfallen vom Boden auf, was jedoch den Samenmantel raschen Angriffen durch Insekten aussetzt. Danach werden Arillus und Kern getrennt und in der Sonne oder über Feuer getrocknet. Sobald der Kern in der Samenschale klappert, wird der Trocknungsvorgang abgebrochen; die Schalen werden dann geknackt und entfernt und die Kerne der Größe nach sortiert.

Die Qualitätsklassen werden im Handel nach der Anzahl der Nüsse pro Pfund definiert: In der geringsten Klasse (160er) wiegen die Nüsse nur

Reifender Muskatpfirsich mit sichtbarem Arillus

2,8 g, während die geschätzten 65er mit 7,0 g zweieinhalb Mal so schwer sind. In Indonesien gibt es auch ein alternatives System mit Klassen von A (6,3–6,7 g) bis E (3,1–4,0 g). Nur in Indonesien unterscheidet man auch verschiedene Anbaugebiete, neben Banda zum Beispiel Siauw und Java. Banda-Nüsse gelten als die wertvollste Handelssorte.

Zu kleine Nüsse, insektenbefallenes Material und Bruchware werden als BWP-Qualität *(broken, wormy, punky)* bezeichnet und dienen zur Destillation von Muskatöl oder als Rohstoff für die Gewinnung von Oleoresinen. Gelegentlich gelangen sie illegalerweise gemahlen als Muskatpulver in den Handel.

Der Handel mit Muskatgewürzen erreicht ein jährliches Volumen von ca. 20 000 Tonnen, wobei die Muskatblüte nur ein Siebtel davon ausmacht. Den Markt teilen sich Indonesien und Grenada im Verhältnis 2:1 auf; andere Produktionsländer (Malaysia, Indien, Sri Lanka) exportieren nur unwesentliche Mengen.

VERWENDETER PFLANZENTEIL / GERUCH UND GESCHMACK

Der Muskatbaum liefert zwei Gewürze. Einerseits die »Muskatnuss«, die eigentlich nicht eine Nuss, sondern das Endosperm ist: der innere Teil des Samens unter der harten Schale. Der Samenmantel, die sogenannte Muskatblüte (oder auch »Macis«), ist ein zweites, eigenständiges Gewürz. Beide Produkte, »Nuss« und »Blüte«, riechen holzig, warm und aromatisch bei harzig-aromatischem Geschmack; oft wird das Aroma der Muskatblüte als feiner und süßer empfunden, während die Muskatnuss wärmer und pfeffriger schmeckt und riecht.

In den indonesischen Produktionsgebieten wird auch das holzige, im frischen Zustand sauer und aromatisch schmeckende Fruchtfleisch genutzt. Man kocht daraus mit Palmzucker eine intensiv muskatduftende Marmelade *(selei buah pala)* oder kandiert sie zu einem würzig-süßen Konfekt, das im viktorianischen England sehr beliebt war.

Als »Muskatbutter« bezeichnet man ein fettes Öl, das in den Samen zu 30–40 % enthalten ist und durch Pressen gewonnen wird. Es ist rotbraun gefärbt und hat bei Raumtemperatur eine halbfeste Konsistenz; da es zu fast einem Zehntel aus ätherischem Öl besteht, verströmt es ein intensives Muskataroma.

AROMAGEBENDE INHALTSSTOFFE

Muskatnuss und Muskatblüte enthalten je ca. 10 % eines ätherischen Öles, das im Wesentlichen gleich zusammengesetzt ist: Hauptbestandteil sind Monoterpenkohlenwasserstoffe (Sabinen, α- und β-Pinen) neben je 5–10 % Monoterpenalkoholen und Phenylpropanoiden (Myristicin, Elemicin, Safrol). Letztere werden für die halluzinogenen Wirkungen, die in Dosen ab einigen Gramm beobachtet wurden, und für die akute Giftigkeit noch größerer Mengen verantwortlich gemacht.

Die karminrote Farbe des frischen Arillus entsteht durch Carotinoide wie Lycopin, die oxidationsempfindlich sind. Nach dem Trocknen verblasst die Muskatblüte daher innerhalb einiger Wochen zu einer bernsteingelben Farbe.

KULINARIK

In Südostasien spielen Muskatnüsse nur eine beschränkte Rolle; in den **indonesischen Küchen**, vor allem auf Java und Bali, verwendet man sie in *bumbu*-Pasten und für einige wenige holländisch beeinflusste Gemüsespeisen und Desserts.

Muskatnuss und -blüte gehören zum typischen Würzinventar der mogulischen Küche **Nordindiens**. Sie werden in Gewürzmischungen für *korma* (Schmorgerichte) verwendet und sind üblicher Bestandteil der *tandoori*-Würzmischungen für im Lehmofen gegartes Fleisch (siehe Mango). Für besonders subtil gewürzte Speisen in milden Joghurt-Saucen nimmt man bevorzugt Muskatblüte, gibt aber im Übrigen der Nuss den Vorzug. In **südindischen** Speisen findet man sie seltener – am häufigsten noch in Rezepten aus Kerala, dem Hauptumschlagplatz für östliche Gewürze seit der Antike. In ganz Indien sind Muskatnüsse ein fast fixer Bestandteil von Betelbissen, einer stimulierend wirkenden Mischung von Betelnüssen *(Areca catechu)*, Kalk und Gewürzen oder weiteren Stimulanzien, die in Blätter des Betel-Pfeffers *(Piper betle)* gewickelt und nach den Mahlzeiten gekaut werden.

Im **Vorderen Orient** ist die gemahlene Muskatnuss üblicher Bestandteil der *bahārāt*-Mischungen, die für Fleischgerichte und als Tischwürze verwendet werden (siehe Nelke).

In **Nordafrika** verwendet man eine Gewürzmischung, die regional und von Verarbeiter zu Verarbeiter unterschiedlich interpretiert wird: *rās al-ḥānūt*. Die Mischung begleitet

Fleisch- und Getreidegerichte *(cous-cous)* und enthält gepulverte Muskatnuss und/oder -blüte.

In den **europäischen Küchen** gehört Muskat wohl zu den am besten integrierten exotischen Gewürzen. Die geriebene Muskatnuss ist grundsätzlich gern gesehener Begleiter für Ei-, Kartoffel- und Käsegerichte. Ein gutes Kartoffelpüree ohne Muskatnuss ist praktisch undenkbar, und auch Omelettes profitieren gelegentlich von ihrem warmen Aroma. Manche Rezepte für Wiener Schnitzel oder das italienische Pendant, die *cotoletta Milanese*, sehen Muskat für das Panier vor. Das Gewürz wird dafür ins aufgeschlagene Ei gegeben, in dem die Schnitzel vor dem Panieren gewälzt werden. Ferner wird die Nuss, seltener auch die Blüte, zum Würzen insbesondere von hellen Gemüsesorten verwendet (beispielsweise Blumenkohl oder Spargel).

In **Italien** gehört in Spinatgerichte stets geriebene Muskatnuss, ganz gleich ob es sich um Spinatauflauf, -gnocchi oder -füllung für *pasta* handelt. Auch die berühmte (und leider häufig durch grotesk vereinfachte Rezepte geschundene) Fleischsauce *(ragù Bolognese)* wird klassischerweise mit Muskatnuss gewürzt.

Darüber hinaus werden in einige Lasagnevarianten Lagen aus Béchamelsauce eingebracht, die – wie auch andere helle Saucen in Europa – stets mit Muskat gewürzt wird. All diese Gerichte profitieren davon, dass Muskatprodukte hervorragend mit Parmesankäse harmonieren. So wird in

Muskatkern mit Arillus

manchen Rezepten für das erwähnte Mailänder Schnitzel das Panier nicht nur mit Muskat, sondern auch mit feinen Parmesankrümeln gewürzt.

In **Frankreich** ist die gemahlene Nuss fester Bestandteil der Gewürzmischung *quatre-épices* (siehe Nelke) und wird auch unabhängig von der Mischung häufig zum Würzen von Fleisch, Wild, Geflügel und bestimmten Gemüsen (beispielsweise Blumenkohl) verwendet. Ihre Affinität zu Milchprodukten – und speziell reifen Hartkäsesorten – wird auch in Frankreich genutzt, etwa in Kombination mit *Gruyère* zum Überbacken von Fleischstücken oder bei herzhaften Schinken-Zwiebel-Kuchen *(quiche)*.

Muskatblüte wird in Europa eher als Süßspeisengewürz eingesetzt – sie gehört zum Beispiel in Weihnachtsgebäck wie den Dresdner Stollen.

MYRTE

Myrtus communis

HERKUNFT UND GESCHICHTE

Myrte ist eine Pflanze trockener mediterraner Hartlaubwälder und seit der Antike für ihren Duft bekannt. Sie wird häufig im Alten Testament erwähnt und hat in der jüdischen Religion kultische Bedeutung, beispielsweise für das Laubhüttenfest *(sukkot)*. In der Antike diente sie vorwiegend als Medizin und Parfüm, fand aber auch zum Würzen von Wein Verwendung – bis heute gibt es Liköre aus Myrtenbeeren *(mirto)*. Im Mittelalter dienten Myrtenbeeren als Pfefferersatz.

BOTANIK

Myrtaceae (Myrtengewächse). Myrte ist ein immergrüner Strauch oder, seltener, ein kleiner Baum mit einer Wuchshöhe von maximal 5 m; allerdings gibt es auch Zwergformen, die nur 10 cm hoch werden. Die stark verzweigten, drüsig behaarten Äste tragen kreuzgegenständige, glänzend dunkelgrüne, ledrige, ungestielte, 2–4 cm lange, eiförmige, Blätter, die in einer scharfen Spitze auslaufen. Die lang gestielten Blüten erscheinen einzeln in den Blattachseln junger Zweige und bestehen aus einem fünfzipfeligen Kelch, fünf freien, cremeweißen, 1 cm langen Kronblättern, einer Vielzahl von langen Staubblättern mit gelben Staubgefäßen und einer einzelnen weißen Narbe. Nach der Befruchtung entwickeln sich 1 cm lange, elliptische, mehrsamige, schwarzblaue Beeren.

ANBAU UND QUALITÄTEN

Myrte wird nur in geringem Umfang angebaut, der größte Teil der Ernte stammt aus Wildsammlung und wird zu ätherischem Öl verarbeitet, das in der Parfümerie und nur in geringem Umfang in der Lebensmittelindustrie zum Würzen von Fleischkonserven verwendet wird.

VERWENDETER PFLANZENTEIL / GERUCH UND GESCHMACK

Als Gewürz werden die frischen oder getrockneten Blätter, oft auch ganze Zweige verwendet, die einen aromatischen, harzigen Duft verströmen. Die aromatisch-süßen Früchte werden überwiegend lokal verwendet und gelangen kaum in den Handel.

AROMAGEBENDE INHALTSSTOFFE

Myrtenblätter enthalten etwa 0,5 % ätherisches Öl mit variabler Zusammensetzung. Es besteht aus Monoterpenen wie 1,8-Cineol, Limonen, α-Pinen, Myrtenol und Linalool.

Geräuchert: Myrte als aromatisches Feuerholz überträgt sein Aroma auf das Grillgut – ein typisch mediterranes Würzverfahren, das in anderen Weltregionen nicht leicht zu ersetzen ist.

Myrtenblüte

KULINARIK

Myrte ist in **Italien**, **Sardinien** und **Korsika** Würze der bodenständigen Landküche, wobei der bittere Geschmack ihrer kulinarischen Verwendung enge Grenzen setzt. Manchmal lässt man frische oder getrocknete Zweige in rustikalen Eintöpfen kurz mitkochen und entfernt sie, bevor sie ihre Bitterstoffe abgeben; gestoßene Früchte bringen Myrtenaroma ohne Bitterkeit in die Speisen. Häufiger nutzt man die Myrte aber als aromatisches Feuerholz, das sein Aroma auf gegrilltes Lamm oder Schwein überträgt, oder man umwickelt Geflügel im Zeitraum zwischen Kochen und Servieren mit Myrtenzweigen. Außerhalb des Mittelmeergebietes kann man diese Techniken nachahmen, indem man beim Grillen getrocknete Myrtenblätter über die Holzkohle streut.

NIGELLA

SCHWARZKÜMMEL, ZWIEBELSAMEN
Nigella sativa

HERKUNFT UND GESCHICHTE

Nigella ist in Westasien heimisch und bereits seit der Antike in Ägypten und Indien bekannt; sie tritt sogar im Buch Jesaja des Alten Testaments auf, und der Prophet Mohammed nannte sie einem Hadith zufolge »ein Heilmittel gegen jede Krankheit außer den Tod« – auf Arabisch heißen sie übrigens unter anderem *habbā al-barakah*, die »Segenskörner«.

In Europa wurde Nigella seit Karl dem Großen in Klostergärten angebaut, spielte jedoch in der Küche keine Rolle.

BOTANIK

Ranunculaceae (Hahnenfußgewächse). Nigella ist ein einjähriges Kraut, das etwa 50 cm hoch wird. Die verzweigten Stämme tragen wechselständige, dreifach fiederspaltige, bis zu 7 cm lange und 5 cm breite Blätter mit linealischen Endabschnitten, und terminale Blüten mit fünf kronblattartigen, blassblauen Kelchblättern, während die eigentlichen Blütenblätter zu acht oder mehr unauffälligen, gelblichen, 4 mm großen, zweizipfeligen Honigblättern umgestaltet sind. Die Staubblätter sind sekundär vermehrt und stehen in Gruppen zu zwei bis drei in den Lücken zwischen den Honigblättern. Der oberständige längliche Fruchtknoten besteht aus fünf oder mehr Fruchtblättern mit je einer zur Blütezeit 1 cm langen, persistierenden Narbe. Als Frucht entwickelt sich eine zylindrische, mehrfächrige Kapsel, die sich bei Reife in fünf Löchern an der Oberseite öffnet und die zahlreichen, mattsamtschwarzen, ei- bis keilförmigen, 3 mm langen Samen freigibt.

ANBAU UND QUALITÄTEN

Nigella bevorzugt warmes Klima und sandige Lehmböden, ist aber sonst recht anspruchslos. Bei Aussaat im April erhält man bereits im August reife Kapseln. Um Streuverluste zu verhindern, mäht man knapp vor Vollreife und drischt entweder sofort oder lässt das Mähgut einige Tage am Feld nachtrocknen. Der Ertrag liegt bei etwa einer Tonne je Hektar.

Nigella wird vom Mittelmeergebiet bis Indien angebaut; die Hauptproduzenten sind Indien, Ägypten und die Türkei.

AROMAGEBENDE INHALTSSTOFFE

Die Samen enthalten neben etwa 30 % fettem Öl (»Schwarzkümmelöl«)

Schwarzkümmel, Zwiebelsamen: Stimmt alles gar nicht, Nigella ist einfach Nigella – und im Orient perfekte Streuwürze für Weißbrot. In Nordindien wird das Gewürz für Gemüsecurries verwendet.

Nigellablüte

bis zu 2,5 % eines ätherischen Öls mit den Hauptbestandteilen *p*-Cymen und Thymochinon, darüber hinaus Spuren anderer Monoterpene.

VERWENDETER PFLANZENTEIL / GERUCH UND GESCHMACK

Als Gewürz verwendet man die getrockneten Samen. Sie sind im unverletzten Zustand geruchlos, entwickeln jedoch beim Zerstoßen einen nussigen und thymian- oder oreganoähnlichen Geruch. Der Geschmack ist ähnlich, mit leichter Schärfe.

KULINARIK

Im **östlichen Mittelmeerraum** ist Nigella ein häufiges Gewürz für Fladenbrote, die einfach vor dem Backen mit den schwarzen Körnern bestreut werden – diese Verwendung hat eine lange Tradition, denn bereits Plinius und Dioskurides berichten über Nigella als Brotwürze. Ferner wird mit den schwarzen Samen Käse gewürzt. Manchmal wird Nigella in der Türkei auch als »schwarzer Sesam« bezeichnet, weil Sesam ähnlich verwendet wird und seine Samen in ihrer Form

NIGELLA

Nigellasamen

den Nigellasamen ähneln. Geschmacklich aber haben die beiden Gewürze nicht viel miteinander zu tun.

In den **nordindischen Küchen** wird Nigella häufig verwendet. Die Samen werden vor der Verwendung trocken geröstet oder in Fett angebraten, um ihr Aroma zu intensivieren, und danach zum Würzen von Gemüsecurries oder Pickles genutzt; oft werden sie auch als »aromatisierte Butter« *(tadka)* unter gekochte Linsen *(dal)* gerührt. Besonders beliebt sind Nigellasamen in Bengalen, wo sie in der Fünf-Gewürze-Mischung *panch phoron* vorkommen.

Auch in **Äthiopien** spielen Nigellasamen in der Küche eine Rolle. Meist verwendet man sie in Form der *berbere*-Mischung, für die viele verschiedene Gewürze geröstet und danach miteinander vermahlen werden.

Nigella hat viele Namen, zum Beispiel »Zwiebelsamen« und »Schwarzkümmel«, was zu gelegentlichen Verwechslungen mit Kreuzkümmel und besonders Schwarzem Kreuzkümmel führt; in Südindien und dem Orient steht die Bezeichnung »Schwarzer Kreuzkümmel« meist für Nigella. Außerdem kommt es durch den ähnlichen Geschmack mitunter zu Verwechslungen mit Ajowan.

OLIVE

ÖLBAUM, *Olea europea*

HERKUNFT UND GESCHICHTE

Oliven sind eine der ältesten Kulturpflanzen der Menschheit. Neolithische Bauern sammelten bereits vor 10 000 Jahren wilde Oliven, und seit dem 5. Jahrtausend werden in Westasien Olivenbäume kultiviert. Ihre ursprüngliche Heimat ist aber nicht bekannt und wird eher im kaspischen oder iranischen Raum vermutet.

Alle alten mediterranen Kulturen kannten Oliven und Olivenöl: Wir finden sie auf den mykenischen Linear-B-Tontafeln, im Alten Testament, bei Homer, im klassischen Griechenland (beispielsweise als Preis für die Sieger der Olympischen Spiele) und in Rom. Im Altertum dienten Oliven wie heute als Nahrungsmittel und als Quelle für Speiseöl, zusätzlich war Olivenöl auch ein wichtiger Brennstoff. Antike römische Rezepte für eingelegte Oliven, beispielsweise bei Cato, unterscheiden sich nicht wesentlich von den heute gebräuchlichen – selbst die Laugenbehandlung für grüne Oliven war bereits im Altertum bekannt.

BOTANIK

Oleaceae (Ölbaumgewächse). Der Ölbaum ist ein immergrüner, langlebiger, bis zu 20 m hoher Baum mit

im Alter pittoresk knorrigem, von rauer, grauer Rinde bedecktem, unregelmäßig geformtem Stamm. Die meist nur bei Wildformen dornigen, rutenförmigen, überhängenden Zweige tragen gegenständige, 3–8 cm lange, ledrige, schmal-elliptische, am Ende zugespitzte, ganzrandige Blätter, die oberseits kahl und glänzend dunkelgrün und unterseits silbrig behaart sind. Die Blüten erscheinen in kleinen Rispen in den Achseln der Blätter. Aus den vierzähligen, 2 mm großen, elfenbeinweißen Blüten mit oberständigem, zweifächrigem Fruchtknoten entwickeln sich zumeist einsamige, elliptische, bis zu 4 cm lange Steinfrüchte, die sich bei der Reife braun, dunkelviolett oder schwarz färben.

ANBAU UND QUALITÄTEN

Oliven benötigen sommertrockenes Mittelmeerklima und werden in Plantagen, sogenannten Olivenhainen, angebaut – die Bäume bleiben jahrzehntelang produktiv, gelegentlich sogar jahrhundertelang. Man kann sowohl aus Samen wie auch vegetativ (aus Seitentrieben oder angewurzelten Zweigen) vermehren, wobei Ersteres robustere Bäume und Zweiteres

OLIVE

hochwertige Früchte garantiert; heute werden Sämlinge auch oft durch Aufpfropfen veredelt. Die vielen Olivensorten unterscheiden sich wesentlich in Standortanspruch, Fruchtqualität und Ertrag. Ein typischer Ertrag ist etwa 5 kg pro Baum.

Olivenöl wird meist aus einer Mischung verschiedener Sorten und Reifegrade produziert, denn sortenreinen Ölen fehlt die Ausgewogenheit im Geschmack. Man erntet spät im Jahr (aber vor dem ersten Frost). Maschinelle Ernte ist möglich, aber sie liefert immer schlechtere Öle: Die Früchte würden dabei gequetscht und entwickeln an Druckstellen durch enzymatischen Abbau und Oxidation rasch Fehlaromen.

Die Pressung erfolgt heute nicht mehr in den traditionellen Granitmühlen, da diese Technik nur geringe Ausbeuten erlaubte und durch Luftzutritt und fehlende Kühlung oft die Ausbildung von Fremdaromen begünstigte. Stattdessen werden die Früchte mit rotierenden Messern püriert und danach zentrifugiert. In diesem Püree, das sich aus winzigen Tröpfchen Olivenöl, fruchteigenem Wasser und festen Fruchtbestandteilen zusammensetzt, unterliegt das Olivenöl mannigfaltigen Abbauprozessen, die unter anderem zur Bildung freier Fettsäuren führen – nur schnelle und handwerklich einwandfreie Weiterverarbeitung garantiert ein hochwertiges Öl.

Öl, das bei maximal 25 °C erhalten wird, heißt in Italien traditionellerweise *extra vergine* und in Griechen-

land *parthéno*. In moderner Terminologie nennt man solches Öl »nativ« und unterscheidet außerdem eine Spitzenqualität »natives Olivenöl extra« mit weniger als 0,8 % freien Fettsäuren von gewöhnlichem »nativen Olivenöl« mit bis zu 2 % freier Säure.

Einfache Qualitäten heißen nur »Olivenöl« und werden bei erhöhter Temperatur gewonnen – dabei bilden sich aber Fehlaromen, die durch einen Reinigungsschritt (Raffination) entfernt werden müssen. Durch die Raffination verliert das Öl alles Aroma, deshalb kommt Olivenöl (ohne weitere Bezeichnung) üblicherweise als Verschnittöl mit 10–20 % nativem Olivenöl zur Geruchsverbesserung in den Handel; in dieser Form ist es gut zum Braten und Frittieren geeignet, nicht aber für mediterrane Kaltspeisen.

Eingelegte Oliven werden seit der Antike in zwei Formen produziert: schwarz und grün. Grüne, unreife Oliven sind sehr bitter und müssen erst für einige Stunden in 2-prozentiger Natronlauge liegen, damit sich das bittere Oleuropein und andere Iridoide zum größten Teil abbauen. Manche Sorten werden auch für ein bis zwei Wochen in reinem Wasser entbittert. Danach legt man die grünen Oliven in eine 10– bis 12-prozentige Kochsalzlösung, wo sie eine bakterielle Milchsäuregärung durchmachen. Nach deren Abschluss werden sie in eine 8-prozentige Kochsalzlösung umgepackt und sind verkaufsfertig. Schwarze, reife Oliven sind von vorn-

Ein Gewürz? Immerhin ge-
schmacksspendende Zutat vieler
Pastasaucen und der berühmten
französischen *tapenade*, die als
Würzcreme mit Weißbrot gegessen wird. Unersetzlich am
Mittelmeer und inzwischen auch
für uns: Olivenöl.

187

Verschiedene eingelegte Oliven

herein bitterstoffarm und können
ohne vorbereitenden Schritt sofort in
einer 8-prozentigen Kochsalzlösung
milchsauer vergoren werden. Unver-
gorene schwarze Oliven werden zur
Farbvertiefung kurz unter Luftzutritt
in Natronlauge oxidiert und kommen
in 3-prozentiger Kochsalzlösung mit
etwas Eisengluconat (zur Farbstabilisierung) in den Handel. Schwarze
Oliven können auch in Salz gelagert
werden: Sie sind dann ausgetrocknet
und etwas runzelig, aber extrem würzig.

Kalifornische braune Oliven sind un-
reife grüne Oliven, die mit Natron-
lauge zugleich entbittert und oxidiert
werden; sie benötigen daher ebenfalls
Eisengluconat zur Farbstabilisierung.
Sie haben die feste Konsistenz grüner
Oliven, geringe Bitterkeit und mildes
Aroma wie schwarze Oliven.

Oliven werden hauptsächlich im Mit-
telmeergebiet angebaut, wobei Italien,
Spanien, Griechenland und die Tür-
kei zusammen etwa drei Viertel der
Gesamternte von knapp 20 Millionen
Tonnen pro Jahr produzieren.

VERWENDETER PFLANZENTEIL / GERUCH UND GESCHMACK

Als Gewürz dienen ausschließlich die
Früchte, die zumeist eingelegt in den
Handel kommen; sie haben einen
typischen, pikanten Geschmack, der
im Detail von Anbaugebiet, Erntezeitpunkt und Verarbeitung abhängt.
Von noch größerer kulinarischer Bedeutung ist das Olivenöl, das aus den
Früchten gepresst wird und blumig
oder fruchtig riecht – minderwertige
Pressungen können mit säuerlichen,
fauligen oder ranzigen Noten geradezu stinken.

Aromagebende Inhaltsstoffe

Oliven enthalten eine große Anzahl interessanter Inhaltsstoffe, aber kein ätherisches Öl. Sehr bitter schmeckende Secoiridoidglucoside, vor allem Oleuropein, treten sowohl in unreifen Früchten als auch in den Blättern auf und werden zur Behandlung von Bluthochdruck verwendet. Die Farbe reifer Oliven geht auf Anthocyan-Farbstoffe zurück, es gibt aber auch künstlich nachgedunkelte Oliven, in denen phenolische Inhaltsstoffe (Tyrosol und Hydroxytyrosol) zu grauschwarzen polymeren Pigmenten oxidiert werden.

Im Fruchtfleisch finden sich bis zu 60 % fettes Öl mit den Hauptbestandteilen Ölsäure (60–80 %), Palmitinsäure und Linolsäure mit Spuren von Stearinsäure, Palmitoleinsäure und Triterpenen (Squalen). Olivenöl ist durch Spuren von Porphyrin-Farbstoffen (Chlorophyll, Phäophytin) blassgelb bis grünlich gefärbt und verdankt sein Aroma größtenteils niedermolekularen Aldehyden (Hexanol, 2-Hexenol) und Alkoholen (Hexanol, 2-Hexen-1-ol, 3-Hexen-1-ol) beziehungsweise deren Essigsäureestern; darüber hinaus treten langkettige Aldehyde und Hemiterpenoide auf (3-Methylbutanal und verwandte Verbindungen).

Kulinarik

Oliven sind eher Aperitif-Speise denn Gewürz. Im ganzen Mittelmeerraum werden sie eingelegt und profitieren von Marinaden aus Olivenöl, verschiedenen Essigsorten, Knoblauch, Chili, Sellerie, Lorbeerblättern, Fenchelfrüchten oder Kräutern aller Art. Die **südfranzösische** *tapenade*, eine würzige Creme, besteht hauptsächlich aus Oliven. Daneben enthält sie noch Senf, Anchovis, Kapern, Olivenöl, Cognac und weitere Zutaten. *Tapenade* wird als Brotaufstrich genossen.

Unreife Oliven am Baum

Auch in **Italien** wird Olivencreme hergestellt. Würzende Funktion haben die Ölfrüchte in der italienischen Küche aber vorwiegend für Saucen. Insbesondere Pastasaucen erhalten durch die Früchte eine herbe Note, die gut zu säuerlichen Zutaten wie Kapern passt. Ein Beispiel sind die *spaghetti marinara* (siehe Kapern). Ähnliche Kombinationen (Oliven, Kapern, Sardellen und eventuell scharfe Salami) tauchen auch manchmal als pikanter Pizzabelag auf.

Viel mehr als die Olivenfrucht ist eigentlich das Olivenöl ein Gewürz. Als typische Grundlage vieler mediterraner Speisen sorgt es für das charakteristische Aroma der Region. Fettig Eingelegtes wird am Mittelmeer besonders gerne mit dem grünen Öl hergestellt.

In der italienischen Pastaküche ist die Grundlage für *soffritti* praktisch immer Olivenöl (Achtung: *Risotti* werden hingegen stets auf Basis von Butter-*soffritti* zubereitet), in dem Knoblauch oder Zwiebeln angebraten werden. Das beim Anbraten entstehende Aroma ist unverwechselbar und geht keineswegs nur auf die angebratenen Gewürze zurück, sondern auf die gut funktionierende Harmonie des regionalen Gewürzarsenals mit dem Bratmedium.

Das Aroma von *pesto Genovese* (siehe Basilikum) wird vom verwendeten Öl mindestens genauso mitbestimmt wie vom Basilikumkraut. Schlechte Ölqualitäten ruinieren schnell jede *pesto*-Zubereitung.

Reife Olive am Baum

Als rohe Zutat würzt Olivenöl bei Tisch: Über frisch gegrilltes Fleisch, *pizza* oder Pastagerichte geträufelt; als i-Tüpfelchen in Ragouts oder einfach nur in Salaten oder auf frisch geröstetem Brot kann es den Charakter der Speisen wesentlich komplexer gestalten. Auch wird Olivenöl selbst häufig aromatisiert: mit Knoblauch, Rosmarin, Lorbeer oder Thymian oder auch – feuriger – mit getrockneten Peperoncini.

In den **Levanteländern** wird die Kichererbsenpaste *ḥummuṣ* sowohl mit Olivenöl zubereitet als auch vor dem Servieren mit Olivenöl verfeinert. Ferner wird die Gewürzmischung *za'tar* (getrockneter Syrischer Majoran, Thymian oder Bohnenkraut mit Sumach und Sesam) häufig auf Weißbrot gedippt, nachdem das Brot mit Olivenöl angefeuchtet wurde.

OREGANO

ECHTER OREGANO: *Origanum vulgare*
FALSCHER STAUDENMAJORAN: *Origanum heracleoticum*
(syn. *Origanum vulgare* SSP. *viride*)
SPANISCHER HOPFEN, KRETISCHER OREGANO, TOPFMAJORAN: *Origanum onites*
KRETISCHER DIPTAM: *Origanum dictamnus*

HERKUNFT UND GESCHICHTE

Oregano wächst heute in gemäßigten Zonen Europas, Asiens und Amerikas. Seine ursprüngliche Heimat dürfte aber im östlichen Mittelmeerraum, vielleicht in der Türkei, liegen. Er wurde in der Antike als Heilkraut, aber auch zum Würzen verwendet: Die Griechen nutzten ihn als Fischgewürz, und auch das Apicius-Kochbuch empfiehlt ihn beispielsweise zu Fischpasteten und Kalbfleisch.

Nach dem Ende der Antike finden sich kaum noch Hinweise auf Oregano in der Küche; auch als Heilkraut spielt er keine große Rolle, und er taucht auch nicht in der Liste der karolingischen Klosterkräuter auf. Dafür gelangte er zu neuem Ansehen, weil er angebliche Hexen vertreiben und Schwermut heilen könne. Seine heutige kulinarische Popularität, zunächst in der italienischen Küche und in der Folge weltweit, ist im Wesentlichen ein Phänomen des 19. und vor allem 20. Jahrhunderts: Er verbreitete sich durch das neapolitanische Erfolgskonzept *pizza* von Italien über ganz Europa und mit italienischen Auswanderern schließlich in die USA. Das halb historische und halb legendäre Grundrezept der *pizza Margherita* (1889) verwendete zwar frisches Basilikum, aber heutige *pizze* werden so gut wie immer mit dem auch getrocknet sehr würzkräftigen Oregano bestreut.

BOTANIK

Lamiaceae (Lippenblütengewächse). Der Echte Oregano ist eine ausdauernde, Ausläufer bildende Staude (oder ein Halbstrauch) und wird bis zu 100 cm hoch. Die aufrechten, oft purpur überlaufenen Zweige tragen kreuzgegenständige, kurz gestielte, rundliche oder eiförmige, mehr oder weniger spitz zulaufende, drüsig behaarte bis kahle, 4 cm lange Blätter und terminale, schirmförmige Rispen mit auffällig purpurnen Deckblättern der Einzelblüten. Die Blüten selbst sind 2 mm groß, fast radiär und rosa bis blasspurpur, selten weiß gefärbt. Die Früchte zerfallen in vier Klausen. Der Falsche Staudenmajoran zeigt kaum Rotviolett-Pigmentierung und trägt seine hellen, oft weißen Blüten in kleinen, voneinander gut abgegrenzten Ähren, die von den grünen, drüsig punktierten Hüllblättern dachziegelartig eingehüllt werden und die miteinander einen breit zylindrischen bis schirmförmigen Blütenstand bilden.

Italien und Griechenland: Oregano würzt Pastasaucen, Pizzaauflagen, norditalienische *risotti* und griechische Salate und Grillspieße.

Blütenstand vom Oregano

Der Spanische Hopfen ist eine dicht filzig behaarte Pflanze mit kleinen, gewöhnlich weißen Blüten. Die Blüten stehen in dünnen, vierzeiligen Ähren mit dachziegelartig angeordneten Hochblättern.

Der Kretische Diptam fällt durch seinen kriechenden Wuchs und seine breit-herzförmigen Blätter auf. Er trägt die 5 mm langen, rosafarbenen Blüten in breit-zylindrischen, vierzeiligen, nickenden Ähren.

Weitere Pflanzen, die ein vergleichbares Aroma aufweisen, werden gelegentlich auch »Oregano« genannt: *Coleus amboinicus* (Breitblatt-Thymian, Kubanischer Oregano) und *Poliomintha longifolia* (Mexikanischer Oregano) gehören auch in die Familie Lamiaceae, während die ebenfalls Mexikanischer Oregano genannte *Lippia graveolens* in die eng verwandte Familie Verbenaceae (Eisenkrautgewächse) gehört.

ANBAU UND QUALITÄTEN

Oregano gedeiht, anders als der botanisch eng verwandte Majoran, auch in kühlerem Klima recht gut – für ein optimales Aroma sind aber heiße und trockene Sommer nötig. Die bedeutendsten Anbaugebiete liegen daher in den europäischen Mittelmeerländern, von Spanien bis in die Türkei. Die Jahresproduktion lässt sich wegen der ungenauen Aufschlüsselung der verschiedenen Oregano-Arten nicht exakt angeben, dürfte aber ungefähr 6000 Tonnen betragen, bei steigender Tendenz.

Der Anbau ähnelt dem des Majorans; wegen der besseren Robustheit von

Oregano können die Bestände aber länger genutzt werden, in der Regel für drei bis fünf Jahre. Bei zwei Schnitten pro Saison lassen sich Jahreserträge von bis zu 5 Tonnen je Hektar erzielen.

Die verschiedenen Oreganoarten werden im Handel kaum oder schlecht unterschieden; meist wird die Ware nur durch ihr Herkunftsland näher spezifiziert. Vor allem in Apotheken wird Spanischer Hopfen als *Herba Origanis cretici* angeboten.

VERWENDETER PFLANZENTEIL / GERUCH UND GESCHMACK

Alle oberirdischen Pflanzenteile sind aromatisch, aber man verwendet meist nur die abgerebelten Blätter (oder auch ganze Zweige). Alle hier beschriebenen Oreganoarten haben denselben würzig-rauchigen Geruch und pikant-brennenden Geschmack. Wie auch beim Majoran steigert sich die Würzintensität mit dem Trocknen.

AROMAGEBENDE INHALTSSTOFFE

Getrockneter Oregano enthält im Schnitt 1 %, im Maximum 4 % ätherisches Öl mit variabler Zusammensetzung, die innerhalb der einzelnen Arten von genetischen Faktoren (Chemotyp) und vom Erntezeitpunkt abhängt. Typischerweise ist der Hauptbestandteil Carvacrol, und γ-Terpinen, *p*-Cymen und Thymol treten als Nebenbestandteile mit maximalem Anteil von 10 % auf. Es gibt aber auch Sorten mit Thymol als Hauptbestandteil und solche, in denen beide Phenole Thymol und Carvacrol völlig fehlen – die Öle sind dann von Mono- oder Sesquiterpenen dominiert. Die Unterschiede innerhalb der Art *O. vulgare* sind dabei sogar größer als die zwischen den einzelnen Arten.

KULINARIK

Oregano ist ganz überwiegend ein Gewürz der **italienischen Küche**. Das Kraut würzt *pizza*, indem entweder die frische Pflanze in die Tomatensauce gehackt wird oder das gerebelte und getrocknete Gewürz über den ofenfertigen Käsebelag gestreut wird. Grundsätzlich passt Oregano gut zu Tomaten (Pastasaucen!), zu eingelegten Oliven oder sonnengetrockneten Tomaten. Ferner würzt er gedünstete Bohnen oder überbackenes Gemüse sowie Geflügelgerichte und *risotti*. Oregano verträgt sich sowohl mit scharfen als auch mit säuerlichen Kompositionen und ist daher besonders im Süden Italiens beliebt, während im Norden eher der milder schmeckende Majoran verwendet wird.

Die zweite Mittelmeerküche mit Hang zum Oregano ist die **griechische**. Man gebraucht ihn zum Würzen von Salaten wie dem bekannten »Bauernsalat« *choriátiki saláta* aus frischem Gemüse, Fetawürfeln und Olivenöl. Auch die gegrillten *souvláki*-Spießchen enthalten Oregano in ihrer Marinade und werden zusätzlich beim Grillen mit dem getrockneten Kraut bestreut. Die beliebteste Oregano-Sorte in Griechenland ist der Spanische Hopfen.

In Kochbüchern ist häufig auch von Mexikanischem Oregano die Rede – es handelt sich nicht um eine *Origanum*-Art, sondern um in der Neuen Welt heimische Pflanzen mit ähnlichem Geruch. Die bedeutendste davon ist *Lippia graveolens*, die in **Mexiko** auch für den US-Markt produziert wird und gerne in der Küche Nordmexikos und in den US-Südstaaten verwendet wird, beispielsweise für das texanische Nationalgericht *chili con carne*. Dieses Kraut ist auch oft in einschlägigen Gewürzmischungen enthalten.

Im Nahen Osten werden einige miteinander verwandte Kräuter nur ungenau unterschieden: Namen wie *kekik* und *sater* stehen regional unterschiedlich für Oregano, Thymian, Bohnenkraut und auch Syrischen Majoran. In der arabischen Sprache wird zwischen diesen Gewürzen praktisch gar nicht unterschieden, sie werden in den Ländern der Levante alle als *za'tar* bezeichnet. Gleichzeitig meint *za'tar* dort allerdings auch eine Gewürzmischung (siehe Thymian).

193

Frisches Oreganokraut

PANDANUSBLÄTTER

Pandanus amaryllifolius (syn. *P. odorus* UND *P. latifolius*)

HERKUNFT UND GESCHICHTE

Über die Geschichte dieses Gewürzes ist nichts bekannt, obwohl botanische Charakteristik, fehlende Wildform und die weite Verbreitung von Sri Lanka bis Neuguinea auf eine lange Tradition als Kulturpflanze deuten. Auch die ursprüngliche Herkunft ist nicht mehr festzustellen. Da das einzig bekannte blühende Exemplar auf den Molukken beobachtet wurde, könnte die Herkunft der Art in Ostindonesien liegen.

BOTANIK

Pandanaceae (Pandanusgewächse). Der auch Duftender Schraubenbaum (oder Schraubenpalme) genannte *P. amaryllifolius* ist ein eigentümliches Gewächs mit zwei unterschiedlichen Wuchsformen, die früher als unterschiedliche Arten aufgefasst wurden. Die niedrige Form bildet bis zu 1,5 m lange, unverzweigte, aufrechte oder niedrig liegende Stämme mit maximal 75 cm langen, hellgrünen Blättern, während die hohe Form mehrere Meter hoch wird und sich dabei schwach verzweigt; ihre dunkelgrünen Blätter können bis zu 220 cm lang werden. In jedem Fall sind die Blätter nur wenige Zentimeter breit, spitz, unterseits bläulich und gekielt, mit ein paar winzigen Stacheln am Blattrand nahe der Spitze. Weibliche Blüten sind unbekannt, männliche Blüten wurden im wissenschaftlichen Schrifttum nur bei einem einzigen Exemplar der hohen Form beschrieben.

Trotz der offenbaren Sterilität der Art gilt ein polyploider Ursprung für die Art als unwahrscheinlich, da sie die zwar hohe, aber für die Gattung *Pandanus* typische Chromosomenanzahl von $2n=60$ aufweist.

ANBAU UND QUALITÄTEN

P. amaryllifolius lässt sich unkompliziert aus Stecklingen vermehren und wird in den Ländern Südostasiens und in Sri Lanka verbreitet in Hausgärten gepflanzt. Solange die Pflanze kontinuierlich beerntet wird, behält sie die niedrige Wuchsform bei. In Thailand, Malaysia und Indonesien wird die Art auf Feldern angebaut und zu einem gut haltbaren, dunkelgrünen Extrakt mit nussigem Geruch verarbeitet. Im internationalen Handel spielt diese Pandanus-Art keine Rolle.

Eingewickelt: In Thailand wird Hühnerfleisch in Pandanusblätter eingewickelt und frittiert. Die Blätter nicht mitessen!

Pandanuspflanze

VERWENDETER PFLANZENTEIL / GERUCH UND GESCHMACK

Als Gewürz werden die frischen Blätter verwendet, die beim Welken einen warmen, süßen, heu- bis nussähnlichen Duft entwickeln.

AROMAGEBENDE INHALTSSTOFFE

Der Geruchsstoff der Pandanusblätter wurde bislang nicht zweifelsfrei identifiziert. Die Blätter enthalten nur wenige ppm flüchtige Inhaltsstoffe, vorwiegend Sesquiterpen-Kohlenwasserstoffe. 10 % der flüchtigen Fraktion bestehen aus 2-Acetyl-1-pyrrolin, einem heterocyclischen Aromastoff, der auch im Bouquet von thailändischem Jasminreis und in der Kruste von frisch gebackenem Weißbrot nachgewiesen wurde. Wahrscheinlich handelt es sich bei diesem Stoff um den Hauptaromaträger der Pandanusblätter; man vermutet, dass er erst beim Welken aus carotinoiden Vorstufen gebildet wird.

KULINARIK

Duftende Pandanusblätter kennt man in den meisten Küchen **Südostasiens**. Sie dienen überwiegend zum Würzen von Desserts auf Reisbasis, etwa dem indonesischen Klebreispudding *bubur ketan*, der mit Palmzucker und oft auch Kokosmilch zubereitet wird. Ein anderes Beispiel sind die gedämpften Schichtkuchen *(kueh lapis)* mit unterschiedlich gefärbten und aromatisierten Schichten, die traditionell aus regional üblichen Stärkelieferanten (Sago, Reis) im Dämpfkorb (und einst unter kolonialem Einfluss auch aus Weizenmehl im Backofen) zubereitet werden. Pandanusblätter werden ferner für Speiseeis verwendet, und in Thailand genießt man süße Desserts aus dem Wasser und gallertigen Inneren ganz junger Kokosnüsse mit Pandanusaroma.

Die Pandanusblätter tragen außer dem Aroma auch noch blassgrüne Farbe bei. Aus Bequemlichkeitsgründen nimmt man auch gerne die tiefdunkelgrüne, sehr konzentrierte Pandanusessenz – in den letzten Jahren wurde auch Vanille beziehungsweise Vanilleessenz immer beliebter, was diesen Rezepten natürlich ihre regionale Authentizität nimmt.

Da Pandanusblätter dem Duft teurer aromatischer Reissorten (beispielsweise Jasminreis, *khao hom mali*) sehr nahekommen, kocht man Reis in Thailand, Vietnam, Malaysia und Indonesien oft mit einem Pandanusblatt, um auch billigeren Sorten einen besseren Geschmack zu verleihen. In Indonesien dämpft man Reis manchmal in aus Pandanusblättern geflochtenen Körbchen statt der üblichen Bambuskörbe oder umwickelt die gefüllten Reisbissen *lemper* zum Dämpfen mit Pandanusblättern.

In **Thailand** verwendet man Pandanusblätter auch für pikante Speisen. Ein klassisches, auch bei Ausländern sehr beliebtes Rezept ist *gai ho bai toey*, marinierte mundgroße Stücke aus Hühnerfleisch, die kunstvoll in Pandanusblätter gewickelt und dann frittiert werden, wobei sie ihr Aroma auf das Fleisch übertragen. Bei Tisch wickelt man sie wieder aus und dippt sie in leicht scharfe Saucen auf der Basis von Sojasauce.

In Indien sind Pandanusblätter unbekannt, allerdings tauchen sie gelegentlich in Rezepten für **srilankanische** Curries auf.

PANDANUSBLÜTEN

KEWRA, KEWDA, KEORA, KIORA
Pandanus odoratissimus (syn. *P. fascicularis*)

HERKUNFT UND GESCHICHTE

Traditionell werden als Verbreitungsgebiet von *P. odoratissimus* die Küstengebiete im Süden und Osten des indischen Subkontinents angegeben. Manche Autoren betrachten *P. odoratissimus* jedoch nur als eine durch Kleinwüchsigkeit und Blütenduft ausgezeichnete Varietät von *P. tectorius*, der viel weiter über Malesien und den Pazifik verbreitet ist.

Exklusiv: Pandanusblüten werden nur in Indien angebaut und verwendet. Sie sind teuer und bleiben edlen Reisgerichten und Süßigkeiten vorbehalten – und werden in teuren Parfüms verwendet.

Pandanuspflanze

BOTANIK

Pandanaceae (Pandanusgewächse). Der Kewra-Schraubenbaum (auch die »Kewra-Schrauben*palme*«) ist eine strikt zweihäusige, strauch- bis baumförmige, wenig verzweigte Pflanze von typischerweise 6 m Höhe. Stamm und Zweige entwickeln an den Narben abgefallener Blätter Wurzeln, die in Bodennähe ein dichtes Netzwerk bilden können. Die stammumgreifenden, langlebigen Blätter stehen in schraubiger, dreizeiliger Anordnung direkt am Stamm beziehungsweise den Zweigen und werden wie bei Palmen nach dem Abfallen nicht nachgebildet; sie sind über 1 m lang, bis zu 10 cm breit, steif, zugespitzt und am Blattrand und am Kiel mit kleinen Stacheln bewehrt. Die kleinen, hüllenlosen Blüten stehen in endständigen Trauben oder Ähren, die von robusten, gelblich weiß gefärbten Hüllblättern (Spatha) geschützt sind. Die intensiv duftenden männlichen Blütenstände werden bis zu 50 cm lang, bestehen aber nur für wenige Tage; aus den nur 5 cm langen weiblichen Blütenständen entwickelt sich auch ohne Befruchtung eine 20 cm große, kugelige, ananasähnliche Sammelfrucht aus einzelnen Steinfrüchten, die mehrere Kilogramm schwer werden kann.

ANBAU UND QUALITÄTEN

Praktisch das gesamte Anbaugebiet der Kewra-Blüten befindet sich im Bezirk Ganjam im Bundesstaat Orissa, an Indiens Ostküste. Während der drei Erntezeiten (die wichtigste davon im Monsun: September/Oktober) werden die Plantagen täglich nach neu geöffneten Blüten abgesucht, die vorsichtig geerntet werden. Die Weiterverarbeitung erfolgt in den vielen spezialisierten kleinen Destillerien der Region, wo die Blütenstände zerkleinert und der Wasserdampfdestillation unterzogen werden. Verschiedene Qualitätsstufen sind *attar*

PANDANUSBLÜTEN

kewda (unter Zusatz von Sandelholz destilliert) und das teurere, reine *ruh kewda* – aus 1000 Blütenständen (160 kg) gewinnt man gerade einmal 30 g dieses puren ätherischen Öls. Beide Produkte sind in der indischen Parfümerie sehr gefragt; die jährliche Produktion beträgt einige Hundert Kilogramm. Exportiert werden die Öle praktisch nicht.

198 Als Nebenprodukt der Wasserdampf-destillation erhält man ein Hydrosol, das als *kewda water* in der Küche verwendet wird. Allerdings ist ein guter Teil des im Handel erhältlichen Produkts einfach durch Auflösen von *attar kewda* (oder – schlimmer – synthetischem 2-Phenylethyl-methylether) in Wasser hergestellt.

Verwendeter Pflanzenteil / Geruch und Geschmack

Man verwendet die stark duftenden männlichen Blüten; das Aroma konzentriert sich auf die Pollenkörner. Als Gewürz kommt praktisch ausschließlich ein wässriges Destillat *(kewra water)* zum Einsatz, das als Nebenprodukt bei der destillativen Gewinnung des ätherischen Öls für die Parfümherstellung anfällt. Der Geruch ist blumig, süß und hyazinthenartig.

Kewra (auf Sanskrit *ketakī*) taucht in den Hindu-Mythen auf. Beispielsweise erzählt das *Śivapurāṇa* von einem Streit zwischen den Göttern: Brahmā stiftete eine Pandanusblüte zu einer Falschaussage zuungunsten

von Viṣṇu an, worauf Śiva sie für ihre Lüge verfluchte; seitdem ist die Blüte in indischen Tempeln als Opfergabe verboten.

Aromagebende Inhaltsstoffe

Neben kleineren Mengen Monoterpenen enthält das ätherische Öl hauptsächlich Derivate des 2-Phenylethanols: Hauptbestandteil ist der Methylether (2-Phenylethyl-methylether), Nebenbestandteile sind der freie Alkohol und sein Essigsäureester.

Kulinarik

Pandanusblütenwasser wird nur in **Indien** verwendet, wo es oft ähnlichen Zwecken dient wie Rosen- und Orangenblütenwasser in den arabischen und zentralasiatischen Küchen: Man aromatisiert damit Süßspeisen, vor allem nordindische Desserts aus Milchprodukten. *Gulab jamun* sind frittierte Bällchen aus stark eingekochter Milch mit karamellartigem Aroma, die mit Sirup übergossen werden. *Ras malai* wird aus Frischkäsebällchen hergestellt, die in einer dicken, aromatisierten Milchsauce gekocht werden. Die flüchtige Blütenessenz wird erst vor dem Servieren sparsam darübergeträufelt.

In der mogulischen Küche Nordindiens werden aromatische *korma-* oder *biryani*-Gerichte mit Kewrawasser beduftet. Auch diese Verwendung findet in arabischen Reisrezepten mit Rosenwasser eine Parallele.

PARADIESKÖRNER

GUINEAPFEFFER, MELEGUETAPFEFFER
Aframomum melegueta

Paradieskörner

Mittelalterlich: Paradieskörner waren ein frühes Produkt der Entdeckungsreisen und erlebten eine kurze Karriere als Pfefferersatz. Heute werden sie praktisch nur noch in Nordafrika verwendet.

HERKUNFT UND GESCHICHTE

Paradieskörner stammen aus den küstennahen Sumpfgebieten Westafrikas. Ab dem 13. Jahrhundert wurden sie aus Nordafrika, wohin sie mit Karawanen durch die Sahara transportiert wurden, auch nach Europa eingeführt und traten damit in den mittelalterlichen Markt für scharfe Gewürze ein. Die portugiesischen Entdeckungsfahrten des 15. Jahrhunderts machten das Gewürz in größerer Menge verfügbar, aber seine Beliebtheit sank, als 100 Jahre später der Seeweg nach Indien einen verstärkten Import von echtem Pfeffer ermöglichte.

BOTANIK

Zingiberaceae (Ingwergewächse). Der Guineapfeffer ist eine bis zu 2 m hohe, ausdauernde Staude von schilfartigem Habitus. Die Pflanze überwintert durch ein ausgedehntes, mit Blattscheiden beschupptes Rhizom, aus dem jährlich sterile und fertile Triebe sprießen. Die sterilen Triebe bestehen aus 30 cm langen, spitz-lanzettlichen Blättern, deren Blattscheiden einen 2 m langen Scheinstängel mit scheinbar zweizeiliger Beblätterung bilden. Fertile Triebe sind nur 5 cm lang, sodass die purpurfarbenen, durch ein vergrößertes Labellum trichterförmigen Blüten nur knapp über dem Bodenniveau erscheinen. Aus ihnen entwickeln sich 10 cm lange, elliptische bis birnenförmige, rote, fleischige Beeren, in deren holziges Fruchtfleisch etwa 50 stumpf-pyramidenförmige, warzige, 3 mm große Samen mit einem weißen Arillus eingebettet sind. Die Oberfläche der Samen ist glänzend rehbraun, ihr Endosperm dagegen blassgrau gefärbt.

ANBAU UND QUALITÄTEN

Paradieskörner werden nur in kleinem Umfang lokal produziert und spielen am Weltmarkt keine Rolle. Die Hauptproduktionsländer sind Ghana, Nigeria und Liberia.

VERWENDETER PFLANZENTEIL / GERUCH UND GESCHMACK

Als Gewürz werden ausschließlich die Samen verwendet. Sie haben einen schwachen, ätherischen Geruch und einen intensiven, wärmend-scharfen, aber nicht brennenden Geschmack.

AROMAGEBENDE INHALTSSTOFFE

Paradieskörner enthalten nur Spuren von ätherischem Öl mit den Hauptbestandteilen α- und β-Caryophyllen. Ihr scharfer Geschmack beruht auf dem Gehalt an nichtflüchtigen Hydroxyarylketonen, die sich biochemisch von Phenylpropanen ableiten. Die Hauptverbindung sind das 1-(4-Hydroxy-3-methoxyphenyl)-decan-3-on oder (6)-Paradol und einige verwandte Verbindungen, darunter auch die Ingwer-Scharfstoffe (6)-Shoagol und (6)-Gingerol.

KULINARIK

Paradieskörner werden in nur wenigen Küchen Afrikas verwendet, vor allem in **Nordafrika**. Sie tauchen in der komplexen marokkanischen Gewürzmischung *rās al-ḥānūt* auf. In Tunesien dienen sie in Form einer einfacheren Mischung *(tābil)* zusammen mit Koriander, Knoblauch und Chili als Würze für Schmorgerichte *(ṭājin)*. Manchmal findet man sie auch in ostafrikanischen Rezepten.

In den **westafrikanischen** Produktionsländern fristen Paradieskörner dagegen eher ein Schattendasein, da sie von den scharfen Chilis verdrängt wurden. Sie werden jedoch manchmal in den fettigen, mit viel Palmöl hergestellten »Saucen« (in Wirklichkeit eher Ragouts) der Küchen Kameruns oder Nigerias verwendet.

In **Europa** sind Paradieskörner nicht mehr gebräuchlich. Sie sind in einigen wenigen kommerziellen Mischungen für Glühwein oder Wurstgewürzen enthalten. Durch das in den letzten Jahren erwachte Interesse an mittelalterlichen Rezepten sind sie neuerdings im Spezialhandel erhältlich.

Parakresse

Acmella oleracea (syn. *Spilanthes acmella* var. *oleracea*)
Acmella paniculata (syn. *Spilanthes paniculata*)
Spilanthes iabadicensis

Elektrisierend: Die prickelnde Schärfe der Parakresse wird in Brasilien gerne mit Chili und Knoblauch für Fischsuppe verwendet. Neuerdings wird das Kraut auch in Mitteleuropa populär.

Blühende Parakresse

HERKUNFT UND GESCHICHTE
Die Parakressen stammen aus Südamerika, insbesondere dem nördlichen Brasilien (Provinz Pará).

BOTANIK
Asteraceae (Korbblütengewächse). Die Parakressen sind einjährige Kräuter mit aufrechtem oder kriechendem Habitus. Die bis zu 10 cm langen, breit-elliptisch bis dreieckig (*A. paniculata*) geformten, am Rand gewellten Blätter stehen kreuzgegenständig an den vierkantigen Stängeln. Die lang gestielten, scheiben- oder halbkugelförmigen (bei *A. paniculata* kegel-

förmigen) Blütenkörbchen erscheinen sowohl terminal als auch in den Blattachseln; sie enthalten wenige oder keine Zungenblüten und zahlreiche gelbe Röhrenblüten. Als Frucht bildet sich eine 1 mm lange Achäne mit kurzem, bürstenförmigem Pappus.
In vielen Kultursorten sind Stängel, Teile der Blätter und die jungen (zentralen) Röhrenblüten durch Anthocyanin-Farbstoffe rötlich bis dunkelbraun gefärbt.

ANBAU UND QUALITÄTEN
Die Parakresse ist eine tropische Pflanze, kann aber auch in gemäßig-

tem Klima einjährig gezogen werden. Die Ernte stammt aus Wildsammlung.

VERWENDETER PFLANZENTEIL / GERUCH UND GESCHMACK

Man verwendet die frischen Blätter. Sie sind geruchlos, entwickeln aber beim Kauen eine zuerst auf der Zunge prickelnde, danach betäubende Schärfe, die sehr an den Sichuanpfeffer erinnert. Die Blütenkörbchen vermitteln diesen Geschmack noch intensiver.

AROMAGEBENDE INHALTSSTOFFE

Blätter und Blüten enthalten scharf schmeckende Amide ungesättigter, geradkettiger Carbonsäuren. Die Hauptverbindung ist das Spilanthol ($2E,6Z,8E$-Decatriensäure-isobutylamid), daneben wurden auch Isobutylamide der Hendeca-$2E,7Z,9E$-triensäure und der Hendeca-$2E$-en-8,10-diinsäure gefunden.

KULINARIK

Der Namensteil »Kresse« stiftet Verwirrung – Parakresse schmeckt zwar scharf, allerdings auf eine ganz andere Art als unsere heimischen Kressen. Ihr prickelnd-betäubender Geschmack erinnert eher an Gewürze wie Sichuanpfeffer oder tasmanischen Pfeffer.

Ähnlich wie in den chinesischen *málà*-Gerichten wird auch Parakresse gerne mit Chilischärfe zu einem spektakulär pikanten Gesamteffekt kombiniert.

In den Küchen der Amazonas-Provinzen Brasiliens dienen die frischen Blätter als vitaminreiches Gemüse, das die Speisen zusätzlich schärft. Eine beliebte Zubereitung ist *tacacá*, eine mit Maniokmehl gebundene Suppe aus frischem Süßwasserfisch oder Trockengarnelen, die mit Knoblauch und Chili gewürzt wird. Das Festtagsgericht der Region ist *pato no tucupí* – dazu wird eine Ente zuerst gebacken, danach zerteilt und in einer dicken Sauce aus Maniok-Presssaft, Parakresse und Knoblauch geschmort.

In Südostasien ist Parakresse zwar mittlerweile ein häufiges Ackerunkraut, sie hat aber noch kaum Eingang in die lokalen Küchen gefunden. In Westjava werden die frischen Blätter zusammen mit Chili zu einer Tischwürze *(sambal)* verarbeitet.

Seit Kurzem werden frische Blütenköpfe der Parakresse in Europa als »Sechuan Button« im Gastronomiefachhandel angeboten. Sie werden grob zerkrümelt zu überraschend schmeckenden Vorspeisen, Fruchtsalaten und Cocktails verwendet.

Vietnamesische
Perillablätter

PERILLA

SHISO, SCHWARZNESSEL
Perilla frutescens

HERKUNFT UND GESCHICHTE

Perilla scheint in den Bergen Chinas und Indiens heimisch zu sein, wird jedoch dank ihrer ökologischen Breite in einer weiten Region zwischen Indien, Indonesien und Korea angebaut.

BOTANIK

Lamiaceae (Lippenblütengewächse). Perilla ist ein einjähriges Kraut mit aufrechten, vierkantigen Stängeln und brennnesselähnlichen Blättern mit – je nach Sorte – unterschiedlich stark gezacktem Blattrand. Die ganze Pflanze ist drüsig behaart und von entweder hellgrüner oder dunkelpurpurner Farbe. Die Blüten erscheinen erst bei einer Taglänge von unter zehn Stunden in ährigen Blütenständen, die durch die dicht behaarten Kelche auffallen. Die Einzelblüten sind 3 mm groß, lippenförmig und hellpurpur gefärbt.

ANBAU UND QUALITÄTEN

Perilla verträgt sowohl gemäßigtes als auch tropisches Klima – man kann sie auch in Deutschland im Hausgarten problemlos kultivieren. Als schnellwüchsige Pflanze erlaubt sie bereits zwei bis drei Monate nach Aussaat erste Blatternten, die sich bis zum Blühbeginn fortsetzen lassen. Zur Gewinnung der Früchte wird die Pflanze geschnitten und gedroschen, wobei Blätter als Nebenprodukt anfallen.

VERWENDETER PFLANZENTEIL / GERUCH UND GESCHMACK

Alle oberirdischen Pflanzenteile sind aromatisch; zumeist werden die frischen Blätter verwendet, aber das Aroma ist in den Kelchen und den unreifen Früchten am stärksten ausgeprägt. Auch die reifen Früchte (»Perillasamen«) sind essbar. Das Perilla-Aroma ist würzig, etwas streng, und kann entfernt mit Kreuzkümmel oder Muskat verglichen werden.

AROMAGEBENDE INHALTSSTOFFE

Wie viele Pflanzen aus der Familie der Lippenblütengewächse kennt man bei Perilla mehrere chemische Rassen, das heißt genetisch stabile Untergruppen mit identischem Aussehen bei unterschiedlichen Inhaltsstoffen. Die kulinarisch genutzte Sorte ist nach dem Hauptinhaltsstoff Perillaldehyd benannt; daneben enthält sie Limonen und β-Caryophyllen, Linalool und

Kein Sesam: Die roten, grünen oder zweifarbigen Blätter heißen zwar in manchen Kochbüchern »Sesamblätter«, aber in Wirklichkeit ist Perilla ein aromatisches Würzkraut, das ein bisschen wie Kreuzkümmel riecht – und praktisch nur im Fernen Osten verwendet wird.

Blühende Perillapflanze

Benzaldehyd. Der zitrusduftende Citral-Typ und der nach Rosen riechende Rosenfuran-Typ spielen in der Küche keine Rolle und sind eher für die Parfümerie interessant.

Weitere Chemotypen sind der unangenehm riechende Elsholtziaketon-Typ und der giftige Perillaketon-Typ. Der weitgehend geruchlose Phenylpropan-Typ enthält Myristicin, Elemicin und Dillapiol, die halluzinogen und giftig wirken. Ferner gibt es noch einen Perillen-Typ.

Aus den Perillafrüchten lässt sich mit Ausbeuten von ca. 40 % ein fettes Öl gewinnen, das durch seinen extrem hohen Anteil an der mehrfach ungesättigten α-Linolensäure auffällt. Es wird als Speiseöl und auch in der Medizin verwendet.

KULINARIK

Als Gewürzkraut ist Perilla ausschließlich in Ostasien verbreitet. In **China** wird sie eher als Heilkraut genutzt, spielt jedoch in einigen Regionen wie in Hunan eine kulinarische Rolle. Dort gibt man die frischen Blätter grob gehackt zu Kurzgebratenem in den Wok. Das Aroma verträgt nur kurzes Erhitzen.

In **Vietnam** gehört Perilla zur kanonischen Kräutergarnitur, die fast alle südvietnamesischen Wokspeisen, Teigrollen und Suppen begleitet. Perilla wird besonders gerne zu Rindfleischspeisen gereicht und dazu auch manchmal kurz mitgebraten.

Auch in **Japan** und **Korea** verwendet man Perilla oft in Form frischer Blätter als essbare Dekoration. Die Blätter der violetten Form werden als Färbemittel verwendet, beispielsweise für japanische salzige Pflaumenpickle (*ume-boshi*), koreanisches eingelegtes Gemüse (*kimch'i*) oder für den rosarot eingelegten Ingwer (*beni-shōga*), der zu japanischem *sushi* gereicht wird. In Teig getaucht und frittiert, wird aus Perillablättern ein aromatisches *tempura*. Für Korea typisch ist die Verwendung der Früchte (»Samen«) als Streuwürze ähnlich wie Sesamsamen, weswegen die Pflanze auf Koreanisch auch »wilder Sesam« genannt wird – eine Bezeichnung, die bei der Übersetzung koreanischer Kochbücher oft einfach übernommen wird.

PETERSILIE

BLATTPETERSILIE: *Petroselinum crispum* CONVAR. *crispum*
(syn. *P. crispum* SUBSP. *foliosum*)
WURZELPETERSILIE: *Petroselinum crispum* CONVAR. *radicosum*
(syn. *P. crispum* SUBSP. *tuberosum*)

HERKUNFT UND GESCHICHTE

Petersilie ist eine südeuropäische Pflanze und stammt wahrscheinlich aus dem östlichen Mittelmeerraum. Die griechische Bezeichnung *sélion* findet sich bereits bei Homer – damit war entweder wilde Petersilie oder wilder Sellerie gemeint. Ab der Mitte des 1. Jahrtausends schmückten sich damit die Sieger der Isthmischen und der Nemeischen Spiele, zwei griechischen Sportwettbewerben, die in Zweijahresrhythmen auf der Peloponnes abgehalten wurden.

BOTANIK

Apiaceae (Doldenblütengewächse). Petersilie ist ein zwei- oder mehrjähriges Kraut mit einer Wuchshöhe von 30–100 cm. Die Pfahlwurzel ist bei Wildformen dünn, fasrig und bis zu 100 cm lang, bei Kulturformen meist kürzer und zum Teil konisch verdickt und fleischig. Die Pflanze entwickelt im ersten Jahr eine Rosette von gestielten, zwei- bis dreifach dreigeteilten bis fiederschnittigen (bei manchen Kulturformen krausen) Blättern, in den darauffolgenden Jahren zusätzlich sympodial verzweigte, beblätterte Stämme mit Blüten in terminalen Doppeldolden. Die unauffälligen, 1 mm großen, blassgrünen, zwittrigen oder rein männlichen Einzelblüten entwickeln sich zu eiförmigen, 2 mm langen Spaltfrüchten, die bei der Reife in zwei fünffurchige Teilfrüchte zerfallen.

Frische glatte Petersilie

ANBAU UND QUALITÄTEN

Petersilie wird fast überall auf der gemäßigten Nordhalbkugel angebaut und meistens in den Anbauländern verbraucht oder in Anrainerstaaten exportiert. Die weltweite Produktion ist nicht statistisch erfasst, dürfte aber viele Zehntausend Tonnen betragen.

Petersilie benötigt gemäßigtes, nicht zu trockenes Klima und tiefgründige, nährstoffreiche Böden. Die Aussaat kann im Frühjahr erfolgen, wobei trotz der langen Keimdauer von vier bis acht Wochen bereits nach drei Monaten die erste Schnitternte möglich ist, die von noch zwei weiteren Ernten im Zweimonatsabstand gefolgt wird. Petersilienöl wird durch Destillation aus zweijährigen Pflanzen gewonnen, die nach der Blüte geschnitten werden und bereits unreife Früchte tragen.

VERWENDETER PFLANZENTEIL / GERUCH UND GESCHMACK

Als Gewürz verwendet man vorwiegend die frischen Blätter, die einen charakteristischen frischen Geruch und Geschmack aufweisen, der sich bei glatt- und krausblättrigen Sorten erkennbar unterscheidet. Die strenger riechenden Petersilienwurzeln dienen als aromatisches Gemüse oder als Würzzutat. Petersilienfrüchte sind aromatisch, aber als Würze eher ungebräuchlich.

AROMAGEBENDE INHALTSSTOFFE

Der Gehalt an ätherischem Öl in Petersilienblättern ist für glattblättrige Sorten (0,04 %) erheblich größer als für krausblättrige (0,01 %). In den meisten Sorten dominiert das Myristicin, aber in glattblättrigen Blattpetersiliensorten werden bis zu 70 % Apiol gefunden. Daneben enthalten die Öle noch ca. 20 % Terpenkomponenten, vor allem β-Phellandren, Limonen und 1,3,8-p-Menthatrien.

In den Petersilienwurzeln findet man bis zu 0,3 % ätherisches Öl, in dem Terpene (β-Pinen, β-Phellandren) und Phenylpropane (Apiol, Myristicin) etwa gleich stark vertreten sind. Petersilienfrüchte enthalten dagegen wesentlich mehr (1–6 %) ätherisches Öl, wobei drei verschiedene chemische Rassen mit den Leitsubstanzen Myristicin, Apiol und 1-Allyl-2,3,4,5-tetramethoxybenzol existieren.

KULINARIK

Petersilie ist Universalkraut aller europäischen, mediterranen, orientalischen und nordafrikanischen Küchen. Fein gehackt garniert sie praktisch jede Art von herzhafter Speise. Sie spielt damit in den europäischen Küchen eine ähnliche Rolle wie das Korianderkraut in Südostasien. In der feineren französischen Küche nimmt Kerbel den Platz der Petersilie ein – er schmeckt feiner und zurückhaltender als seine kräftige Verwandte. Ansonsten kennt Frankreich die Petersilie im *bouquet garni* ebenso, wie wir sie im Suppengrün

Das Grünzeug schlechthin: In Europa überall Garnitur und Würze für so ziemlich alle herzhaften Speisen. Im Orient ist sie Hauptbestandteil des Vorspeisensalats _tabbūlī_.

Frische krause Petersilie

haben. Es empfiehlt sich, bei Brühen jeder Art die Petersilie erst zum Schluss hinzuzugeben, um eine giftgrüne Färbung zu vermeiden.

Das Aroma von Petersilie kann sehr unterschiedlich sein und hängt einerseits von der Sorte (kraus oder glatt), von der Jahreszeit (Herbstpetersilie ist oft am intensivsten) und von der Verarbeitung ab: Mitgegarte Blätter oder Stängel entwickeln ein gänzlich anderes Aroma als frisch gehackt über die Speisen gestreutes Kraut.

Die **südfranzösische** Arme-Leute-Suppe _aigo boulido_ (»gekochtes Wasser«) enthält, abgesehen von einer exorbitanten Knoblauchmenge (20 Zehen pro Liter und mehr), große Mengen frisch gehackter Petersilie, die kurz vor dem Servieren eingerührt wird. Dieselbe aromatische Kombination steht in Frankreich auch als Fleischwürze zur Verfügung: Sogenannte _persillade_ ist eine Mischung aus Knoblauch und fein gehackter Petersilie. Darüber hinaus ist

Petersilie

Petersilie fester Bestandteil der *fines herbes*.

In den **italienischen Abruzzen** werden die berühmten *spaghetti aglio, olio e peperoncino* mit Unmengen von fein gehackter Petersilie gekräutert.

Zu *ossobuco alla Milanese* wird eine Mischung namens *gremolata* serviert, die neben Petersilie auch Knoblauch und geriebene Zitronenschale enthält.

In den **Levanteländern** wird ein petersilienlastiger Salat namens *tabbūlī* bereitet, der – je nach Provenienz – eine Spur bis große Mengen Bulgur (Hartweizengrieß) enthält. Hauptbestandteil von *tabbūlī* sind jedoch Petersilie, Minze, Tomaten, eventuell Gurken, Zitronensaft und Olivenöl. *Tabbūlī* wird sowohl als Vorspeise als auch als Beilage zu Grillgerichten gegessen. Als Beilage kann auch eine simple Mischung aus gehackter Petersilie, rohen Zwiebeln und Sumach dienen, die säuerlich scharf schmeckt und gut zu Grillaromen passt.

Petersilienwurzeln

PFEFFER

Piper nigrum

HERKUNFT UND GESCHICHTE

Die Pfefferpflanzen stammen aus dem gebirgigen Hinterland der Malabar-Küste im Südwesten Indiens, dem heutigen Bundesstaat Kerala. Obwohl einige *Piper*-Arten in dieser Region auch heute noch wild vorkommen, kann keine davon als eindeutige Stammform von *P. nigrum* identifiziert werden.

Die ältesten Erwähnungen des schwarzen Pfeffers in der Sanskrit-Literatur Nordindiens führen nur in die epische Periode des späten 1. Jahrtausends v. Chr. zurück; wie lange er bereits in Südindien angebaut wurde, ist nicht nachvollziehbar. Indische Missionare brachten ihn im Verlauf des 1. Jahrtausends n. Chr. in die indisch beeinflussten Königreiche Südostasiens.

Pfeffer erreichte Europa im hellenistischen Zeitalter und damit etwas später als der verwandte Lange Pfeffer. Bereits in der Antike kannte man sowohl den schwarzen als auch den weißen Pfeffer, und Botaniker und Ärzte spekulierten, ob sie von verschiedenen Pflanzen stammten oder ob schwarzer Pfeffer vielleicht eine verkohlte Form des weißen sei. Dioskurides wiederum behauptete, dass Langer, weißer und schwarzer Pfeffer sukzes-

Von oben nach unten: Grüner, schwarzer, weißer und roter getrockneter Pfeffer

sive auf derselben Pflanze wüchsen. In der griechischen und römischen Küche wurden alle drei Pfeffersorten im Wesentlichen gleichwertig verwendet; schwarzer Pfeffer war relativ preiswert und daher auch in mittelständischen Haushalten und bei Legionären sehr verbreitet.

Im mittelalterlichen Europa stieg Pfeffer langsam zu einem unter den Gewürzen einzigartigen Statussymbol

auf. Er war *das* Gewürz schlechthin, wie die Bezeichnung »Pfefferkuchen« für einen zwar gewürzreichen, aber fast immer pfefferfreien Kuchen zeigt. Der Pfefferhandel des Mittelalters profitierte von den Monsunwinden, die es den Arabern ermöglichten, den Pfeffer auf dem Seeweg von Indien nach Alexandria zu transportieren, wo er von venezianischen Händlern aufgekauft und mit entsprechendem Aufschlag an die europäischen Kunden weitergegeben wurde, wobei deutsche Handelshäuser für die Belieferung Europas nördlich der Alpen eine große Rolle spielten.

Durch das arabisch-venezianische Doppelmonopol blieben die Preise stabil, das heißt: ziemlich hoch. Eine weitere Folge dieses Handelsmodells war, dass die Araber den Venezianern den genauen Ursprung ihrer Ware verheimlichen konnten, um sie von Direkteinkäufen abzuhalten.

Es ist nicht leicht nachzuvollziehen, wie die immense Bedeutung des Pfeffers zustande kam. Bereits Plinius beklagte den horrenden Devisenfluss von Rom nach Indien für ein Pro-dukt, das weder süß schmecke noch attraktiv aussehe. Die häufig vertretene These, scharfer Pfeffer verdecke den Geschmack halb verdorbenen Fleischs, ergibt jedenfalls keinen Sinn: Erstens würde Pfeffer bei einer solchen Anwendung geschmacklich wenig und gesundheitlich überhaupt keine Wirkung entfalten, und zweitens hatte die pfefferkaufende Klientel – reiche Adelige und kirchliche Würdenträger – keine Schwierigkeiten bei der Beschaffung frischen Fleisches.

Die mittelalterliche Begeisterung für Gewürze im Allgemeinen und Pfeffer im Speziellen speiste sich zum Teil aus praktischen Gründen: Pfeffer wirkt konservierend und verbessert daher die Haltbarkeit von Fleischkonserven, und das überschaubare Nahrungsmittelangebot konnte durch Gewürze leichter zu abwechslungsreichen Speisen verarbeitet werden.

Die Gewürzverwendung war allerdings oft von Annahmen motiviert, die eine vermeintlich medizinische Wirkung betrafen: Entsprechend spätantiken und arabischen Vorbildern sah die mittelalterliche Medizin die Nahrung als Ursache vieler Krankheiten an – Nahrungsmittel wurden nach den Attributen heiß/kalt und trocken/feucht klassifiziert, und der Esser sollte auf eine seinem Persönlichkeitstyp entsprechende Zusammensetzung achten. In der Praxis bedeutete das meistens, dass die Nahrung zu kalt und feucht war, und hier konnten pikante Gewürze helfen, die nötige Trockenheit und Wärme beizusteuern.

In allen Farben erhältlich: Pfeffer wird in allen Küchen der Welt verwendet. Die verschiedenen Farbvarianten entstehen durch unterschiedliche Erntezeitpunkte oder Verarbeitungsmethoden.

Unreife Pfefferspindeln

Gewürze hatten aber auch religiöse Bedeutung, denn sie stammten aus dem Osten, der Himmelsrichtung des Gartens Eden, was auch der Grund für ihren paradiesischen Geruch sein mochte. Weil nun in Europa niemand Genaues über die Herkunft der Gewürze wusste, rankten sich bald Legenden darum, die etwa Gewürze als vom Wind verwehtes Reisig aus dem irdischen Paradies erklärten. In der religiös aufgeheizten Atmosphäre dieser Zeit war allein das schon ein guter Grund, sie zu konsumieren.

Ein dritter, völlig konträrer Grund kam noch hinzu: Gewürze waren Statussymbole, denen man sich kaum entziehen konnte, und sie weckten Konnotation von Laszivität und Leidenschaft; etwa in dem Sinn, in dem wir heute das Wort »scharf« verwenden. Dass die katholische Kirche re-gelmäßig gegen »übertriebene« Gewürzverwendung wetterte und für Mönche Beschränkungen (aber keine Verbote) erließ, kam letztlich eher einer unfreiwilligen Werbung gleich.

Die mittelalterliche Küche an reichen Höfen verwendete Gewürze in großer Zahl und großer Menge – Rezepte enthalten selten nachvollziehbare Mengenangaben, aber aus erhaltenen Einkaufslisten für Großereignisse ergeben sich Gewürzmengen, die etwa dem entsprechen, was in modernen arabischen oder indischen Rezepten verlangt wird. Dabei sollte bedacht werden, dass die mittelalterliche Ware durch die schlechten Lager- und Transportbedingungen wahrscheinlich deutlich unter heutigem Standard blieb.

Die Suche nach einer billigeren Quelle für Pfeffer und andere Gewürze führte zu den bekannten Entdeckungsfahrten im 15. Jahrhundert und gipfelte 1498 in der Ankunft einer portugiesischen Expedition unter Vasco da Gama an den Pfefferhäfen der Malabar-Küste. Angesichts der Unwägbarkeiten und hohen Kosten der Seefahrt führte das jedoch nicht zum sofortigen Zusammenbruch des venezianischen Zwischenhandels, der erst im Verlauf des 16. Jahrhunderts erlosch.

Den portugiesischen Bestrebungen in Indien fehlte es an Nachhaltigkeit; daher fiel der Pfefferhandel zunächst in holländische und danach in britische Hände. Eine Monopolisierung wie bei der Gewürznelke und beim Muskat und die damit verbundenen Gewaltexzesse blieben jedoch aus, weil der Pfefferanbau sich bereits auf verschiedene Länder ausgebreitet hatte.

Botanik

Piperaceae (Pfeffergewächse). Der schwarze Pfeffer ist eine mehrjährige, verholzende Schlingpflanze mit bis zu 10 m langen Zweigen, an denen wechselständig gestielte, bis zu 20 cm lange herzförmige Blätter stehen. Blüten entwickeln sich an den Blattachseln, den Blättern gegenüber, in aufrechten, 3–15 cm langen, kolbenförmigen Ähren, die bis zu 150 winzige, hüllenlose Blüten enthalten. Während Wildformen zweihäusig sind, haben die meisten kultivierten Sorten zwittrige Blüten. Die Bestäubung tritt meist durch Nachbarblüten auf derselben Pflanze ein und führt zur Bildung einer bei Reife rot gefärbten kugeligen, einsamigen Beere von 5 mm Durchmesser in hängenden Fruchtständen.

Anbau und Qualitäten

Pfeffer wird auf dem indischen Subkontinent und in Südostasien (Malaysia, Indonesien, neuerdings auch Thailand und Vietnam) in großem Umfang angebaut; außerasiatische Anbaugebiete sind Madagaskar und Brasilien. Jährlich gelangen 200 000 Tonnen Pfeffer in den Handel, wobei starke Schwankungen mit entsprechend instabilen Preisen die Regel sind, sodass der Wert einer Pfefferjahresernte mit 500 Millionen Dollar nur sehr ungenau angegeben ist.

Pfeffer ist eine empfindliche Kulturpflanze, die nur im immerfeuchten Tropenklima bei gleichmäßigem Regenfall und ganzjährig hohen Temperaturen und Luftfeuchten gut gedeiht; eine vierteljährige Trockenzeit wird jedoch vertragen. Die Ansprüche an den Boden sind geringer. Pfeffer wird aus Stecklingen vermehrt und in Plantagen entweder unter Schattenbäumen oder unter direktem Sonnenlicht gezogen, wobei tote Stämme als Kletterhilfe verwendet werden. Letzteres führt zu kurzlebigen Pflanzen bei höheren Erträgen, während im ersteren Fall die Pflanzen bis zu 30 Jahre alt werden und die geringere Erntemenge durch den Ertrag der Schattenbäume kompensiert wird.

Die Ernte erfolgt typischerweise in der Trockenzeit, die in Südostasien in den europäischen Sommer fällt. Die Produktion von schwarzem Pfeffer

Reifende Pfefferfrüchte

erfordert ein Pflücken der Beeren kurz vor der Reife, wenn die ersten Beeren einer Ähre sich gelb zu färben beginnen. Man überlässt die gepflückten Ähren eine Nacht lang sich selbst, wobei durch pffereigene Enzyme eine Fermentation eintritt; danach wird in der Sonne oder bei künstlicher Beheizung getrocknet. Die durch die Fermentation dunkel gefärbte Epidermis schrumpft und bildet die typische, runzelige, schwarzbraune Oberfläche. Um weißen Pfeffer herzustellen, erntet man reife, rot gefärbte Beeren, die leicht gequetscht sieben bis zehn Tage in langsam fließendem Wasser eingeweicht werden. Durch diese Behandlung lockert sich das Mesocarp (Fruchtfleisch) und lässt sich anschließend mechanisch vom cremeweißen Kern trennen. Rasche und vollständige Trocknung entscheidet dabei über den Erfolg der Prozedur,

weil sich sonst rasch ein muffiges Fehlaroma ausbildet.

Weißer Pfeffer ist teurer als schwarzer, nicht nur wegen der zusätzlichen Arbeitsschritte, sondern auch um Verluste (Vogelfraß, Schlechtwetter) durch die längere Reifezeit auszugleichen.

Grüner Pfeffer ist eine Erfindung des 20. Jahrhunderts und besteht aus sehr unreif geernteten Pfefferbeeren, bei denen das für die Schwarzfärbung verantwortliche Enzym zerstört wird. Man erreicht dies entweder durch Einlegen in Salzlake oder durch Kochen in Wasser; danach wird getrocknet, wobei die Gefriertrocknung die besten Resultate ergibt.

Eine besondere Spezialität ist der rote Pfeffer, für den reife Pfefferkörner wie grüner Pfeffer eingelegt werden. Seit wenigen Jahren ist auch ein getrockneter roter Pfeffer im Handel, dessen Farbe eigentlich eher bräunlich ist. Dieser Pfeffer wird nach einem geheimen Verfahren getrocknet, um das Ablösen des Mesocarps vom Kern während des Trocknungsprozesses zu verhindern. Er darf nicht mit dem sogenannten Rosa Pfeffer verwechselt werden, der von einer ganz anderen Pflanze stammt und mit Pfeffer eigentlich nichts zu tun hat (siehe Rosa Pfeffer).

Im Handel wird Pfeffer nach seiner Herkunft bewertet. Schwarzer Pfeffer aus Indien wird im Handel als *Malabar* bezeichnet; die beste Qualität, *Malabar Garbled No. 1* (früher als *Alleppey* bezeichnet) besticht durch einheitliche Größe, einen schwarzgrünlichen Farbton, ein starkes Aroma und herzhafte Schärfe. Noch besser ist *Tellicherry*, für den die Pfefferbeeren sehr spät und fast reif geerntet werden. Er gilt oft als der beste Pfeffer der Welt, ist großfrüchtig, mit einem warmen rötlichen Schwarzton, starkem zitrusartigem Aroma und satter Schärfe. Südostasiatische Pfeffersorten sind oft kleiner und leicht gräulich gefärbt. *Lampong* aus Indonesien ist sehr scharf, aber nicht allzu aromatisch, während der malaysische *Sarawak* geringere Schärfe und ein fruchtiges Aroma hat. Andere Qualitäten (*Bangkok* aus Thailand, *Saigon* aus Vietnam und *Bélem* aus Brasilien) werden geringer bewertet.

Weißer Pfeffer kommt überwiegend aus Südostasien. Die Standardsorte ist *Muntok* von der indonesischen Insel Bangka vor Sumatra. In der malaysischen Provinz Sarawak auf der Insel Borneo wird besonders heller Pfeffer produziert. Die beste Qualität heißt *Sarawak Cream Label*. In Vietnam erzeugt man eine minderwertige Art von weißem Pfeffer, indem schwarzer

Junge Pfefferpflanze

Pfeffer nach der Trocknung maschinell geschält wird. Noch minderwertiger ist chemisch gebleichter schwarzer Pfeffer, der dann am Markt auftaucht, wenn der Preis von weißem Pfeffer den von schwarzem Pfeffer weit übersteigt.

Grüner Pfeffer wird fast ausschließlich in Brasilien erzeugt.

VERWENDETER PFLANZENTEIL / GERUCH UND GESCHMACK

Das Pfeffergewürz besteht aus den getrockneten und aufgearbeiteten Früchten. Die verschiedenen Farben von Pfefferkörnern (schwarz, weiß, grün und neuerdings auch rotbraun) resultieren aus unterschiedlichen Reifestadien und unterschiedlicher Behandlung nach der Ernte. Alle Pfefferarten schmecken scharf, am meisten der weiße und am wenigsten der grüne – im Aroma aber gibt es beträchtliche Unterschiede. Der grüne Pfeffer schmeckt frisch-krautig und der weiße streng-kühl, während der Geruch von schwarzem Pfeffer abhängig von der Handelssorte ausfällt und generell als fruchtig, frisch oder sogar leicht zitrusartig beschrieben werden kann.

AROMAGEBENDE INHALTSSTOFFE

Das Aroma von schwarzem Pfeffer geht auf ein ätherisches Öl (bis zu 3 %) aus Monoterpen-Kohlenwasserstoffen mit den Hauptkomponenten Sabinen, β-Pinen und Limonen zurück; allerdings wurde festgestellt, dass das wahrgenommene Aroma von Nebenbestandteilen wie Linalool, α- und β-Pinen und α-Phellandren bestimmt wird. In weißem Pfeffer findet sich weniger (1 %) Öl mit ähnlicher Zusammensetzung (Limonen, Pinene, α-Phellandren), dessen Charakter von Linalool, Limonen, α-Pinen und den nur in Spuren enthaltenen Phenylpropanoiden Eugenol und Piperonal bestimmt wird.

Schwarzer Pfeffer enthält typischerweise 5 %, in Ausnahmefällen aber bis zu 7 % Säureamide mit der Hauptkomponente Piperin (4 %), das den scharfen Geschmack bedingt; in weißem Pfeffer ist der Amidgehalt mit 6 % etwas höher.

Pfeffer altert ziemlich rasch und entwickelt besonders bei feuchten Lagerbedingungen Fehlaromen; das gilt noch verstärkt für gemahlenen Pfeffer. Die dafür verantwortlichen Aromastoffe sind heterocyclische Verbindungen: beim schwarzen Pfeffer 2-Isopropy-3-methoxypyrazin und 2,3-Diethyl-5-methylpyrazin und beim weißen Pfeffer Skatol.

KULINARIK

Pfeffer, der »König unter den Gewürzen«, wird in fast allen Küchen der Welt verwendet – er sorgt für runde, milde Schärfe in Ragouts, er verleiht Fleischbrühen einen volleren Geschmack, er mariniert Fleischstücke vor dem Grillen oder Braten, und er setzt als Tischwürze Akzente.

In **Europa** ist Pfeffer unersetzlich. Die antiken mediterranen Küchen pfefferten außer salzigen auch süße Gerichte, von denen der toskanische *panforte* heute nur noch ein schwaches Echo ist. Heute wird Pfeffer vorwiegend für herzhafte Gerichte verwendet, geht im Zubereitungsprozess praktisch immer Hand in Hand mit Salz und ist so selbstverständlich, dass er kaum der Rede wert ist. Den erdigen Unterton würde jeder Esser vermissen, er ist der Inbegriff von Gewürz, sodass man in Europa beim Pfeffer faktisch von einem *basso continuo* der Aromatisierung sprechen kann. Pfeffersaucen, die gerne zu dunklem Fleisch oder Wild bereitet werden und die eingelegten grünen oder auch grob geschroteten schwarzen Pfeffer enthalten können, machen sich die starke Affinität des Gewürzes zu intensiven Schmor-, Brat- und Grillaromen zunutze.

In den letzten Jahren haben grob mahlende Pfeffermühlen den staubigen Pfefferstreuer bei uns zunehmend verdrängt, was der Intensität des Pfefferaromas zugutekommt. Hier ist wohl – wie so oft bei kulinarischen Innovationen in europäischen Gefilden – die italienische Küche verantwortlich: Denn die Verwendung von frisch gemahlenem Pfeffer für Salate und Vorspeisen dürfte auf die gut funktionierende Harmonie zwischen schwarzem Pfeffer, Parmesan, *balsamico*-Essig und Olivenöl zurückgehen.

Das neuerliche Angebot von Mischungen aus weißem und schwarzem Pfeffer mit Rosa Pfeffer hat vermutlich eher visuell-ästhetische als aromatische Gründe. Nicht umsonst wird die Plexiglasmühle gleich mitverkauft.

Auch im **Nahen Osten** und in **Nordafrika** findet man Pfeffer praktisch immer in Gewürzmischungen wie *bahārāt* oder *rās al-ḥānūt*, dort allerdings – anders als in Europa – ist Pfeffer ein gleichberechtigtes Gewürz unter vielen.

Indische Rezepte enthalten oft schwarzen Pfeffer, meist gemischt mit Chili; Pfeffer soll dabei vor allem Aroma und nach ayurvedischer Vorstellung »erwärmende« Wirkung beitragen. Der indische Gewürztee *masala chai*, ein verbreitetes und billiges Genussmittel, das nach dem Essen auch die Verdauung anregt, enthält vor allem in den Wintermonaten schwarzen Pfeffer. Außerdem ist Pfeffer in fast allen indischen Gewürzmischungen enthalten.

Im **Fernen Osten** steht Pfeffer in Konkurrenz zu Chili als scharfem Gewürz und wird sparsam und nur in spezifischen Zubereitungen verwendet. Er taucht in der chinesischen *suānlà tāng*, der bekannten sauer-scharfen Suppe, auf, oft in Form von weißem Pfeffer. In Kambodscha dient er – mit Limettensaft vermischt – als Tischwürze *(tik marij)*, und in Thailand ist er durch Anbauerfolge so populär und preiswert geworden, dass unreife Pfefferspindeln sogar als Gemüsekomponente zu *stir-fries* und Curries verwendet werden. In der chilifreien Küche Japans hat sich weißer Pfeffer als kulinarischer Schärfepol etabliert.

PIMENT

NELKENPFEFFER, NEUGEWÜRZ, ALLGEWÜRZ
Pimenta dioica

Nelkenpfeffer: Piment riecht und schmeckt tatsächlich nach Nelke und Pfeffer. Er wird in europäischen und orientalischen Gewürzmischungen verwendet und gibt dem jamaikanischen *jerk* seinen charakteristischen Geschmack.

Getrocknete Pimentbeeren

HERKUNFT UND GESCHICHTE

Piment ist in der Karibik und in Mittelamerika heimisch und wurde 1492 bei der ersten Fahrt des Columbus auf den Kleinen Antillen »entdeckt«, wobei die Spanier jahreszeitbedingt nur die Blätter zu Gesicht bekamen. Im präkolumbischen Mexiko würzte Piment die Trinkschokolade der Aztekenherrscher.

Die Spanier hatten wenig Erfolg damit, Piment am europäischen Markt einzuführen. Erst als die Engländer im 17. Jahrhundert Jamaika eroberten und den Anbau forcierten, wurde das Gewürz in Europa beliebt – aus dieser Zeit stammt auch die heute veraltete Bezeichnung »Englisches Gewürz«.

BOTANIK

Myrtaceae (Myrtengewächse). Piment ist ein kleiner, gewöhnlich nur 10–15 m hoch werdender, unvollständig zweihäusiger, immergrüner Baum. Der glänzend braun berindete Stamm verästelt sich zu zahlreichen Zweigen, die eine dichte Krone bilden. Die oberseits dunkelgrünen, unterseits helleren, glänzenden, ledrigen, ganzrandigen oder schwach gewellten, 6–16 cm langen, elliptischen Blätter stehen wechselständig und in Büscheln am Zweigende; in ihren Achseln entstehen rispenförmige, vielblütige, bis zu 15 cm lange Blütenstände aus 10 mm großen weißen, vollständigen, aber funktionell eingeschlechtlichen, vierzähligen Blüten. Nach dem Abfallen der kurzlebigen Blütenblätter übernehmen die zahlreichen (80 bis 100 in männlichen und halb so viele in weiblichen Blüten), 5 mm langen Staubblätter die Schaufunktion. Aus dem unterständigen Fruchtknoten weiblicher Blüten entwickelt sich nach Befruchtung eine kugelige, 6 mm große, bei Vollreife purpur bis schwarz gefärbte zweisamige Beere.

ANBAU UND QUALITÄTEN

Der Pimentbaum benötigt ein tropisches Savannenklima mit trockenem Sommer und gleichbleibend hohen Temperaturen von etwa 25 °C sowie kalk- und lehmhaltige Böden. Die Hauptanbaugebiete liegen in Jamaika und am mittelamerikanischen Festland (Mexiko, Honduras, Guatemala); in der Alten Welt produziert nur Réunion relevante Mengen. Die weltweite Produktion liegt bei etwa 4000 Tonnen, von denen 70 % aus Jamaika kommen.

Piment wird traditionell aus Samen vermehrt. Diese Methode hat aber den Nachteil, dass überschüssige männliche Bäume anfallen, die erst im Alter von sieben Jahren bei der ersten Blüte identifiziert werden können. Daher gewinnt die vegetative Vermehrung von ausgesuchten weiblichen Bäumen an Bedeutung. In Pimentplantagen benötigt man nur 10 % männliche Bäume, um die Bestäubung sicherzustellen.

Die Früchte sind drei bis vier Monate nach der Blüte erntereif; die Erntezeit fällt bei den amerikanischen Anbaugebieten in den Sommer oder Frühherbst. Die Früchte müssen noch grün geerntet werden, da ihr Ölgehalt bei Reife drastisch abnimmt. Die Ernte erfolgt manuell, indem man einfach ganze Rispen kappt; bei dieser Prozedur wird der Baum oft geschädigt. Die Rispen werden dann in der Sonne oder bei Beheizung getrocknet, verlesen und sortiert.

Die Erträge sind starken Schwankungen unterworfen, oft in einem Dreijahresrhythmus. Im Schnitt lassen sich pro Jahr und Baum nur 1,1 kg trockenes Pimentgewürz ernten. Kurioserweise entwickeln männliche Bäume häufig einzelne zwittrige Blüten und damit auch Früchte; im Extremfall kann ein »männlicher« Baum den gleichen Ertrag wie ein durchschnittlicher weiblicher Baum liefern.

Im Handel gilt Jamaika-Piment als wesentlich wertvoller und wohlschmeckender als mexikanischer Piment.

VERWENDETER PFLANZENTEIL / GERUCH UND GESCHMACK

Das Pimentgewürz sind die getrockneten Beeren, die ein warmes Nelkenaroma mit Anklängen von Zimt aufweisen. Sie schmecken aromatischbrennend und sehr intensiv. Blätter und Holz sind ebenfalls aromatisch, spielen aber allenfalls in den Anbauländern als Grillbrennstoff mit hohem Aromawert eine kulinarische Rolle.

AROMAGEBENDE INHALTSSTOFFE

Pimentfrüchte enthalten bis zu 5 % ätherisches Öl mit den Hauptbestand-

Junger Pimentbaum

teilen Eugenol und Methyleugenol. Bei jamaikanischer Ware dominiert das Eugenol (70–80 %), während in mexikanischem Piment Methyleugenol mit 60 % vertreten ist. Terpenbestandteile (β-Caryophyllen, 1,8-Cineol und bei mexikanischem Piment Myrcen) machen grob 20 % des ätherischen Öls aus. Die getrockneten Blätter enthalten 2 % ätherisches Öl mit sehr hohem Eugenolgehalt.

KULINARIK

Piment spielt in vielen amerikanischen Küchen eine große Rolle, besonders in **Jamaika**. Die Nationalspeise ist *jerked meats*, Fleisch, das mit der sogenannten *jerk*-Paste mariniert, dann angebraten und weich geschmort wird. Die *jerk*-Paste ist eine fermentierte Mischung aus trockenen Gewürzen (vor allem Piment), Salz und einem Püree aus frischen Gewürzen (Zwiebel, Knoblauch, Ingwer). In **Mexiko** wird Piment häufig ver-

wendet, allerdings in kleinen Mengen. Es ist in den meisten *mole*-Saucen aus Oaxaca und auch oft in den yucatekischen *recado*-Pasten enthalten; ein oder zwei gestoßene Körner werden bei vielen Fleischgerichten Zentralmexikos mitgekocht.

Piment ist ein Charaktergewürz der **Levante**, vor allem Syriens. Auf Arabisch heißt Piment meist nur *al-bahār* »das Gewürz«, aber diese Bezeichnung kann (besonders im Plural *bahārāt*) auch für eine syrische Gewürzmischung stehen, die im Wesentlichen aus Piment und Pfeffer besteht. In den Golfländern versteht man unter *bahārāt* allerdings eine wesentlich komplexere Mischung mit ganz anderer Anwendung. Syrisches *bahār* ist Gewürz für gegrilltes Fleisch (*šāwarmā*) und Tischwürze. Piment wird in den Levanteküchen auch zum Aromatisieren von Vorspeisen (*meze*) verwendet.

In anderen orientalischen Küchen und in Indien hat sich Piment dagegen nicht festsetzen können, obwohl sein Geschmack eigentlich perfekt zu Lammfleisch passt. Lediglich manche Rezepte für die **äthiopische** Gewürzmischung *berbere* verlangen es.

In Europa verwendet **England** am meisten Piment; es wird für Suppen, Geschmortes und für sauer eingelegtes Gemüse oder Obst (*relish*) verwendet. Auch in **Deutschland** wird Piment oft für Gemüsekonserven (beispielsweise Gewürzgurken) verwendet: Dazu fügt man dem Essigsud einfach ein oder zwei ungemahlene Pimentbeeren zu.

REISFELDPFLANZE

Limnophila aromatica

Grün mit Limetten-Kreuzkümmel-Geruch: Die Reisfeldpflanze ist ein ganz spezielles Würzkraut der südostasiatischen Küche und wird besonders für südvietnamesische Fischsuppen gebraucht.

Blühende Reisfeldpflanze

HERKUNFT UND GESCHICHTE

Die Reisfeldpflanze ist in einem weiten Bereich von Südasien über Südostasien und China bis Japan und Nordaustralien verbreitet.

BOTANIK

Scrophulariaceae (Rachenblütengewächse), nach einigen neueren Quellen auch Plantaginaceae (Wegerichgewächse). Die Reisfeldpflanze ist ein 30–100 cm hohes, ein- oder mehrjähriges Kraut mit wenig verzweigten, 5 mm dicken und drüsig behaarten, fleischigen Stängeln, die Blätter in zwei- bis dreizähligen Wirteln tragen. Die spitz-eiförmigen, ungestielten Blätter mit gewelltem bis leicht gezähntem Blattrand werden bis zu 5 cm lang und erscheinen durch winzige Drüsen im Durchlicht punktiert. Die Blüten stehen einzeln in den Blattachseln oder zu mehreren an der Triebspitze; sie sind trichter- bis schlundförmig, blassviolett und bis zu 1 cm lang.

ANBAU UND QUALITÄTEN

Die Reisfeldpflanze gedeiht in feucht-warmem Klima mit hoher Luftfeuchtigkeit und bevorzugt sumpfiges Gelände oder stehende Gewässer. In gefluteten Reisfeldern Südostasiens findet sie sich oft spontan ein. In Kalifornien wird sie in Wassertanks industriell gezogen, um den Bedarf des vietnamesischstämmigen Bevölkerungsanteils zu decken.

Verwendeter Pflanzenteil / Geruch und Geschmack

Man verwendet alle oberirdischen Pflanzenteile, also die sukkulenten Stängel und die Blätter; sie müssen unbedingt frisch sein, da das Aroma bereits beim Welken leidet. Sie haben einen eigentümlichen, prickelnden Zitrusduft, in dem gelegentlich ein Hauch Kreuzkümmel wahrnehmbar ist, und einen etwas salzigen Geschmack, der bei welkem Kraut leicht ins Seifige abgleitet.

Aromagebende Inhaltsstoffe

Der Gehalt an ätherischem Öl ist mit 0,1 % sehr gering. Es besteht aus Limonen mit Nebenbestandteilen wie Perillaldehyd und Z-2-Caranon.

Kulinarik

Die Reisfeldpflanze wird in den Küchen der **südostasiatischen** Halbinsel als frisches Kraut verwendet und grob gehackt über Speisen gestreut oder – in Vietnam – in ganzen Zweigen als Kräutergarnitur. Ihr Duft empfiehlt sie vor allem zu Fischcurries und Fischsuppen, wie die vietnamesische *canh chua* und die kambodschanische *samlor manchu trey*, die durch Zugabe von frischer Ananas einen ausgesprochen fruchtigen Charakter haben. In Malaysia wird die Pflanze auch manchmal in gedämpfter Form als Gemüse gegessen.

Rosa Pfeffer

Rosa Beeren
Brasilianischer Pfefferbaum: *Schinus terebinthifolius*
Peruanischer Pfefferbaum: *Schinus molle*

Herkunft und Geschichte

S. terebinthifolius stammt aus dem subtropischen Brasilien und aus Paraguay. Er kommt heute in Florida und auf den pazifischen Inseln verwildert vor, wo er eine erhebliche Gefahr für die indigene Ökosysteme darstellt. *S. molle* ist in Trockengebieten Perus heimisch und wird in der Mittelmeerregion gerne als Zierbaum gepflanzt.

BOTANIK

Anacardiaceae (Sumachgewächse). *Schinus terebinthifolius* ist ein wintergrüner zweihäusiger Strauch oder 12 m hoher Baum, dessen Stamm hinter den dicht miteinander verflochtenen Zweigen verborgen bleibt. Die Äste tragen bis zu 40 cm lange, unpaarig gefiederte Blätter aus ungefähr neun länglichen, bis zu 8 cm langen und 2 cm breiten, ganzrandigen Fiederblättchen. *S. molle* ist ein bis zu 15 m hoher, immergrüner, zweihäusiger Baum mit überhängenden Zweigen; die unpaarig gefiederten, 25 cm langen, dunkelgrünen Blätter bestehen aus ungefähr 25 linealisch-lanzettlichen, 6 cm langen und bis zu 8 mm breiten, ganzrandigen oder gezähnten Fiederblättchen. Die gelblich weißen Blüten erscheinen bei beiden Arten in vielblütigen Rispen; aus den weiblichen Blüten entwickeln sich pinkfarbene bis leuchtend rote, glänzende Steinfrüchte, deren Durchmesser (im getrockneten Zustand) bei *S. terebinthifolius* 5 mm, bei *S. molle* 7 mm beträgt.

ANBAU UND QUALITÄTEN

Der Rosa Pfeffer des europäischen Handels stammt heute ausschließlich von *S. terebinthifolius* (praktisch der gesamte Import kommt aus Réunion), allerdings war *S. molle* bis in die sechziger Jahre als Pfefferersatz verbreitet.

Die Pfefferbäume werden aus Stecklingen vermehrt und bedürfen als robuste, schnell wachsende Gehölze keiner besonderen Pflege. Zur Ernte werden die reifen Früchte gepflückt und im Schatten getrocknet; ein kleiner Teil der Produktion entfällt auf eingelegte oder gefriergetrocknete Beeren.

VERWENDETER PFLANZENTEIL / GERUCH UND GESCHMACK

Obwohl alle Pflanzenteile aromatisch sind, werden nur die getrockneten Früchte als Gewürz verwendet. Sie riechen terpentinähnlich und schmecken süß-aromatisch, ohne Schärfe.

AROMAGEBENDE INHALTSSTOFFE

Die Steinfrüchte enthalten bis zu 5 % eines ätherischen Öls, das überwiegend aus Monoterpenverbindungen besteht (Limonen, Phellandrene, Pinene); manche Analysen fanden auch beträchtliche Mengen an Sesquiterpenen (β-Caryophyllen, Cubebane).

In den siebziger Jahren tauchten mehrfach Bedenken über eine mögliche Gesundheitsschädlichkeit von Rosa Pfeffer auf, da aus Florida Fälle von Allergien gegen *S. terebinthifolius* bekannt wurden. In der Familie der Sumachgewächse kommen äußerst wirksame Allergene vom Typ des Urushiols (3-Alkylbrenzkatechine) vor, die bei Menschen beträchtliche Schäden verursachen können (beispielsweise im Giftsumach, *Toxicodendron radicans*). Bislang konnten jedoch keine Urushiole in Rosa Pfeffer nachgewiesen werden, wohl aber die weniger stark allergenen Cardanole (3-Alkylphenole). Rosa Pfeffer aus Réunion enthält weniger Cardanole als solcher aus Florida.

Mode-Kügelchen: In der *nouvelle cuisine* tauchten die roten bis rosafarbenen Beeren in Pfeffermühlen, in Fischgerichten oder Karottensuppe auf. Der süßliche Geschmack erinnert nicht sehr an Pfeffer – und in der Tat haben die Beeren auch botanisch nichts mit Pfeffer zu tun.

Getrockneter Rosa Pfeffer

KULINARIK

Rosa Pfeffer ist kein traditionelles Gewürz und kam erst mit der *nouvelle cuisine* in **Europa** zu Bekanntheit. Dabei dienen die ungemahlenen Beeren als Dekoration für Steaks und Fisch; geschrotet würzen sie Spargel, Kartoffelpüree und mediterran inspirierte Nudelgerichte oder schwimmen auf Cremesuppen.

»Bunter Pfeffer« ist eine Mischung von echten Pfefferkörnern in zwei Farben (schwarzen und weißen) mit Rosa Pfeffer, die üblicherweise in transparenten Pfeffermühlen verkauft wird. Da Rosa Pfeffer sehr leicht ist, können die Mahlwerke von Pfeffermühlen nur einen kleinen Anteil Rosa Pfeffer im Mahlgut handhaben – was dazu führt, dass sich das zarte Aroma von Rosa Pfeffer im »bunten Pfeffer« kaum behaupten kann.

In seiner **südamerikanischen** Heimat wird Rosa Pfeffer als Heilmittel verwendet, kommt aber nur ausnahmsweise zu kulinarischer Verwendung, etwa zum Aromatisieren alkoholischer Getränke.

ROSE

HERKUNFT UND GESCHICHTE

Rosen kommen in ganz Eurasien vor, wobei Zentralasien die größte Artenvielfalt bietet. Der Ursprung der einzelnen Rosenarten lässt sich nicht rekonstruieren, da Menschen seit Jahrtausenden Rosen verbreiten, kreuzen und züchten. In Ägypten und Mesopotamien sind Rosen seit 4000 Jahren bekannt.

Die Römer verwendeten Rosen als Parfüm, vor allem in Form von Rosenöl; darunter ist aber nicht das reine ätherische Öl zu verstehen, sondern ein Auszug der Rosenblüten in fettem Öl. Rosenblüten wurden nur gelegentlich für kulinarische Zwecke verwendet, zum Beispiel zum Aromatisieren von Wein.

Die Damaszener Rose wurde in Europa durch die Kreuzzüge bekannt. Diese besonders intensiv duftende Rosenart ist wahrscheinlich eine natürliche Mehrfachhybride und inzwischen Teil des Stammbaums der meisten europäischen Zierrosen. Der größte Teil des weltweit produzierten Rosenöls stammt von dieser Art.

BOTANIK

Rosaceae (Rosengewächse). Rosen sind aufrechte oder kriechende Sträucher, die nach jahrtausendelanger Zucht stark differenziert sind. Die Damaszener Rose ist ein 1–2 m hoher, aufrechter Strauch mit ausgedehntem Wurzelsystem, dessen Zweige schmale, gerade Stacheln und unpaarig gefiederte, am Rand gesägte, unterseits behaarte, 15 cm lange Blätter tragen. Die etwa 8 cm großen Blüten stehen, oft nickend, in losen, wenigblütigen Trauben und sind weiß bis rosarot gefärbt. Es gibt Ziersorten mit »gefüllten« Blüten, aber die zur Ölgewinnung angebauten Sorten haben nur ca. 30 Blütenblätter (*trigintipetala*). Aus ihnen entwickeln sich krugförmige, lang gezogene, 2,5 cm lange Scheinfrüchte (»Hagebutten«) mit wenigen behaarten Nussfrüchten im Inneren.

ANBAU UND QUALITÄTEN

Damaszener Rosen bevorzugen sonnige Standorte und gemäßigtes Klima mit gleichmäßigem Niederschlag und ohne extreme Dürre oder Hitze. Zur Blütezeit sollten die Nachttemperaturen zwischen 15 und 20 °C liegen, da bei zu kalten Bedingungen wenig Öl gebildet wird und bei zu warmen Nächten große Verdampfungsverluste auftreten. Die bedeutendsten Anbaugebiete der Damaszener Rose liegen in Bulgarien (Kazanlǎk), der Türkei, Marokko und Indien. Rosenöl aus

Für Süßes: Rosenwasser aromatisiert nahöstliche und byzantinische Süßspeisen und deren nordeuropäischen Ableger – Marzipan.

Damaszener Rose

Frankreich und Italien stammt von der Hundertblättrigen Rose.

Rosen werden meist vegetativ durch Teilung, Stecklinge oder Aufpfropfen auf robuste Arten wie *R. multiflora* vermehrt. Auf Plantagen werden die Sträucher meist zur Ernteerleichterung in Hecken gepflanzt und bleiben viele Jahre produktiv. Die Ernte ist reine Handarbeit und dementsprechend aufwendig. Die Blüten müssen möglichst genau am Tag des ersten Erblühens gepflückt werden, indem man sie vorsichtig von der Pflanze abschneidet, ohne Nachbarblüten zu verletzen. Da der Ölgehalt tagsüber abnimmt, arbeitet man von der Dämmerung bis in die frühen Vormittag – ein geübter Arbeiter kommt auf etwa 50 kg Rosenblüten pro Arbeitstag. Die frischen Blüten werden gleich vor Ort destilliert, wobei Rosenwasser und Rosenöl anfallen. Die Ausbeute ist sehr gering: Man erhält ungefähr 0,1 g Rosenöl aus 1 kg frischer Blüten; bei Aufarbeitung des Rosenwassers lässt sich diese Zahl auf 0,3 g/kg steigern.

Rosenwasser und Rosenblüten unterscheiden sich im Duft voneinander, da sich der Aromastoff 2-Phenylethanol im Wasser anreichert. Dieses Problem lässt sich durch Extraktion mit Lösungsmitteln umgehen, wobei eine grünliche, halbfeste Masse in Ausbeuten von 1 bis 2 g/kg Rosenblüten anfällt. Dieses Material besteht aus allen Aromastoffen der Rosenblüten und zusätzlichen Blütenwachsen, die man durch Extraktion mit Alkohol abtrennen kann. Ein solches extraktiv gewonnenes Rosenöl heißt »Rosen-Absolue«; die Ausbeute bei diesem Verfahren liegt bei knapp 1 g Absolue pro kg Rosenblüten. Absolue wird hauptsächlich in den Mittelmeerländern hergestellt.

Der durchschnittliche Ertrag einer Plantage liegt bei etwa 2–3 Tonnen Rosenblüten je Hektar, was etwa 500–1000 g Rosenöl entspricht. Die Weltjahresproduktion an Rosenöl wird auf 15–20 Tonnen geschätzt.

Rosenöl kostet mehrere Tausend Euro/kg. Für Massenprodukte wird heute überwiegend »naturidentisches Rosenöl« eingesetzt. Dabei handelt es sich um eine sorgfältig abgestimmte Mischung von natürlichen oder teilsynthetischen Aromastoffen, die den

ROSE

Damaszener Rose (Rose de Resht)

Geruch des echten Rosenöls nachahmt und dabei nur einen Bruchteil des Originalöls kostet. Auch das billige »Rosenwasser« des Handels ist meist nur eine Lösung von solchem Öl in Wasser.

VERWENDETER PFLANZENTEIL / GERUCH UND GESCHMACK

Die duftenden Rosenblüten sind sehr schlecht haltbar und werden in der Küche zumeist in Form von Rosenwasser verwendet, das bei der Destillation des Rosenöls als Nebenprodukt anfällt.

AROMAGEBENDE INHALTSSTOFFE

Rosenblüten enthalten nur Spuren (0,05 %) von ätherischem Öl, das allerdings sehr komplex zusammengesetzt ist. Die Hauptbestandteile sind die Monoterpenalkohole Geraniol, Nerol und Citronellol, aber eine große Anzahl weiterer Verbindungen trägt signifikant zum Aroma bei. Trotz ihres geringen Anteils von nur einigen Hundertstel Prozent gelten die terpenabgeleiteten C_{13}-Verbindungen β-Damascenon, β-Damascon und β-Ionon als Schlüsselkomponenten für die Qualität von Rosenöl. Diese Substanzen entstehen vermutlich durch den Abbau von Carotin-Farbstoffen. Ein weiterer Aromastoff, das 2-Phenylethanol, ist wasserlöslich und wird daher im Rosenöl nicht angereichert.

KULINARIK

Manche **orientalischen** Nach- und Süßspeisen haben ein ausgeprägtes Rosenaroma. *Lokoum* (türkischer Honig)

ist eine elastische Masse aus Zucker und Stärke und kann außer mit Fruchtaroma oder Nüssen auch mit Rosenwasser gewürzt werden. Es wird zum Kaffee gegessen oder auch in Kaffee aufgelöst. In den Rosen-Anbaugebieten gibt es oft sehr fantasievolle rosenduftende Kreationen: Im bulgarischen Kazanläk produziert man Rosenmarmelade, und in Iran wird sogar Speiseeis mit Rosengeschmack hergestellt.

Manchmal wird Rosenwasser auch zum Aromatisieren pikanter Speisen verwendet, vor allem komplexer feinwürziger Reisgerichte wie dem kuwaitischen *majbūs*.

In **Indien** dient Rosenwasser manchmal als Alternative zu Pandanuswasser, einem ähnlichen einheimischen Duftstoff; für die in Sirup gekochten Quarkbällchen *rasgulla* sind beispielsweise beide Aromen gebräuchlich, dagegen verlangt das Joghurtgetränk *lassi* Rosenwasser.

Auch in der **deutschen Küche** spielt Rosenwasser eine sehr spezielle kulinarische Rolle: Man braucht es für die meisten Varianten von Marzipan, einer auf byzantinisch-nahöstliche Vorbilder zurückgehenden Süßspeise aus Mandeln und Zucker. Außer in Deutschland wird es auch in Italien und Spanien traditionell hergestellt.

ROSMARIN

Rosmarinus officinalis

HERKUNFT UND GESCHICHTE

Rosmarin ist ein mediterranes Gewürzkraut und seit der Antike bekannt. Über mittelalterliche Klostergärten verbreitete sich Rosmarin trotz seiner geringen Frosttoleranz nach Mittel- und Westeuropa und auf die Britischen Inseln. Vollkommen frostharte Kultivare stehen erst seit dem letzten Jahrhundert zur Verfügung.

BOTANIK

Lamiaceae (Lippenblütengewächse). Rosmarin ist ein langlebiger, langsamwüchsiger, aufrechter oder seltener kriechender Strauch, der bis zu 2 m hoch werden kann, der aber außerhalb des Mittelmeerraums selten mehr als 50 cm erreicht. Die verholzten, fein behaarten Zweige tragen wechselständige, nadelförmige, ledrige, oberseits kahle und

Rosmarin-
blüten

unterseits filzig behaarte, bis zu 5 cm lange Blätter. Die himmelblauen, kurz gestielten, bis zu 13 mm langen Lippenblüten erscheinen bereits im Frühling bis Frühsommer in den Achseln der Laubblätter, wobei sie oft kurze terminale Ähren bilden.

ANBAU UND QUALITÄTEN

Rosmarin benötigt warmes und trockenes Klima, stellt aber geringe Ansprüche an den Boden; am besten gedeiht er auf sandigen Kalkböden, die für andere Nutzung zu karg sind. Trotz ihrer Langlebigkeit werden Rosmarinpflanzen in Plantagen nach einigen Jahren ersetzt, da ihre Produktivität nach dem vierten Jahr nachlässt und die zunehmende Verholzung die Ernte behindert. Die bedeutendsten Produktionsgebiete liegen am westlichen Mittelmeer: Spanien, Marokko und Tunesien.

Die Vermehrung erfolgt aus Samen oder – aus Gründen der Sortenechtheit und der Wachstumsgeschwindigkeit – bevorzugt aus Stecklingen. Je nach Klima sind ein bis drei Ernten pro Jahr möglich. Dazu werden die obersten, nicht verholzten Triebe vor der Blüte geschnitten, im Schatten schonend getrocknet und danach abgerebelt. Der Ertrag liegt bei 3 Tonnen je Hektar.

VERWENDETER PFLANZENTEIL / GERUCH UND GESCHMACK

Als Gewürz verwendet man die Blätter, manchmal auch ganze Zweige, die dann vor dem Verspeisen entfernt werden. Frischer und getrockne-

ter Rosmarin unterscheiden sich im Aroma, wobei der frische nach Fichtennadeln und Kampfer, der getrocknete dagegen eher harzig riecht. Der Geschmack ist sehr aromatisch mit einer merklichen Bitternis.

AROMAGEBENDE INHALTSSTOFFE

Rosmarinblätter enthalten 1–2 % ätherisches Öl, das aus verschiedenen Monoterpenderivaten (1,8-Cineol, Kampfer, Borneol, Bornylacetat, α-Pinen und Verbenon) besteht. Als nichtflüchtige Inhaltsstoffe tragen Tannine zum adstringierend-bitteren Geschmack bei.

KULINARIK

Rosmarin wächst in Südeuropa häufig wild. In **Italien** wird das stark schmeckende Kraut – wenn möglich frisch – oft für Fleischgerichte verwendet. Vorwiegend Wild wird damit aromatisiert, und Lammfleisch ohne Rosmarin und Knoblauch dürfte in Italien wohl eine Seltenheit sein. Auch Seefische werden oft mit einem Ast des Krauts gewürzt, was sich perfekt mit der für Fischgerichte obligatorischen Zitrone verträgt.

In Fleischfonds und Rotweinsaucen passt sich das harzige Aroma des Lippenblütlers ebenso gut ein, sodass er in vielen Bratenfonds und dunklen Saucen zur Würzgrundlage gehört. Rosmarin paart sich aber nicht nur mit Rotwein und Bratensatz extrem gut, er hat grundsätzlich eine große Affinität zu ganz bestimmten Würzkomponenten: Knoblauch, Pfeffer,

Grill- und Bratwürze: Kaum ein Kraut verträgt sich so gut mit Grillgut und opulenten Braten wie der harzig-herbe Rosmarin. Wächst an der nördlichen Mittelmeerküste oft wild – und beduftet im Sommer ganze Landstriche.

Frisches Rosmarinkraut

Parmesan und fettige Nüsse (Pinienkerne, Haselnüsse, Walnüsse) lassen sich hervorragend mit Rosmarin kombinieren. Auch Tomatensaucen profitieren gelegentlich von dem herben Aroma – hier empfiehlt sich aber eine sparsame Dosierung, um die Bitternis des Rosmarins nicht in den Vordergrund zu bringen.

Weil Rosmarin große Hitze übersteht und problemlos lange mitgegart werden kann, wird mit ihm auch Grillfleisch bekrustet – oder die Zweige werden einfach in die Glut geworfen, sodass der aromatische Rauch das Grillgut würzt.

In **Frankreich** ist Rosmarin – wohl infolge seiner Intensität – hauptsächlich Wildgerichten vorbehalten, begleitet aber gelegentlich auch Fisch- und Kartoffelgerichte. Er ist Bestandteil der *herbes de Provence* und kann auch in einem *bouquet garni* verwendet werden. Ferner wird Rosmarin in Frankreich zum Aromatisieren einiger Käsesorten verwendet.

SAFRAN

Crocus sativus

HERKUNFT UND GESCHICHTE

Der Ursprung des Safrans war lange Zeit umstritten und wurde vielfach in Anatolien oder Zentralasien vermutet. Heute nimmt man an, dass Safran als spontane Mutation aus dem Cartwright-Krokus entstand, der auf Kreta wild wächst. Minoische Fresken in Akrotiri (Santorin) aus dem frühen 2. Jahrtausend v. Chr. zeigen Szenen der Safranernte. Gleichzeitig wird Safran auch in ägyptischen und sumerischen Quellen erwähnt, was auf weiträumigen Handel schließen lässt. Safran wird auch auf den mykenischen Linear-B-Tafeln erwähnt und dient in der homerischen *Odyssee* als Metapher für gelbrote Farbe.

In der Antike war Safran vor allem ein Färbemittel, da sich Textilien damit leuchtend orangegelb (aber leider nicht lichtecht!) färben lassen. Er wurde auch als Heilkraut verwendet, wobei die moderne Medizin ihn als weitgehend wirkungslos einstuft und ihm allenfalls eine leicht krampflösende Wirkung zubilligt. Das römische Apicius-Kochbuch enthält Rezepte für Gewürzwein und -salz mit Safran.

Mit dem Ende der Antike kam der Safrananbau in Europa zum Erliegen. Die arabischen Mauren, von denen die Iberische Halbinsel ab dem 8. Jahrhundert besiedelt wurde, führten den Safrananbau neu ein, und sie waren auch die Ersten, die Safran in großem Umfang als Gewürz verwendeten. Die Safranfelder von La Mancha liefern auch heute noch den größten Teil der europäischen Safranernte. Ab dem 15. Jahrhundert breitete sich der Anbau weiter nach Norden bis nach Deutschland und England aus, wurde aber im 18. Jahrhundert fast überall wieder aufgegeben.

BOTANIK

Iridaceae (Schwertliliengewächse). Safran ist eine mehrjährige Krokusart, die erst im Herbst austreibt und den größten Teil des Jahres nur als Knolle überdauert. Die Blätter sind schmal lanzettlich und bilden dichte Polster. Die Blüten bestehen aus violetten, dunkel geaderten Perigonblättern, gelben Staubgefäßen und den überlangen, leuchtend rot gefärbten Narben, die aus der Blüte herausragen.

ANBAU UND QUALITÄTEN

Safran benötigt ein gemäßigtes Klima mit niederschlagsarmem Herbst und lockere, sandhaltige Böden, da die Blüten während der kurzen Blüh-

Teuerstes aller Gewürze: Safran ist unerschwinglich – aber ergiebig. Wenige Fäden reichen für intensives Aroma und kräftige Gelbfärbung. Kein *risotto Milanese* ohne Safran, keine *bouillabaisse* ohne Safran, keine *rouille* ohne Safran.

Safranfäden

phase und die Knollen während der Ruhezeit für Fäule anfällig sind. Die Knollen werden im Frühherbst eingegraben und treiben im Oktober in rascher Folge Blätter und Blüten. Die Knollen verbleiben mehrere Jahre im Boden, müssen aber alle fünf bis sieben Jahre neu gepflanzt werden. In Regionen mit starkem Sommerregen werden die Knollen für die Zeit vom Sommer bis zum Frühherbst ausgegraben.

Die Safranernte ist reine Handarbeit. Die Blüten werden vormittags in ihrer Gänze gesammelt, danach trennt man in einem zweiten Arbeitsgang die Narben ab, die bei erhöhter Temperatur, manchmal noch über offenem Feuer, getrocknet werden. Für 1 kg Safran benötigt man rund 150 000 Blüten, was der täglichen Arbeitsleistung von zehn bis 15 Pflückern oder

rund 2000 Quadratmetern Anbaufläche entspricht. Daraus resultiert auch der hohe Preis von typischerweise drei Euro je Gramm.

Safranfäden von guter Qualität sind tiefrot, dünn und leicht zerbrechlich. Zwischen den Fingerspitzen lassen sie sich mit wenig Druck pulverisieren und hinterlassen dabei einen intensiv gelben Belag auf der Haut. Leider bekommt man – vor allem im Ausland – häufig Fälschungen zum Kauf angeboten, die aus gelben oder gelb gefärbten Pflanzenteilen bestehen, meist nicht gut färben und keine Spur von Safranaroma aufweisen. Manchmal wird Kurkuma (Gelbwurz) als Safran angeboten. Von gemahlenem Safran ist übrigens grundsätzlich Abstand zu nehmen (hohes Fälschungsrisiko und selbst bei echtem Gewürz geringe Haltbarkeit).

Verwendeter Pflanzenteil / Geruch und Geschmack

Als Gewürz werden die Blütennarben, also der oberste Teil des Stempels, verwendet. Sie werden im Handel als »Safranfäden« bezeichnet. Mindere Qualitäten enthalten auch Anteile des Griffels oder sogar der Staubgefäße (»natureller Safran«). Der Geruch von Safran ist charakteristisch, intensiv und durchdringend, etwas »medizinisch« und in großen Dosen durchaus unangenehm. Pur genossen entwickelt Safran neben seinem Aroma auch eine gewisse Bitterkeit.

Aromagebende Inhaltsstoffe

Safran verdankt seinen kulinarischen Wert verschiedenen terpenoiden Verbindungen, die erst beim Welken beziehungsweise Trocknen aus Carotin-Vorstufen entstehen: Die gelbe Farbe wird durch Ester des Crocetins hervorgerufen, während Aroma und Geschmack auf Safranal und ähnliche Verbindungen zurückgehen.

Crocetin ist eine Carbonsäure mit sieben konjugierten Doppelbindungen und einer Molekülgröße, die einem halben Carotinmolekül entspricht. Es liegt im Safran in Form von Zuckerestern vor, von denen Crocin mengenmäßig dominiert. Anders als echte Carotine sind diese »Diterpen-Carotinoide« wasserlöslich, dafür aber fettunlöslich.

Safranal, ein monocyclischer Monoterpenaldehyd, tritt zusammen mit vielen ähnlichen Verbindungen als Hauptaromakomponente auf. Es entsteht durch Glycosidspaltung und Oxidation aus dem Pikrocrocin, das im getrockneten Safran nur in Spuren auftritt und dessen bitteren Geschmack bewirkt. Auf diese Inhaltsstoffe wird auch die Giftigkeit des Safrans zurückgeführt: In hohen Dosen von mehreren Gramm wirkt Safran lähmend (weswegen er in der Vergangenheit als Abortivum genutzt wurde) und führt zu Blutungen, die im Extremfall tödlich enden.

Kulinarik

Safran spielt in praktisch allen **Mittelmeerküchen** eine Rolle. In Spanien würzt und färbt man mit Safranfäden *paella* (Reis-Fisch-Pfanne), in Frankreich ist Safran ein fester Bestandteil der *bouillabaisse* und der zu Fischsuppen in der Provence häufig servierten *rouille* (Knoblauch-Safran-Chili-Mayonnaise, siehe Knoblauch). Im italienischen Norden kommt Safran im *risotto Milanese* zum Einsatz; in einigen italienischen Pastasaucen begegnet man ihm auch.

Von **Europa** bis zum **Mittleren Orient** ist Safran – gerne in Kombination

Frisch geerntete Safranfäden

232

Safranblüte

mit Zitrusfrüchten – gelegentlicher Bestandteil von Süßspeisen (Pudding, Gebäck).

In **Iran** spielt Safran vor allem als Aroma- und Farbspender für Reisgerichte *(polow)* eine Rolle, oft in Kombination mit süßen und sauren Zutaten (etwa Berberitzenbeeren, Rosinen, Sauerkirschen) und Nüssen. Diese Zubereitungen begleiten häufig Fleisch- und Fischgerichte und sind mittlerweile im ganzen Orient populär.

In **Nordafrika** profitieren Couscousgerichte und Schmorgerichte *(ṭājin)* von der Färbewirkung des Safrans, während sein Aroma angesichts der starken Würzung eher in den Hintergrund tritt.

In **Indien** verwendet man Safran sowohl für süße als auch für pikante Speisen. Pudding aus Grieß, Safran und Mandeln *(khir)* ist ein beliebtes nordindisches Dessert, ebenso wie *ras malai* (Käsebällchen in einer cremigen Milchsauce).

Zu den bekanntesten herzhaften Speisen mit Safran gehören *biriyanis*,

oftmals komplexe Reisgerichte, die auf persische Vorbilder zurückgehen. *Biriyani* besteht aus abwechselnden Schichten von Schmorgerichten (Gemüse oder Fleisch) und mit Gewürzen gegartem Reis, der beim Aufschichten nochmals mit (unterschiedlichen) aromatischen Saucen beträufelt wird, zum Beispiel Safranwasser. Das Schichtwerk lässt man vor dem Servieren mit zerlassener Butter im Ofen bei milden Temperaturen durchziehen. Die aromatische Bandbreite innerhalb eines *biriyani*-Gerichts ist häufig verwirrend groß. Sie kann süße (Zimt, Indische Lorbeerblätter, Rosinen), salzige, saure (Berberitzen) und scharfe (Pfeffer, Chilis) Komponenten beinhalten.

Weil die Aroma- und Färbestoffe des Safrans wasserlöslich sind, wird das Gewürz in der Regel als wässriger Extrakt zugeführt. Dazu übergießt man ganze oder zerstoßene Fäden mit einer kleinen Menge Wasser, Brühe, Milch, Zitronensaft usw. und lässt sie einige Minuten ziehen. Die verwendete Flüssigkeit färbt sich – je nach Safranmenge – rasch intensiv dottergelb.

Übrigens: Hierzulande wird Safran im Supermarkt in allzu kleinen Packungsgrößen angeboten. Portionen von 0,1 g oder weniger sind keine Seltenheit. Mit derart geringen Mengen lässt sich allerdings – trotz der durchaus hohen Färbe- und Aromatisierungspotenz – kaum wirkungsvoll würzen. Ziemlich gute Qualitäten sind in Deutschland aber bereits für drei Euro zu bekommen.

SALBEI

GARTENSALBEI: *Salvia officinalis*
GRIECHISCHER SALBEI: *Salvia triloba* (syn. *S. fruticosa*)

HERKUNFT UND GESCHICHTE

Salbei kommt in verschiedenen Unterarten entlang der Nordküste des Mittelmeeres vor und wird seit der Frühantike in Ägypten als Heilpflanze genutzt. In Mitteleuropa verbreitete er sich erst im Mittelalter über Klostergärten. Er galt als vielfältig einsetzbare Heilpflanze – der Name wird allgemein von *salvere* »heilen« abgeleitet. Als Heilmittel hat Salbei heute nur noch eine Bedeutung für die Volksmedizin.

BOTANIK

Lamiaceae (Lippenblütengewächse). Der Gartensalbei ist ein 70 cm hoch werdender, sommergrüner Halbstrauch. Die aufrechten, verzweigten, jung filzig behaarten Zweige tragen kreuzgegenständige, gestielte, raue, samtig behaarte, graugrüne, am Rand fein gekerbte Blätter von lang gestreckt elliptischer Gestalt und bis zu 10 cm Länge. Der Blattgrund ist nur schwach oder gar nicht geöhrt; beim verwandten Griechischen Salbei sind die Ohren dagegen so stark ausgebildet, dass das Blatt fast dreilappig wirkt. Die kurz gestielten Blüten erscheinen in etwa zehnblütigen, endständigen Scheinquirlen, die zu 10–20 cm langen ährenähnlichen Strukturen zusammengefasst sind. Die viersamigen Früchte zerfallen bei der Reife in vier kugelige, 2 mm große Klausen.

ANBAU UND QUALITÄTEN

Salbei bevorzugt sonnige, trockene Standorte und wird vorwiegend am östlichen Mittelmeer angebaut, wobei die besten Qualitäten entlang der dalmatinischen Küste gedeihen. Andere Anbaugebiete liegen in Mittel- und Osteuropa, Russland und den Vereinigten Staaten, die übrigens auch der Hauptkonsument sind.

Salbei wird auf Feldern angebaut und aus Samen oder Stecklingen vermehrt. Zweimal pro Jahr, knapp vor der Blütezeit, werden die obersten Blätter geerntet. Aus Kostengründen wird oft mechanisch mit dem Mählader geerntet, obwohl dabei schlechtere Qualitäten als bei manuellem Pflücken erzielt werden. Die Pflanzungen liefern vom zweiten bis zum vierten Jahr einen jährlichen Ertrag von bis zu 5 Tonnen je Hektar.

Im internationalen Handel wird der Salbei je nach botanischer Unterart und Herkunftsland unterschiedlich beurteilt. Dalmatinischer Salbei ist die bevorzugte Unterart, wobei Ware

Eingewickelt: Salbeiblätter taugen bestens zum Umwickeln von Geflügel- und Wildstücken und sind in italienischen Kalbsgerichten Pflichtprogramm.

Frische Salbeiblätter

aus kroatischen Anbaugebieten den höchsten Wert hat. Griechischer Salbei gilt als minderwertige Ware und gelangt kaum in den Export – ist in Griechenland aber die beliebteste Sorte.

VERWENDETER PFLANZENTEIL / GERUCH UND GESCHMACK

Für Teezubereitungen und als Gewürz werden die Blätter verwendet. Frisch schmecken sie um ein Vielfaches aromatischer und weniger streng als getrocknet. Das Aroma ist würzig, entfernt an Nadelhölzer und Kampfer erinnernd und kann bei älteren Pflanzen starke Bitterkeit entwickeln.

AROMAGEBENDE INHALTSSTOFFE

Salbeiblätter enthalten neben 0,5 % polyphenolischen Gerbstoffen große Mengen an ätherischem Öl (bis zu 3,5 %) in variabler Zusammensetzung. Im Dalmatinischen Salbei (subsp. *minor*) wurde als Hauptbestandteil Thujon nachgewiesen, dessen Gehalt zwischen 30 und 70 % schwankt und bei den obersten Blättern und im Herbst am höchsten ist. Nebenbestandteile sind Kampfer, 1,8-Cineol und Limonen mit schwankenden Anteilen zwischen 5 und 30 % sowie kleinere Mengen Borneol und Bornylacetat. Der mildere Spanische Salbei (subsp. *lavandulifolia*) enthält kaum Gerbstoffe und Thujon, stattdessen vornehmlich 1,8-Cineol und Kampfer.

Griechischer oder Dreilappiger Salbei hat einen abweichenden Geruch; sein Öl ist reich an Cineol und enthält nur 5–10 % Thujon und Kampfer.

KULINARIK

In **Deutschland** wird Salbei gerne in Kombination mit Kalbfleisch und zu Aalsuppen verwendet. Ansonsten ist

SALBEI

er aber ein durch und durch mediterranes Kraut, das man in den Mittelmeerländern im Sommer ohne Weiteres in Gärten oder auch in Wildwuchs findet. Er wird in **Italien** für Fleisch- und Geflügel-, Eier- und Pastagerichte verwendet. Besonders Kalbfleisch wird gerne damit gewürzt, beispielsweise *saltimbocca alla Romana*, dünne Kalbsschnitzel, die mit einer Scheibe luftgetrocknetem Schinken und einem größeren Salbeiblatt belegt oder umwickelt werden. Diese Schnitzel-Sandwiches werden mit einem Hölzchen fixiert und gebraten. Ferner gibt es Rezepte für *ossobuco alla Milanese* (geschmorte Kalbshaxe aus Mailand) und *involtini* (Kalbsröllchen mit allerlei unterschiedlichen Füllungen), die Salbei vorschreiben. Außerdem kommt Salbei oft bei Wildgerichten (besonders Wildvögeln wie Wachteln und Fasan) zum Einsatz.

Omelettes profitieren von der herben Würze des Krauts, und besonders an Hartkäse-Eier-Kombinationen (beispielsweise *parmigiano reggiano* oder *grana Padano*) schmiegt sich das Aroma von Salbei sehr gut an.

Ein berühmtes toskanisches Gericht sind weiße Bohnen mit Salbei. Dazu wird ein *soffritto* von Knoblauch und Salbei in Olivenöl bereitet, in dem weiße Bohnen mit gehackten Tomaten gedünstet werden. Das Ganze wird gegebenenfalls mit *peperoncini* und zusätzlichem Salbei abgeschmeckt und kalt mit Weißbrot gegessen. Eine eigentümliche Variante dieses Bohnengerichts: Die Zutaten werden sämtlich in eine leere, bauchige Chianti-Flasche gefüllt, die dann einige Stunden (oder über Nacht) in der Nähe einer Glut (oder moderner: im nicht allzu heißen Ofen) aufgestellt wird; das Ganze heißt dann *fagioli al fiasco*.

In Butter mit Knoblauch kurz gebratene Salbeiblätter ergeben eine einfache, aber sehr aromatische Pastasauce, die gut zu den norditalienischen *gnocchi di patate* (Kartoffelnocken) passt.

Etwas kurios: In Backteig frittierte Salbeiblätter werden (ähnlich wie Borretsch!) gelegentlich zum Aperitif gereicht.

Salbei wird in der kalten Jahreszeit wegen seiner schleimhautberuhigenden Wirkung gerne als Tee genossen. Besonders in Griechenland und in der Türkei werden derber und streng schmeckende Salbeisorten dazu mit kochendem Wasser übergossen.

236

Blühender Salbei

SASSAFRAS

Sassafras albidum

Jazz: Sassafras ist nur in der einzigartigen Küche von New Orleans heimisch und verantwortet Aroma und Konsistenz des Charaktergerichts Gumbo, einer dicken Suppe aus Fleisch, Meeresfrüchten und Gemüse.

Sassafrasblüten

HERKUNFT UND GESCHICHTE

Der Sassafras-Baum ist im östlichen Nordamerika heimisch. Die Spanier lernten ihn von den Chocktaw-Indianern im 16. Jahrhundert kennen, und in der Folgezeit erlebte Sassafras große (wenngleich unverdiente) Popularität als Heilmittel in Europa; seine kulinarische Verwendung blieb jedoch auf Amerika beschränkt.

Die amerikanischen Siedler verwendeten Sassafras, neben anderen einheimischen Aromatika wie Sarsaparille, zum Würzen von vergorenen, später auch alkoholfreien Getränken. Diese wurden zuerst kommunal hergestellt, doch im späten 19. Jahrhundert entwickelte sich eine Getränkeindustrie mit standardisierten Rezepten und etablierten Marken. Dieses sogenannte *root beer* macht heute etwa 3 % des gesamten US-Marktes für Erfrischungsgetränke aus. Native Sassafrasprodukte dürfen wegen des hohen Safrolgehalts heute nicht mehr enthalten sein; stattdessen verwenden die industriellen Rezepte einen vom Safrol befreiten Extrakt aus Sassafras-Wurzelrinde.

BOTANIK

Lauraceae (Lorbeergewächse). Sassafras ist ein stattlicher, sommergrüner, zweihäusiger Baum mit einem 60 cm dicken, von gefurchter Rinde bedeckten Stamm und einer kugelförmigen oder pyramidalen, dichten Krone. Er kann bis zu 20 m (selten bis zu 35 m) hoch werden. Die Zweige wachsen leicht ansteigend oder horizontal und tragen wechselständige, bis zu 15 cm lange, hellgrüne, samtige Blätter, de-

Sassafraslaub im Herbst

milden, krautigen Geschmack mit leichter Zitrusnote.

Aromagebende Inhaltsstoffe

Sassafrasblätter enthalten nur wenig ätherisches Öl, das Terpene (Kampfer, α-Pinen und Citral) und bis zu 40 % Safrol enthält. Safrol ist mit 80 % der Hauptbestandteil der Öle aus Wurzel (2 %) und Rinde (8 %).

Kulinarik

Sassafrasblätter spielen nur in einer einzigen Region eine Rolle: im südöstlichen US-Bundesstaat **Louisiana** mit seiner französisch geprägten Geschichte. Neben der rustikalen Küche der Cajuns, französischsprachiger Bauern und Jäger, gibt es noch die verfeinerte urbane »kreolische Küche« von New Orleans. Dort verschmelzen französische Adelsküche und die Cajun-Traditionen mit indianischen, karibischen und afrikanischen Elementen.

Das Nationalgericht Louisianas ist *gumbo*, eine dicke Suppe, die mit Reis gegessen wird. Kreolen und Cajuns bereiten sie unterschiedlich zu, aber die Grundzutaten sind immer dunkle Mehlschwitze, Fleischbrühe, verschiedene Sorten Gemüse und Fleisch (oft Krebsfleisch), geräucherte Wurst und Okraschoten, die die Suppe stark binden. *Gumbo* wird mit Paprika, Chili und Thymian gewürzt und bei Tisch mit Sassafras-Pulver abgeschmeckt. Neben seinem Geschmack hat Sassafraspulver auch eine andickende Wirkung.

ren Gestalt je nach Lichtverhältnissen zwischen elliptisch, eiförmig, zwei- oder dreilappig schwankt; im Herbst färben sie sich vor dem Abfallen feuerrot. Die Blüten erscheinen im Frühjahr noch vor den Blättern in 10 cm langen, hängenden Trauben; die Einzelblüten erreichen 1 cm Durchmesser und sind gelbgrün gefärbt. Aus den weiblichen Blüten entwickeln sich nach Bestäubung nur in warmem Klima blauschwarze Beeren.

Anbau und Qualitäten

Sassafras bevorzugt trockene, helle Standorte in warm-gemäßigtem oder subtropischem Klima. Er wird sowohl in Europa als auch in den USA gerne als Zierbaum gepflanzt, aber die Ernte an Blättern und Wurzelrinde stammt überwiegend aus Wildsammlung.

Verwendeter Pflanzenteil / Geruch und Geschmack

Als Gewürz verwendet man die im Herbst gesammelten Blätter, die getrocknet und meist gemahlen in den Handel kommen. Sie haben einen

SCHABZIEGERKLEE

ZIGERKLEE, BROTKLEE
Trigonella caerulea

Alpiner Exot: Schabziegerklee ist in der Schweiz beziehungsweise in Südtirol perfekt für Käse und Brotwürzung. Sonst ist er nirgendwo gebräuchlich.

Schabziegerkleeblüten

HERKUNFT UND GESCHICHTE

Schabziegerklee kommt in europäischen Gebirgen, von den Alpen bis zum Kaukasus, wild oder verwildert vor.

BOTANIK

Schabziegerklee ist ein einjähriges Kraut von maximal 1 m Höhe. Der aufrechte, nur wenig verzweigte Stängel trägt wechselständige, gestielte Blätter aus drei 4 cm langen, schmalen, ovalen, am Rand gezähnten Fiederblättchen. Die kleinen hellblauen Schmetterlingsblüten mit dunkelblauer Zeichnung erscheinen in endständigen Köpfchen von ca. 3 cm Durchmesser und entwickeln sich zu kurzen, spitz geschnäbelten Hülsen.

ANBAU UND QUALITÄTEN

Schabziegerklee wird in Südtirol (Pustertal, »Brotklee«) und in der Schweiz (Kanton Glarus, »Zigerklee«) in jeweils kleinem Umfang angebaut. Durch unterschiedliche Trocknungsprozeduren weisen die beiden Provenienzen unterschiedliches Aroma auf. Im Einzelhandel spielt das Gewürz keine große Rolle, da der größte Anteil der Ernte für die Herstellung regionaler Spezialitäten verbraucht wird.

Verwendeter Pflanzenteil / Geruch und Geschmack

Man verwendet die oberirdischen Pflanzenteile, die vor oder bei der Blüte geschnitten und getrocknet werden; Schabziegerklee kommt so gut wie immer gemahlen in den Handel. Er riecht würzig, etwas nach Brühe und erinnert auch an getrocknete Bockshornkleeblätter.

Aromagebende Inhaltsstoffe

Über die Inhaltsstoffe von Schabziegerklee ist wenig bekannt. Er enthält kein ätherisches Öl, und auch heterocyclische Duftstoffe wie beim Bockshornklee wurden noch nicht nachgewiesen, dafür aber α-Keto-Carbonsäuren.

Kulinarik

Schabziegerklee würzt in seinen beiden Anbaugebieten verschiedene traditionelle Nahrungsmittel: In **Südtirol** verwendet man ihn zum Backen bestimmter Brotsorten, zum Beispiel für Vinschgauer Roggenkleingebäck aus Sauerteig oder für Pusterer Brötchen. Man fügt dem Teig etwa einen Esslöffel Schabziegerklee pro Kilogramm zu.

In der **Schweiz** benutzt man das Gewürz für den Schabzigerkäse, einen fettarmen, sehr geschmacksintensiven Hartkäse aus Magermilch, der nach der Reifung vermahlen, mit Schabziegerklee vermischt und zu blassgrünen Kegeln gepresst wird. Er wird meist als Würzkäse zum Kochen (käsegefüllte Nudeln) oder gerieben als Tischwürze verwendet. Wegen des sehr intensiven Aromas wird er nur selten pur genossen.

In den letzten Jahren erfreut sich Schabziegerklee einer gewissen Beliebtheit als »experimentelles Gewürz«. Er eignet sich besonders für Kartoffelaufläufe, Käsesuppen und Kräuterbutter.

Blühender Schabziegerklee

SCHNITTLAUCH

GARTENSCHNITTLAUCH: *Allium schoenoprasum*
CHINESISCHER SCHNITTLAUCH, SCHNITTKNOBLAUCH: *Allium tuberosum*

Hohler Stängel: Schnittlauch gehört in die französischen *fines herbes*, wird häufig auf mitteleuropäischen Omelettes gesichtet und taucht in China als kuriose pastenförmige Tischwürze auf.

Frischer Schnittlauch

HERKUNFT UND GESCHICHTE

Schnittlauch ist als Wildpflanze über das ganze gemäßigte Eurasien verbreitet und stammt wahrscheinlich aus Zentralasien. Als Gewürz taucht er erst im Mittelalter auf.

BOTANIK

Alliaceae (Lauchgewächse). Schnittlauch ist eine ausdauernde Staude, die gewöhnlich nur 15–30 cm hoch wird und durch ein verzweigtes Rhizom Horste bildet. Aus dem Rhizom treiben einerseits röhrige, stielrunde, 30 cm lange und zu einer feinen Spitze auslaufende Laubblätter, andererseits verdickte unterirdische Reserveblätter (Zwiebeln). Die Blüten stehen in einer terminalen, dichten, vielblütigen Scheindolde auf unverzweigten, aufrechten Blütenschäften, die meist nur spärlich beblättert sind. Die etwa 3 mm großen, rosaroten, sechszähligen Blüten entwickeln sich zu dreifächrigen Kapseln mit schwarzen, dreikantigen Samen.

Der Chinesische Schnittlauch ist ein ebenfalls horstiges, 50 cm hohes Kraut mit flachen Blättern und weißen Blüten.

Anbau und Qualitäten

Schnittlauch ist eine anspruchslose Pflanze, die in ganz Europa kultiviert wird; großflächiger Feldanbau ist aber eher die Ausnahme. Er wird aus Samen vermehrt und kann über zwei bis vier Jahre hinweg mehrmals pro Jahr beerntet werden – ohne regelmäßigen Schnitt entwickeln sich Blüten, was zu einer Verschlechterung der Blattqualität führt.

Chinesischer Schnittlauch ist in Ostasien heimisch und wird vom Himalaja bis zu den Philippinen angebaut. Die Plantagen werden aus Samen oder aus Rhizomstücken angelegt und bleiben bis zu 30 Jahre lang ertragreich.

Verwendeter Pflanzenteil / Geruch und Geschmack

Als Gewürz werden fast ausschließlich die frischen Blätter verwendet. Sie haben ein mildes zwiebelartiges Aroma und einen pikanten, etwas scharfen Geschmack. Chinesischer Schnittlauch riecht knoblauchähnlich. Schnittlauch wird im Handel auch getrocknet angeboten. Er ist in dieser Form aber praktisch wertlos. Gefrorene Handelsware hingegen ist gut verwertbar.

Aromagebende Inhaltsstoffe

Wie seine Verwandten Zwiebel, Knoblauch und Bärlauch enthält auch Schnittlauch S-Alkylcysteinsulfoxide, die bei Gewebeverletzung zu flüchtigen Schwefelverbindungen reagieren. Im ersten Reaktionsschritt entstehen Propyl-propanthiosulfinat und ähnliche Verbindungen, aus denen sich sekundär die Hauptaromaträger Dipropyldisulfid, 1-Propenylpropyldisulfid und Methyl-propyldisulfid bilden.

Das Aroma von Chinesischem Schnittlauch geht auf Mono- bis Tetrasulfide mit Methyl- oder Allylresten zurück; die Hauptverbindungen sind Dimethyldisulfid, Dimethyltrisulfid und Diallylsulfid.

Kulinarik

Schnittlauch wird in einigen europäischen Küchen verwendet – sein mildwürziger Geschmack rundet viele Speisen der **deutschen Küche** gut ab. In 2–4 mm lange Stücke geschnittene Blätter (»Schnittlauchröllchen«) streut man über Suppen und Fleisch- oder Gemüsegerichte, über Käseaufläufe und Salate oder auch aufs Butterbrot; besonders beliebt sind Frischkäseaufstriche mit Schnittlauch. Schnittlauch ist temperaturempfindlich und sollte nicht lange mitgekocht werden.

In den nordeuropäischen Küchen ist Schnittlauch ein Lieblingsgewürz der Kartoffel, oft im Verbund mit Dill. Ebendiese Kombination würzt – häufig noch mit Estragon – auch Fischgerichte. Zu gedämpftem Fisch passt das feine Aroma von Schnittlauch besser als der starke Geschmack von Zwiebeln oder Schalotten.

In die Frankfurter Grüne Sauce gehört neben Borretsch, Petersilie, Kerbel, Kresse, Pimpinelle und Sauerampfer auch Schnittlauch (siehe Borretsch). In **Frankreich** verwendet man Schnittlauch oft in einer Mischung

Schnittlauchblüte

frischer gehackter Kräuter, die *fines herbes* heißt und normalerweise Schnittlauch, Estragon, Kerbel und Petersilie enthält, manchmal auch Majoran. Damit werden vorrangig Suppen, Frischkäse und Eierspeisen gewürzt *(omelette)*.

Der Chinesische Schnittlauch wird in vielen **chinesischen Regionalküchen** verwendet, vor allem im Osten. Die kantonesische Bezeichnung *dím sām* meint eigentlich eine Zwischenmahlzeit aus verschiedenen kleinen Speisen, wird aber vor allem im Ausland auf einen einzigen Typ chinesischer Snacks eingeschränkt: Nudeln aus Weizen-, Reis- oder Bohnenteig, die mit verschiedenen mild gewürz-ten Farcen gefüllt und zumeist im Bambuskorb gedämpft werden. Vor dem Servieren werden sie oft mit gehacktem Schnittlauch bestreut. Ganz ähnlich werden auch die tibetischen Nudeln *momo* mit dem Kraut garniert.

Eine etwas eigenwillige chinesische Spezialität ist *jiŭ cài huā*, eine pikante Tischwürze aus mit Salz zu einer Paste zerstoßenen Blüten von Chinesischem Schnittlauch.

Die schnittlauchartigen Blätter der **nepalesischen** Lauchart *jimbu (Allium wallachii)* werden ganz anders verwendet: Sie werden getrocknet und in Fett gebraten, mit dem man dann gekochte Linsen aromatisiert.

SCHWARZER KARDAMOM

BRAUNER KARDAMOM
NEPAL-KARDAMOM: *Amomum subulatum*
CHINA-KARDAMOM: *Amomum tsaoko* (syn. *A. tsao-ko, A. hongtsaoko*)

Kapseln vom chinesischen
Schwarzen Kardamom

Kapseln vom indischen
Schwarzen Kardamom

HERKUNFT UND GESCHICHTE

Amomum subulatum ist im östlichen Himalaja heimisch und wird im indischen Bundesstaat Sikkim, in Nepal und Bhutan angebaut. Vorwiegend wird für den lokalen Markt und die angrenzenden Länder (Pakistan, Afghanistan) produziert. Die verwandte Art *A. tsaoko* hat eine östlichere Verbreitung mit dem Schwerpunkt in der chinesischen Provinz Yunnan. Er wird als Heilpflanze in der Traditionellen Chinesischen Medizin gebraucht.

Bereits in der Antike wurden Kardamomgewürze in Europa gehandelt. Die Sorte *amomum*, die wahrscheinlich einer Art von Schwarzem Kardamom entsprach, diente als Duftstoff für Parfüms und war in Rom vor allem als Haaröl für Männer äußerst populär; in der Küche spielte sie jedoch keine Rolle.

BOTANIK

Zingiberaceae (Ingwergewächse). Schwarzer Kardamom ist eine mehrjährige Staude mit ausdauerndem, holzigem Rhizom und lanzettlichen, parallelnervigen Blättern; sie sieht dem Grünen Kardamom sehr ähnlich, wird aber nur 2–3 m hoch. Die gelben bis orangefarbenen Blüten erscheinen bodennah in kolbenförmigen Blütenständen. Aus ihnen entwickeln sich fleischige Fruchtstände mit zehn bis 20 elliptischen, längs gerippten Kapseln, die sich bei der Reife dunkelrot färben.

Anbau und Qualitäten

Der Anbau entspricht, abgesehen von den klimatischen Unterschieden, dem des Grünen Kardamom. Die knapp vor der Vollreife geernteten, hochroten Kapseln müssen mithilfe künstlicher Wärmequellen getrocknet werden; im Himalaja benutzt man dazu nasses Brennholz und leitet den heißen Rauch durch dicke Schichten der frisch gepflückten Kapseln, wodurch diese ein intensives (oft als penetrant empfundenes) Räucheraroma annehmen.

Verwendeter Pflanzenteil / Geruch und Geschmack

Beide Arten des Schwarzen Kardamom haben einen ähnlichen, eukalyptus- bis kampferartigen Geruch, wobei nepalesische Ware zusätzlich ein starkes Räucheraroma verbreitet, das erst durch die Verarbeitung entsteht. Der Geschmack ist intensiv, brennend-aromatisch und warm.

245

Rauchig: Schwarzer Kardamom ist die robuste Würze der nordindischen Alltagsküche – und darf nicht mit dem eleganten Grünen Kardamom verwechselt werden, der ganz anders schmeckt.

Fruchtstand vom indischen Schwarzen Kardamom

Schwarzer Kardamom

Aromagebende Inhaltsstoffe

Im ätherischen Öl (3 % in den Samen) von Schwarzem Kardamom wurden überwiegend Monoterpene gefunden. Der Hauptbestandteil ist das auch im Eukalyptus vorkommende 1,8-Cineol.

Kulinarik

Schwarzer Kardamom gehört zu den Gewürzen, die in der Literatur oft ziemlich schlecht wegkommen – vielfach wird er »Bastard-Kardamom« genannt und als minderwertiges und grobes Surrogat für seinen tropischen Verwandten, den Grünen Kardamom, gesehen. In der Tat erreicht Schwarzer Kardamom nicht dessen elegantes und komplexes Aromaprofil und ist eigentlich kein brauchbarer Ersatz für seinen Verwandten. Vielmehr ist er ein unabhängiges Gewürz mit ganz eigenen Anwendungen.

In **China** ist Schwarzer Kardamom ein regional relevantes Gewürz der Gebirgsprovinzen Sichuan und Yunnan. Er wird in Form ganzer Kapseln verwendet und benötigt lange Kochzeiten; und Letztere sind bei den in der Region üblichen Eintöpfen die Regel. Außerdem verwendet man ihn oft zum Würzen von Fleischbrühen und deren perfektionierter Form, der »Meistersauce«; auch in *hóngshāo*-Rezepten taucht er gelegentlich auf (siehe Zimt).

Die gemahlenen Samen sind ein optionaler Zusatz zum chinesischen Fünf-Gewürze-Pulver.

In **Nordindien** und **Pakistan** ist Schwarzer Kardamom als Gewürz für Fleisch-Schmorgerichte sehr beliebt. Er eignet sich nicht für mogulische *korma*-Speisen (hier ist in der Tat nur Grüner Kardamom angebracht), sondern gehört eher in die indische Alltagsküche, wo er gerne mit Knoblauch, Ingwer und Chili kombiniert wird. Typische Beispiele sind *sag gosht*, Lammfleischstücke in einer würzigen Spinatsauce, oder *murgh masala*, Hühnerfleischstücke in einer scharfen Zwiebel-Tomaten-Sauce. Die Kapseln werden vor der Verwendung leicht angebrochen und häufig in heißem Fett gebraten, bis sie ihr Aroma vollständig entfalten.

Schwarzer Kreuzkümmel

Bunium persicum (syn. *Carum persicum*)

Kuriose Pflanze: Er wird nur zwischen Persien und Nordindien verwendet und ist so exklusiv, dass kein Pflanzenfoto zu finden war.

Getrocknete Früchte von Schwarzem Kreuzkümmel

Herkunft und Geschichte

Schwarzer Kreuzkümmel ist in den Gebirgen Zentralasiens bis zum westlichen Himalaja (Kaschmir) als Wildpflanze verbreitet.

In Indien heißt das Gewürz gewöhnlich *kala jira* – »schwarzer Kreuzkümmel«. Daneben sind auch Bezeichnungen wie »kaiserlicher Kreuzkümmel« oder »Himalaja-Kreuzkümmel« üblich. Verwechslungen sind mit vielen anderen Gewürzen möglich, so mit Kümmel, gewöhnlichem Kreuzkümmel, Ajowan (der im Arabischen auch »königlicher Kreuzkümmel« heißt) und besonders mit Nigella, die im Deutschen auch »Schwarzkümmel« genannt wird und in vielen südindischen Sprachen Bezeichnungen trägt, die dem *kala jira* sehr ähneln. In der botanischen Fachliteratur wird die Pflanze gelegentlich fälschlich mit der mediterranen Erdkastanie *(B. bulbo-castanum)* gleichgesetzt.

BOTANIK

Apiaceae (Doldenblütengewächse). Schwarzer Kreuzkümmel ist ein mehrjähriges, 50 cm hohes Kraut mit einer essbaren, 2 cm großen, kugelförmigen Wurzel. Die Blätter sind kahl, zwei- bis dreifach gefiedert mit fadenförmigen Blättchen. Die Blüten erscheinen in vielstrahligen Doppeldolden; die Einzelblüten sind 1 mm groß, weiß bis rosa gefärbt und entwickeln sich zu den familientypischen Spaltfrüchten. Die Teilfrüchte sind trocken dunkelbraun, spindelig bis leicht halbmondförmig gekrümmt, 0,5 mm dick und 5 mm lang mit deutlichen Längsrippen.

ANBAU UND QUALITÄTEN

Schwarzer Kreuzkümmel wird in Indien (Kaschmir), Pakistan, Tadschikistan und Iran produziert. Dabei stammt ein großer Anteil der Handelsware aus Wildsammlung, da die Pflanze nicht leicht zu kultivieren ist. Zurzeit werden verschiedene Anbauformen wissenschaftlich geprüft und in Pilotprojekten erprobt. Auch die sehr schlechte Keimfähigkeit der Samen macht ihren Anbau problematisch.

VERWENDETER PFLANZENTEIL / GERUCH UND GESCHMACK

Als Gewürz werden die getrockneten Früchte verwendet, die ein warmes, erdiges Aroma verströmen, das allerdings manche Menschen an verbranntes Gummi denken lässt.

AROMAGEBENDE INHALTSSTOFFE

Das getrocknete Gewürz ist reich an einem ätherischen Öl (bis zu 7 %), das in der Hauptsache aus Terpenaldehyden besteht: Cuminaldehyd, p-Mentha-1,3-dien-7-al und p-Mentha-1,4-dien-7-al, wobei der Erstere auch Hauptkomponente in gewöhnlichem Kreuzkümmel ist. In unreif geernteten Früchten oder solchen aus Wildsammlung treten auch Monoterpenkohlenwasserstoffe auf, die als qualitätsmindernd gelten.

KULINARIK

Schwarzer Kreuzkümmel ist ein Gewürz der **nordindischen mogulischen Küche**. Er wird gerne anstelle von gewöhnlichem Kreuzkümmel – aber so gut wie nie mit ihm zusammen – in *korma*-artigen Schmorgerichten verwendet, allerdings auf eine für Indien ziemlich untypische Art und Weise: Man brät ihn niemals in heißem Fett an, sondern fügt ihn erst hinzu, wenn die Sauce des *korma* schon fertig entwickelt ist und die Temperatur nicht mehr weit über 100 °C steigt.

Schwarzer Kreuzkümmel wird oft mit Kreuzkümmel, manchmal auch mit Kümmel verwechselt. Indische Namen in der Art von »kala jira« meinen in Nordindien meist schwarzen Kreuzkümmel, im Süden dagegen Nigella.

SCHWARZER SENF

SCHWARZER SENF: *Brassica nigra*
INDISCHER BRAUNSENF, SAREPTA-SENF: *B. juncea*

Indien und Frankreich: Geröstete Schwarze Senfsamen würzen südindische Currygerichte und ergeben gemahlen, geschält und mit Wein oder Traubensaft vermengt den berühmten französischen Dijon-Senf.

Getrocknete Schwarze Senfkörner

HERKUNFT UND GESCHICHTE

Der Schwarze Senf stammt aus dem östlichen Mittelmeergebiet, möglicherweise auch aus dem Nahen Osten.

Senf gehört zu den ältesten Gewürzen Asiens; die ältesten archäologischen Befunde weisen ungefähr 4000 Jahre in die Vergangenheit zurück, nach Ägypten, Griechenland, Mesopotamien und ins Industal (Braunsenf). Er diente überwiegend als Ölpflanze.

Die antiken mediterranen Küchen verwendeten schwarze und weiße Senfkörner auch als Streuwürze – bis zum regelmäßigen Import von Pfeffer im 2. Jahrhundert v. Chr. waren sie das schärfste verfügbare Gewürz.

BOTANIK

Brassicaceae (Kreuzblütengewächse). Schwarzer Senf ist ein einjähriges Kraut mit bis zu 1,5 m (nach anderen Quellen gar bis zu 3 m) langen, aufrechten, verzweigten, beblätterten Stängeln. Die unteren Blätter werden bis zu 15 cm lang und haben tief fiederlappige Gestalt mit übergroßem Endlappen und oft gezähntem Blattrand; die obersten Blätter sind dagegen schmal-lanzettlich, ganzrandig und nur 5 cm lang. Die 8 mm großen, vierzähligen, leuchtend schwefelgelben Blüten erscheinen in endständigen Trauben und entwickeln sich zu 2,5 cm langen und nur 2 mm dicken, kahlen, kurz geschnäbelten Schoten, die sich aufwärts an den Stamm anlegen und bei Reife aufplatzen, wobei sich alle der bis zu zehn Samen gleichzeitig ablösen. Die Samen sind kugelig, 1 mm groß und dunkelbraun bis blauschwarz.

Der verwandte Indische Braunsenf (*B. juncea*) ist ein fertiler Hybrid aus *B. nigrum* und dem Ackerkohl, *B. campestris*. Er sieht dem Ersteren sehr ähnlich, wird aber kaum 1 m hoch. Ein wesentlicher Unterschied liegt darin, dass seine Schoten etwas dicker sind und größere Samen (1,5 mm) enthalten. Bei der Reife bleiben sie geschlossen, was die automatische Ernte erleichtert.

ANBAU UND QUALITÄTEN

Schwarzer Senf wird mittlerweile kaum mehr in großem Maßstab angebaut, sondern ist weitgehend durch Braunen Senf ersetzt worden, da Letzterer niedriger wächst und Schwarzer Senf seine Samen bei der Reife verstreut. Entsprechend ist der »Schwarze Senf« des Handels überwiegend Braunsenf. Er wird im Mittelmeergebiet, Südosteuropa und im Nahen Osten angebaut.

Der Anbau erfolgt auf Feldern; die Ernte erfolgt 50 bis 100 Tage nach der Aussaat, wenn die ersten Früchte aufspringen. Schwarzer Senf wird manuell geerntet, getrocknet und gedroschen; bei Braunem Senf kann spät, nach dem Vertrocknen der Pflanze, in einem Arbeitsgang mit einem Mähdrescher geerntet und gedroschen werden.

VERWENDETER PFLANZENTEIL / GERUCH UND GESCHMACK

Als Gewürz werden ausschließlich die Samen verwendet. Sie sind geruchlos, entwickeln jedoch beim Kauen allmählich beißende Schärfe. Die knollig verdickten, fleischigen Stängel eines chinesischen Kultivars von *B. juncea* werden als Gemüse gegessen und kommen – meist mit viel Salz und Chili eingelegt – als »Senfgemüse« in den Handel.

AROMAGEBENDE INHALTSSTOFFE

Schwarzer Senf enthält Glucosinolate (»Senfölglycoside«), die bei enzymatischer Spaltung stechend riechende und scharf schmeckende Isothiocyanate freisetzen; der chemische Mechanismus ist beim Meerrettich genauer erklärt. Die Hauptverbindung ist mit 0,7 % das Sinigrin, das bei der Spaltung Allylisothiocyanat liefert. Im Braunsenf liegt der Glucosinolatgehalt nur bei etwa 0,5 %; neben Allylisothiocyanat wurde in der flüchtigen

Blühender Schwarzer Senf

Fraktion auch das homologe Crotonylisothiocyanat gefunden.

Senfsamen enthalten 30–40 % fettes Öl, das reich an ungesättigten Fettsäuren ist. Allerdings enthält es auch Reste an Glucosinolaten, die unter ungünstigen Bedingungen die Schilddrüse schädigen können. Ferner enthält das Öl bis zu 50 % Erucasäure, deren Dauereinnahme koronare Herzkrankheiten begünstigen soll. Daher ist es als Nahrungsmittel im EU-Raum nicht zugelassen. Erucasäure ist für die Gattung *Brassica* spezifisch und tritt auch in den Ölen verwandter Ölpflanzen wie Raps (*B. napus*) auf. Ein eruca-

säurefreier Raps-Kultivar aus Kanada liefert das »Canola«-Öl.

KULINARIK

Schwarzer Senf spielt eine große Rolle als Rohstoff für bestimmte Arten von Speisesenf. Für Senfpasten siehe Weißer Senf; hier soll es vornehmlich um die Verwendung von Schwarzem Senf in den indischen Küchen gehen.

Schwarze Senfsamen spielen vor allem im **Süden des indischen Subkontinents** eine enorme Rolle. Sie werden immer hitzebehandelt, also entweder trocken geröstet und gemahlen, oder mit Fett stark erhitzt. In beiden Fällen platzen sie geräuschvoll auf und springen auch gerne aus der Pfanne; dabei bildet sich ein starkes, rauchig-brenzliges Aroma.

Senfsamen werden für fast alle »trockenen Curries« verwendet, also solche, die nicht ragoutartig in sauciger Konsistenz serviert werden. Zuerst werden sie in heißem Fett zusammen mit anderen Gewürzen wie Asant, Chilis, Curryblättern oder Ingwer gebraten. Dann fügt man rohes oder vorgekochtes Gemüse hinzu und brät unter Rühren weiter, bis die Gemüsestücke gegart und die Aromen gut verdichtet sind. Diese Zubereitungsart ist besonders für Wurzelgemüse (Rote Bete, Kartoffel, Karotten) charakteristisch.

Saucige Curries werden im Süden dagegen meist im letzten Schritt mit in Fett gebräunten Gewürzen aromatisiert *(tadka)*, wobei Senfsamen häufig, aber nicht zwingend vorkommen (siehe Ajowan).

Trocken geröstete und gemahlene Senfsamen sind oft Bestandteil von Marinaden, wie man sie für die südwestindische Spezialität *vindalu* verwendet – die außerdem in Senföl gekocht wird (siehe Tamarinde).

Senföl gehört in Indien – zusammen mit Sesamöl – zu den am weitesten verbreiteten Pflanzenfetten. Es wird im **Westen** von Goa bis Kaschmir und im **Norden** entlang der Ganga bis Bengalen verwendet. Senföl ist das billige Öl der Alltagsküche und verleiht der indischen Hausmannskost dieser Regionen seinen Charakter. In Senföl und mit ein paar Gewürzen gegarter Spinat ist eine einfache, aber köstliche indische Alltagsspeise. Leider ist Senföl in Europa nicht als Nahrungsmittel zugelassen und darf nur für äußerliche Anwendung verkauft werden. In weiten Teilen Indiens wird das Öl vor der Verwendung einmal kurz bis zum Rauchpunkt erhitzt, was angeblich der Entgiftung dient.

Im Norden ist **Bengalen** das Zentrum der indischen Senfverwendung. Nur die bengalische Küche nutzt Senf einer stechend-scharfen Form, die dem europäischen Speisesenf ähnelt: In Wasser zerdrückte Senfkörner werden lauwarmen Speisen vor dem Servieren hinzugefügt.

Eine einzigartige Spezialität ist das »scharfe Senföl«: eine goldgelbe Flüssigkeit mit scharfem und ganz leicht bitterem Rettich- oder Senfgeschmack, die auch als Tischwürze verwendet werden kann, etwa zu mildem Gemüse- oder Kartoffelbrei. Dieses scharfe Senföl wird für eingelegtes Gemüse (*achar*, englisch *pickle*) gebraucht, wobei es nicht nur Schärfe beisteuert, sondern auch stark keimtötend wirkt.

Die in der bengalischen Küche beheimatete Fünf-Gewürze-Mischung *panch phoron* enthält ebenfalls Senfsamen – bei der Begeisterung der Bengalis für Senf in allen Formen verwundert es nicht, dass die Mischung vor der Verwendung immer in Senföl angebraten wird.

SELLERIE

KNOLLENSELLERIE: *Apium graveolens* var. *rapaceum*
STANGENSELLERIE, STAUDENSELLERIE: *Apium graveolens* var. *dulce*
SCHNITTSELLERIE: *Apium graveolens* var. *secalinum*

Staudensellerie

In Rom galt Sellerie als Unglück verheißend und spielte eine Rolle in Todes- und Begräbnisritualen; auf der anderen Seite gehört Sellerie zu den am häufigsten verwendeten Gewürzen im Apicius-Kochbuch. Sellerieblätter und besonders Selleriefrüchte (die in kaum einer modernen Küche eine Rolle spielen) werden zu Fleisch, Meeresfrüchten und Gemüse verwendet.

BOTANIK

Apiaceae (Doldenblütengewächse). Sellerie ist eine mehrjährige, krautige Pflanze mit einer starken, bei var. *rapaceum* knollenförmig verdickten Wurzel. Daraus entspringen grundständige, gestielte, einfach gefiederte Blätter mit dreilappigen Fiederblättern; ab dem zweiten Jahr auch zusätzlich kantige, hohle, sympodial verzweigte, bei var. *dulce* verdickte Stängel mit unten gefiederten, in der Mitte dreilappigen und oben ganzrandigen Blättern. Am Ende aller Äste entwickeln sich Doppeldolden mit winzigen grünlich weißen Blüten, die zu 0,8 mm großen, fast kugeligen Spaltfrüchten reifen. Die Spaltfrüchte zerfallen bei der Reife zumeist in zwei Teilfrüchte.

HERKUNFT UND GESCHICHTE

Sellerie ist ostmediterran, wahrscheinlich ägyptisch. Bei den Griechen bedeutete *sélinon* außer »Sellerie« auch »Petersilie« – beide deutsche Wörter leiten sich auch davon ab. Den Griechen war das *sélinon* heilig: Es bedeckte die Insel der Nymphe Kalypso in der homerischen *Odyssee* und wurde zum Bekränzen der Sieger von Sportveranstaltungen (Isthmische Spiele, Nemeische Spiele) verwendet.

ANBAU UND QUALITÄTEN

Sellerie benötigt nährstoffreichen, lockeren Boden, stellt aber nur geringe Ansprüche an das Klima. Er wird aus Samen vermehrt. Schnitt- und Stangensellerie werden in Kultur einjährig gehalten, bei Knollensellerie kann dagegen erst im Herbst des zweiten Jahres geerntet werden. Der Handel mit dem als Würzkraut genutzten Schnittsellerie spielt im Vergleich zu den anderen beiden Sorten keine wesentliche Rolle.

VERWENDETER PFLANZENTEIL / GERUCH UND GESCHMACK

Die gesamte Selleriepflanze ist aromatisch. Man verwendet sowohl die Wurzel als auch die Stängel vorwiegend als Gemüse, während die Blätter (und seltener Früchte) als Würzkraut verwendet werden.

Die als Gemüse genutzten Sorten zeichnen sich entweder durch eine ausgeprägte Wurzelknolle oder durch fleischige, knackige Stängel aus (Knollensellerie beziehungsweise Staudensellerie). Alle Pflanzenteile haben einen vergleichbaren Geruch, der zwischen Petersilie und Liebstöckel anzusiedeln ist, und einen erfrischenden Geschmack.

Blühender Sellerie

AROMAGEBENDE INHALTSSTOFFE

Das Aroma von Sellerie geht auf ein ätherisches Öl mit zwei Gruppen von Inhaltsstoffen zurück: Den Hauptbestandteil bilden Terpenkohlenwasserstoffe (Limonen als Hauptkomponente, daneben β-Selinen und in der Wurzel β-Pinen), während die olfaktorischen Eigenschaften von etwa einem Drittel Phthaliden bestimmt werden (in der Wurzel Sedanenolid und trans-Sedanolid, in Blättern und Früchten Sedanolid, 3-Butylphthalid und andere). Der Gehalt an ätherischem Öl beträgt in der Wurzel 0,1 %, im Blatt 0,5 % und in den Früchten bis zu 3 %. Phthalide sind auch die charakterbestimmenden Inhaltsstoffe von Liebstöckel.

KULINARIK

In **Deutschland** und vielen anderen west- und osteuropäischen Ländern gehört die Sellerieknolle in jede Gemüsebrühe und verbessert (wie Peter-

Zwischen Liebstöckel und Petersilie: Sellerie liefert knusprige Konsistenz und frischwürziges Aroma in chinesischen *stir-fries* und ist fester Bestandteil fettiger Saucengrundlagen in Europa.

255

Staudensellerie

silienwurzeln oder Pastinaken) auch den Geschmack von Fleischbrühen. Im deutschsprachigen Raum ist ein Stück Sellerieknolle obligatorischer Bestandteil des »Suppengrüns«, einer Mischung aus frischen Kräutern und aromatischen Wurzeln, die man als deutsche Version von *bouquet garni* auffassen kann.

In **Italien** kommt vorwiegend der Staudensellerie zum Einsatz. In Scheiben geschnitten oder im Ganzen dient er als Gemüse: als Suppeneinlage, als Bestandteil von Pastasaucen oder als Vorspeise überbacken mit Fleischsauce und Käse. Eingelegtes Gemüse wird häufig mit Selleriescheiben gewürzt, und auch auf der beliebten Vorspeise *carpaccio di filetto* wurde er schon gesichtet.

SELLERIE

Getrocknete
Selleriefrüchte

Viele italienische Pastasaucen beginnen mit einem *soffritto*: Würzeinlagen wie Sellerie, Karotten, Knoblauch, Zwiebel und *peperoncini* werden in Olivenöl sanft angebraten, bis sich ein starker Duft entwickelt; danach fügt man die anderen Zutaten hinzu und verkocht sie zu einer dicken Sauce. Selleriestangen sind in vielen **chinesischen** Wokgerichten vom *stir-fry*-Typ (chinesisch *chǎo*) eine beliebte Gemüsekomponente, weil sie ein angenehmes Aroma und eine knackige Konsistenz beisteuern. Auch die **kreolische Küche** von New Orleans verwendet sie aus ähnlichen Gründen gerne; so schaffen sie in vielen Rezepten für den dicken, mit Okra gebundenen *gumbo* ein knuspriges Gegengewicht zur cremigen Flüssigkeit.

Selleriefrüchte sind ein sehr wenig verwendetes Gewürz. In der indischen Provinz **Westbengalen** verwendet man ein ausschließlich lokales Gewürz namens *radhuni (Trachyspermum roxburghianum)*. Die kleinen, intensiv duftenden Früchte werden als Bestandteil der Fünf-Gewürze-Mischung *panch phoron* in Senföl gebraten oder als Würze für Gemüsecurries und zerstoßen als Tischwürze verwendet. Weil *radhuni* in Europa nicht erhältlich ist, kann man ihn durch die ähnlich riechenden Selleriefrüchte ersetzen. Früher wurden die Früchte vor allem in **Holland** in Form von Selleriesalz als Tischwürze verwendet, aber heute stellt man das meiste Selleriesalz aus Selleriewurzelextrakt her, weil dessen bleiche Farbe bei den Konsumenten auf mehr Anklang stößt.

SESAM

Sesamum indicum (syn. *S. orientale*)

HERKUNFT UND GESCHICHTE

Sesam stammt wahrscheinlich aus Indien, eventuell auch aus Ostafrika, wird aber bereits seit vielen Jahrtausenden kultiviert. Die ältesten archäologischen Befunde weisen auf das 3. Jahrtausend v. Chr. hin: Sesam wurde in Form verkohlter Samen im Industal und in Mesopotamien gefunden. Der Name »Sesam« geht wahrscheinlich auf das in Babylon gesprochene Akkadisch zurück, wo die Pflanze *šamaššammū* hieß – das ist entweder eine Zusammensetzung mit der Bedeutung »Ölpflanze« oder eine Verdoppelung des Wortes für »Öl«.

BOTANIK

Pedaliaceae. Sesam ist ein einjähriges Kraut mit aufrechten, verzweigten Stängeln und kann bis zu 2 m hoch werden. Die Blattform ist sehr variabel: Die unteren Blätter sind kreuzgegenständig, gestielt, einfach oder zwei- bis dreilappig mit breit-eiförmigem Umriss, bis zu 20 cm lang; die oberen Blätter spiralig in vier Reihen, kurz gestielt, spitz dreilappig bis dreizählig-handförmig, bis zu 15 cm lang; die obersten Blätter lanzettlich, 10 cm, mit zwei oder mehr Blüten in der Achsel. Die Stängel und die Unterseiten der Blätter, vor allem Blattrand und Nerven, sind wollig behaart. Die auffälligen Blüten erscheinen waagerecht bis leicht hängend in den Achseln der obersten Blätter. Sie sind 3 cm lang, glockenförmig, weiß bis (besonders bei schwarzsamigen Sorten) violett, oft mit gelben Flecken. Aus ihnen entwickeln sich vierfächrige, vielsamige Kapseln von 3 cm Länge und 1 cm Breite. Die 2–3 mm großen, flachovalen Samen können gelbweiß, grau, braun oder schwarz gefärbt sein.

ANBAU UND QUALITÄTEN

Sesam benötigt tropisches oder subtropisches Klima und wird heute weltweit angebaut; einige Kultivare gedeihen auch in warm-gemäßigtem Klima. Sesam ist eine wichtige Ölsaat mit einem jährlichen Produktionsvolumen von knapp drei Millionen Tonnen, wovon allerdings weniger als 10 % in den internationalen Handel kommen. Die größten Produzenten sind die größten Verbraucher, nämlich Indien, China und Burma sowie Mittelamerika. Hauptexportland ist der Sudan.

Das Feld muss vor der Aussaat penibel von Unkraut befreit werden, da die Sesampflanze anfangs nur sehr langsam wächst. Die Zeit zwischen Aussaat und Ernte schwankt zwischen 70 und 150 Tagen mit einem für viele Anbaugebiete typischen Wert von 100 bis 110 Tagen.

Die Kapseln reifen ungleichmäßig und verstreuen ihre Samen bei Reife, was Verluste von bis zu 75 % bringt. In den Tropen ernten Kleinbauern meist von Hand und dreschen erst nach dem Trocknen; seit den 1960ern gibt es aber auch Kultivare mit nicht oder spät öffnenden Kapseln, die in einem Arbeitsgang maschinell geschnitten und gedroschen werden können. Traditioneller kleinbäuerlicher Anbau bringt mit 300–500 kg je Hektar erheblich weniger Ertrag als die intensive Bewirtschaftung mit hoch entwickelten Sorten, mit der über 2 Tonnen je Hektar möglich werden.

VERWENDETER PFLANZENTEIL / GERUCH UND GESCHMACK

Als Gewürz werden ausschließlich die Samen verwendet (siehe Perilla zu sogenannten Sesamblättern). Sie sind geruchlos und schmecken nussig; beim Erhitzen entwickeln sie ein sehr reiches Röstaroma.

AROMAGEBENDE INHALTSSTOFFE

Sesamsamen enthalten 50–60 % fettes Öl, das hauptsächlich aus ungesättigten Fettsäuren (Ölsäure, Linolsäure) aufgebaut ist. Die Haltbarkeit von Sesamöl übersteigt die anderer Pflanzenöle, weil es phenolische Antioxidantien wie Sesamol enthält, die das Ranzigwerden hinauszögern.

Native Sesamsamen sind geruchlos, aber beim Rösten bildet sich eine Vielzahl stark riechender Aromastoffe. Als

Blühende Sesampflanze

Gomashio: Sesam wird in Japan – gemischt mit Salz – als nussige Streuwürze bei Tisch verwendet und liefert ein dunkelbraunes Würzöl. Im Orient wird Sesampaste zum Aromatisieren von Teigen und Vorspeisen verwendet.

259

Links: Weiße Sesamsamen
Rechts: Schwarze Sesamsamen

wichtige Einzelverbindungen wurden 2-Furyl-methanthiol, Guajacol, 2-Phenylethanthiol und Furaneol nachgewiesen.

KULINARIK

Im Sinne des Lebensmittelgesetzes ist Sesam kein Gewürz, sondern eine Nuss oder Ölfrucht; Sesamöl dient als Bratmedium und als Rohstoff für die Herstellung von Margarine. Viele Küchen nutzen Sesamprodukte jedoch nicht als Energiequelle, sondern als Würzmittel, mit dem sich ganz bestimmte Geschmacksnoten erzielen lassen.

In der zurückhaltend würzenden Küche **Japans** spielt Sesam eine zentrale Rolle. Geröstete Sesamsamen werden mit Salz gemischt *(gomashio)* als Streuwürze für Nudelspeisen oder Suppen verwendet. Darüber hinaus wird Sesam oft mit anderen Gewürzen kombiniert, zum Beispiel in Form der Sieben-Gewürze-Mischung *shichimi tōgarashi*. Japanisches Sesamöl, das dem chinesischen gleicht, wird manchmal zum Frittieren verwendet, allerdings nur verdünnt mit neutralem Pflanzenöl. Die japanische *fast-food*-Spezialität *sushi* enthält auch oft Sesam – entweder wälzt man die Reisbissen in Sesamsamen, oder man aromatisiert den Fisch mit einem Hauch Sesamöl.

Die grundsätzlich verwandte, aber viel stärker gewürzte **koreanische Küche** nutzt Sesam auf ähnliche Weise.

In **China** verwendet man Sesamsamen selten in nativer Form. Das dunkle chinesische Sesamöl wird aus gerösteten Samen gepresst und heißt bezeichnenderweise *xiāng yóu*, »Duftöl«; es riecht intensiv und wird manchmal Marinaden zugegeben, meistens aber erst vor dem Servieren über warme oder kalte Speisen geträufelt, um ihnen einen intensiven Duft zu verleihen. Selbst in deutschen Chinarestaurants findet man es gelegentlich in der sauer-scharfen Suppe *(suānlà tāng)*. Eine besonders wirksame Würze ist Sesamöl mit roten getrockneten Chilis, das naturgemäß vor allem in der scharfen Sichuan-Küche beliebt ist.

Chinesisches Sesammus *(zhīmá jiàng)* wird ebenfalls aus gerösteten Sesamsamen hergestellt und hat einen sehr intensiven Geschmack. Es wird vorwiegend zu salatartigen kalten Vorspeisen verwendet, etwa zu *guàiwèi jīsī*, dem »Hühnerfleisch mit seltsamem Geschmack« – das Seltsame daran ist die ungewöhnlich pikant-süß-nussige Geschmackskomposition, die fast ohnegleichen in der chinesischen Küche ist.

Weniger stark aromatische Sesamöle dienen in vielen Ländern Asiens, besonders aber in **Indien,** als Bratmedium. Die Herstellung erfolgt aus rohen Sesamsamen, aber bei erhöhter Temperatur (Heißpressung), weswegen sich ein mildes Röstaroma entwickeln kann. Neutrales Pflanzenöl mit einem dezenten Zusatz von chinesischem dunklem Sesamöl kann diesen Geschmack sehr gut imitieren.

Im **Nahen Osten** wird Sesam viel verwendet. Sesamsamen sind zusammen mit getrockneten Kräutern in vielen Streuwürzmitteln wie dem jordanischen *za'tar* und dem ägyptischen *duqqah* enthalten. **Türkische** Weiß-

brote werden vor dem Backen mit Sesamsamen und Nigella (siehe Nigella) bestreut, die dann im Ofen ihr Aroma entfalten.

Arabische Sesampaste *(ṭaḥīnī)* besteht aus ungerösteten Samen und schmeckt daher mild nussig. Man verwendet sie meist zu kalten Speisen wie *ḥummuṣ*, einem Püree aus Kichererbsen mit Olivenöl, Zitronensaft, Knoblauch und Kreuzkümmel; die Zugabe von *ṭaḥīnī* rundet den Geschmack ab und verbessert die Konsistenz. Neben *ḥummuṣ* profitiert eine ganze Reihe pastenartiger Vorspeisen von der aroma- und konsistenzbindenden Eigenschaft der Sesampaste, und gegrilltes Fleisch *(šāwarmā)* wird oft mit einer Mischung aus Joghurt und *ṭaḥīnī* gereicht. Ferner werden auch in den arabischen Küchen Teig- und Blätterteigspeisen oft mit Sesamsamen bestreut.

Vom Balkan bis nach Zentralasien dient *ṭaḥīnī* auch als Grundlage für Süßspeisen *(ḥalāwā, helva)*, indem man es mit Honig vermischt und mit verschiedenen Nüssen (Pistazien, Pinienkernen, Mandeln) und Würzmitteln (Kakao, Vanille) anreichert.

Sesamsamen tauchen häufig in Rezepten aus **Mexiko** auf. Geröstete Sesamsamen werden zusammen mit getrockneten Chilis zu würzigen Saucen *(pipián)* verarbeitet, in denen man Fleisch oder Geflügel weich schmort. Auch die berühmte Chili-Schokolade-Sauce *mole Poblano* enthält oft geröstete Sesamsamen.

SICHUANPFEFFER

Indonesischer Sichuanpfeffer: *Zanthoxylum acanthopodium*
Nepalesischer Sichuanpfeffer: *Zanthoxylum alatum* (syn. *Z. armatum*)
Chinesischer Sichuanpfeffer: *Zanthoxylum bungeanum*
Gewöhnlicher Sichuanpfeffer: *Zanthoxylum piperitum* (syn. *Z. sansho*)
Indischer Sichuanpfeffer: *Zanthoxylum rhetsa* (syn. *Z. limonella*)
Koreanischer Sichuanpfeffer: *Zanthoxylum schinifolium*

Getrockneter chinesischer Sichuanpfeffer

Getrockneter indischer Sichuanpfeffer

HERKUNFT UND GESCHICHTE

In China kennt man Sichuanpfeffer seit dem 1. Jahrtausend v. Chr. Er wurde in Südwestchina, wo er auch wild vorkommt, angebaut und als Gewürz und Duftstoff für Räucherwerk verwendet. Von dort aus hat sich seine Verwendung auf ganz Ostasien ausgebreitet. Chinesische Pflanzen wurden nach Japan und Korea exportiert, wo sie inzwischen heimisch geworden sind. Im Norden Chinas wachsen andere Sorten als im Süden (*Z. bungeanum* und *Z. simulans*).

BOTANIK

Rutaceae (Rautengewächse). Die Sträucher der Gattung *Zanthoxylum* werden bis zu 10 m hoch; an den Zweigen tragen sie eschenartig gefiederte Blätter und lange Stacheln. Die unscheinbaren, meist gelben Blüten stehen in Trauben oder Scheindolden und entwickeln sich zu rotbraun gefärbten Kapselfrüchten, die bei der Reife aufbrechen und dabei ein, zwei oder vier glänzend schwarze Samen freigeben. Die Gattung ist über das tropische Afrika, Asien und Nordamerika verbreitet.

Anbau und Qualitäten

Sichuanpfeffer stammt auch heute noch zum Teil aus Wildsammlung. Die Ernte erfolgt manuell, was zu extrem unterschiedlichen Handelsqualitäten führt: Bisweilen findet man Abfüllungen mit hohem Besatz an fremden Pflanzenteilen, Zweigen und Dornen, die vor der Verwendung entfernt werden müssen. Auch der Anteil der kulinarisch wertlosen Samen schwankt stark, und unter Umständen ist der Sortieraufwand vor dem Rösten erheblich.

Der chinesische Sichuanpfeffer stammt von verschiedenen Arten, allem voran *Z. bungeanum* und *Z. piperitum*. Er wird international gehandelt und ist auch in Deutschland in asiatischen Supermärkten erhältlich. Seltener sieht man den japanischen Pfeffer, der aus einer einheimischen Varietät von *Z. piperitum* gewonnen wird. Die anderen Arten sind im konventionellen Handel kaum zu bekommen: Indonesischer Sichuanpfeffer *(Z. acanthopodium)* spielt nur in einigen Lokalküchen Sumatras eine Rolle, im westlichen Indien nutzt man *Z. rhetsa*, in Nepal und Tibet *Z. alatum* und in Korea *Z. schinifolium.*

Unreife Früchte vom Sichuanpfeffer

Anästhetikum: Sichuanpfeffer wirkt prickelnd-betäubend auf Schleimhäute und verleiht chinesischen Gerichten zitroniges Bouquet. Das Gewürz wird in Sichuan oft gemeinsam mit Chili verwendet – ein herrlich teuflisches Duo!

263

Links im Bild: Reife Sichuanpfefferkapseln
aus dem Vorjahr
Rechts im Bild: Diesjährige, unreife Kapseln

VERWENDETER PFLANZENTEIL / GERUCH UND GESCHMACK

Man verwendet die getrockneten Früchte, wobei nur die äußere Fruchtschale (Exocarp) aromatisch ist. Das Mesocarp wird zwangsläufig mitverwendet, hat aber kein eigenes Aroma. Die Kerne sind geschmacklos und haben nach dem Vermahlen eine sandig-splitterige Konsistenz. Sie sollten vor dem Verarbeiten der Früchte entfernt werden.

Die meisten Sichuanpfefferarten haben einen stark zitronigen Geruch mit holzigem Einschlag. Ausnahmen bilden *Z. alatum* mit einem warmen, zimtähnlichen Duft und *Z. schinifolium*, der nach Anis riecht. Alle Arten mit Ausnahme von *Z. schinifolium* erzeugen im Mund ein angenehm prickelndes Gefühl, das stark an eine Oberflächenanästhesie erinnert und

in China neben scharf, sauer, süß und salzig als weiterer Grundgeschmack gilt *(má)*.

AROMAGEBENDE INHALTSSTOFFE

Das Zitrusaroma der Sichuanpfefferarten wird durch ätherische Öle bestimmt, die überwiegend aus Monoterpenen bestehen (Geraniol, Linalool, Citronellal, β-Myrcen, Limonen und Sabinen). Der anisartige Duft von *Z. schinifolium* geht auf Phenylpropanoide (Eugenol, Anethol und Methylchavicol) zurück, der Zimtduft von *Z. alatum* auf Linalool und Methylcinnamat. Die Zusammensetzung ist allerdings auch innerhalb der Arten variabel.

Das charakteristische Prickeln geht auf spezielle Scharfstoffe zurück, die Sanshoole genannt werden. Es handelt sich dabei um Amide von mehrfach

ungesättigten C_{12}- und C_{14}-Carbon-
säuren mit Butylamin oder Hydroxy-
butylamin. Derartige Verbindungen
treten nur bei einem anderen Gewürz
auf: der Parakresse.

Kulinarik

In sämtlichen Küchen **Chinas** wird
Sichuanpfeffer, der dort auch *huājiāo*
(»Blütenpfeffer«) genannt wird, als
Gewürz verwendet, zum Beispiel in
Form des Fünf-Gewürze-Pulvers und
in Fleischmarinaden. In den zentral-
chinesischen Provinzen **Sichuan** und
Yunnan bestimmt Sichuanpfeffer den
Charakter der autochthonen Küchen.
Er wird dort in so großen Mengen
verwendet, dass das ungewöhnliche
Mundgefühl für Ausländer zunächst
eine Herausforderung darstellt. In den
hierzulande als sichuanesisch bewor-
benen Restaurantküchen trifft man
leider nur allzu selten auf sichuanpfefferhaltige Speisen – und oft ist in solchen Fällen auch der Gesamtcharak-
ter der Küche stark verwestlicht und
wenig authentisch wiedergegeben.
Sichuanpfeffer wird oft trocken geröstet, zu einem Pulver gemahlen und
vor dem Servieren über die Gerichte
gestreut, oder ungemahlen in heißem Fett gebraten und mitgekocht.
Besonders populär ist die Kombination von prickelndem Sichuanpfeffer mit höllisch scharfen Chilis; das
Zusammengehen dieser Gewürze ist
geradezu eine kulinarische Signatur
der Regionen Sichuan und Yunnan.
Sie werden häufig gemeinsam fettig
angebraten und grob gehackt auf

die fertigen Speisen gegeben. Die
chinesische Küchenterminologie
unterscheidet zwischen Chilischärfe
(*là*) und der speziellen Schärfe des
Sichuanpfeffers (*má*), wobei *là* in
ganz China gut verbreitet und häufig
anzutreffen ist, der gemeinsame Einsatz von *là* und *má* sich dagegen auf
Zentralchina beschränkt (solcherart
gewürzte Speisen tragen oft den Bestandteil *málà* im Namen). Bekannte
Beispiele für sichuanpfefferhaltige
Speisen sind *mápó-doùfŭ* (Tofu, also
Bohnenkäse mit Hackfleisch in würziger Sauce), *shuĭzhŭ-niúròu* (sichu-
anesischer Rindfleischeintopf) oder
málà-zĭjīdīng (trocken gebratenes
Hühnerfleisch mit Sichuanpfeffer
und Chili).
Außerhalb Chinas spielen die entsprechenden Sichuanpfeffersorten
allenfalls regionale Rollen. Der indische *tirphal* (*Z. rhetsa*) wird entlang
der **indischen Westküste** verwendet,
vor allem in Maharaschtra und Goa.
Tirphal wird selten mit anderen Gewürzen kombiniert und prägt den
speziellen Charakter der Fischcurries
aus Goa.
Der indonesische *andaliman* (*Z.
acanthopodium*) kommt in einigen
Regionalküchen **Sumatras** zum Einsatz, beispielsweise in der Gegend um
den Toba-See und auf der Insel Nias,
wo er bevorzugt Schweinefleischge-
richten sein Aroma verleiht: *Sangsang*
ist ein Eintopf aus Innereien, der mit
Schweineblut angedickt wird, und
cingcang ist in würziger Brühe gekochtes Schweinefleisch.

SILPHION

Ausgestorben: Silphion war in der Antike ein hochgeschätztes und weithin beliebtes Gewürz. Schafe sollen ihm den Garaus gemacht haben. Heute ist er nur noch auf antiken Münzen zu sehen.

Antike kyrenische Silbermünze mit Silphion-staude (ca. 300 v. Chr.)

HERKUNFT UND GESCHICHTE

Silphion wuchs nur an der nordafrikanischen Küste, in der Umgebung von Cyrene und Karthago. Die älteste Beschreibung stammt von Theophrast aus dem späten 4. Jahrhundert; demzufolge war Silphion eine Wildpflanze, deren Bestände geschützt und nur unter staatlicher Kontrolle nachhaltig beerntet werden durften. In der generell mild gewürzten altgriechischen Küche wurde Silphion zu Gemüse und Fisch verwendet; auch die bei den Griechen sehr beliebten, stark schmeckenden Innereien wie Darm und Euter wurden damit gewürzt.

Bei den Römern war Silphion ebenfalls extrem beliebt. Am Anfang des 2. Jahrhunderts war er so erschwinglich, dass Cato ihn in seiner rustika-

len Bauernküche verwendete; so empfahl er zum Beispiel, Linsen vor dem Trocknen mit einer Silphionlösung zu behandeln, um sie besser haltbar zu machen.

Später wurde die Pflanze immer seltener und das Gewürz folglich zunehmend teuer. Bereits zu Lebzeiten des Apicius war Silphion sehr selten geworden, und während der Regierungszeit Neros starb die Pflanze endgültig aus. Die Verknappung und das Aussterben werden von Plinius auf Kriegswirren, Übererntung und besonders auf die Schafzucht zurückgeführt, da die Schafe die letzten Bestände vernichtet haben sollen.

Das antike Kochbuch *De re coquinaria* (»Über die Kochkunst«) ist unsere

SILIPHION

primäre Quelle zum römischen Essen der Kaiserzeit. Obwohl es den Namen des Autors Apicius trägt, ist es wahrscheinlich erst im 4. Jahrhundert in der vorliegenden Form entstanden. Trotzdem enthält es viele Rezepte mit Silphion. Silphion wurde häufig für Gemüse (Kürbis, Hülsenfrüchte) verwendet, aber auch zu reich gewürzten Saucen, die gekochtes Fleisch oder Meeresfrüchte begleiteten. Es ist anzunehmen, dass im 1. Jahrhundert diese Rezepte mit Silphion, später aber mit dem Ersatzgewürz Asant gekocht wurden.

Die antiken Köche verwendeten eine große Vielfalt an Kräutern und Gewürzen, im Schnitt fünf bis zehn pro Rezept. Schwarzer und Langer Pfeffer rangierten dabei ganz vorne, aber auch Kreuzkümmel, Ingwer und Indische Lorbeerblätter waren offenbar recht beliebt. Zimt und Nelken fehlten dagegen. Frische Kräuter wurden ebenfalls in großem Umfang verwendet. Viele pikante Speisen wurden mit Honig und Essig süßsauer abgeschmeckt. Die Küche des antiken Roms unterscheidet sich insofern fundamental von der modernen italienischen Küche, die nicht etwa auf Apicius, sondern vielmehr auf den großen kulinarischen Einiger des späten 19. Jahrhunderts, Pellegrino Artusi, zurückgeht. In seinem *La scienza in cucina e l'arte di mangiar bene* (»Die Wissenschaft des Kochens

und der Kunst des Genießens«) trägt er Rezepte aus ganz Italien zusammen, die zur Grundlage für ebendie Art von Küche geworden sind, die wir heute mit Italien assoziieren.

BOTANIK

Silphion ist eine ausgestorbene Pflanze, von der nur antike Abbildungen und Beschreibungen überdauert haben. Den Abbildungen zufolge handelte es sich um eine Pflanze aus der Familie Apiaceae (Doldenblütengewächse) mit hohen, fleischigen Stängeln, scheidigen, sellerieähnlichen Laubblättern und kugeligen Dolden an den Zweigspitzen, die dem mediterranen Riesenfenchel *(Ferula vulgaris)* nicht unähnlich gesehen haben dürfte.

VERWENDETER PFLANZENTEIL / GERUCH UND GESCHMACK

Silphionblätter wurden als Gemüse gegessen, aber das eigentliche Gewürz wurde aus dem Harz gewonnen, das beim Anritzen der Wurzel abgeschieden wurde. Über den Geschmack ist nichts Genaues bekannt. Der einzige Hinweis ergibt sich aus der Tatsache, dass der zentralasiatische Stinkasant als billigerer Ersatz verwendet wurde, nachdem Silphion erst selten und teuer und danach ganz verschwunden war. So lässt sich auf ein lauchartiges Aroma schließen.

STERNANIS

Illicium verum

Rotgeschmort: Im östlichen China ist Sternanis das Gewürz schlechthin für die traditionelle Garmethode des Rotschmorens – Fleisch oder Gemüse werden mit Sojasauce und Sternanis weich gekocht.

Getrockneter Sternanis

HERKUNFT UND GESCHICHTE

Sternanis stammt aus den Gebirgen Südchinas und Nordvietnams und wird auch heute vorwiegend in dieser Region und auf den Philippinen angebaut.

Nach chinesischen Maßstäben ist er ein »junges« Gewürz – er wurde erst in den letzten vier Jahrhunderten überregional bekannt und erlebte als Exportgut in Europa, besonders in England, im 18. Jahrhundert sogar eine kurze Phase großer Popularität.

BOTANIK

Illiaceae (Sternanisgewächse). Sternanis ist ein immergrüner, 10–20 m hoher Baum mit weißer Rinde und wechselständigen, dunkelgrünen, bis zu 15 cm langen und 5 cm breiten, ungeteilten Blättern, die an die Blätter der entfernt verwandten Magnolien erinnern. Die Blüten sind 1 cm groß, weiß, gelblich oder rosa gefärbt, zwittrig mit spiraliger Stellung der vielen Blütenblätter. Daraus entwickeln sich acht- oder selten mehrfächrige Balgkapseln, die bei der Reife sternförmig aufbrechen. Dieser Form verdankt Sternanis den chinesischen Namen *bā jiǎo* »acht Ecken«, der auch der altertümlichen deutschen Bezeichnung *Badian* zugrunde liegt.

STERNANIS

ANBAU UND QUALITÄTEN

Sternanis ist eine Gebirgspflanze der Äußeren Tropen und Subtropen, wo er Höhenlagen bis 2000 m besiedelt. Der Anbau von Sternanis erfolgt in kleinen Plantagen. Die Bäume werden bis zu 100 Jahre alt und tragen ab dem siebten Jahr. Die Früchte werden vor der Reife manuell geerntet und in der Sonne getrocknet; der Ertrag liegt bei etwa 10 kg pro Jahr und Baum. Im Handel wird zwischen verschiedenen Sorten und Qualitäten nicht unterschieden.

VERWENDETER PFLANZENTEIL / GERUCH UND GESCHMACK

Als Gewürz werden die getrockneten Früchte verwendet, die an ihrer achtzackigen Form leicht zu erkennen sind. Sie enthalten auch die glänzend hellbraunen Samen, die allerdings keinen eigenen Geschmack haben: Das Aroma bleibt ausschließlich auf die Fruchtwand (Mesocarp) beschränkt. Sternanis riecht intensiv anisartig und schmeckt süß und lakritzig.

AROMAGEBENDE INHALTSSTOFFE

Die Sternanisfrüchte sind reich an einem ätherischen Öl (5–8 %) mit der Impactverbindung Anethol (4-Propenylmethoxybenzol, bis zu 90 %). Anethol ist auch Hauptbestandteil der ätherischen Öle von Fenchel und Anis; Sternanisöl kann an einem kleinen Anteil der sonst eher seltenen Verbindung 1,4-Cineol identifiziert werden.

In der Biotechnologie dienen Sternanisfrüchte auch als Rohmaterial zur Gewinnung von Shikimisäure, die zur Herstellung des gegen Influenzaviren wirksamen Neuraminidase-Hemmers Oseltamivir gebraucht wird.

KULINARIK

Der hocharomatische Sternanis ist überwiegend ein Gewürz der **chinesischen Küche**. Er ist charakterbestimmender Bestandteil des chinesischen Fünf-Gewürze-Pulvers *(wǔxiāng fěn)*, einer in ganz China gebräuchlichen Gewürzmischung. Das Fünf-Gewürze-Pulver wird mit Reiswein zum Marinieren von Fleisch verwendet oder in sehr geringer Menge Ausbackteigen zugesetzt. Oft wird Geflügelfleisch in Stärkemehl gewälzt, dem ein wenig Fünf-Gewürze-Pulver zugesetzt wurde – beim Anbraten im Wok entwickelt sich dann ein subtiler Geschmack, und die Stärke dickt eine eventuelle Sauce an.

Sternanis hat eine besondere Affinität zum salzig-würzigen Aroma der Sojasauce und wird daher für Gerichte verwendet, in denen das Gargut in großen Mengen Sojasauce gekocht oder geschmort wird. Die bekannteste Technik dieser Art ist das Rotschmoren *(hóngshāo)*, zu dem Sternanis so gut wie immer verwendet wird. Neben ganzen Anissternen kommen in den Würzbrühen auch Fenchelfrüchte, getrocknete Ingwerscheiben, Süßholzraspel, Zimt und fermentierte Orangenschalen zum Einsatz (siehe Zimt).

Für lang geschmorte Gerichte aus der südchinesischen Provinz Yunnan und aus Nordthailand wird ebenfalls gerne Sternanis verwendet, daneben auch Galgant, Fingerwurz und Chili.

Außerhalb des chinesischen Einflussgebiets konnte sich Sternanis nur wenig etablieren. Man findet ihn in der *masaman*-Currypaste aus Südthailand, im thäiländischen Eistee und gelegentlich auch in Curry-Rezepten aus Indonesien und dem tropischen Indien, ferner in pakistanischem Gewürztee und in englischen Fruchtmarmeladen. Am bedeutendsten ist jedoch seine Verwendung in mediterranen Anislikören *(ouzo, rakı, anisette, pernod)*, in denen das echte Anisöl heute zum Großteil durch das billigere Sternanisöl ersetzt wird. Bei uns spielt Sternanis eine gewisse Rolle für weihnachtliche Gebäcke (Printen, Honigkuchen, Pfefferkuchen usw.) und ersetzt dort gelegentlich den feiner schmeckenden Doldenblütler Anis, wenn ein kräftigeres Aroma gewünscht wird.

Die **vietnamesische Küche** benutzt Sternanis zum Teil ähnlich wie die chinesische. Sternanis braucht man jedoch auch für eine typisch vietnamesische Spezialität: die nordvietnamesische Nudelsuppe *(phở bó)*, deren Grundlage eine aromatische Brühe aus Rindfleisch und Rinderknochen mit Gewürzen (Sternanis, Zimt) ist.

SÜSSHOLZ

LAKRITZE
KAHLES SÜSSHOLZ: *Glycyrrhiza glabra*
CHINESISCHES SÜSSHOLZ: *G. uralensis*

HERKUNFT UND GESCHICHTE

Süßholz stammt wahrscheinlich aus dem Mittelmeergebiet, allerdings wird manchmal ein zentral- bis ostasiatischer Ursprung vermutet. Als Heilpflanze gegen Erkältungskrankheiten war es bereits den Babyloniern und den Ägyptern bekannt.

Blütenstand der Süßholz-Pflanze

SÜSSHOLZ

BOTANIK

Fabaceae (Schmetterlingsblütengewächse). Süßholz ist eine bis zu 2 m hohe ausdauernde Staude mit vor allem am Grund verholzenden Zweigen. Sie bildet eine lange Pfahlwurzel und zusätzlich ein System von unterirdischen Ausläufern, die zu neuen Pflanzen auswachsen können. Die Blätter sind bis zu 15 cm lang, unpaarig gefiedert, mit eiförmigen, bis zu 5 cm langen Blättchen. Die 1 cm großen Blüten erscheinen in einem ährenförmigen Blütenstand, mit violettem Schiffchen und blassvioletter bis weißer Fahne. Aus ihnen entwickeln sich hellgrüne, kahle, 3 cm lange Hülsen mit vier bis fünf Samen.

Die chinesische Art *G. uralensis* sieht ähnlich aus, hat jedoch kleinere Blüten in dicht gedrängten Ähren.

ANBAU UND QUALITÄTEN

Süßholz wird in fast allen hinreichend warmen Regionen Eurasiens angebaut: im Mittelmeergebiet, in Osteuropa, in Indien und China. Die Vermehrung ist aus Samen oder Ablegern möglich; Pflanzen aus Samen benötigen drei bis vier Jahre zur Ernte, vegetativ vermehrte können dagegen bereits im ersten Jahr erntereif sein.

Reife Pflanzen werden im Herbst ausgegraben, die Wurzeln und unterirdischen Ausleger werden gesäubert und zumeist noch vor Ort vermahlen, mit heißem Wasser extrahiert und eingedampft, wobei ein dunkler, hochkonzentrierter Extrakt entsteht: Lakritz. Kleinere Mengen der Wurzel kommen getrocknet und geschnitten oder als geschälte Stangen in den Handel.

VERWENDETER PFLANZENTEIL / GERUCH UND GESCHMACK

Man verwendet die getrocknete Wurzel und die unterirdischen Ausläufer der Süßholzpflanze; ein daraus gepresster dickflüssiger bis viskos-zäher Saft heißt Lakritz. Süßholzwurzel und Lakritz haben einen leicht aromatischen Geruch und einen ausgeprägt süßen Geschmack mit anisartigen, bitteren und auch leicht metallischen Noten.

Der stark süße Geschmack hat der Pflanze in vielen Sprachen ihren Namen gegeben, beispielsweise deutsch »Süßholz«, chinesisch *gān cǎo* »süße Pflanze«, altindisch *yaṣṭimadhu* »süßer Stängel« oder altgriechisch *glykýrrhiza* »süße Wurzel« (davon leitet sich auch »Lakritze« ab).

AROMAGEBENDE INHALTSSTOFFE

Der Hauptbestandteil des getrockneten Lakritzextrakts ist mit etwa 10 % das Glycyrrhizin, ein Saponin; sein Aglycon ist das Kalium-Natrium-Doppelsalz der Glycyrrhizinsäure, einer pentacyclischen Triterpencarbonsäure. Glycyrrhizin schmeckt intensiv süß, etwa 50-mal süßer als Rohrzucker. Es beeinflusst die körpereigene Cortisol/Cortison-Umwandlung und damit den Ionenhaushalt, was bei regelmäßigem Genuss zu Bluthochdruck führen kann. Durch denselben Mechanismus wirkt Lakritze übrigens auch durstlöschend – bereits die Armeen der Antike

Rotgeschmort zum Zweiten: Süßholz ist optionaler Bestandteil von Rotschmormischungen mit dann besonders süßem Aroma. Ansonsten natürlich Grundstoff für Lakritze.

Getrocknetes Süßholz in Scheiben

nutzten diesen Effekt, um den Wasserbedarf der Soldaten zu verringern. Ein weiteres Süßholz-Glycosid ist das Liquiritin; sein Aglycon Liquiritigenin ist für die krampflösende Wirkung von Lakritze verantwortlich, die besonders bei Erkältungskrankheiten genutzt wird. Lakritze enthält nur Spuren von flüchtigen Bestandteilen, beispielsweise Fenchon und Cumarin.

KULINARIK

Als Gewürz ist Süßholz nur in der **chinesischen Küche** gebräuchlich, wo es das Aroma der üblichen Würzmittel Fenchel und Sternanis gut abrundet. Daher taucht Süßholz als optionale Komponente im Fünf-Gewürze-Pulver auf, es ist Bestandteil vieler Rotschmor-Mischungen und wird auch gerne in den Würzbrühen (englisch *master sauce*, chinesisch *shuǐ lǔ*) verwendet (siehe Zimt). Außerhalb Chinas würzt man Speisen nicht mit Süßholz, aber es wird zur Herstellung von Genussmitteln verwendet; so trinkt man in **Indien** einen Tee, warm oder geeist, aus Süßholz und anderen Kräutern. In **Europa** dient der Presssaft aus frischen Süßholzwurzeln zur Herstellung von Lakritzkonfekt. Letzteres ist besonders in Norddeutschland und Skandinavien beliebt, wo es in vielen Geschmacksrichtungen erhältlich ist; wegen der starken Natursüße kann vielfach auf Zuckerzusatz verzichtet werden. Die salzigen Varianten enthalten oft Ammoniumchlorid (Salmiaksalz), das schleimlösende Wirkung hat. Daher werden Salzlakritzvarianten oft bei Erkältungskrankheiten genossen. In Finnland wird Lakritz besonders gerne in Wodka aufgelöst getrunken *(salmiakki)*. Lakritzprodukte wirken blutdrucksteigernd und sollten daher von Risikopersonen nur in Maßen verzehrt werden. Das gilt besonders für »Starklakritz« mit einem Glycyrrhizin-Gehalt von mehr als 2 ‰.

Sumach

Gerbersumach
Rhus coriaria

Herkunft und Geschichte

Sumach ist ostmediterraner Herkunft. Er wird seit der Antike als gerbstoffhaltige Medizin und als Hilfsmittel in der Lederherstellung verwendet.

In der antiken römischen Küche war Sumach neben Essig das wichtigste Säuerungsmittel; man extrahierte das Aroma durch heißes Wasser aus den Beeren und würzte die Speisen mit der Flüssigkeit – ganz ähnlich säuert man heute Speisen in Indien und Indonesien mit Tamarinde.

Botanik

Anacardiaceae (Sumachgewächse). Sumach ist ein Laub abwerfender, kleinwüchsiger (3 m) Baum oder Strauch. Die dicht gelbbraun behaarten Zweige tragen 20 cm lange, ungestielte, unpaarig gefiederte, unterseits behaarte, dunkelgrüne Blätter mit bis zu 6 cm langen, länglich eiförmigen, am Rand grob gezähnten Blättchen. Die zwittrigen, grünlich gelben, unscheinbaren Blüten erscheinen in kompakten, kegelförmigen, terminalen, 8 cm hohen Rispen und entwickeln sich zu abgeflacht kugeligen, behaarten, bei der Reife hochroten, 5 mm großen Steinfrüchten.

Anbau und Qualitäten

Der Sumachbaum gedeiht im Mittelmeerklima auf trockenen Kalkböden. Sumachbäume werden aus Wurzelschnittlingen oder Samen vermehrt und in Form kleiner Plantagen oder auch als Einzelbäume gepflanzt. Zur Ernte werden die Beeren am Beginn der Reife gepflückt, in der Sonne getrocknet und grob gemahlen. Angebaut wird er in der Türkei, in Syrien und auf Sizilien.

Verwendeter Pflanzenteil / Geruch und Geschmack

Als Gewürz werden die getrockneten Früchte verwendet, die meist gemahlen und vielfach mit einem geringen Anteil von Speisesalz ergänzt gehandelt werden. Der Geruch ist essigähnlich sauer, dabei fruchtiger, der Geschmack säuerlich, herb und adstringierend.

Aromagebende Inhaltsstoffe

Sumach enthält nur Spuren (0,02 %) eines ätherischen Öls aus Aldehyden und Terpenkohlenwasserstoffen. Der saure Geschmack geht auf Fruchtsäuren zurück, wobei außer Äpfel-, Zitronen- und Weinstein- auch Bernstein-, Malein- und Fumarsäure gefunden

Sauer und adstringierend: Sumach ist in Iran die Streuwürze schlechthin – Reis und Gegrilltem verleiht er ein erfrischend-fruchtiges Aroma. Im übrigen Orient gehört er als saure Komponente in die Gewürzmischung *za'tar*.

273

Gemahlenes Sumachgewürz

wurden. Sumach enthält ca. 4 % Gerbstoffe, fettes Öl und verschiedene Anthocyanfarbstoffe (Chrysanthemin, Myrtillin und Delphinidin).

KULINARIK

Heute spielt Sumach als Gewürz vor allem im Vorderen Orient eine wichtige Rolle. Man nutzt ihn vom Bosporus bis nach Persien als Streu- und Tischwürze. In der **Türkei** verleiht er den Salaten ein säuerlich erfrischendes Aroma; oft werden einfach mit Sumach und Petersilie gewürzte Zwiebelringe als Beilage zu gegrilltem Fleisch gereicht. Besonders im Südwesten streut man auch Sumachpulver über *döner kebap* – sogar in Deutschland findet man viele Kebapstände, die auf Nachfrage Sumach anbieten. Auch in den Küchen des **Mashrek** wird er über Grillgerichte gestreut und harmoniert hervorragend mit frisch gegrilltem Fleisch. Außerdem ist er dort fester Bestandteil der Gewürzmischung *za'tar*, die aus Sumach, Sesam und einem weiteren Gewürz besteht, wobei Varianten mit Bohnenkraut, Thymian und Syrischem Majoran vorkommen.

In **Iran** ist Sumach der ständige Begleiter von Reis. Der wunderbar lockere persische Butterreis *(chelo)* wird bei Tisch nach Belieben mit Sumachpulver vermengt, besonders wenn er als Beilage zu Fleischspießen (beispielsweise *kubideh*) gegessen wird.

TAMARINDE

Tamarindus indica

HERKUNFT UND GESCHICHTE

Die Herkunft der Tamarinde ist umstritten – sowohl die Savannen Ostafrikas als auch der indische Subkontinent kommen als ursprüngliche Heimat des Tamarindenbaums infrage; die meisten Botaniker favorisieren allerdings Ostafrika, weil die größte genetische Diversität in Afrika gefunden wird. Der Name der Tamarinde deutet zwar nach Indien (arabisch *tamr al-hindī*, »indische Dattel«), ist aber selbst viel zu jung, um die Frühgeschichte des Baums zu klären. Die ältesten literarischen Spuren der Tamarinde stammen aus dem Assyrischen Reich der ersten Hälfte des 1. Jahrtausends.

BOTANIK

Caesalpiniaceae (Johannisbrotgewächse). Tamarinde ist ein massiver, bis zu 30 m hoher immer- oder wechselgrüner Baum mit ausladender, rundlicher Krone. Die wechselständigen, paarig gefiederten Blätter werden bis zu 15 cm lang und bestehen aus acht bis 16 Paaren von bis zu 3,5 cm langen und bis zu 1 cm breiten, rundlich eiförmigen Blättchen. Die Blüten sind zu lockeren seitlichen oder terminalen Trauben zusammengefasst; die Einzelblüten sind zygomorph, ca. 3 cm lang, mit drei weißen und zwei vergrößerten, braun gezeichneten Kronblättern. Als Frucht bildet sich eine flache Hülse mit abgerundeten Ecken, die bis zu 14 cm lang wird und bis zu 14 steinharte, flache Samen enthält, die in ein schwarzbraunes, klebriges Mesocarp eingebettet und unregelmäßig-rhomboid geformt sind.

ANBAU UND QUALITÄTEN

Tamarinde ist ein Baum der Äußeren Tropen und Subtropen, der auch kühles Gebirgsklima (allerdings keinen Frost) verträgt. Im immerfeuchten Tropenklima ist der Anbau nicht produktiv, da zur Ausbildung der Früchte eine Trockenzeit benötigt wird. Tamarindenbäume werden in den Tropen der Alten und der Neuen Welt kultiviert, der Schwerpunkt liegt allerdings auf Süd- und Südostasien.

Die Vermehrung kann aus Samen oder vegetativ erfolgen. Da geschlechtlich vermehrte Bäume nicht sortenecht sind, zieht man Tamarinde meist aus Ablegern von gut tragenden Mutterpflanzen oder veredelt die Jungbäume – solche Bäume tragen bereits nach vier Jahren die ersten Früchte, während Sämlinge

Sauer, sauer, sauer: Das Tamarindenfruchtfleisch säuert vietnamesische Suppen und südindische Curries, darunter die berühmte goanische Schweinerei *vindalu*.

Tamarindenblüten

zehn oder mehr Jahre in ihrer juvenilen Phase verbleiben. Tamarindenbäume können weit über 100 Jahre alt werden, aber der Ertrag nimmt nach etwa 50 Jahren ab. Ein guter Baum liefert jährlich 100–120 kg Tamarindenfruchtfleisch.

Bei der Ernte werden die Hülsen herabgeschüttelt oder von Hand geschnitten. Unreife Früchte werden ohne weitere Behandlung verkauft. Die reifen Früchte wurden traditionell geschält und zu Blöcken verpresst; heute wird jedoch meist Tamarindenextrakt hergestellt, indem man die Fruchtmasse mit Wasser extrahiert und die erhaltene Lösung zu einer teer- oder melasseartigen Konsistenz reduziert.

VERWENDETER PFLANZENTEIL / GERUCH UND GESCHMACK

Man verwendet das fasrige Fruchtfleisch (Mesocarp) reifer oder unreifer Früchte, das die Samen umgibt, aber keine durchgehende Schicht bildet und ca. 50 % vom Gewicht reifer Früchte ausmacht. Es riecht und schmeckt fruchtig, adstringierend-säuerlich mit kaum wahrnehmbarer Süße.

AROMAGEBENDE INHALTSSTOFFE

Das Fruchtfleisch reifer Tamarinden enthält zwar ca. 50 % Zucker, aber der Geschmack bleibt durch große Mengen Weinsäure (15–20 %) sehr sauer. Manche Kultursorten der Tamarinde bauen die Weinsäure bei der Reife ab und können als Obst gegessen werden (»süße Tamarinden«).

TAMARINDE

Tamarindenfrüchte

KULINARIK

Tamarinde gehört zu den typischen Geschmacksmitteln des tropischen Asien. In **Indochina** und **Thailand** verwendet man besonders gerne die unreifen, noch zarten Früchte, die fein gehackt oder zu einer Paste gestampft einen erfrischenden, sauer-adstringierenden Akzent in Suppen setzen. Leider sind junge Tamarindenfrüchte in Europa nur sporadisch erhältlich.

Reife Tamarindenfrüchte sind in zwei Formen im Handel: als gepresstes, getrocknetes Fruchtfleisch und als Extrakt. Die meisten Rezepte verlangen Tamarindenwasser, das man herstellt, indem man ein eigroßes Stück Fruchtfleisch mit einem Esslöffel kochendem Wasser übergießt, ziehen lässt, sorgsam ausdrückt und diese Prozedur so lange wiederholt, bis das Wasser farb- und geschmacklos abrinnt – oder indem man einfach einen Teelöffel Tamarindenextrakt in ein paar Esslöffeln Wasser auflöst. Natürlicherweise entscheiden sich die meisten Köche für die zweite, weniger zeit- und arbeitsintensive Methode, die ein geschmacklich ganz gleichwertiges, aber etwas blasseres Ergebnis bringt.

In **Indonesien** dient Tamarindenwasser als Säuerungsmittel, das man den meisten Schmorgerichten in kleiner Menge zusetzt. Besonders auf Java ist Tamarinde weit verbreitet und wird gemeinsam mit süßer Sojasauce (*kecap manis*) zu Marinaden verwendet; beispielsweise für gegrillte Lamm- oder Hühnerspieße (*sate*).

Auch in **Indien** ist Tamarinde sehr

276

verbreitet anzutreffen. In den Nordprovinzen werden damit oft Hülsen-
früchtegerichte gesäuert, und eine
pikant-scharfe dunkelbraune Tama-
rindensauce *(imli chutney)* ist sogar in
Deutschland Standardausstattung an
den Tischen indischer Restaurants; in
Indien wird dieses Chutney gerne zu
den knusprigen gefüllten Teigtaschen
(samosas) serviert.

Im Süden ist Tamarinde (oder ein
sehr ähnliches Gewürz: *kokam,* das
vom botanisch nicht verwandten
Baum *Garcinia indica* stammt) fast
noch häufiger und wird besonders
gerne zu Fisch- und Shrimpcurries
verwendet. Zwei berühmte südindische Spezialitäten mit Tamarinde sind
der Reiseintopf *bisi bele huli anna* aus
Karnataka und *vindalu,* der goanische
Schweinefleischcurry.

Gerichte namens *vindalu* sind in fast
jedem deutschen Indien-Restaurant
erhältlich, die haben dann aber mit
dem Original von den Stränden Goas
meist nicht viel zu tun. Das Gericht ist,
wie das Christentum und die Vorliebe
für Schweinefleisch, ein portugiesisches
Erbe, und der Name ist Programm:
Vinho e alho bedeutet »Wein und
Knoblauch«, wobei jedoch statt Wein-
essig der lokal produzierte Kokosessig
als Säuerungsmittel dient. Echtes *vindalu* besteht aus in einer Paste von gerösteten Gewürzen (Chili, Senfsamen,
Kreuzkümmel), pürierten Zwiebeln,
Knoblauch und in Essig mariniertem,
magerem Schweinefleisch, das unter
Zusatz von Tamarinde mitsamt der
Marinade in Senföl geschmort wird. Es
sollte eigentlich weder Tomatenpüree
noch Kartoffelstücke enthalten.

TASMANISCHER PFEFFER

BERGPFEFFER
Tasmannia lanceolata

HERKUNFT UND GESCHICHTE

Tasmanischer Pfeffer wächst im Süden Australiens, vor allem auf der Insel Tasmanien, daneben auch in New
South Wales. Er besiedelt Areale vom
Meeresniveau bis in den alpinen Bereich.

Tasmanischer Pfeffer scheint bei der
australischen Urbevölkerung nicht
in Gebrauch gewesen zu sein. Seit
dem 17. Jahrhundert wurde er von
den britischen Siedlern als Ersatz für
Winterrinde gegen Skorbut eingesetzt. Die ältesten Hinweise auf seine

Verwendung als Gewürz und Pfefferersatz reichen nur ins 19. Jahrhundert zurück.

Seit dem Ende des 20. Jahrhunderts wird Tasmanischer Pfeffer systematisch angebaut und vermarktet; im Sinne einer »nationalen Küche« gewinnt er zunehmend an Verbreitung. Außerhalb Australiens ist dieser Pfeffer aber bis heute wenig bekannt und nur sehr schwer erhältlich.

BOTANIK

Winteraceae. Der Tasmanische Pfeffer stammt von einem stark verzweigten, immergrünen, zweihäusigen Strauch, der bis zu 5 m hoch wird. Ein auffälliges Merkmal sind die rotviolett gefärbten, jungen Zweige. Die Blätter sind lanzettlich bis spatelförmig, ganzrandig, dunkelgrün, kahl und aromatisch und werden je nach Höhenlage 3–10 cm lang. Auf weiblichen Pflanzen erscheinen die Blüten in endständigen, gedrängten Blütenständen. Die weißen, radialsymmetrischen Einzelblüten wirken durch den langen, röhrenförmigen Schlund gestielt und entwickeln sich zu 5 mm großen und kugeligen, roten Beeren, die sich bei Reife schwarz färben und viele kleine Samen enthalten.

ANBAU UND QUALITÄTEN

Die Ernte stammt heute zum größten Teil aus kleinen Betrieben. Es wurden aber schon erste Plantagenversuche gestartet.

Die Blätter können laufend geerntet werden, die Früchte erst bei Vollreife im Herbst; beide werden im Schatten getrocknet. In Australien sind die Früchte auch, ähnlich wie grüner Pfeffer, eingelegt im Handel.

VERWENDETER PFLANZENTEIL / GERUCH UND GESCHMACK

Als Gewürz verwendet man überwiegend die getrockneten Beeren des Pfefferstrauches, in geringerem Umfang auch die Blätter. Beide entwickeln im Mund eine intensive, etwas kratzende Schärfe, die bald einer leichten Taubheit weicht und daher entfernt an Sichuanpfeffer erinnert. Die Beeren weisen auch einen aromatischen, holzig-warmen Geruch und eine interessante Süße auf, die Blätter sind dagegen weniger aromatisch.

AROMAGEBENDE INHALTSSTOFFE

Als scharfe Komponente der Tasmanischen Pfefferkörner wurde ein bicyclischer Sesquiterpen-Dialdehyd, das Polygodial, identifiziert. Der aromatische Geruch stammt von einem in sehr geringer Menge enthaltenen ätherischen Öl, das aus Mono- und Sesquiterpenkohlenwasserstoffen und Phenylpropanoiden (Eugenol, Safrol) besteht. In Kultursorten konnte der Safrolgehalt durch Selektion reduziert werden.

TASMANISCHER PFEFFER

Ziemlich unbekannt: Die getrockneten Beeren des Tasmanischen Pfeffers haben eine eigenwillige, prickelnd-beißende Schärfe und ein süßes Aroma. Außerhalb ihrer australischen Heimat sind sie noch ein Geheimtipp.

Getrockneter Tasmanischer Pfeffer

KULINARIK

Tasmanischer Pfeffer wurde in den letzten Jahren zunehmend vermarktet und wird von australischen Köchen gerne als subtil-aromatische Alternative zu schwarzem Pfeffer eingesetzt, besonders in australischen Adaptionen mediterraner Speisen, zum Beispiel in französischen Fleischragouts und italienischen Pastasaucen. In Australien werden auch Hartweizennudeln mit in den Teig eingearbeitetem Tasmanischem Pfeffer angeboten.

Wie echter Pfeffer verträgt der Tasmanische Pfeffer lange Kochzeiten und verschmilzt dabei sehr gut mit anderen Aromen; für die Pfeffermühle eignet er sich dagegen nicht, weil die Samen zu feucht sind und sich daher schlecht mahlen lassen. Frisch gestoßener Tasmanischer Pfeffer ergibt eine sehr scharf-aromatische Tischwürze, sollte aber mit Vorsicht dosiert werden.

THYMIAN

ECHTER THYMIAN, GARTENTHYMIAN: *Thymus vulgaris*
SPANISCHER THYMIAN: *Thymus zygis*
FELDTHYMIAN, QUENDEL: *Thymus serpyllifolium*
ZITRONENTHYMIAN: *Thymus citriodorus*
KÜMMELTHYMIAN: *Thymus herba-barona*
KÖPFCHENTHYMIAN: *Coridothymus capitatus* (syn. *Thymus capitatus*)

HERKUNFT UND GESCHICHTE

Thymian ist eine mediterrane Pflanze und wurde bereits von den Sumerern und Ägyptern als Heilkraut und Aromatikum genutzt. Er war ein bei Griechen und Römern beliebtes Gewürzkraut für Geflügelsaucen und Bratensaft und wurde auch mit Käse gegessen.

Im nördlicheren Europa wurde Thymian erst durch die Römer, später über Klostergärten bekannt. Seit dem Mittelalter wird er in Westeuropa und in England in kommerziellem Umfang angebaut.

BOTANIK

Lamiaceae (Lippenblütengewächse). Der Echte Thymian ist ein immergrüner Zwergstrauch und wird gewöhnlich etwa 30–40 cm hoch. Die aufrechten, starren, vielfach und eng verästelten, grau behaarten Zweige tragen kreuzgegenständige, etwas graustichig dunkelgrüne, ganzrandige, am Rand eingerollte Blätter von schuppenförmiger, lanzettlicher oder linealischer Gestalt, die je nach Sorte 1–10 mm lang werden (in England gibt es auch Sorten mit rundlichen Blättern). Die Blüten erscheinen in Scheinquirlen in den Blattachseln und bilden am Zweigende oft köpfchenförmige Aggregate. Die 5 mm langen, röhrigen, duftenden Lippenblüten sind meist rosa bis blassviolett gefärbt. Aus ihnen entwickeln sich 1–2 mm große Spaltfrüchte, die in vier Klausen zerfallen. Die meisten miteinander verwandten Thymianarten haben ein vergleichbares Aussehen, aber Feld-, Zitronen- und Kümmelthymian fallen durch ihren kriechenden Habitus auf. Köpfchenthymian trägt seine Blüten in kugelförmigen Köpfchen an den Zweigspitzen.

ANBAU UND QUALITÄTEN

Trotz seiner mediterranen Herkunft ist Thymian gut frosttolerant; allerdings bildet er nur in heißem, trockenem Sommer ein gutes Aroma aus. Er wird in fast allen europäischen, westasiatischen und nordafrikanischen Ländern und in bescheidenerem Umfang in Nordamerika angebaut; in den Mittelmeerländern ist auch noch Wildsammlung verbreitet. Das Welthandelsvolumen liegt bei etwa 1500 Tonnen, dazu kommen noch etwa 4 Tonnen Thymianöl.

Thymian kann aus Samen gezogen werden, aber wegen der genetischen Variabilität gibt man meist der vegeta-

Bouquet garni: Thymian gehört in den französischen Würzstrauß, aromatisiert am Mittelmeer Eingelegtes, Geflügelbraten und helles Wildfleisch.

Frisches Thymiankraut

tiven Vermehrung über Stecklinge den Vorzug. Während im ersten Jahr maximal eine Ernte möglich ist, kann in den Folgejahren bis zu dreimal geschnitten werden. Die Felder bleiben nur zwei bis fünf Jahre ertragreich, und in Nordeuropa wird Thymian sogar nur einjährig angebaut. Der Ertrag kann bis zu 800 kg je Hektar betragen.

Bei der Ernte werden die Sträucher etwa 10 cm über dem Boden mit Balkenmähern oder Mähdreschern geerntet. Der Schnitt wird dann bei 40 °C getrocknet und maschinell gerebelt; Thymianöl wird aus frisch getrockneter Ware destilliert.

VERWENDETER PFLANZENTEIL / GERUCH UND GESCHMACK

Die ganze Thymianpflanze ist aromatisch; man verwendet entweder ganze Zweige (vor allem bei frischem Thymian) oder die abgerebelten Blätter. Thymian hat ein sehr starkes, etwas rauchiges Aroma und einen brennenden Geschmack. Es gibt aber auch Sorten mit abweichendem Aroma, etwa den Zitronen- oder den Kümmelthymian; auch der in den Alpen heimische Feldthymian hat sowohl eine ausgeprägte Kümmel- als auch eine subtile Zitrusnote. Viele verwandte mediterrane Arten riechen dagegen eher weihrauchähnlich und eignen sich nicht für die kulinarische Verwendung.

AROMAGEBENDE INHALTSSTOFFE

Die charaktergebenden Komponenten im Thymianöl sind die beiden Phenole Thymol und Carvacrol, aber wie bei vielen verwandten Gewürzen treten auch bei Thymian starke Schwankungen je nach Sorte, Jahreszeit und Standort auf. Sommerthymian enthält bis zu 7 % ätherisches Öl mit etwa 40–70 % Thymol und merklichen Mengen Carvacrol (bis 20 %), das einen gröberen, etwas reizenden Geschmack bedingt.
Winterthymian schmeckt subtiler und milder, da in seinem Öl (max. 4 %) kaum Carvacrol enthalten ist und auch das Thymol (max. 40 %) zugunsten anderer Terpenkomponenten (p-Cymen, 1,8-Cineol, Linalool) in den Hintergrund tritt. In anderen Thymianarten bedingen Citral (Zitrusduft) oder Carvon (Kümmelaroma) ein abweichendes Geschmacksprofil.

Thymianzweig

KULINARIK

Thymian ist eines der beliebtesten und vielseitigsten mediterranen Kräuter. Eigenartigerweise gewinnt Thymian beim Trocknen an Würzintensität (in dieser Hinsicht ist das Kraut nur mit Rosmarin und Oregano vergleichbar). Frisch schmeckt er milder und lieblicher, und das frische Kraut ist auch die bevorzugte Form in den meisten Mittelmeerküchen.

In **Frankreich** würzt Thymian helles Fleisch (besonders Wild und Geflügel) und Fisch. Er gehört stets in den Kräuterstrauß *bouquet garni*. Manche Rezepte für *tapenade* (siehe Olive) schreiben den Zusatz von Thymian vor, und auch für eingelegte Oliven gehört das Kraut zu den bevorzugten Würzkomponenten.
In **Italien** taucht Thymian häufig in Gewürzmischungen für *pizza* auf und

würzt gelegentlich Pastasaucen und Pilzrisotti. Gemeinsam mit Oregano und Olivenöl kann er pikante Brote *(focaccia)* aromatisieren und wird auch für Fleischgerichte verwendet.

In der **englischen Küche** ist Thymian nach Minze das beliebteste Gewürzkraut. Man verwendet ihn vorwiegend zu Fleisch, beispielsweise für den *Lancashire Hotpot*, einen Auflauf aus verschiedenen Fleischsorten, der mit Kartoffelscheiben belegt und im Ofen gebacken wird.

Thymian ist ein traditionelles Gewürz für viele **deutsche** Suppen, Eintöpfe und Schmorgerichte. Und er gehört – wie der Majoran – zur Grundwürze vieler Würste. Durch die steigende Beliebtheit der Mittelmeerküchen wird er auch vermehrt frisch angeboten. Zitronenthymian, der sich nur schlecht trocknen lässt, wurde in den letzten Jahren als Fischgewürz in mediterran inspirierten Küchen populär.

In den **levantinischen Küchen** spielt Thymian eine große Rolle als Fleisch- und Gemüsegewürz. In vielen arabischen Ländern heißt Thymian *za'tar*, allerdings kann diese Bezeichnung auch für Majoran (speziell den Syrischen Majoran) oder für Bohnenkraut stehen. In Jordanien und Syrien meint man mit *za'tar* meist eine säuerlich pikante Gewürzmischung aus Thymian (oder Majoran oder eben auch Bohnenkraut), Sesamsamen und Sumach, die als Streuwürze zu gegrilltem Fleisch oder auf Fladenbrot gegessen wird. Eine im Charakter ähnliche, aber nicht saure Mischung aus **Ägypten** heißt *duqqah* und besteht aus Nüssen, Kreuzkümmel, Koriander, Pfeffer und Thymian. Sie wird ebenfalls als Tischwürze gereicht oder mit Olivenöl gemischt als Brotaufstrich verwendet.

Die Küchen **Äthiopiens** und **Eritreas** verwenden Thymian ebenfalls für Fleisch, etwa für langsam geschmorte Eintöpfe *(wat)*. Eine besondere äthiopische Spezialität ist ein mit Thymian und Gewürznelken aromatisierter Schwarztee.

283

Im Nahen Osten werden einige miteinander verwandte Kräuter nur ungenau unterschieden: Namen wie *kekik* und *sater* stehen regional unterschiedlich für Oregano, Thymian, Bohnenkraut und auch Syrischen Majoran. In der arabischen Sprache wird zwischen diesen Gewürzen praktisch gar nicht unterschieden, sie werden in den Ländern der Levante alle als *za'tar* bezeichnet. Gleichzeitig meint *za'tar* dort allerdings auch eine Gewürzmischung (siehe Thymian).

TONKABOHNE

Dipteryx odorata

HERKUNFT UND GESCHICHTE

Der Tonkabaum ist im nördlichen Südamerika entlang der Zuflüsse des Orinoko heimisch, wird aber heute in vielen tropischen Regionen als Holzlieferant angebaut.

BOTANIK

Fabaceae (Schmetterlingsblütengewächse). Der Tonkabaum wird bis zu 40 m hoch; sein bis zu 1 m dicker Stamm verzweigt sich erst im obersten Drittel. An den Ästen stehen wechselständige, ledrige, glänzend grüne, paarig gefiederte Blätter mit drei bis sechs Paaren von bis zu 15 cm langen und 6 cm breiten, unsymmetrisch-elliptischen Blättchen. Die rosa bis violetten, 1 cm großen Schmetterlingsblüten stehen in endständigen Trauben und entwickeln sich zu stark reduzierten, einsamigen, 6 cm langen Hülsen, die sich bei der Reife nicht öffnen. Die dunkelbraunen Samen sind unregelmäßig bohnenförmig und werden bis zu 5 cm lang.

ANBAU UND QUALITÄTEN

Der Tonkabaum benötigt gleichmäßig feuchtwarmes Tropenklima und gedeiht am besten in flussnahen tropischen Regenwäldern in bis zu 350 m Seehöhe. Wegen seiner Schnellwüchsigkeit wird er in Venezuela und Nigeria als Schattenbaum für Kakao gepflanzt, dem er in seinen Ansprüchen ähnelt. Der größte Teil der Ernte an Tonkabohnen stammt aber aus Wildbeständen.

In Plantagen werden die Bäume aus Samen vermehrt und bereits früh beschnitten, sodass sie stark verzweigen und maximal 25 m Höhe erreichen. Die erste Ernte erfolgt nach knapp zehn Jahren. Die Erträge schwanken stark in dreijährigem Rhythmus und liegen bei 1–5 kg trockener Bohnen pro Jahr und Baum.

Zur Ernte werden die reifen Früchte vom Boden aufgelesen und entkernt; die Kerne (Bohnen) werden getrocknet, sind in dieser Phase aber noch geruchlos. Um das Aroma zu entwickeln, müssen sie für einige Tage in starken Rum (55 % Alkohol) eingelegt und erneut getrocknet werden. Dabei färben sie sich durch Fermentation dunkelbraun und entwickeln ihren typischen Geruch.

Der Hauptproduzent ist Venezuela mit überwiegend aus Wildsammlung stammender Ware (Angostura-Typ), gefolgt von Brasilien und Kolumbien (Pará-Typ).

Tabak: Der vanilleartige Duft von Tonkabohnen würzt spezielle Pfeifentabake. In der Küche sind Tonkabohnen Süßspeisen und Kuchenteigen vorbehalten.

Getrocknete Tonkabohnen

Verwendeter Pflanzenteil / Geruch und Geschmack

Als Gewürz werden ausschließlich die Samen verwendet, die nach entsprechender Aufarbeitung einen hocharomatischen Heuduft verströmen, der dem Aroma des heimischen Waldmeisters entspricht.

Aromagebende Inhaltsstoffe

Das Aroma der Tonkabohnen geht auf Cumarin zurück, das unter der Epidermis sichtbare Kristalle bilden kann. Der Gehalt schwankt zwischen 2 und 10 %.

Der Handel mit Tonkabohnen unterliegt in den meisten Ländern gesetzlichen Einschränkungen, da sich Cumarin im Tierversuch als Lebergift erwiesen hat. Menschen zeigen gegenüber Cumarin sehr unterschiedliche Empfindlichkeit, aber für die meisten Personen sind Cumarinvergiftungen durch Verwendung von Tonkabohnen (oder Waldmeister) in gewürztypischen Mengen nicht zu erwarten.

Kulinarik

Tonkabohnen verströmen ein geradezu hypnotisches Aroma, das sich, ähnlich wie der Vanilleduft, vor allem zu Süßspeisen empfiehlt. Klassische Desserts wie Vanilleeis oder italienische *panna cotta* erhalten durch Tonkabohnen einen ganz eigenen Charakter. Tonkabohnen eignen sich auch als Backgewürz, allerdings gibt es nur sehr wenige traditionelle Rezepte.

Wegen der Kompatibilität von Tonka und Vanille wird Vanilleextrakt gelegentlich mit billigeren Tonkabohnen verfälscht; vor allem mexikanischer Vanilleextrakt ist davon betroffen.

Dennoch sollte man Tonkabohnen nicht als »Ersatz-Vanille« betrachten – ihr eigenständiges Geschmacksprofil macht sie eher zu einer interessanten und überraschenden Alternative zum gewohnten Vanillegeschmack.

Der größte Teil der Tonkabohnenernte wird zur Aromatisierung von Likören verwendet. In der Vergangenheit wurden damit auch Pfeifentabake gewürzt, heute gibt es nur noch wenige Tabakraritäten mit Tonkaaroma.

VANILLE

HERKUNFT UND GESCHICHTE

Vanille stammt aus den tropischen Urwäldern Mesoamerikas (Mexiko, Guatemala, Antillen). Sie war bereits zu präkolumbischen Zeiten bekannt und diente zum Würzen eines seit der olmekischen Epoche bekannten Kakao-Getränks, das bei den Azteken *cacahuatl* und bei den Maya *chocol haa* hieß; bei den Spaniern bürgerte sich die gemischte Form *chocolatl* ein.

Vanille wurde von den Spaniern am Ende des 16. Jahrhunderts nach Europa eingeführt und etablierte sich bald als Würze von komplexen Trinkschokoladen, die am spanischen Königshof mit vielen Aromatika, unter anderem Moschus und Amber, zubereitet wurden. Zudem wurde Tabak mit Vanille aromatisiert.

Mexiko, und damit das spanische Mutterland, konnte sich lange eines vollständigen Vanillemonopols erfreuen. Am Anfang des 19. Jahrhunderts gelang es Holländern und Franzosen, Vanillepflanzen in ihre Kolonien zu verpflanzen, und erst um ca. 1840 wurde auf der Insel Bourbon (heute Réunion) im Indischen Ozean ein Verfahren zur künstlichen Befruchtung entwickelt, das erstmals Vanilleernten außerhalb Mexikos ermöglichte. Heute liefern die Anbaugebiete rund um den Indischen Ozean etwa 80 % der Welternte.

BOTANIK

Orchidaceae (Orchideengewächse). Vanille ist eine mehrjährige, persistent-krautige und nicht verholzende Kletterpflanze, die sich bis zu 15 m in die Höhe ranken kann. Der Stamm erreicht einen Durchmesser von 2 cm, ist wenig oder nicht verzweigt und trägt wechselständige Blätter und ihnen gegenüber weiße Haftwurzeln. Die unmerklich kurz gestielten Blätter sind dick und fleischig, flach, glänzen grün und erreichen bei elliptischer bis lanzettlicher Gestalt eine Länge von 8–25 cm und eine Breite von 2–8 cm. Die Blüten treten in gestauchten akropetalen Trauben auf, die sich aus der Achsel von Blättern entwickeln. Die Blütenstände umfassen bis typischerweise 15 Blüten, die nacheinander erblühen, oft im Abstand einiger Tage. Die Einzelblüten sind kurz gestielt, bis zu 4 cm groß, zygomorph, gelbweiß und duftend. Aus ihnen entwickeln sich schmale zylindrische, hängende Kapseln, die bis zu 25 cm lang und 1,5 cm breit werden. Die zahlreichen, winzigen Samen (0,4 mm) sind in eine balsamartige Masse eingebettet.

Nur echt mit schwarzen Punkten: Vanillinzucker ist zwar ein probater Ersatz für echte Vanille bei einfachen Backwaren, kann aber neben dem komplexen Aroma der Wunderschote nicht bestehen.

Vanilleschoten

ANBAU UND QUALITÄTEN

Vanille ist als tropische Pflanze an ganzjährig warmes und feuchtes Klima angepasst; sie verträgt weder Temperaturen unter 20 °C noch ausgeprägte Trockenzeiten. Allerdings führt zu starker Regenfall in den letzten Monaten der Reife oft zu Fruchtverlusten. Sie gedeiht vor allem auf Steilhängen innertropischer Inseln.

Der Anbau von Vanille ist sehr aufwendig. Zum Anlegen einer Vanilleplantage werden zuerst Schattenbäume gepflanzt, zwei Jahre danach Stützbäume und erst im dritten Jahr die eigentlichen Vanillepflanzen. Vanille wird fast immer aus Stecklingen vermehrt, da die Keimlinge zu ihrer Ernährung auf symbiotische Pilze angewiesen sind und bei deren Abwesenheit nur unter sterilen Laborbedingungen auf speziellen Nährmedien wachsen.

In Plantagen wird die Vanillepflanze auf einer Höhe von 2,5 m gehalten. In Mexiko werden die Blüten von einheimischen Bienen (eventuell auch Kolibris) bestäubt; andernorts muss allerdings künstlich bestäubt werden, wobei die fruchtbare Phase der Blüten nur wenige Stunden dauert. Dazu schlitzt man die Blüte mit einem Bambuswerkzeug auf und presst Narbe und Staubgefäße derselben Blüte aufeinander. Obwohl eine Vanillepflanze ca. 1000 Blüten pro Saison entwickelt, kann sie nur ca. 50 Früchte ausbilden. Die künstliche Bestäubung bietet die Möglichkeit, die basalen Blüten auszuwählen, aus denen sich besonders lange und gerade Kapseln bilden.

Nach der Befruchtung wächst die Kapsel rasch heran und erreicht bereits nach einem Monat ihre endgültige Größe. Bis zur Pflückreife vergehen insgesamt acht Monate, in denen die Kapseln mehrfach überprüft und im Fall von Fehlbildungen entfernt werden; in Mexiko und Madagaskar ist es auch üblich, die jungen Kapseln mit einem Siegel zu stempeln, um Diebstahl vorzubeugen.

Für die Qualität der Vanille ist es wichtig, die Kapseln zu ernten, sobald sich die Spitze der Kapseln gelb färbt. Die Kapseln eines Fruchtstands reifen im Abstand einiger Tage und müssen

Unreife Vanillekapseln

daher getrennt geerntet werden. Danach beginnt eine zeit- und arbeitsintensive Aufarbeitung, bei der die zuvor grünen und geruchlosen Kapseln ihre bekannte schokoladenbraune Färbung und das unvergleichliche Aroma ausbilden.

In den mexikanischen und karibischen Anbaugebieten werden die frisch geernteten Kapseln zunächst einige Tage in großen Haufen zum Welken gelagert und danach für ein bis vier Wochen einem täglichen Zyklus von Welken und Schwitzen unterzogen: Einen halben Tag liegen sie in der prallen Sonne, danach einen halben Tag mit einer Decke abgedeckt, und über Nacht kommen sie zum weiteren Schwitzen in Holzkisten. Im Verlauf dieser Prozedur dunkeln sie und entwickeln ein erstes Aroma. Danach werden sie gestreckt und glatt gestrichen, um das Mark in der Kapsel zu verteilen, und langsam bis zur angestrebten Restfeuchte von 20 % getrocknet.

In den Plantagen am Indischen Ozean kommt dagegen das Bourbon-Verfahren zur Anwendung: Die frisch geernteten Kapseln werden eine Minute lang in heißem Wasser blanchiert, danach fermentieren sie einen Tag in geschlossenen Holzkisten, und zuletzt werden sie – ähnlich wie bei der mexikanischen Methode, aber nur eine Woche lang – tagsüber in der Sonne und nachts auf luftigen Gestellen weiterfermentiert. Die abschließende Trocknung zieht sich bei leichter Beheizung bis zu einen Monat hin.

In beiden Verfahren müssen die Vanilleschoten regelmäßig überwacht werden, um verfaulende oder verschimmelnde Früchte sofort aussortieren zu können. Fertig getrocknete Früchte lagern noch zwei Monate in geschlossenen Behältern, um ihr Aroma voll auszubauen. In dieser Zeit diffundiert das Vanillin durch das gesamte Fruchtvolumen und scheidet sich zum Teil an der Oberfläche ab.

Mexikanische Vanille, die hauptsächlich in die USA exportiert wird, hat ein etwas dunkleres Aroma als die eleganter und feiner schmeckende Bourbon-Vanille aus Réunion und Madagaskar. Die neueren Anbaugebiete in Festlandafrika (Uganda) und Indonesien (Bali) verwenden ein modifiziertes Bourbon-Verfahren und erzielen deutlich geringere Preise, allerdings wurden bereits beachtliche Qualitätssteigerungen erzielt. Die weltweite Jahresproduktion liegt bei etwa 5000 Tonnen.

VERWENDETER PFLANZENTEIL / GERUCH UND GESCHMACK

Der kulinarisch relevante Pflanzenteil ist die Frucht: eine Kapsel, die im Handel botanisch ungenau als »Schote« bezeichnet wird. Die fertig verarbeiteten »Vanilleschoten« strömen ein süßes, schweres Aroma aus und schmecken weich und hocharomatisch. Der Geschmack von Vanille ist absolut charakteristisch und kann – obwohl die Hauptaromakomponente billig synthetisiert werden kann – durch nichts vollwertig ersetzt werden.

AROMAGEBENDE INHALTSSTOFFE

Der Hauptinhaltsstoff der Vanillekapseln ist das Vanillin, das sich erst nach der Ernte durch Fermentation aus glycosidischen Vorstufen (Vanillosid) bildet; der Gehalt schwankt stark, kann aber bei guter Handelsware 3 % betragen. Bei hochwertigen Vanillekapseln sind an der Oberfläche manchmal winzige nadelförmige Vanillinkristalle zu sehen. Dieses

Phänomen bezeichnet man als *givre* (französisch für »Raureif«), allerdings werden einfachere Qualitäten manchmal illegalerweise durch Einlegen in Vanillinlösung künstlich givriert.

Vanille enthält weitere 0,5 % an flüchtigen Inhaltsstoffen, die das Aroma komplettieren; die wichtigsten davon sind 4-Hydroxybenzaldehyd und sein Methylether (Anisaldehyd). Zahlreiche weitere Verbindungen wurden bereits identifiziert, von denen einige trotz ihrer geringen Konzentration für den olfaktorischen Gesamteindruck bedeutsam sind, unter ihnen Phenole, Phenolether, Carbonsäuren und Vitispirane.

Die aus der Karibik stammende Guadeloupe-Vanille enthält kein Vanillin, sondern das blumig riechende Piperonal (Heliotropin). Vanillin und Piperonal gelten allgemein als die Hauptinhaltsstoffe der Tahiti-Vanille, aber nach neueren Erkenntnissen findet sich neben Vanillin nur 4-Hydroxybenzoesäure, 4-Methoxybenzoesäure (Anissäure) und 4-Methoxybenzylalkohol (Anisylalkohol).

Vanillekapseln enthalten knapp 10 % Zucker und 20 % Wasser, was sie anfällig für Fäulnis und Schimmelpilze macht.

KULINARIK

Vanille dient ganz überwiegend zum Würzen von süßen Speisen der **europäischen Küche**. Man verwendet sie für Puddings, Cremes, Kuchen und Kekse. Bekannte Beispiele sind das italienische Rahmdessert *panna cotta* und die fran-

Vanilleblüte

zösische karamellisierte *crème brûlée.* Ferner aromatisiert sie Punsch, Kompotte und heiße Wein- und Sangriagetränke. In hochwertigen Schokoladen ist ein gewisser Anteil echter Vanille praktisch Pflicht, in die Trinkschokolade gehört sie in jedem Fall hinein.

Für Cremes kocht man meist eine ausgeschlitzte Schote in Milch, wobei ein Teil der Samenmasse (»Mark«) in die Flüssigkeit austritt; für manche Rezepte wird das Mark auch herausgekratzt und der Speise zugesetzt. Kuchen oder Kekse würzt man entweder mit dem Mark, mit gemahlener Vanille oder mit Vanillezucker.

Vanilleeis wird oft nicht mit echter Vanille, sondern mit synthetisch hergestelltem Vanillin aromatisiert, was einen weniger vollen Geschmack ergibt; echtes Vanilleeis – zu erkennen an den kleinen schwarzen Samen – schmeckt erheblich komplexer.

Auch beim Kauf von Vanillezucker lohnt sich genaues Hinsehen: Der billigere, reinweiße Vanillinzucker hat ein weniger komplexes Aroma mit metallischen Obertönen, während der teurere Vanillezucker das feine Vanillearoma viel besser wiedergibt. Vanillezucker kann man einfach selbst herstellen, indem man eine aufgeschlitzte Vanilleschote mit Staubzucker bedeckt und einige Wochen oder auch Monate ziehen lässt. Dazu eigenen sich auch Vanilleschoten, die man bereits für die Herstellung einer Creme oder eines Vanilleeises verwendet hat, da sie immer noch genug Restaroma liefern.

Die Tahiti-Vanille ist bislang nur wenig bekannt. Ihr abweichendes Aromaprofil wird häufig als minderwertig beurteilt, während andere ihren eher blumig-moschusartigen Geschmack sehr schätzen. Man kann die Bourbon- durch Tahiti-Vanille ersetzen, wenn ein ungewohnter, überraschender Effekt gewünscht ist.

In den tropischen Anbaugebieten hat Vanille keinen Eingang in die lokalen Küchen gefunden; man verwendet sie dort vorwiegend für Abwandlungen europäischer Rezepte, beispielsweise Puddinge oder mit Vanillemark gewürzte Fruchtsalate in Mauritius und Réunion.

Vanille steht in Konkurrenz zu einigen Gewürzen mit kompatiblem Aroma, wie Pandanusblättern, Tonkabohnen und den Kernen der Felsenkirsche. Die seit einigen Jahrzehnten steigende Produktion und sinkende Preise haben dazu geführt, dass diese Gewürze heute oft durch Vanille ersetzt werden; es ist aber auch umgekehrt möglich, traditionelle Vanillesaucen mit Pandanus oder Vanillekuchen mit Felsenkirsche zu würzen.

VIETNAMESISCHER KORIANDER

Polygonum odoratum (syn. Persicaria odorata)

Regionalist: Vietnamesischer Koriander ist nur in und um Vietnam im Kücheneinsatz. Das Kraut schmeckt wie Koriander, sieht aber völlig anders aus. In der südvietnamesischen Küche beliebte Grüngarnitur!

Vietnamesischer Koriander

HERKUNFT UND GESCHICHTE

Vietnamesischer Koriander stammt aus Indochina und Malaysia, wo er seit Langem traditionell in Küche und Medizin verwendet wird. Vietnamesische Emigranten brachten ihn nach Australien und in die USA, wo er mittlerweile angebaut wird.

BOTANIK

Polygonaceae (Knöterichgewächse). Vietnamesischer Koriander ist eine mehrjährige, aber kurzlebige Staude mit rötlichen, aufrechten, 35 cm hohen und 2 mm dicken Stämmen mit leicht verdickten und manchmal abgewinkelten Stängelknoten, an denen sich auch überirdisch Wurzeln entwickeln. Die wechselständigen, eiförmig-lanzettlichen, 7 cm langen Blätter tragen an der Oberseite eine purpurne Zeichnung in Form eines zum Blattgrund geöffneten V. Die kleinen weißen oder rosa Blüten erscheinen außerhalb der Tropen nur selten; sie stehen in lang gestielten, vielblütigen Ähren und entwickeln sich zu 1,5 mm großen, dreieckigen Nussfrüchten.

ANBAU UND QUALITÄTEN

Vietnamesischer Koriander benötigt tropisch-warmes und vor allem feuchtes Klima. Zum Feldanbau vermehrt man die Pflanze aus abgeschnittenen Zweigen, die in wenigen Tagen anwurzeln und bereits nach zwei Monaten beerntet werden können. Zur Ernte schneidet man ganze Zweige ab oder zupft nur einzelne Blätter; das Erntegut wird frisch auf lokalen Märken verkauft. Im internationalen Handel spielt Vietnamesischer Koriander praktisch keine Rolle, was auch auf seine schlechte Haltbarkeit zurückzuführen sein dürfte.

VERWENDETER PFLANZENTEIL / GERUCH UND GESCHMACK

Als Gewürz werden frische Blätter oder Blätter und Stängel zusammen verwendet. In Geruch und Geschmack erinnert die Pflanze an Koriander, bringt aber – im Unterschied zu seinem Namensvetter – noch einen Zitrusakzent und eine leichte Schärfe mit. Der Geschmack ist wenig kochfest und verträgt kein Trocknen.

AROMAGEBENDE INHALTSSTOFFE

Aus den frischen Blättern des Vietnamesischen Korianders lässt sich ein ätherisches Öl gewinnen, das hauptsächlich aus gesättigten aliphatischen Aldehyden besteht: Die Hauptverbindung ist Dodecanal (bis zu 50 %), gefolgt von Decanal (25 %). Den Rest teilen sich die entsprechenden Alkohole und einige Terpenoide (β-Caryophyllen, β-Ocimen und α-Humulen).

KULINARIK

In der **vietnamesischen Küche** werden fast alle Speisen mit viel duftendem oder knackigem Grün garniert. Der Vietnamesische Koriander, der in manchen Büchern auch irritierend »Vietnamesische Minze« genannt wird, gehört dabei zu den beliebtesten Kräutern der lokalen Küchen. Vietnamesische Speisen sind oft recht mild und profitieren daher bemerkenswert von den aromatischen tropischen Kräutern am Tellerrand.

Die Zusammensetzung der Kräutergarnitur unterscheidet sich je nach Speise. Vietnamesischer Koriander wird besonders zu Fleisch- oder Fischgerichten serviert, weniger aber zu Suppen oder Sandwichs (hier zieht man Koriander vor). Manchmal kommen auch die grob gehackten Blätter in den Wok und werden kurz mitgebraten, wobei natürlicherweise das Aroma leidet.

Vietnamesischer Koriander spielt auch in der **malaysischen** und **singapurianischen Küche** eine Rolle. Die Küche der Nonya, einer chinesisch-maliischen Bevölkerungsgruppe in Singapur und Südmalaysia, nutzt ihn besonders gern; ihr Signaturgericht ist *laksa*, ein fast suppenartig-dünner Nudelcurry, der mit verschiedenen Fleischsorten zubereitet wird. Für diese Speise ist Vietnamesischer Koriander Pflicht – gewöhnlicher Koriander gilt dabei als Fauxpas. In der englischen und chinesischen Umgangssprache Singapurs wird Vietnamesischer Koriander sogar »Laksa-Blatt« genannt.

WACHOLDER

Juniperus communis

Eigentlich keine Beere, sondern ein Zapfen: Wacholder gehört ins Sauerkraut, würzt Wildbraten und steckt hinter dem beliebten Long Drink Gin Tonic – Gin ist Wacholderschnaps!

Getrocknete Wacholderbeeren

HERKUNFT UND GESCHICHTE

Verschiedene Wacholderarten sind über die ganze Nordhalbkugel verbreitet. Aber das Gewürz des Handels stammt fast ausschließlich von *J. communis* und seinen zahlreichen Unterarten. Andere Arten wie der alpine Zwergwacholder *(J. nana)* haben nur regionale Bedeutung.

In der Antike wusste man mit Wacholder kulinarisch nicht viel anzufangen – der Wacholderbaum hatte bei den Griechen und Römern zwar kultische Bedeutung und wurde als harntreibendes Mittel genutzt, aber es sind kaum Rezepte damit erhalten; der Apicius verwendet ihn in einer einzigen Sauce für gekochtes oder gebratenes Fleisch. Allerdings tauchen in antiken Rezepten aus Mesopotamien, Griechenland und Rom immer wieder Zypressen als Gewürz auf, deren Aroma mit Wacholder vergleichbar ist.

Im Volksglauben (und besonders im Aberglauben) des europäischen Mittelalters spielte Wacholder eine herausragende Rolle, obwohl sein Auftreten im Alten Testament zweifelhaft ist und er im Neuen gänzlich fehlt. Auch als Gewürz, vor allem als Gewürz der Armen, setzte er sich langsam durch. Ab dem 15. Jahrhundert wird er in Medizin- und Kochbüchern häufig erwähnt.

Reife Wacholderzapfen

BOTANIK

Cupressaceae (Zypressengewächse). Wacholder ist ein immergrüner, zweihäusiger Strauch oder von Grund auf stark verzweigter, säulenförmiger Baum, der bis zu 12 m hoch wird. Seine nadelförmigen, 10 mm langen Blätter stehen zu dritt in Quirlen und tragen auf der Oberseite einen blauweißen Wachsstreifen. Die unauffälligen Blüten stehen in den Blattachseln: Männliche Blüten bestehen aus einem Kurztrieb mit einigen Quirlen von schuppenförmigen Staubblättern und weibliche aus mehreren Quirlen von Schuppenblättern und drei offenen Samenanlagen an der Triebspitze. Nach der Befruchtung bildet sich aus den Samen und dem obersten Quirl eine kugelige Scheinfrucht, die erst im zweiten Jahr ausreift und dann 5–10 mm groß und blauschwarz gefärbt ist. Technisch ist die »Wacholderbeere« also keine Beere, nicht einmal eine Frucht (es gibt ja keinen Fruchtknoten), sondern ein Zapfen, der allerdings anders als die langen Fichten- oder Pinienzapfen nur aus einem einzigen Quirl von drei Schuppenblättern besteht.

ANBAU UND QUALITÄTEN

Wacholder ist eine anspruchslose Pflanze, die in sandigen Heiden ebenso wie im Hochgebirge wächst. Die Handelsware stammt fast ausschließlich aus Wildbeständen, wobei die beste Ware aus mediterranen Gebirgslagen stammt, besonders aus Dalmatien.

WACHOLDER

VERWENDETER PFLANZENTEIL / GERUCH UND GESCHMACK

Man verwendet die ausgereiften und getrockneten Beerenzapfen, die »Wacholderbeeren«. Sie haben ein ätherisch-harziges Nadelbaumaroma und einen warmen, starken, etwas süßlichen Geschmack.

AROMAGEBENDE INHALTSSTOFFE

Wacholderbeeren enthalten 10 % Harz und bis zu 30 % Zucker, dazu stark schwankende Mengen von ätherischem Öl (bis zu 2 %) mit variabler Zusammensetzung. Die Hauptkomponenten sind Sabinen (bis zu 50 %, vor allem bei Wacholder aus niedrigen Lagen) und α-Pinen (bis 76 %, vor allem bei Gebirgswacholder); weitere Monoterpene (Myrcen, Limonen, 4-Terpineol) treten in Mengen bis zu 20 % auf.

KULINARIK

Wacholder wird in vielen europäischen Küchen, vom **Mittelmeergebiet** über **Skandinavien** bis nach **Russland**, genutzt und durchweg zum Würzen von dunklem Fleisch eingesetzt. Zerdrückte Wacholderbeeren verleihen Wildragouts einen rustikalen Geschmack und werden zum Beizen von Wild und Wildgeflügel oder für Räucherfleisch verwendet. Dabei kombiniert man sie gerne mit Pfeffer, Lorbeer und Knoblauch.

Sauerkraut wird besonders in **Deutschland**, **Österreich** und **Nordfrankreich** hergestellt, indem man frisch geernteten Kohl mit Salz einlegt und einer Milchsäuregärung unterzieht. Die wichtigsten Gewürze für Sauerkraut sind Kümmel und Wacholder.

In den Alpenländern, besonders in der **Schweiz**, kocht man Wacholderbeeren zu einer dicken, pastösen Konsistenz ein (Latwerge). Die stark schmeckende Wacholder-Latwerge dient als Brotaufstrich, Kochzutat oder Tischwürze.

Die wichtigste Anwendung der Wacholderbeeren sind allerdings aromatisierte Schnäpse. Gin wurde zuerst im **Holland** des 17. Jahrhunderts hergestellt und fand besonders in **England** eine begeisterte Aufnahme. Viele Rezepte erwähnen außer Wacholder auch noch andere Gewürze wie Koriander, Bitterorange oder Sternanis.

WASABI

Wasabi-
rhizomimitat

296

HERKUNFT UND GESCHICHTE

Wasabi kommt in Japan, Korea (var. *koreana*) und Sibirien wild vor und wird in Japan seit mindestens 1000 Jahren genutzt.

BOTANIK

Brassicaceae (Kreuzblütengewächse). Wasabi ist eine mehrjährige Staude mit einem rübenartig verdickten, unterirdischen, beblätterten Stamm (Rhizom), der viele dünne, bis zu meterlange Wurzeln trägt. Das Rhizom wird bis zu 30 cm lang und 5 cm dick und bleibt unverzweigt, treibt jedoch knapp unter der Oberfläche unterirdische Ausläufer. Die lang gestielten, stumpf herzförmigen bis nierenförmigen, fingernervigen, bis zu 15 cm breiten und am Rand gewellten Blätter bilden eine Rosette, aus denen sich kurz nach Beginn der Vegetationsperiode unverzweigte, schwach beblätterte, bis zu 150 cm lange Stängel mit traubenförmigen Blütenständen erheben. Die weißen, 5 mm großen Einzelblüten entwickeln sich zu etwa zehnsamigen Schoten.

ANBAU UND QUALITÄTEN

Wasabi benötigt kühles ozeanisches Gebirgsklima und gedeiht am besten in langsam fließendem Wasser; Pflanzen aus Teich- oder Feldanbau gelten als geschmacklich minderwertig. Die Pflanzen vertragen wenig direktes Sonnenlicht und keine Hitze, sind aber frosthart. Für den traditionellen Anbau am Rand von Gebirgsbächen werden die Pflanzen aus Samen angezogen und später an strömungsgeschützte Uferstellen verpflanzt. Wegen der Strömung muss kräftig gedüngt werden, was japanische Umweltschützer seit einigen Jahren zunehmend kritisieren. Die weitere Pflege und die Wachstumsgeschwindigkeit hängen stark von den lokalen Umständen ab, aber typischerweise kann zwei bis drei Jahre nach dem Aussetzen geerntet werden. Der gereinigte Wurzelstock wird als »Wasabiwurzel« ohne weitere Bearbeitung frisch verkauft. Anbau und Ernte sind weitgehend Handarbeit.

Die bedeutendsten Produktionsländer sind Japan und Korea, daneben auch China, wo Wasabi sowohl nach Japan exportiert als auch in der Medizin eingesetzt wird. Seit einigen Jahren gibt es auch erfolgreichen Wasabianbau in Neuseeland und an der amerikanischen Westküste.

VERWENDETER PFLANZENTEIL / GERUCH UND GESCHMACK

Als Gewürz werden überwiegend die Rhizome, gelegentlich auch die fri-

Sushi: Die blassgrüne Wasabipaste gehört zu jedem Sushiessen. Die delikate Pflanze wächst am liebsten am Rand von fließenden Gebirgsbächen – ist aber in Europa Mangelware. Deswegen konnten wir nur eine Plastikwurzel fotografieren.

Wasabipflanze

schen Blätter und Stängel verwendet. Sie entwickeln bei Verletzung einen tränenreizend scharfen Geruch und meerrettichartigen Geschmack.

AROMAGEBENDE INHALTSSTOFFE

Wie bei verwandten Gewürzen geht die Schärfe auf Glucosinolate zurück, die bei Zellverletzung zu Isothiocyanaten hydrolysiert werden (zum chemischen Mechanismus siehe Meerrettich). Die Hauptverbindung ist Allylisothiocyanat mit etwa 0,15 %, daneben findet man Spuren von ω-Methylthioalkylisothiocyanaten mit Kettenlängen von vier bis sieben Kohlenstoffatomen (6-Methylthiohexylisothiocyanat 0,03 %). Der Geschmacksunterschied zum Meerrettich wird auf diese Verbindungen und das Fehlen des im Meerrettich vorkommenden 2-Phenylethylisothiocyanats zurückgeführt.

KULINARIK

Wasabi ist ein auf die **japanische Küche** beschränktes Gewürz. Wer es sich leisten kann, reibt das frische Rhizom ohne Wasserzusatz zu einer blassgrünen, glatten Paste – die besten Resultate erreicht man mit einer Reibe, die mit Haifischhaut bespannt ist. Da es in Europa noch keinen Wasabi-Anbau gibt und das Gewürz eine lange Flugreise kaum übersteht, ist man auf Wurzeln aus Privatgärten angewiesen. In Europa kennt man Wasabi vor allem durch *sushi*. Sushi enthält häufig rohen Fisch – ein stark keimtötendes Gewürz wie Wasabi entschärft die damit verbundenen Gefahren und bietet gleichzeitig eine erfrischend-scharfe Geschmackskomponente. Die Wasabipaste wird dünn zwischen Fischfilet und Reis aufgetragen, und weitere Paste steht zum Nachwürzen bereit. In japanischen Sushi-Bars spricht man oft nur von *namida*, wenn man Wasabi meint, was ziemlich treffend ist – denn *namida* bedeutet »Tränen«. Japaner verwenden Wasabi nicht zur zu Sushi, sondern, gemischt mit Sojasauce, auch als Tischwürze zu Grillsteak oder den in transparent-knusprigem Teig gebackenen Gemüsestücken *tempura*.

WEINRAUTE

GARTENRAUTE, RAUTE
Ruta graveolens

HERKUNFT UND GESCHICHTE

Weinraute stammt aus dem Mittelmeergebiet und ist seit der Antike als Heil- und Gewürzkraut in Verwendung – sie steht sogar im Neuen Testament. In Rom war Raute ein beliebtes Küchenkraut und wurde in Form frischer, zerquetschter Blätter den Speisen zugefügt, beispielsweise für die Kräuter-Knoblauch-Käse-Paste *moretum*.

Im Mittelalter wurde Weinraute als Heilkraut in Klostergärten angebaut, aber ihre kulinarische Verwendung war längst nicht mehr Mode. Heute ist sie vor allem als Zierpflanze beliebt.

BOTANIK

Rutaceae (Rautengewächse). Die Weinraute ist ein aufrechter Strauch oder Halbstrauch (in kaltem Klima eine Staude) mit bis zu 1 m Höhe. Die unten verholzenden, stielrunden Stängel tragen warzige Öldrüsen und wechselständige, 8 cm lange Blätter von charakteristisch blaugrüner, matter Farbe und unverwechselbarer Gestalt: Die Blätter sind in erster Ordnung unpaarig gefiedert, in zweiter Ordnung unpaarig gefiedert oder dreigeteilt und können in dritter Ordnung nochmals zwei- oder dreigeteilt sein; die 2 cm langen, schmalen Endabschnitte haben verkehrt-eiförmige oder spa-

telige Gestalt. Die Blüten erscheinen in dichasialen, trugdoldenähnlichen Blütenständen. Die vier- oder fünfzähligen Blüten mit leuchtend gelbgrünen, 7 mm langen Kronblättern enthalten einen oberständigen Fruchtknoten, der sich zu einer vier- oder fünffächrigen Kapsel mit zahlreichen schwarzen, kantigen Samen entwickelt.

ANBAU UND QUALITÄTEN

Weinraute wird in den meisten europäischen Mittelmeerländern als Heilkraut angebaut, allerdings nur in sehr kleinem Umfang. Die kulinarische Verwendung spielt wirtschaftlich kaum eine Rolle, zumal getrocknete Raute in der Küche ohnehin nur geringen Wert hat. Die weltweite Jahresproduktion an Rautenöl beträgt etwa 1,5 Tonnen.

Raute benötigt tiefgründigen Boden und einen sonnigen Standort, kann aber Frost gut vertragen – in Mitteleuropa sterben die oberirdischen Pflanzenteile im Winter zwar ab, aber die Pflanze überlebt auch ohne Winterschutz. Für die kommerzielle Kultur wird Raute auf Feldern angesät und erlaubt Ernten über mehrere Jahre. Dazu schneidet man sie bei beginnender Blüte knapp über dem Erdboden ab und trocknet oder gewinnt das ätherische Öl durch Wasserdampfdestillation.

Antik: Für Weinraute gibt es mehr historische als aktuelle Kochrezepte. Das im Alten Rom beliebte Gewürzkraut hat heute nur noch in der äthiopischen Küche einen Auftritt.

Blüten der Weinraute

VERWENDETER PFLANZENTEIL / GERUCH UND GESCHMACK

Als Gewürz werden die frischen Blätter verwendet, die ein stark zitrusartiges, würziges Aroma verströmen und einen bitteren Geschmack aufweisen.

AROMAGEBENDE INHALTSSTOFFE

Rautenblätter enthalten 1 % ätherisches Öl mit den Hauptbestandteilen 2-Undecanon (Methyl-nonyl-keton, »Rautenketon«, bis 80 %) und 2-Heptanon (Methyl-heptyl-keton, bis 60 %).
Rautenblätter enthalten eine Anzahl bedenklicher Inhaltsstoffe: Dazu gehören bittere Flavonoide (bis zu 5 % Rutin), fototoxische Furanocumarine (Bergapten, Psoralen) sowie Alkaloide der Chinolin- und der Chinazolinreihe. In hoher Dosierung (Volksmedizin) treten schwere Vergiftungserscheinungen mit Schädigungen des Verdauungstraktes, der Leber und der Nieren auf, und es gibt auch Hinweise auf eine mutagene Wirkung. Der Gehalt des Chinazolinalkaloids Arborinin macht Raute zu einem wirksamen Abortivum.

KULINARIK

Weinraute spielt heute in den mediterranen Küchen keine Rolle mehr, obwohl sie gut zu den Kräuterensembles der **italienischen Küche** passt und besonders säuerliche Speisen gut begleitet. Ein Überbleibsel ihrer früheren Beliebtheit ist *grappa con ruta*, ein Grappa (Tresterschnaps) mit einem Zweig Raute – allerdings nimmt man dazu meist nicht die Weinraute, sondern die ähnlich (aber weniger bitter) schmeckende Aleppo-Raute (*Ruta chalepensis*).
In der **äthiopischen Küche** werden sowohl Rautenblätter als auch Rautenfrüchte für die komplexe Gewürzmischung *berbere* verwendet. Gewöhnlich werden frische Blätter erst geröstet und nach dem Abkühlen zusammen mit anderen Komponenten vermahlen. Äthiopien ist besonders für seinen aromatischen nelken- und kardamomduftenden Kaffee bekannt, der oft mit einem frischen Rautenblättchen in der Tasse serviert wird.

WEISSER SENF

WEISSER SENF: *Sinapis alba*
CHINESISCHER SENF: *Brassica cernua*
(MÖGLICHERWEISE SYNONYM ZU *S. alba*)

Fruchtstand vom Weißen Senf

HERKUNFT UND GESCHICHTE

Weißer Senf ist im östlichen Mittel-meerraum heimisch und wird dort – wie der Schwarze Senf – seit Jahr-tausenden verwendet. Senfsaucen und -pasten nach Art unseres Speisesenfs wurden erstmals von den Römern hergestellt, indem gequollene Senfsa-men im Mörser zerrieben und mit an-deren Zutaten (Mandeln, Pinienkerne, Wein) verfeinert wurden. Das dazu verwendete *vinum mustum*, frischer oder kurz vergorener Traubensaft, gab dem Produkt und auch der Pflanze in vielen Sprachen den Namen – auch das deutsche »Mostrich« leitet sich davon ab. Die Römer machten Senf in West- und Mitteleuropa bekannt. Industrielle Senfproduktion erlangte ab dem 13. Jahrhundert Bedeutung, wobei sich früh regionale Charakte-ristika herausbildeten.

BOTANIK

Brassicaceae (Kreuzblütengewächse). Weißer Senf ist ein einjähriges Kraut mit 60–100 cm langen, aufrechten, behaarten, verzweigten, beblätter-ten Stängeln. Die Blätter werden am größten auf halber Stängelhöhe (15 cm); sie sind tief gelappt, oft bis zur Mittelachse, mit welligem oder

Blühender Weißer Senf

gezähntem Blattrand. Die 10 mm großen, vierzähligen, leuchtend schwefelgelben Blüten erscheinen in endständigen Trauben und entwickeln sich zu maximal 4 cm langen und 6 mm dicken, behaarten Schoten mit langem, flachem Schnabel und deutlich sichtbaren Einschnürungen zwischen den Samen. Jede Schote enthält vier bis sechs bei der Reife nacheinander ausfallende, ockergelbe Samen von 2 mm Durchmesser.

ANBAU UND QUALITÄTEN

Weißer Senf wird weltweit angebaut, wobei Ungarn und die skandinavischen Länder die wichtigsten Produzenten sind; der weltweit bedeutendste Exporteur ist Kanada.
Der Anbau erfolgt auf Feldern; die Ernte mit Mähdreschern findet 70 bis 120 Tage nach der Aussaat statt, wenn die Pflanzen bereits vertrocknet sind.

VERWENDETER PFLANZENTEIL / GERUCH UND GESCHMACK

Als Gewürz werden ausschließlich die Samen verwendet. Sie sind geruchlos, entwickeln jedoch beim Kauen langsam eine beißende Schärfe.

AROMAGEBENDE INHALTSSTOFFE

Wie der verwandte Schwarze Senf enthält auch Weißer Senf Glucosinolate (auch »Senfölglycoside« oder »Thioglycoside« genannt), vor allem Sinalbin. Bei enzymatischer Spaltung entsteht daraus 4-Hydroxyphenylisothiocyanat, das den tränenreizenden Geruch und den scharfen Geschmack bedingt (für eine detaillierte Beschreibung des chemischen Mechanismus siehe Meerrettich).
Weißer Senf enthält 30 % fettes Öl, das jedoch selten für Speisezwecke verwendet wird; stattdessen dient es als Schmier- und Brennstoff. Senfsamen enthalten etwa 25 % lösliche Reserveproteine, deren emulgierende Wirkung in der Küche häufig genutzt wird.

KULINARIK

Senfpasten werden meistens aus weißen Senfsamen bereitet. Nur wenige Speisesenfsorten – unter ihnen allerdings einige der bekanntesten – enthalten zusätzlich (oder sogar allein!) Schwarzen Senf.
Senfsamen waren im Mittelalter eine bodenständige Würze und die einzige Quelle von Schärfe, die der bäuerlichen Bevölkerung zur Verfügung stand; außerdem wurde Senf als Heil-

kraut für die äußerliche Anwendung angebaut. Senfmanufakturen entstanden erst nach der Jahrtausendwende. In **Frankreich** kristallisierte sich schon früh Dijon als Senfmetropole heraus. Dijon-Senf bestand und besteht aus schwarzen Senfkörnern, die von der dunklen Schale befreit, gemahlen oder gequetscht und mit einer säuerlichen Flüssigkeit wie Wein oder Traubensaft *(verjus)* vermengt werden. Sein beißend scharfer und erfrischend säuerlicher Geschmack empfiehlt ihn als Tischwürze zu gebratenem Fleisch und anderen stark schmeckenden Speisen.

Der milde Senf aus Bordeaux besteht zwar aus Weißem Senf, ist aber dunkler als Dijon-Senf, weil die Samenschalen nicht entfernt werden und keine so feine Mahlung erfolgt. Er wird mit Zucker süßsauer abgeschmeckt und bezieht zusätzliches Aroma durch Zugabe von Kräutern, vor allem Estragon. Dieser Senf spielt weniger am Tisch als vielmehr in der Saucenküche eine Rolle. Mayonnaise enthält sehr oft Senf, weil dieser – neben seinem Geschmack – auch eine emulgierende Wirkung hat.

Senfsaucen werden – heiß – auf Basis von Weißwein und Brühe oder auch auf sahniger Grundlage montiert oder – kalt – mit Eigelb mayonnaiseartig gebunden. Oft werden die Saucen auch mit Zwiebeln oder Schalotten gewürzt, und in einigen Rezepten kommen kleine Essiggurken als zusätzlich säuernder Aromaspender zum Einsatz.

In **Italien** werden Senf oft kandierte Früchte beigemischt (beispielsweise *mostarda di cremona* oder *mostarda di veneta*), sodass eher eine Chutney-Konsistenz entsteht. Eine besonders gut zu kräftigem Käse passende Variante ist Feigensenf.

Eine **baskische** Spezialität ist *moutarde au piment d'espelette*, eine grobkörnige, helle Senfpaste, die mit den berühmten baskischen Chilis (siehe Chili) gewürzt wird, die ihm – neben der nasalen Senfschärfe – erdige Chilischärfe verleihen.

Die **deutsche** Senfindustrie beruht, wie auch diejenige Nord- und Osteuropas, eher auf Weißem Senf. Der bayerische Typ wird aus grob gemahlenen weißen Senfkörnern hergestellt und mit Honig gesüßt; er passt zu milden Speisen wie der Weißwurst. Da Senfpasten aus Weißem Senf ohne weitere Würzung etwas fade schmecken, wird ein Großteil der Industrieware mit einem Anteil Schwarzem Senf nachgeschärft, wobei »Delikatesssenf« und »scharfer Senf« entstehen. Senfpasten, die nur aus Schwarzem Senf bestehen, heißen »extrascharf«; der Düsseldorfer Löwensenf ist ein Beispiel dafür.

In **England** wird Senf überwiegend nach dem Colman-Verfahren hergestellt, bei dem die schwarzen Senfsamen von der Samenschale getrennt und extrafein gemahlen werden. Colman-Senf wurde traditionell als trockenes Pulver verkauft, das vor der Verwendung mit Wasser angerührt wird – nach zehn Minuten er-

Eingelegtes: Weiße Senfkörner sind der Begleiter schlechthin zu eingelegtem Gemüse, vor allem Gurken. Außerdem werden die meisten handelsüblichen Senfpasten aus den hellgelben Körnern gemacht.

303

Getrocknete weiße Senfkörner

hält man eine Senfpaste von klarer, beißender Schärfe ohne saure Geschmacksnoten, die perfekt zu *roastbeef* passt. Heute hat sich auch in England der fertig gemischte Speisesenf durchgesetzt; allerdings müssen alle Senfpasten die scharfen, aber labilen Isothiocyanate mit etwas Säure stabilisieren.

Die **amerikanischen** Senfsorten, wie man sie beispielsweise zu *hot dogs* isst, bestehen durchweg aus reinem Weißen Senf und schmecken daher sehr mild. Zur Farbvertiefung kann gemahlene Kurkuma beigesetzt sein. Jenseits des Speisesenfs spielt Weißer Senf in der Küche keine besondere Rolle. Sauer eingelegtes Gemüse wird in **Mittel-** und **Osteuropa** traditionell mit Senf gewürzt, wobei die bakteriziden Isothiocyanate auch die Haltbarkeit erhöhen. Gemahlene Senfkörner spielen auch als Wurstgewürz eine Rolle, weil sie sowohl den Geschmack als auch – durch die emulgierende Wirkung – die Konsistenz verbessern.

ZIMT

CEYLON-ZIMT: *Cinnamomum zeylanicum* (syn. *C. verum*)
INDONESISCHER ZIMT: *Cinnamomum burmanii*
CHINESISCHER ZIMT, KASSIE: *Cinnamomum cassia* (syn. *C. aromaticum*)
VIETNAMESISCHER ZIMT: *Cinnamomum loureiroi* (syn. *C. loureirii*)

HERKUNFT UND GESCHICHTE

Sri-Lanka-Zimt ist auf der Insel Sri Lanka (früher Ceylon) heimisch und wird auch auf den Seychellen angebaut. Chinesischer Zimt stammt aus Indochina, Burma oder Südchina; er wird in China und – in geringeren Mengen – in Vietnam angebaut. Vietnamesischer Zimt ist auf Nordvietnam beschränkt. Der Indonesische Zimt ist im malesischen Raum heimisch und wird in Indonesien (Provinz Westsumatra) angebaut.

Zimt ist seit Jahrtausenden ein begehrtes Handelsgut und wurde bereits im 3. Jahrtausend v. Chr. aus China nach Mesopotamien exportiert – bis heute trägt Zimt, egal welche Sorte, in vielen Sprachen den Namen »Chinesisches Holz«, beispielsweise im Persischen als *darchin*. Sowohl Zimt als auch Kassie werden im Alten Testament erwähnt, sie dienten allerdings als Räucherwerk und zur Bereitung aromatischer Salben. Das Römische Reich importierte Zimt in großen Mengen, allerdings spielte das Produkt keine kulinarische Rolle; lediglich ein Rezept für mit Zimt gewürzten Wein ist erhalten. Erst im Mittelalter erreichte Zimt in Europa kulinarische Relevanz.

Im 16. Jahrhundert suchten die Kolonialmächte überall nach Zimt – auch in der Neuen Welt. In Peru kamen den Spaniern Gerüchte von entfernten »Zimtplantagen« zu Ohren, und im Jahr 1540 führte Gonzalo Pizarro eine 2000-köpfige Expedition über die Anden in den brasilianischen Dschungel, wobei die meisten Teilnehmer ums Leben kamen.

Tatsächlich gibt es in Südamerika Bäume mit zimtähnlich duftenden Rinden, etwa *Ocotea quixos*, die auch heute noch in den Küchen von Bolivien und Ecuador als Ersatz für echten Zimt verwendet werden.

BOTANIK

Lauraceae (Lorbeergewächse). Alle Zimtarten sind immergrüne Bäume (bis zu 15 m) mit glatter, grau bis rotbraun gefärbter Rinde. Die Blätter sind 15 cm lang, einfach, ganzrandig, elliptisch zugespitzt mit drei deutlich ausgeprägten Adern; junge Blätter sind bei *C. burmanii* rot gefärbt. Die Blüten sind unter 1 cm groß, weiß und stehen in Trauben, Rispen oder Scheindolden; aus ihnen entwickeln sich blauschwarze, längliche, 1 cm lange, einsamige Beeren.

Multitalent: in Indien für Reis- und Schmorgerichte, im Orient für die Tischwürze *bahārāt* und im Abendland für Süßspeisen im Einsatz

Getrocknete »Zimtblüten«

ANBAU UND QUALITÄTEN

Die Zimtbäume bevorzugen lockere Böden, immerfeuchtes tropisches Klima und niedrige Lagen, wobei Indonesischer Zimt als Ausnahme in Höhen von 1000 bis 1500 m gedeiht. Sie können sowohl aus Samen als auch vegetativ vermehrt werden. Der Anbau erfolgt in Plantagen; durch Kappen des Hauptstamms erreicht man vermehrte Bildung von Wurzelschösslingen.

Zimtrinde wird von ein- bis zweijährigen Zweigen und Schösslingen geerntet. Man schabt zunächst die gesamte Rinde ab und entfernt dann die Korkschicht. Die erhaltenen Rindenstücke werden ineinandergeschoben, wobei sich die typischen »Zimtstangen« bilden. Sri-Lanka-Zimtstangen besserer Qualität bestehen aus papierdünnen Rindenstücken, während die anderen Arten typischerweise 1–3 mm dicke Rinden liefern. In China wird die Korkschicht oft nur unvollständig oder gar nicht abgetrennt, sodass das Gewürz nicht als Zimtstange, sondern in Form grober Stücke anfällt.

Im europäischen Gewürzhandel gilt Chinesischer Zimt als minderwertige Alternative zum echten Sri-Lanka-Zimt, während in den USA beide Gewürze gleichwertig nebeneinanderstehen. Srilankanischer Zimt wird nach der sogenannten Ekelle-Terminologie klassifiziert: E0000 bedeutet die beste Qualität mit Rindenstücken unter 0,2 mm Dicke; E000 steht für 0,25 mm, E00 für 0,3 mm und E0 für bis zu 0,5 mm. Noch dickere Stücke werden als Ekelle I bis Ekelle IV (bis zu 2 mm) bezeichnet.

VERWENDETER PFLANZENTEIL / GERUCH UND GESCHMACK

Als Gewürz dient die innere Rinde von Schösslingen, Zweigen oder Austrieben des Zimtbaums. Getrocknet riecht und schmeckt sie charakteristisch süß-aromatisch und warm. Das Aroma ist sehr dominant mit einer erkennbar herb-adstringierenden Note, die bei Sri-Lanka-Zimt am geringsten und bei Chinesischem Zimt am stärksten ausgeprägt ist.

Die unreifen Früchte des Zimtbaums werden seltener gehandelt; sie heißen »Zimtblüte« oder »Kassienblüte« und stammen meist von der chinesischen Art. Sie haben ein sanft zimtartiges, süßes Aroma. Im Anbaugebiet können auch die frischen oder getrockneten Blätter genutzt werden, die je nach Art einen zimt- oder nelkenartigen Geruch aufweisen (siehe auch indonesische Lorbeerblätter).

AROMAGEBENDE INHALTSSTOFFE

Zimt verdankt sein unverwechselbares Aroma einem ätherischen Öl, das mit typischerweise zu 2–4 % im getrockneten Gewürz enthalten ist. Die ölreichste Sorte ist der vietnamesische Zimt mit bis zu 7 %. Dessen Hauptbestandteil ist der *trans*-Zimtaldehyd mit typischerweise 75 % Anteil, der von anderen Phenylpropanen wie 3-Phenylpropanal, p-Methoxyzimtaldehyd, Benzaldehyd und Zimtsäureestern (vor allem Cinnamylacetat) begleitet wird. Verschiede Terpene (Linalool, Cineol, β-Caryophyllen) sowie 2-Phenylethanol können in Mengen bis zu 5 % auftreten.

Im Sri-Lanka-Zimt findet man als Nebenbestandteil das nelkenähnlich riechende Eugenol (bis zu 10 %), das in den anderen Arten weitgehend fehlt. Im Blattöl des Sri-Lanka-Zimts ist Eugenol mit ca. 85 % der Hauptbestandteil.

Das wohlriechende (in sehr großen Mengen leberschädigende) Cumarin, ebenfalls ein Phenylpropan, wird vor allem im Öl von Chinesischem Zimt gefunden, wo es in Mengen von 1–10 % auftritt. In Sri-Lanka-Zimt liegt der Cumaringehalt typischerweise unter 0,5 %.

Manche Zimtarten enthalten zudem Kampfer, der auch Hauptbestandteil der Wurzelöle in Indonesischem und srilankanischem Zimt ist und bei Ersterem auch im Blattöl gefunden wurde. Außer beim Sri-Lanka-Zimt enthalten die Blattöle wechselnde Anteile von Terpenen (1,8-Cineol, Borneol, α-Terpineol) und Phenylpropanoiden (vor allem Zimtaldehyd).

In den sogenannten Zimtblüten wurden Cinnamylacetat und β-Caryophyllen als Hauptinhaltsstoffe identifiziert.

KULINARIK

Zimt gehört zu den bedeutendsten Gewürzen und wird in seinen verschiedenen Formen fast überall auf der Welt verwendet.

In **China** ist Zimt ein Hauptbestandteil des chinesischen Fünf-Gewürze-Pulvers *(wǔxiāng fěn)*, das in allen Kochstilen Chinas gebräuchlich ist. Zimt spielt eine besondere Rolle bei zwei chinesischen Kochtechniken: dem Garen in Würzbrühe und dem Rotschmoren. Bei beiden Methoden wird das Gargut in einer intensiv gewürzten wässrigen Flüssigkeit langsam gekocht.

Beim Garen in Würzbrühe (englisch *master sauce*, chinesisch *shuǐ*

Srilankanischer Zimt   Chinesischer Zimt, geschält und ungeschält

lǔ) beginnt man mit einer starken Fleischbrühe, die mit etwas Sojasauce, Zucker, Salz und ganzen Gewürzen zu einer intensiv schmeckenden Flüssigkeit veredelt wird. Darin kocht man Fleisch und Gemüse, das den Geschmack der Brühe annimmt, diese aber gleichzeitig um das eigene Aroma bereichert. Die *master sauce* kann unbeschränkt weiterverwendet werden. Die verwandte Methode des Rotschmorens (englisch *red braising*, chinesisch *hóng shāo*) verwendet eine Mischung aus Sojasauce, Reiswein und Fleischbrühe, die ebenfalls mit ganzen Gewürzen aromatisiert wird. Besonders bekannt ist rot geschmorter Schweinebauch *(hóngshāo niúròu)*, eine kalorienreiche Köstlichkeit – und übrigens die Lieblingsspeise von Mao Zedong.

Die Gewürzmischungen für beide Garmethoden bestehen meistens aus Zimt, Fenchel, Sternanis, Süßholz, Schwarzem Kardamom, Sichuanpfeffer und getrockneten Orangenschalen. Abgesehen von den Orangenschalen,

ähneln diese Mischungen damit auch dem Fünf-Gewürze-Pulver.

Zimtstangen würzen auch die langsam geschmorten Fleischeintöpfe thailändischer Bergstämme und die raffinierten nordvietnamesischen Nudelsuppen, deren Brühe stundenlang aus Rinderknochen, Rindfleisch, Sternanis und Zimt gekocht wird. Im Süden Thailands tritt Zimt als Bestandteil der indisch beeinflussten *masaman*-Currypaste auf.

Indonesien ist die Heimat einer Zimtsorte, kennt aber nicht viele zimthaltige Rezepte; lediglich in der *minangkabau*-Küche von Westsumatra, wo Zimt angebaut wird, spielt er eine große Rolle. Die scharf-aromatische Küche der *minangkabau* ist mittlerweile in ganz Indonesien bekannt und beliebt und wird auch oft nach der Provinzhauptstadt als *nasi Padang* »Padang-Essen« bezeichnet. Eines der bekanntesten Gerichte ist *rendang*: Zähes Fleisch alter Wasserbüffel wird stundenlang in Kokosmilch geschmort, bis es butterzart ist.

Zimtbaum

Dieses Gericht wird großzügig mit Zimt, Galgant und viel frischem Chili gewürzt.

Für die **indische** und **srilankanische Küche** ist Zimt in hohem Maße charakteristisch. In diesen Küchen wird Zimt selten gemahlen, sondern eher im Stück verwendet (außer in der pulverförmigen Gewürzmischung *garam masala*). Oft brät man die Zimtstangen als ersten Arbeitsgang in heißem, fast rauchendem Öl oder Butterfett *(ghi)*, bis sie sich etwas entrollen und einen starken Duft entwickeln. Durch diese Hitzebehandlung setzen sie beim Kochvorgang mehr Aromen frei. In Sri Lanka findet man solchermaßen vorbehandelten Zimt (und auch Kardamom) in infernalisch scharfen Curries, während in Nordindien eine ähnliche Prozedur für die milden und cremigen Schmorgerichte *(korma)* der mogulischen Küche zur Anwendung kommt. Hoch erhitzte Zimtstangen sind auch eine Komponente des betörenden Duftes von *biriyani*, einem komplexen nordindischen Reisgericht.

Im **Orient** wird Zimt vor allem zum Würzen von herzhaften Gerichten eingesetzt. Er ist in praktisch jeder Zubereitung von Lamm- oder Rindfleisch anzutreffen und basaler Bestandteil der regional variierenden und universell eingesetzten Gewürzmischung *bahārāt*, für die zum Beispiel Nelken, Piment, Pfeffer und eben Zimt miteinander vermahlen werden.

Zimthaltige Spezialitäten sind beispielsweise *kibbā*, Fleischteigbällchen mit Nussfüllung, *mujadarā*, ein Reis-Linsen-Gericht mit Röstzwiebeln – und auch *falāfil*-Rezepte mit Zimtanteil kommen vor.

Darüber hinaus gibt es im **nördlichen Afrika** eine Gewürzmischung für Fleisch- und Getreidegerichte, *rās al-ḥānūt*, in der neben Zimt noch Pfeffer, Chili, Muskat und Nelken – und manchmal sogar Rosenblüten – enthalten sind.

Vom Mittelalter bis in die Renaissance war Zimt in **Europa** ein Hauptgewürz gehobener Küchen und wurde für Braten und Saucen verwendet. Die europäische Küche der Gegenwart nutzt Zimt dagegen fast ausschließlich für süßes Gebäck wie weihnachtliche Zimtsterne oder zum Verfeinern von Schokolade und Milchreis.

ZITRONENGRAS

WESTINDISCHES ZITRONENGRAS: *Cymbopogon citratus*
OSTINDISCHES ZITRONENGRAS: *Cymbopogon flexuosus*

HERKUNFT UND GESCHICHTE

Über 50 verschiedene *Cymbopogon*-Arten sind über das tropische Asien und Australien verbreitet. Die beiden kulinarisch bedeutenden Arten sind das Ostindische Zitronengras *(C. flexuosus)*, das wahrscheinlich aus Südwestindien stammt, und das Westindische Zitronengras *(C. citratus)*, das erstaunlicherweise aus Malesien stammt und daher die eigentlich östliche Art ist.

In Indien dienen Zitronengrasarten seit Jahrhunderten als Parfüm. Im Mittelalter wurde getrocknetes Zitronengras auch in Europa gehandelt, wo es zum Aromatisieren von Bier und Wein diente. In antiken europäischen und vorderasiatischen Quellen finden sich keine eindeutigen Hinweise auf Zitronengras.

BOTANIK

Poaceae (Süßgrasgewächse). Das Westindische Zitronengras ist eine ausdauernde, horstig wachsende Staude mit einem kurzen Wurzelstock, der mehrere meterhohe Halme treibt. Der Halm bildet mit den blassgrünen, fleischigen Blattscheiden eine am Grund keulig verdickte, kompakte Struktur. Die spitzen Blätter werden 2 cm breit und bis zu 1 m lang. Die Blüten stehen in nickender Position in losen, 60 cm hohen, zwittrigen Rispen und entwickeln sich zu zylindrischen bis kugeligen Schließfrüchten; allerdings blüht die Pflanze nur selten. Ostindisches Zitronengras ist dem Westindischen sehr ähnlich, hat jedoch ein dickeres Rhizom und gelegentlich purpur gezeichnete Blattscheiden. Diese Art blüht häufig, je nach Höhenlage im Spätherbst bis Winter.

ANBAU UND QUALITÄTEN

Beide Zitronengrasarten benötigen sonniges tropisches Klima mit viel Niederschlag und ohne große jahreszeitliche Temperaturschwankungen; sie gedeihen am besten in tieferen bis mittleren Lagen (bis etwa 500 m

Frische Zitronengrasstängel

Höhe). Die Vermehrung erfolgt bei *C. citratus* durch das Teilen alter Pflanzen und bei *C. flexuosus* aus Samen. Die Pflanzen werden auf Feldern angebaut und können nach einer Anwachszeit von einem halben Jahr über mehrere Jahre hinweg regelmäßig alle zwei bis drei Monate durch Abmähen beerntet werden.

Der Handel mit frischem Zitronengras ist nur von lokaler Bedeutung, dagegen spielt Zitronengrasöl im Welthandel mit einem jährlichen Produktionsvolumen von knapp 1000 Tonnen durchaus eine Rolle. Die Hauptproduktionsländer für *C. flexuosus* liegen in Mittel- und Südamerika, während *C. citratus* hauptsächlich in Indien für den Inlandsmarkt produziert wird.

VERWENDETER PFLANZENTEIL / GERUCH UND GESCHMACK

Man verwendet den unteren Teil des Triebes, der aus dem Stängel und den umgebenden Blattscheiden besteht. Zitronengras hat einen lieblichen Zitrusduft mit einem Hauch Rosenaroma und schmeckt zitrusartig-parfümiert.

AROMAGEBENDE INHALTSSTOFFE

Zitronengras enthält meist weniger als 0,5 % ätherisches Öl mit den Hauptbestandteilen Geranial (50 %) und Neral (30 %); beide riechen frisch und zitronenartig. Diese spezifische Mischung aus Geranial und Neral wird auch als »Citral« bezeichnet. In geringen Mengen findet man auch Nerol und andere Monoterpene

(Limonen, Linalool). Ein weiterer Spurenbestandteil, Myrcen, ist für die Sauerstoff- und Lichtempfindlichkeit des westindischen Zitronengrasöls verantwortlich. Deshalb wird es in der Parfümerie meist durch das ostindische Zitronengrasöl ersetzt, das bei ähnlicher Zusammensetzung weniger Myrcen enthält und kaum zur Verharzung neigt.

KULINARIK

Zitronengras kommt in den meisten südostasiatischen Küchen zum Einsatz. Von allen zitronenduftenden Kräutern hat es den sanftesten Geruch, der sich am besten in Würzarrangements einfügt. Es lässt sich deshalb fast universal verwenden. Zitronengras kann als ganzer Stängel (gut gequetscht, damit das Aroma sich besser entfaltet), als Paste oder in Form dünner Scheiben verwendet werden. Die äußeren Blattscheiden sind zäh und werden nicht mitgegessen, aber man kann sie verknoten und mitkochen lassen.

In **Vietnam** wird Zitronengras für viele Fleischgerichte verwendet. Oft werden Fleischstücke mit einer Paste aus Zitronengras, Knoblauch, Zucker und der vietnamesischen Fischsauce *nước mắm* mariniert und gegrillt oder in der Pfanne gebraten (*sườn nướng xả ớt*) – die Marinade ergibt mit dem Fleischsaft eine pikante Sauce. Ein bekanntes Festtagsgericht ist das sogenannte »Essigfondue« (*bò nhúng dấm*), bei dem hauchdünne Scheiben von Rindfleisch bei Tisch in einer mit

Zitronengraspflanze

Essig und Zitronengras aromatisierten Brühe gegart, mit rohem Gemüse und Kräutern in Reispapier gewickelt und mit pikanten Saucen verzehrt werden.

Da die **thailändische Küche** außer Zitronengras noch viele andere starke Gewürze verwendet, tritt dessen zarter Duft etwas in den Hintergrund. So werden etwa in der sauer-scharfen Garnelensuppe *tom yam gung* ganze Stängel von Zitronengras mitgekocht, aber der intensive Zitrusduft stammt doch eher von den Kaffernlimettenblättern, die sich mit ihrem sehr intensiven Aroma gegen das Zitronengras durchsetzen. Zitronengras ist auch in den meisten Currypasten und dem feurig-scharfen Hühnerfleischsalat *lab* enthalten.

Viele **malaysische** und **indonesische** Speisen werden mit Würzpasten (*bumbu*) aus Zwiebeln, Knoblauch, Ingwer, Zitronengras, Garnelenpaste (*trassi*) und anderen Gewürzen zubereitet. Diese Pasten dienen als Marinade, beispielsweise für gegrillte Fleischspieße (*sate*), oder werden erst während des Kochens zugesetzt. Brät man sie in etwas heißem Fett an, dann können sie auch als Tischwürze (*sambal*) dienen. Für die Hühnersuppe *soto ayam* kocht man die Brühe mit Zitronengras und aromatisiert zusätzlich mit einem in Öl gebratenen *bumbu*. In Bali bereitet man ein einzigartiges *sate* aus gehackten Garnelen zu, bei dem Zitronengrasstängel die sonst üblichen Holzspieße ersetzen (*sate lilit*).

Außerhalb des südostasiatischen Raums spielt Zitronengras keine besondere Rolle. Es taucht selten in **srilankanischen** Gemüsecurries auf, und auf dem indischen Festland wird es zwar großflächig für die Parfümerzeugung angebaut, kommt aber so gut wie nie in die Küche – lediglich Zitronengrastee wird gelegentlich getrunken.

ZITRONENMELISSE

MELISSE
Melissa officinalis

Blühende
Zitronenmelisse

HERKUNFT UND GESCHICHTE

Zitronenmelisse ist vom östlichen Mittelmeerraum und dem Kaukasus bis nach Iran verbreitet. Sie war bereits in der Antike als *melissophýllon* oder »Bienenblatt« bekannt, weil ihre nektarreichen Blüten gerne von Bienen aufgesucht werden. Sie wurde als Heilmittel und in der Parfümerie verwendet, spielte jedoch in der Küche keine Rolle.

Im frühen Mittelalter war Melisse in Europa nicht bekannt und fehlt daher auch in der karolingischen Aufstellung von Klosterpflanzen. Die Spanier lernten Melisse im 10. Jahrhundert von den Arabern kennen, und bis zum 12. Jahrhundert wurde sie eine bedeutende Klosterpflanze. Noch heute werden alkoholische Destillate aus Melisse und anderen Kräutern (»Karmelitergeist«, »Melissengeist«) nach klösterlicher Tradition hergestellt und in der Volksmedizin vor allem gegen nervöse Störungen eingesetzt.

BOTANIK

Lamiaceae (Lippenblütengewächse). Melisse ist eine buschförmige Staude mit 90 cm Höhe. Aus einem ausgedehnten Wurzelstock treiben zahlreiche aufrechte, verzweigte, dünn behaarte, vierkantige Stängel mit kreuzgegenständigen, dreieckig-eiförmigen bis herzförmigen, am Rand grob gekerbten, oberseits dünn behaarten, 6 cm langen und 4 cm breiten Blättern. Die weißen oder gelben, 1,5 cm langen Lippenblüten stehen in Scheinquirlen und entwickeln sich zu einer in vier Klausen zerfallenden Spaltfrucht.

ANBAU UND QUALITÄTEN

Zitronenmelisse benötigt sonnige Standorte und nährstoffreichen Boden; sie kann aus Samen oder vegetativ durch Wurzelteilung vermehrt werden und erreicht bei kommerziellem Feldanbau ein Alter von drei bis vier Jahren. Die Ernte erfolgt zwei- bis dreimal pro Saison mit Balkenmäher oder Mählader, oder bei Kleinanbau mit der Hand; das Erntegut wird sofort bei 40 °C getrocknet oder destilliert.

Die Hauptproduktionsländer sind Ungarn, Ägypten und Irland, aber auch Deutschland (Thüringen, Sachsen-Anhalt, Franken).

Klassiker: Die mediterrane Zitronenmelisse dient in Deutschland als Aroma für Getränke und würzt Obstsalate. Sehr empfindliches Kraut – nur frisch und roh verwenden!

Frisches Zitronenmelissenkraut

VERWENDETER PFLANZENTEIL / GERUCH UND GESCHMACK

In der Küche verwendet man die frischen Blätter und Sprossspitzen, die einen intensiven Zitronenduft verbreiten. Der Geschmack ist ebenfalls erfrischend-zitrusartig ohne die sonst in dieser Pflanzenfamilie häufig auftretende herbe oder stechende Komponente.

AROMAGEBENDE INHALTSSTOFFE

Zitronenmelisse enthält schwankende Mengen, typischerweise etwa 0,2 %, ätherisches Öl mit den Hauptkomponenten Citral (Mischung aus Neral und Geranial, 10–90 %) und Citronellal (0–40 %) in variablem Verhältnis. Als Nebenbestandteile treten β-Caryophyllen, Germacren D und Monoterpenalkohole (Nerol, Geraniol Citronellol) sowie deren Ester auf. Dagegen enthalten getrocknete Blätter überwiegend durch Oxidation entstandene Caryophyllenepoxide, aber kaum Citral und Citronellol. Das teure Melissenöl wird oft mit billigeren zitronenartig riechenden Ölen, beispielsweise Zitronengrasöl, verschnitten. Derartige Manipulationen können nur mit spurenanalytischen Methoden erkannt werden.

KULINARIK

Zitronenmelisse ist primär eine Teepflanze, aus der sich allein oder zusammen mit anderen Kräutern (beispielsweise Minze) aromatische Aufgüsse bereiten lassen. In der Küche findet sie wenig traditionelle Verwendungen, aber man kann alle mit Zitronensaft gesäuerten Speisen durch gehackte Melissenblätter abrunden; vereinzelt erwähnen mediterrane Fischrezepte Melisse als Würzkraut.

In **Deutschand**, aber auch anderen west- und nordeuropäischen Ländern und in den USA wird Melisse im Zuge der neuerlichen Beliebtheit frischer Kräuter in den letzten Jahren zunehmend für Süßspeisen eingesetzt, wobei sie sich speziell für Fruchtkonfitüren eignet und eine besondere Affinität zu Äpfeln hat.

ZITRONENMYRTE

Backhousia citriodora

HERKUNFT UND GESCHICHTE

Zitronenmyrte stammt aus dem tropischen Norden Australiens (Queensland) und war bereits den Aborigines als Heilpflanze und Aromatikum bekannt. Gegen Ende des 19. Jahrhunderts erweckte ihr hoher Citralgehalt erstmals das Interesse der Pharmakologen; nach einer kurzen Phase kommerziellen Anbaus um die Jahrhundertwende geriet die Pflanze aber in Vergessenheit. Seit den frühen neunziger Jahren wird Zitronenmyrte wieder angebaut und weltweit vermarktet.

BOTANIK

Myrtaceae (Myrtengewächse). Zitronenmyrte ist ein immergrüner Baum mit bis zu 20 m Höhe; in Kultur erreicht er selten mehr als 8 m und nimmt oft strauchige Form an. Die glatt berindeten Zweige tragen wechselständige, ganzrandige oder ganz leicht gezähnte, ledrige, oberseits dunkelgrün glänzende, unterseits hellgrün-matte, drüsig punktierte Blätter von lanzettlicher Gestalt (8–10 cm lang und 2,5 cm breit). Die weißen Blüten erscheinen in dichten Rispen an den Enden der Zweige; ihr fünfzipfeliger, derber Kelch persistiert bis zur Fruchtreife. Als Früchte werden rundliche Kapseln mit mehreren kleinen Samen gebildet.

ANBAU UND QUALITÄTEN

Zitronenmyrte bevorzugt tropisches Regenwaldklima, ist aber recht anspruchslos und verträgt Berichten zufolge sogar leichte Fröste. Sie wird gewöhnlich vegetativ vermehrt. Zurzeit wird Zitronenmyrte in kleinen Plantagen unter oft experimentellen Bedingungen produziert. Die Ernte erfolgt mehrmals jährlich, wobei nur die älteren Blätter gepflückt und anschließend im Schatten getrocknet werden.

VERWENDETER PFLANZENTEIL / GERUCH UND GESCHMACK

Man verwendet die getrockneten Blätter, die ein intensives, sehr reines Zitronenaroma verströmen und im Mund einen zitrusartigen, krautigen, etwas an Grüntee erinnernden Geschmack ohne bittere Komponente entwickeln. Auch Blüten und Früchte sind aromatisch.

AROMAGEBENDE INHALTSSTOFFE

Die Blätter enthalten beträchtliche Mengen ätherisches Öl (4 %) mit Citral (90 %) als Impactverbindung.

Mehr Zitrone als Zitrone: Zitronenmyrte liefert den wohl intensivsten und reinsten Zitronenduft, den das Pflanzenreich zu bieten hat. Gegenwärtig ist sie noch ganz australische Domäne – und im Rest der Welt wenig bekannt.

Zitronenmyrte

KULINARIK

Es gibt viele zitronenduftende Gewürze, aber Zitronenmyrte wird von vielen als die Pflanze mit dem perfekten Zitrusduft angesehen. Keine traditionelle Küche verwendet dieses Gewürz.

In der modernen **australischen Küche** vermischen sich aus England, Südeuropa, dem Nahen Osten und Südostasien importierte Elemente. Gewürze wie Zitronenmyrte und Tasmanischer Pfeffer, aber auch einheimische Nüsse von Akazien oder Macadamiabäumen spielen eine große Rolle. Zitronenmyrte wird sehr vielseitig eingesetzt: Bei der Zubereitung von Geflügelbraten werden ganze Blätter in die Bauchhöhle geschoben, während Vinaigretten, Fischtöpfe, Kuchen und süße Cremes meist mit gepulverten Blättern gewürzt werden. Gemahlene Blätter verleihen Mayonnaisen einen frischen Zitrusduft.

Getrocknete
Zitronenmyrtenblätter

ZITRUSFRÜCHTE

ZITRONE: *Citrus limon*
ZITRONATZITRONE: *Citrus medica*
LIMETTE: *Citrus aurantifolia*
ORANGE, SÜSSORANGE: *Citrus sinensis*
BITTERORANGE, POMERANZE: *Citrus aurantium* (syn. *C. sinensis* ssp. *amara*)

HERKUNFT UND GESCHICHTE

Die Herkunft der meisten *Citrus*-Arten ist nicht genau bekannt. Sie stammen wahrscheinlich aus Süd- bis Südostasien, bei der Orange wird auch eine Herkunft aus Südchina oder dem Himalaja vermutet. Wilde Populationen sind nur von der Zitronatzitrone in Nordostindien bekannt.

Die einzige in der Antike bekannte Zitrusfrucht ist die Zitronatzitrone, die in Mesopotamien, später auch in Persien gezogen wurde und im Mittelmeergebiet erstmals von Theophrast beschrieben wurde. Sie wurde als Zier- und Duftpflanze kultiviert, aber offenbar kaum zum Kochen verwendet. Im Apicius findet sich ein etwas bizarres Rezept für mit Zitronenblättern parfümierten Wein, der als Ersatz für den teuren Rosenblütenwein empfohlen wird.

Die ersten Hinweise auf die Zitrone finden sich in der Zeit der Völkerwanderung. Die Bitterorange kam wahrscheinlich knapp vor der ersten Jahrtausendwende mit den Mauren nach Europa. Limetten werden erstmals im Hochmittelalter erwähnt, allerdings wurden sie so häufig mit Zitronen verwechselt, dass den historischen Quellen nicht allzu sehr zu trauen ist.

Als letzte Frucht lernten die Portugiesen die Süßorange etwa um 1500 auf ihren Entdeckungsfahrten kennen, weswegen Süßorangen in vielen Sprachen bis heute »die Portugiesischen« heißen.

BOTANIK

Rutaceae (Rautengewächse). Die Zitrusfrüchte sind eine äußerst komplizierte Gruppe eng verwandter Arten, die viele Hybriden und Unterarten bilden und zu spontanen Mutationen neigen. Ihre Systematik ist wenig verstanden.

Die meisten *Citrus*-Arten sind Sträucher oder kleine bis mittelgroße Bäume mit sympodialem Wachstum. Die oft bedornten Zweige tragen immergrüne, wechselständige, ledrige, dunkelgrüne, gestielte Blätter, die bei den kulinarisch relevanten Arten ungeteilt sind. Die Blattstiele sind oft geflügelt. Die duftenden, weißen Blüten stehen einzeln oder in kleinen Trauben in den Blattachseln.

Die oberständigen Fruchtknoten entwickeln sich zu charakteristischen Beerenfrüchten, sogenannten Endocarpbeeren oder Hesperidien: Unter einer aromatischen, dünnen, gefärbten Fruchtschale (Exocarp) liegt ein meist

Reife Zitronen

weniger als 1 cm dickes, schwammiges, ungenießbares Fruchtfleisch (Mesocarp) und zuletzt eine häutige Fruchtwand (Endocarp), die die Fruchtblätter (»Spalten«) umschließt. Die Fruchtblätter sind mit Saftschläuchen und den dazwischen eingelagerten Samen gefüllt. Auch die Samen weisen eine Besonderheit auf: Sie enthalten mehrere Keimlinge, von denen nur einer aus der Verschmelzung eines Pollenkorns mit der Samenanlage hervorgeht; die anderen sind Klone der Mutterpflanze. Viele kultivierte Zitrusfrüchte sind aber teilsteril und bilden selten oder niemals keimfähige Samen.

Zitronen wachsen auf kleinen, meist nur 5 m hohen Bäumen. Die dornenbewehrten Zweige tragen elliptische bis eiförmige, zugespitzte, bis zu 10 cm lange, fein gezähnte Blätter mit dunkelgrüner Oberseite und hellgrüner Unterseite. Die 2 cm langen Blütenblätter sind auf der Außenseite pur-

purrot überlaufen, auf der Innenseite reinweiß. Die gelben, ovalen Früchte werden 12 cm lang und 8 cm dick und haben eine ausgeprägte Spitze.

Zitronatzitronen wachsen auf einem 5 m hohen Baum oder Strauch mit Dornen und bis zu 18 cm langen, aromatisch duftenden Blättern. Die zumeist zwittrigen, manchmal rein männlichen, 4 cm großen, weißen Blüten entwickeln sich zu bis zu 30 cm großen, gelben, kugelig, oval, länglich oder birnenförmig geformten Früchten mit zumeist warziger Oberfläche; eine Kulturform (*Buddha's Hands*) hat sogar getrennte, nur an der Basis miteinander verwachsene Spalten. Die Fruchtblätter bleiben auch bei der Reife klein und saftarm.

Der stark verzweigte **Limettenstrauch** wird 2–4 m hoch und ist mit 1 cm langen, sehr scharfen Dornen bewehrt. Die aromatischen, 7 cm langen, länglich eiförmigen Blätter mit dünn ge-

Zitronenblüte

flügelten Blattstielen verströmen ein angenehmes Zitrusaroma. Die 5 cm großen, wenig duftenden Blüten haben weiße, etwas purpur gezeichnete Blütenblätter und entwickeln sich zu kugeligen oder schwach elliptischen, 5 cm großen, bei der Reife blassgelben Früchten.

Der **Orangenbaum** kann bis zu 15 m hoch werden. Die Zweige bilden eine dichte Krone und tragen nur bei manchen Sorten Dornen; die aromatischen, elliptisch-eiförmigen, 10–15 cm langen Blätter haben kurze, höchstens schwach geflügelte Blattstiele. Die intensiv süß riechenden, reinweißen Blüten entwickeln sich zu annähernd kugelförmigen, bei der Reife orange (in den Tropen auch grün) gefärbten, etwa 10 cm großen Beeren.

Der **Bitterorangenbaum** wird 3–9 m hoch. Die Zweige tragen biegsame Dornen und eiförmige, zugespitzte Blätter an langen, geflügelten Blattstielen. Die meisten Blüten sind zwittrig und entwickeln sich zu 8 cm großen Beeren, die den Süßorangen sehr ähneln, sich aber durch die etwas rauere Oberfläche, ein 1 cm dickes Mesocarp und eine schwammige Masse an der Fruchtachse unterscheiden. Eine nahe verwandte Art *(C. myrtifolia)* hat nur 2–3 cm große Früchte.

ANBAU UND QUALITÄTEN

Mit Ausnahme der tropischen Limette sind die Zitrusfrüchte subtropische Pflanzen und gedeihen in frostfreiem warmem, aber nicht zu heißem oder trockenem Klima. Zitrone, Limette und Orange werden in zahlreichen

Sorten weltweit in geeignetem Klima kultiviert und sind von großer wirtschaftlicher Bedeutung.

Bitterorange und Zitronatzitrone spielen eine viel geringere Rolle, ihr Anbau konzentriert sich auf die Mittelmeerländer; im Fall der Bitterorange auf Spanien und Marokko, im Fall der Zitronatzitrone auf Korsika, Italien und Griechenland. Die Früchte beider Arten kommen gewöhnlich kandiert (Orangeat beziehungsweise Zitronat) in den Handel.

Die ätherischen Öle der Zitrusfrüchte werden nicht destillativ, sondern durch Pressung und Zentrifugation gewonnen. Sie sind preisgünstig, da sie aus den Rückständen der Saftindustrie erzeugt werden können. Dagegen stammt das Orangenblütenöl (Neroliöl) aus der Wasserdampfdestillation von Orangenblüten, vor allem Bitterorangen. Wie andere Blütenöle ist es sehr teuer, da die Destillationsausbeuten sehr gering sind. Es wird vor allem in Spanien und Nordafrika erzeugt.

Unreife Zitronen

VERWENDETER PFLANZENTEIL / GERUCH UND GESCHMACK

In der Küche werden vor allem die Früchte verwendet, die ein artspezifisches Aroma aufweisen und – mit Ausnahme der Süßorange – sauer schmecken. Vereinzelt werden auch die Blätter und die Blüten verwendet. Die Blüten und das daraus hergestellte Öl haben einen schweren, süßen Geruch, der nicht an Orangenfrüchte erinnert.

AROMAGEBENDE INHALTSSTOFFE

Die Fruchtschale (Exocarp) aller Zitrusfrüchte ist reich an ätherischem Öl (6 %), das bei allen Arten hauptsächlich aus Limonen (80–90 %) und Citral (10 %) besteht; Aromaunterschiede kommen durch andere Monoterpene zustande (β-Pinen, 4-Terpineol, bei der Limette auch Fenchon). Der Orangengeruch wird maßgeblich von den Acetaten der Monoterpenalkohole Nerol, Geraniol und Citronellol und weiteren Estern bestimmt.

Spuren des ätherischen Öls beeinflussen auch das Aroma des Fruchtsaftes, der durch Zitronensäure (bei der Zitrone und Limette 8 %, bei der Orange 2 %) und andere Fruchtsäuren sauer schmeckt; während Limetten- und Zitronensaft nur wenig

(2 %) Kohlenhydrate enthalten, wird in der Süßorange die Säure durch 12 % Zucker kompensiert. Im Mesocarp sind bittere Flavonglycoside akkumuliert.

Manche Zitrusfrüchte, vor allem Orangen und Grapefruits, zeigen das Phänomen einer »verzögerten Bitterkeit«: Bei längerem Stehen werden Triterpenglycoside von geschmacksneutralen Monolactonen enzymatisch zu bitteren Dilactonen umgewandelt.

Blutorangen sind eine Kultursorte der Süßorangen, die seit etwa 1850 in Sizilien angebaut wird. Ihre Saftschläuche sind durch Anthocyanin-Farbstoffe purpurrot gefärbt.

Orangenblüten dienen als Quelle des in der Parfümerie begehrten Orangenblütenöls (Neroliöl). Es ist von komplexer Zusammensetzung und enthält Linalylacetat (bis zu 20 %) neben einer Vielzahl von Terpenkohlenwasserstoffen (Pinene, Camphen, α-Terpinen) und Terpenalkoholen (Geraniol, Nerol, Nerylacetat, Linalool, Nerolidol, Farnesol).

KULINARIK

Der Saft von Zitrusfrüchten wird in fast jeder Küche verwendet – für Marinaden und Salatsaucen sind Zitronen ein ebenso selbstverständliches Säuerungsmittel wie Essig.

In **europäischen** Backrezepten werden Orangen- und Zitronenschalen in kandierter Form als Orangeat und Zitronat verwendet. Durch den Kandierungsprozess verlieren die Schalen ihre Bitterkeit und eignen sich gut für weihnachtliches Gebäck (Dresdner Stollen), Früchtebrot und Lebkuchen. Seltener werden diese Produkte auch für herzhafte Gerichte genutzt – beispielsweise für gefülltes Geflügel.

In den **europäischen Küchen** ist eine der wichtigsten Anwendungen für Zitronensaft wohl das Aromatisieren von Fisch- und Fleischgerichten; das fruchtig-saure Aroma ist kanoni-

320

Limettenblüte

Unreife Limette

sches Zubehör für frische ganze Fische, Meeresfrüchte, Fischfilets und paniertes Fischfleisch jeder Art. Zu einem echten Wiener Schnitzel oder einer *cotoletta Milanese* müssen unbedingt Zitronenspalten serviert werden. Von Westeuropa bis nach Persien werden Grillgerichte von praktisch jeder Fleischsorte mit Zitronensaft beträufelt, was einen erfrischenden Kontrapunkt zu den Röstaromen bildet. Aus **Perugia (Italien)** stammt ein Schmorgericht aus Schweinefilets, das mit frischer Zitrone zubereitet wird. Das Fleisch wird dazu mit Schinken, Sardellen, Kapern und Salbei sautiert und mit dicken Scheiben von roher Zitrone serviert. Zitronen können – bevorzugt mit hellem Fleisch – auch opulente Braten würzen.

Bitterorange

In der **ostmediterranen Küche** wird Zitronensaft vorwiegend als Säuerungsmittel benutzt und kommt besonders in erfrischenden Salaten wie dem libanesischen Petersilien-Bulgur-Salat *tabbūlī* (siehe Petersilie) vor. In Griechenland bereitet man aus Zitronensaft eine emulgierte Sauce *(avgolémono)* zu, die auch als Suppe gegessen wird.

In **England** werden frische Bitterorangen zur bekannten Orangenmarmelade verkocht. Das Pektin im Mesocarp wirkt als Bindemittel und bewirkt eine elastisch-feste Konsistenz. Man unterscheidet zwischen *thin cut* mit dünnen, weitgehend verkochten Stücken Bitterorange und dem traditionelleren *thick cut* mit großen Stücken hocharomatischer Oran-

genschale. Frische Orangenschale ist auch ein Bestandteil der britischen *Sauce Cumberland* aus fein gewiegten Zitrusschalen, Rotwein, Senf und Johannisbeerkonfitüre.

An der Pazifikküste **Lateinamerikas**, von Peru bis Mexiko, kennt man eine eigenwillige Spezialität namens *ceviche*, die wahrscheinlich auf polynesische Vorbilder zurückgeht: Fischfilet wird stundenlang mit Limettensaft und Gewürzen (Korianderkraut und Chilis) mariniert und roh gegessen. Das Fischprotein wird dabei durch die Säure denaturiert, also faktisch kalt gegart.

Etwas weniger exotisch ist *guacamole*, ein in ganz **Mexiko** beliebter Salat, der oft als Vorspeise oder Beilage gegessen wird. Ein authentischer *guacamole* besteht aus gehackten Avocados und Tomaten und wird mit gequetschtem Knoblauch, viel Korianderkraut, fein gehackten *jalapeño*-Chilis und Limettensaft gewürzt. Heutzutage findet man ihn auch oft püriert als glatte

Paste, was Puristen aber zurückweisen.

Die Maya-Küche von **Yucatán** (Südmexiko) mariniert Schweinefleisch oder Geflügel in einer Mischung aus einer Gewürzpaste *(recado)* mit großen Mengen Bitterorangensaft. Das so vorbereitete Fleisch wird in der Pfanne gebraten oder gegrillt und *pibil* genannt; es hat einen würzig-scharfen Geschmack und ein intensi-

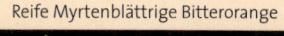
Reife Myrtenblättrige Bitterorange

ves Zitrusaroma. Der Bitterorangensaft kann durch Grapefruitsaft ersetzt werden.

Viele Küchen verwenden auch die aromatische Schale von Zitrusfrüchten als Gewürz. In **China** spielt besonders die Orangenschale eine große Rolle beim Würzen der oft aufwendig aromatisierten Brühen, die chinesischen Köchen als Rohstoff für weitere Zubereitungen dienen, beispielsweise in Form einer *master sauce* (siehe Zimt). Seltener werden Orangenschalen auch in den Schmorgerichten der Bergprovinzen Sichuan und Yunnan verwendet. In **Japan** sind Orangen- oder Mandarinenschalen ein Bestandteil der scharfen Streuwürze *shichimi tōgarashi*.

Zudem gibt es Rezepte, die ganze Zitrusfrüchte zur Verwendung vorschlagen. In **Marokko** werden reife Zitronen in Salzlake eingelegt *(l'hamd markad)* und nach einer Reifezeit von ein bis zwei Monaten als Gewürz verwendet. Die Schalen dieser Zitronen werden häufig fein gewürfelt zu Salaten gegeben. Das marokkanische Nationalgericht, der im Tontopf lang geschmorte Eintopf *ṭājin*, wird gewöhnlich sowohl mit der Schale als auch mit dem ausgekratzten Fruchtfleisch gewürzt.

Getrocknete Limetten *(lūmī)* sind eine einzigartige Zutat in den Ländern am Persischen Golf. Durch die Trocknung nehmen sie einen strengen, etwas fermentierten Geruch an. Sie werden gewöhnlich leicht zerbrochen oder auch nur angebohrt zu

Links Orangeat, rechts Zitronat

Persische getrocknete Limetten

arabischen Reisgerichten wie *majbūs* oder zum iranischen Bohneneintopf *ghemeh* verwendet.

Der Duft von Orangenblüten spielt eine große Rolle in der Parfümerie. In der Küche wird dieses Aroma nur an der **Levanteküste** genutzt. Dort dient Orangenblütenwasser *(ma' az-zahr)*, ähnlich wie Rosenwasser in anderen arabischen Ländern, als zusätzliches Aroma für Reisspeisen oder süße Snacks. In den Cafés von Beirut bekommt man auch »weißen Kaffee« *(qahwā baidā')*, wobei es sich allerdings gar nicht um Kaffee, sondern um mit heißem Wasser verdünntes und gezuckertes Orangenblütenwasser handelt.

Zitrusfrüchte werden in manchen Sprachen nur ungenau voneinander unterschieden; Verwechslungen kommen besonders oft zwischen Zitrone und Limette vor.

Zwiebel und Verwandte

KÜCHENZWIEBEL: *Allium cepa*
SCHALOTTE: *Allium cepa* var. *aggregatum* (syn. *A. ascalonicum*)
WINTERZWIEBEL, LAUCHZWIEBEL: *Allium fistulosum*

HERKUNFT UND GESCHICHTE

Die Winterzwiebel ist am engsten mit der sibirisch-mongolischen Art *A. altaicum* verwandt. Bis zum 19. Jahrhundert war sie von Sibirien bis Japan die am häufigsten angebaute Zwiebelart.

Eine Wildform der Küchenzwiebel ist nicht bekannt, aber die von Iran bis Tadschikistan vorkommende Art *A. oschaninii* steht der kultivierten Küchenzwiebel recht nahe. Es lässt sich nicht mehr sagen, wo und wann Zwiebeln erstmals in Kultur genommen wurden; auf jeden Fall waren Küchenzwiebeln am Anfang des 3. Jahrtausends in Mesopotamien und Ägypten bereits verbreitet.

Die mesopotamischen Kochrezepte aus dem 17. Jahrhundert verwenden Zwiebeln zu fast jeder Speise. In Ägypten standen Zwiebeln in hohem Ansehen; sie fanden sich sogar in Tutanchamuns Grab, und eineinhalb Jahrtausende später wird Plinius berichten, dass Ägypter bei feierlichen Schwüren neben den Namen der Götter auch Zwiebel und Knoblauch aufzählten. Homer beschreibt in der *Ilias*, dass die bronzezeitlichen Heerführer Zwiebel als Beilage zum Wein aßen.

Anders als Knoblauch erfreute sich die Zwiebel in der römischen Kaiserzeit großer Beliebtheit, und das Apicius-Kochbuch lässt häufig Zwiebeln in Saucen oder Aufläufen mitkochen. Durch die Römer wurden Zwiebeln als Bestandteil der Militärverpflegung auch nördlich der Alpen und auf den Britischen Inseln bekannt.

Die Germanen schätzten Zwiebeln hoch – sie galten als Zauberpflanzen. In der *Edda* werden sie als Mittel gegen Gift angeführt, was mit ihrer konservierenden Wirkung zusammenhängen könnte.

BOTANIK

Alliaceae (Lauchgewächse). **Zwiebeln** sind zweijährige krautige Pflanzen. Aus einem sehr kurzen, scheibenförmigen Stamm (der »Basis« der Zwiebel) treiben zahlreiche Blätter, die oberirdisch durch längs geriefte Blattscheiden zu einem Scheinstamm verbunden sind; die unterirdischen Teile der Blattscheiden sind knapp über dem Stamm fleischig verdickt und formen zusammen mit dem Stamm eine im Querschnitt kreisrunde Reservestruktur (die »Zwiebel«), die von den häutigen Blattscheiden der ältesten Blätter eingehüllt wird. Die schmal-linealischen,

Junge Zwiebelpflanze

Schalotten sind eine Unterart der Zwiebeln. Bei ihnen bildet der Stamm zusätzlich Kurztriebe, die sich ihrerseits zu Nebenzwiebeln entwickeln. Bei manchen Sorten stehen die Nebenzwiebeln frei, bei anderen sind sie eng aneinandergepresst und (wie bei Knoblauch) von einer gemeinsamen häutigen Hülle umgeben.

Die vielen Kultursorten der Zwiebel und Schalotte unterscheiden sich in Größe, Form und Farbe.

Die **Winterzwiebel** ist eine mehrjährige Pflanze mit Ausläufern, aber nur gering ausgebildeter unterirdischer Zwiebel; die Blätter haben fast runden Querschnitt. Die Pflanze bildet entweder große, urnenförmige Blüten oder aber Brutzwiebeln aus. Es gibt auch fertile Hybriden zwischen Küchen- und Winterzwiebel.

spitz zulaufenden, hohlen Blattspreiten werden bis zu 50 cm lang; oberirdisch sind nur fünf bis acht Blätter zu sehen, die ständig durch neue Blätter aus dem Zentrum der Zwiebel ersetzt werden. Im zweiten Jahr treibt die Pflanze einen unbeblätterten, unverzweigten, aufrechten, hohlen und bis zu 1 m hohen Blütenschaft mit einer terminalen, kugelförmigen, bis zu 8 cm großen Trugdolde aus zahlreichen sechszähligen, glockenförmigen Einzelblüten, die 5 mm Durchmesser erreichen und je nach Sorte weiß bis violett gefärbt sind. Aus den Blüten entwickeln sich kugelige, 5 mm große Kapseln mit bis zu sechs schwarzen, nach dem Trocknen runzeligen Samen.

ANBAU UND QUALITÄTEN

Zwiebeln lassen sich in fast jedem Klima kultivieren und stellen auch keine hohen Anforderungen an den Boden; außerdem gibt es viele unterschiedliche Sorten, die alle möglichen Standortbedingungen abdecken. Zwiebeln sind ein bedeutendes Handelsgut, von dem jährlich 30 Millionen Tonnen produziert werden, wobei die Küchenzwiebel den Hauptanteil ausmacht. Winterzwiebeln dominieren den Markt in Korea und Japan, spielen aber sonst eine geringere Rolle.

Alle Zwiebelarten können über Samen vermehrt werden; bei der Schalotte ist jedoch die Vermehrung über Seitenzwiebeln verbreitet, und die

Winterzwiebel wird in tropischen Anbaugebieten fast ausschließlich über Ausläufer vermehrt, in gemäßigtem Klima dagegen je nach Sorte über Samen oder Brutzwiebeln. Der Anbau erfolgt meist einjährig, bei der Winterzwiebel auch zweijährig.

Verwendeter Pflanzenteil / Geruch und Geschmack

Als Gewürz dienen vor allem die unterirdischen Blattteile, die Zwiebeln; in geringerem Umfang werden auch die frischen grünen Laubblätter und die Scheinstämme verwendet. Bei der Winterzwiebel sind diese Scheinstämme das Haupterntegut und werden im Handel als »Frühlingszwiebeln« bezeichnet. Zwiebeln haben einen tränenreizenden Geruch und einen scharfen, brennenden Geschmack, der bei den oberirdischen Pflanzenteilen milder ausfällt.

Das geschmackliche Resultat der Zwiebelverarbeitung in der Küche wird maßgeblich von der verwendeten Gartechnik bestimmt. Ähnlich wie beim Knoblauch (siehe dort) entwickeln Zwiebeln roh, gekocht, gedünstet, gebraten oder auch eingelegt vollkommen unterschiedliche aromatische Profile.

Zwiebelsamen sind kein Gewürz; allerdings werden die schwarzen Samen von Nigella manchmal als Zwiebelsamen bezeichnet, obschon Nigella nicht einmal mit der Zwiebel verwandt ist.

Aromagebende Inhaltsstoffe

Die Chemie der Zwiebel entspricht im Wesentlichen derjenigen verwandter Arten wie Knoblauch und Schnittlauch: Cysteinderivate werden enzymatisch zu flüchtigen Schwefelverbindungen umgesetzt, die dann weiterreagieren. Die Hauptverbindung ist das S-1-Propenyl-cystein-S-oxid, aus der sich zuerst das tränenreizende Thiopropanal-S-oxid bildet. Je nach Reaktionsbedingungen entwickelt sich daraus ein komplexer Cocktail aus Disulfiden, Aldehyden und heterocyclischen Schwefelverbindungen. So ist 3,4-Dimethylthiophen eine Hauptaromakomponente gerösteter Zwiebeln, und der süßliche Geschmack gekochter Zwiebeln soll auf 1-Propenthiol zurückgehen.

Kulinarik

Zwiebeln spielen in jeder Küche der Welt eine bedeutende Rolle. Sie werden roh gegessen (Frühlingszwiebel), gekocht oder in Fett gebraten, wobei sie einen charakteristischen Geschmack entwickeln, besonders gut die Aromen anderer Gewürze verstärken und Saucen wie Schmorflüssigkeiten Körper verleihen. Ferner werden ganze Zwiebeln oft in Brühen mitgegart und sind dabei im wahrsten Sinne des Wortes Aromenträger: Gespickt mit Nelken und Lorbeerblättern werden sie dabei gegebenenfalls stundenlang ausgelaugt.

In den **europäischen Küchen** und den **Küchen Vorderasiens** ist die Zwiebel eine Grundwürze für einfache und

Verschiedene Zwiebeln und Schalotten

Keine Küche ohne Zwiebeln: Roh, gekocht, gebraten, geröstet, getrocknet, pulverisiert – auf das Aroma von Zwiebeln, in welcher Form auch immer, kann wohl kaum ein Koch verzichten.

komplexe Zubereitungen gleichermaßen. Fettige Grundlagen für Brühen, Saucen, Braten oder Ragouts enthalten eigentlich immer Zwiebeln (in einigen italienischen Provinzen spielt der Knoblauch allerdings die größere Rolle). Ferner werden trockene Röstzwiebeln in Skandinavien und im restlichen Nordeuropa als Streuwürze verwendet.

In **Frankreich** sind Zwiebeln und Schalotten so vielfältig im Einsatz wie wohl in keiner europäischen Küche; sie sind Würzgrundlage zahlloser Saucen und Suppen und werden zu Beilagencremes (*purée d'oignons*) verarbeitet, die beispielsweise Fischge-richte begleiten. Die bekannte *quiche lorraine* (Lothringer Schinkentorte) wird mit gekochtem Schinken und Zwiebeln gebacken. Außerdem gibt es im Elsass verschiedene Zwiebelku-chenvariationen. In Frankreich (und auch in Spanien) enthält der Eierteig für *omelettes* (und *tortillas*) häufig Zwiebeln.

Die **italienischen** *risotti* des Nordens beginnen mit zwiebelreichen Butter-*soffritti*. In Aufläufen und Braten werden oft ganze Zwiebeln mitgegart. Auch Pastagerichte werden häufig mit Zwiebeln grundiert. Ein berühmtes Beispiel, bei dem das Zwiebelaroma besonders charakteristisch ist: Für den *sugo* der *bucatini all'Amatriciana* werden Zwiebeln und *pancetta* (luftgetrockneter Bauchspeck) in Öl hellbraun ansautiert und mit frisch gehackten Tomaten abgelöscht.

In Italien – wie übrigens auch in der iberischen Küche – legt man gerne kleine Zwiebeln süßsauer ein und verzehrt sie als Vorspeise *(antipasti, tapas)*. Eine weitere italienische Vorspeise sind kleine, in Backteig frittierte Zwiebeln *(cipolle fritte)*.

In den **orientalischen Küchen** werden Zwiebeln für Grillgerichte verwendet: Sie werden entweder im Ganzen mit dem Fleisch zusammen auf dem Grill geröstet oder – mit Sumach und Petersilie vermischt – roh gehackt über das gegrillte Fleisch gegeben. Eine levantinische Spezialität namens *mujadarā*, ein Reisgericht mit braunen Linsen, wird vor dem Servieren mit dunkel gebratenen Zwiebelstreifen bestreut, und frische Frühlingszwiebeln werden gerne roh als Beilage zu Vorspeisen und kalten Gerichten gegessen.

In der **indischen Küche** spielen Zwiebeln eine zentrale Rolle: Viele Rezepte aus Nordindien beginnen mit einem Arbeitsschritt, der als *baghar* bezeichnet wird. Dabei werden trockene Gewürze, Zwiebeln, Knoblauch, Chilis und Ingwer in Fett angebraten, bis sie ein intensives Aroma entwickeln; am Schluss können noch gemahlene Gewürze zugesetzt werden. Diese aromatische Masse *(wet masala)* kann mit gehackten Tomaten, Joghurt oder Kokosmilch zu einer Schmorflüssig-

keit abgelöscht werden. Alternativ werden in *wet masala* Fleischstücke angebräunt und anschließend abgelöscht und gar geschmort.

Baghar ist sehr variabel und kann eher als Zubereitungstechnik denn als festes Rezept gesehen werden. Es liegt vielen bekannten nordindischen Spezialitäten zugrunde, etwa *sag gosht* (Lammfleisch in Spinatsauce), *masala murgh* (Hühnerfleisch in Tomatensauce), *rogan josh* (Lammfleisch in Knoblauch-Joghurt-Sauce) oder *Patna korma* (in Joghurt geschmortes gemischtes Gemüse), und hat damit eine ähnliche Funktion wie italienische *soffritti* oder die französische *matignon*. Die *baghar*-Zubereitungen sind rezeptspezifisch; Unterschiede bestehen in der Art der verwendeten Gewürze, dem angestrebten Farbton der Zwiebeln und nicht zuletzt in der Wahl des Kochfetts: Neutrales Pflanzenöl, Senföl, Sesamöl und Butterfett sind dabei keinesfalls austauschbare Alternativen, sondern entsprechen bestimmten regionalen und schichtspezifischen Präferenzen.

Saucen auf der Basis dunkel geschmorter Zwiebeln liegen den einzigartigen **burmesischen** Currys zugrunde, beispielsweise dem »trockenen Schweinecurry« *wethani kyet*. Dafür werden pürierte Zwiebeln mit anderen Gewürzen etwa eine Dreiviertelstunde lang bei milder Hitze in viel Öl gebraten, bis sie sich in eine ölige, nussbraune Paste verwandeln; danach wird vorgekochtes Schweinefleisch hinzugegeben und geköchelt, bis sich die Aromen verbinden und die krümelig-pastige Sauce am Fleisch haftet.

In **Thailand** werden oft Zwiebelringe in Öl tief dunkelbraun gebraten, wobei sie das Öl aromatisieren. Dieses Öl wird dann für *stir-fry*-Gerichte verwendet, und die Zwiebelringe werden trocken getupft und als knusprige Dekoration über Speisen gestreut – ganz so, wie man auch in Deutschland braune Zwiebelringe zu Kartoffelpüree reicht.

Auch in **Indonesien** wandern schalottenartige regionale Zwiebelsorten in die Kochtöpfe: Sie bilden die Grundlage der Gewürzpasten (*bumbu*), ohne die kaum eine Speise auskommt. *Bumbu* besteht aus frischen Gewürzen (Zwiebel, Knoblauch, Chili, Ingwer, Zitronengras, Galgant), die gemeinsam im Holzmörser zerstampft werden. Manchmal kommen auch noch gemahlene getrocknete Gewürze (Koriander, Pfeffer) dazu, und auf Java und Bali darf die stechend riechende Garnelenpaste *trassi* nicht fehlen.

Eine solche *bumbu*-Paste kann roh zum Marinieren von Fleisch für Grillspieße (*sate*) verwendet werden, oder – mit Kokosmilch verdünnt – als Schmorflüssigkeit. *Bumbu* kann auch in Öl angebraten und in Brühe eingerührt werden; so werden gehaltvolle Suppen wie das Nationalgericht *soto ayam* (Hühnersuppe) gewürzt. Für den aromatischen Sumatra-Curry *gulai daging* brät man das *bumbu* zusammen mit Lammfleischstücken an und gießt mit Wasser und weiteren Gewürzen (vor allem Tamarinde) auf.

Viele Speisen werden in Indonesien mit dunkelbraun gebratenen Zwiebelringen garniert, beispielsweise gebratener Reis (*nasi goreng*). In den Garküchen werden diese Ringe meist frühmorgens hergestellt und den ganzen Tag in gut verschlossenen Schaubgefäßen gelagert, damit sie knusprig bleiben.

Gewürzpasten aus Zwiebel, Ingwer, Chili und anderen Zutaten findet man auch in **Südindien**. Sie dienen oft zum Marinieren von Gemüse; Fleisch wird dagegen eher zusammen mit der Paste gekocht oder gebraten.

Die **äthiopische** und die **eritreische Küche** haben eine Vorliebe für getrocknete oder trocken geröstete Zwiebeln, die als Bestandteil gemahlener Gewürzmischungen vom *berbere*-Typ auftauchen. Schmorgerichte wie *wat* werden entweder mit getrockneten Zwiebeln gewürzt, oder man verwendet frische Zwiebeln, die man im Fett langsam bis zu nussbrauner Farbe brät.

Die **chinesische Küche** verwendet Zwiebeln sehr vielfältig: einerseits als Gemüse, andererseits als Gewürz. Ein Beispiel ist *cōng-shāo*, für das man Zwiebeln in Fett anbrät, mit Brühe ablöscht und die so hergestellte aromatisierte Brühe zum Weiterkochen verwendet. In der Sichuan-Küche ist das gemeinsame Anbraten von gehackten Zwiebeln und der Chili-Bohnen-Paste *dòubànjiàng* eine Standardprozedur, die am Anfang vieler *stir-fries* steht. In allen chinesischen Regionen werden Speisen oft vor dem Servieren mit gehackten Frühlingszwiebeln garniert.

Frühlingszwiebeln werden auch in der **japanischen Küche** oft verwendet. Die Küchenzwiebel spielt dort eine vergleichsweise geringe Rolle. Im Land der aufgehenden Sonne wird zurückhaltend gewürzt, und so bieten Frühlingszwiebeln – neben ihrer knackigen Konsistenz – pikante Schärfe als Kontrastpunkt. Ein Beispiel ist *hiya-yakko*, ein Salat aus rohem Seiden-Tofu, der fast die Konsistenz von Pudding hat: Die Tofuwürfel werden nur mit einem Hauch Ingwerpaste und einigen Spritzern Sojasauce gewürzt und mit grob gehackten Frühlingszwiebeln bestreut. Neben Japan werden auch in **Korea** fast nur Frühlingszwiebeln gebraucht, beispielsweise für dicke Omelettes mit verschiedenen Fleisch-, Fisch- oder Gemüsezutaten im Teig *(p'ajŏn)*. Sie sind ein weitverbreiteter Snack und enthalten so gut wie immer Frühlingszwiebeln, die dank der kurzen Garzeit noch etwas Schärfe und Biss haben.

GEWÜRZMISCHUNGEN UND -ZUBEREITUNGEN

Baghar

Indische Würzmethode, die in einer Reihe mit den mediterranen *soffritti* steht. Sie beruht auf der aromasteigernden Wirkung von Hitze und Fett. Viele indische Regionen haben dabei ihr bevorzugtes Kochfett: Sesamöl im Westen, Senföl im Norden und Osten, Erdnussöl im Zentrum, Kokosöl im Süden und Butterschmalz für die nordindischen mogulischen Gerichte.

Die *baghar*-Prozedur umfasst mehrere Schritte, von denen einige auch ausgelassen werden können: Zimt, Nelken und Kardamom werden bei großer Hitze mit Öl extrahiert, bis sie sich verfärben oder verformen. Danach werden fein gehackte Zwiebeln, Knoblauch, Chili und Ingwer hinzugefügt und bei niedrigerer Temperatur gebräunt. Die temperaturempfindlicheren Gewürze (Kreuzkümmel, Bockshornklee, Ajowan, Asant) kommen erst dann hinzu, wenn die Zwiebeln bereits etwas Farbe angenommen haben. Abschließend können noch gemahlene Gewürze (Koriander, Kreuzkümmel, Kurkuma, Paprika) zugegeben werden. Die dabei entstehende Mischung aus Fett und Gewürzen wird im indischen Englisch auch als *wet masala* bezeichnet und dient als Grundlage für weitere Sautier- oder Schmorvorgänge.

Eine einfachere Variante heißt *tarka* und besteht oft nur aus Knoblauch oder Kreuzkümmel, die in Fett kurz gebraten werden. Sobald sich ein intensiver Geruch entwickelt, wird die Zubereitung in fertig gekochte Hülsenfrüchte- oder Gemüsecurries eingerührt.

Baḥārāt und rās al-ḥānūt

Im Mashrek und im Maghreb sind Mischungen aus trockenen Gewürzen sehr populär. Jede Region – vielfach sogar jede Familie – hat ihr eigenes Rezept für eine Hausmischung, die im Vorderen Orient tendenziell als *bahār* oder *bahārāt* und in Nordafrika eher als *rās al-ḥānūt* bezeichnet wird. Die Mischung ist in ihren Grundzügen verwandt mit den französischen *quatre-épices*. So sind Pfeffer, Muskat, Zimt und Nelken faktisch immer enthalten. Hinzu kommen dann optional Piment, Koriander, Kreuzkümmel, getrockneter Ingwer, Kardamom und eventuell Felsenkirschenkerne und Rosenblüten. Speziell in Nordafrika kommen noch Kubebenpfeffer, Paradieskörner und Langer Pfeffer infrage. Am Persischen Golf sind die Mischungen tendenziell schärfer – und werden mit Paprika und Chili zubereitet.

Berbere

Eine äthiopische Mischung, die sehr scharf sein kann und außer Chili auch verschiedene mediterrane, afrikanische und indische Gewürze enthält, darunter so ungewöhnliche wie Langen Pfeffer und getrocknete Weinrautenbeeren. Ähnlich wie in Indien werden Chili, Kreuzkümmel, Koriander, Bockshornklee und Ajowan geröstet, bevor sie mit den anderen Komponenten (Kardamom, Zimt, Gewürznelken, Kurkuma) gemeinsam vermahlen werden. Auch frische Kräuter (Weinraute, Basilikum) oder Zwiebeln können in einer Pfanne über dem Feuer getrocknet und mitverwendet werden. Das hochrote, scharfe Pulver wird oft mit Honigwein zu einer als Tischwürze verwendeten Paste verarbeitet *(awazi)* oder dient zum Würzen von Eintöpfen wie dem Nationalgericht *doro-wat* (ein geschmortes Hühnerfleischgericht).

BISI-BELE-PULVER

Diese scharfe Mischung aus Karnataka erhält ihren typisch südindischen Charakter durch Hülsenfrüchte und Kokosraspeln. Außerdem enthält sie Chili, Zimt, Nelken, Kreuzkümmel und Bockshornklee. Alle Komponenten werden sehr langsam geröstet und danach zu einem etwas öligen Pulver vermahlen.

BOUQUET GARNI

Bündel aus frischen oder nur angetrockneten Kräutern, das in der französischen Küche zum Aromatisieren von Brühen und Schmorgerichten verwendet wird – analog zum deutschen Suppengrün. Das *bouquet garni* setzt sich je nach Saison und Region aus Petersilie, Thymian, Rosmarin, Lorbeerblättern, Estragon und Bohnenkraut zusammen. Den Autoren wurde zugetragen, dass es in der Provence üblich sei, dem Würzstrauß ein Stück Orangenschale hinzuzufügen.

BUMBU

Gewürzmischungen der indonesischen Küche, die meist in Pastenform verwendet werden und aus frischen Zutaten wie Zwiebeln, Knoblauch, Ingwer und verwandten Rhizomgewürzen, Zitronengras und Chili bestehen. Vor allem auf Java und Bali sind auch oft getrocknete Gewürze wie Koriander, Pfeffer oder Muskat enthalten. Ferner kommt auch Krabbenpaste *(trassi)* als zusätzliche Würze zum Einsatz. Die *bumbu*-Mischungen dienen häufig als Marinade oder werden in Saucen eingerührt. Manchmal werden sie auch in Öl gebraten und – nach eventueller Verdünnung – als Tischwürze *(sambal)* gereicht.

CHÀO XIĀNG

Die chinesische Version von italienischem *soffritto* oder indischem *baghar* – und erster Schritt für fast alle chinesischen *stir-fry*-Gerichte *(chào)*: Getrocknete Chilis, Knoblauch und vor allem in Sichuan auch Sichuanpfeffer und die Chili-Bohnen-Paste *dòubànjiàng* werden im Wok mit etwas Öl anfrittiert, bis sie ein starkes, würziges Aroma verströmen. Danach werden rasch die weiteren Zutaten dazugegeben und unter heftigem Rühren schnell gegart.

CHINESISCHES FÜNF-GEWÜRZE-PULVER (WŬXIĀNG FĔN)

In ganz China gebräuchliche trockene Gewürzmischung aus Fenchel, Sternanis, Nelken, Zimt und Sichuanpfeffer. Optionale Zutaten sind Süßholz,

Galgant und Schwarzer Kardamom. In dieser Zusammensetzung taucht die Mischung häufig als Brühenaromatikum auf – dann allerdings ungemahlen. Das Fünf-Gewürze-Pulver ist Bestandteil von Fleischmarinaden, Schmorflüssigkeiten, Backteigen und Salatsaucen. Je nach Provenienz und persönlicher Präferenz des Kochs schwanken die Mengenanteile der vermahlenen Gewürze teilweise erheblich.

Currypulver

Currypulver ist eine englische Erfindung, die jedoch auf indische Vorbilder zurückgeht und die Eigenschaften von nordindischem *garam masala* mit denen des südindischen *sambar podi* kombiniert. Einerseits enthält es viel Kreuzkümmel, Koriander und kleinere Mengen der süßen Mogul-Gewürze, andererseits auch mehr oder weniger viel Pfeffer, Chili und Linsen. Letztere werden immer, die anderen Komponenten nur in manchen Rezepten geröstet. Die gelbe Farbe entsteht durch Kurkuma. Vor allem in Südindien (Chennai, früher als Madras bekannt) gibt es noch Firmen, die das Pulver nach kolonialen Rezepten für den Export herstellen.

Duqqah

Eine ägyptische Mischung, die weitgehend dem levantinischen *za'tar* entspricht und ebenfalls aus Gewürzen (Thymian, Kreuzkümmel, Koriander) und Nüssen (Sesam, Haselnüsse, frische Pfirsichkerne, geröstete Kichererbsen) besteht. Sie wird als Tischwürze oder gemischt mit Olivenöl als Brotaufstrich verwendet.

Fines herbes

Mischung aus frischen (niemals getrockneten!), fein gehackten Kräutern, die aus variablen Anteilen Schnittlauch, Estragon, Kerbel und Petersilie, manchmal auch Majoran besteht. Die *fines herbes* werden als Tischwürze oder zum Aromatisieren von *omelettes* oder Salaten eingesetzt. *Fines herbes* lassen sich gut einfrieren, wenn sie hinterher für gegarte Gerichte – etwa Saucen oder *omelettes* – verwendet werden sollen.

Garam masala

Grundrezept der meisten nordindischen Gewürzmischungen. *Garam masala* kombiniert das herb-warme Aroma von Kreuzkümmel und Koriander mit verschiedenen süßen Gewürzen (Zimt, Nelken, Kardamom, Indische Lorbeerblätter, Sternanis). Auch Pfeffer und schwarzer Kardamom sind oft dabei. Aber Chili bleibt auf regionale Varianten des indischen Westens beschränkt. Die mogulische Version *mughal garam masala* reduziert den Anteil von Kreuzkümmel und Koriander oder lässt beide sogar ganz fort. Die Gewürze werden vorgeröstet und gemeinsam zu einem feinen Pulver vermahlen.

HERBES DE PROVENCE

Berühmte Gewürzmischung aus getrockneten Kräutern, die – der Name sagt es bereits – aus Südfrankreich stammt. Enthält auf jeden Fall Rosmarin, Thymian, Majoran, Bohnenkraut, Estragon und in einigen Varianten auch Lavendelkraut oder -blüten und Fenchelfrüchte. Wird gerne für Gegrilltes oder Geschmortes verwendet. Eine der wenigen Kräuterkompositionen, die gerade dem getrockneten Material ihren rustikal-herben Reiz verdankt und mit den brandigen Grillaromen der südfranzösischen Landküche bestens harmoniert.

JERK-PASTE

Diese Würzpaste der Jamaika-Küche besteht aus Zwiebeln, Knoblauch, feurigen karibischen Chilis und vielen getrockneten Gewürzen, vor allem Piment. Bei richtiger Herstellung fermentiert sie spontan und wird dadurch haltbar. *Jerk*-Paste dient zum Marinieren von Fleisch, das in der Pfanne gebraten oder gegrillt wird – am besten über einem Feuer aus Pimentholz.

KHMELI-SUNELI

Mischung getrockneter Kräuter (Majoran, Bohnenkraut, Basilikum, Dill) mit einem Hauch von Pfeffer und gelben Blüten von Imeretischem Safran. *Khmeli-suneli* wird in Georgien auf Märkten verkauft, wobei wild wachsende Kräuter den kultivierten Sorten vorgezogen werden. Man verwendet sie vorwiegend für Schmorgerichte aus Lammfleisch.

MATIGNON

Ähnlich wie beim *soffritto* handelt es sich bei *matignon* um eine fettig angebratene Zubereitung von Gewürzzutaten. Bratfett ist praktisch immer Butter. *Matignon* grundiert Fischfonds und Suppen und enthält vorwiegend fein geschnittene Gewürze, kann aber auch mit Pilzen oder Speck- und Schinkenstreifen angereichert werden.

MIREPOIX

In Deutschland auch Röstgemüse genannt. *Mirepoix* ist ein vorbereitender Schritt für Fleischgerichte, Fonds und Saucen, für den Karotten, Sellerie, Zwiebeln, Pfeffer, Nelken, Knoblauch und frische Kräuter in Fett angebraten werden. Oft ist auch eine Speckeinlage dabei. Die Gemüsebestandteile werden meistens in Würfel von bis zu 1 cm Kantenlänge geschnitten. Im Gegensatz zum feiner geschnittenen *matignon* wird die grobere Einlage des *mirepoix* häufig nach dem Auslaugen wieder aus der Speise entfernt.

MOLE POBLANO

Eine hochkomplexe zentralmexikanische Sauce. *Mole Poblano* ist eine Art mexikanisches Nationalgericht und kombiniert einheimische mit importierten Ingredienzien. Grundlage sind milde getrocknete Chilis (»die Heilige Dreifaltigkeit«: *ancho, mulato* und *pasilla*), die geröstet, eingeweicht, püriert und in viel Schweineschmalz langsam unter ständigem Rühren zu einer dicken, aromatischen, braunen

Paste verkocht werden. Eine Vielzahl weiterer, zumeist vorbehandelter Komponenten (Tomaten, Rosinen, Knoblauch, Bitterschokolade, Sesam und weitere Nüsse, Anis, Pfeffer, Zimt und andere Gewürze) verleihen der Sauce extreme Tiefe. Mit etwas Wasser verdünnter *mole Poblano* dient als Schmorflüssigkeit für das bekannte Gericht *mole Poblano de Guajolote*, Truthahn in Chili-Schokolade-Sauce.

MOLE VERDE

Die »grüne Sauce« aus den mexikanischen Provinzen Oaxaca und Veracruz verdankt Geschmack und Farbe den Mexikanischen Pfefferblättern, grünen *jalapeño*-Chilis und in manchen Rezepten auch grünschaligen Kürbiskernen. Das faszinierende Anisaroma der Pfefferblätter passt zu jeder Art von Fleisch, das einfach in der Sauce weich geschmort wird.

PANCH PHORON

Das bengalische Nationalgewürz. *panch phoron* besteht aus fünf ungemahlenen, zu etwa gleichen Teilen gemischten Gewürzen: Kreuzkümmel, Fenchel, Bockshornklee, Nigella – die Identität der fünften Zutat wird meist als Senfsamen angegeben, aber in Bengalen nimmt man häufig ein außerhalb Indiens nicht verfügbares Gewürz namens *radhuni*, das man hier am treffendsten durch Selleriefrüchte ersetzen kann. *Panch phoron* wird meist in Senföl gebräunt (siehe *baghar*) und aromatisiert dann Gemüsecurries und Hülsenfrüchte.

QUATRE ÉPICES

Klassische französische Vier-Gewürze-Mischung, aus gemeinsam in gleichen Anteilen vermahlenen Pfefferbeeren, Muskatnüssen, Zimtstangen und Nelken. Wird für Pasteten, Würste, opulente Fleischgerichte und rotweinlastige Zubereitungen genutzt. Die *quatre-épices* sind in gewisser Weise mit den orientalischen Mischungen *bahārāt* und *rās al-ḥānūt* verwandt, die auf einem ähnlichen Aromaprinzip beruhen.

RECADO

Diese Würzpasten aus Yucatán im Süden Mexikos bestehen aus verschiedenen getrockneten Gewürzen (Pfeffer, Piment, Zimt, Kreuzkümmel und Oregano), die grob vermahlen und mit Wasser zu einer zähen Paste vermischt werden. Eine bekannte Variante ist *recado rojo* mit Annattosamen. Letztere tragen eine intensiv orangerote Farbe bei. Die Pasten werden vor Verwendung mit gequetschtem Knoblauch vermischt und mit Bitterorangensaft verdünnt. In dieser Form dienen sie zum Marinieren von Hühner- oder Schweinefleisch, das danach gebraten, geschmort oder gegrillt werden kann (*pibil*).

SAMBAR-PULVER

Die klassische Würze für tamilische Gemüsecurries (*sambar*) besteht aus viel Koriander sowie Kurkuma, Kreuzkümmel, Chili und Bockshornklee; außerdem enthält es noch ein bis drei verschiedene Sorten Hülsenfrüchte.

Die Komponenten werden getrennt geröstet und danach vermahlen.

SHICHIMI TŌGARASHI

Das scharfe japanische »Siebengewürzepulver« besteht aus Chili, Sichuanpfeffer, Mandarinenschale, schwarzem und weißem Sesam, Mohn (oder Senfsamen) und trockenen Tangblättern. Es wird grob gemahlen und als Tischwürze zu Nudelspeisen und Nudelsuppen gereicht.

SOFFRITTO

Prinzipiell beschreibt der Begriff *soffritto* das Anbraten aromatischer Komponenten in Fett (Öl oder Butter) als vorbereitende Grundlage für Pasta- oder *risotto*-Gerichte oder auch kurz gebratene Fleisch- und Fischzubereitungen. Für *soffritti* kommen faktisch alle aromaspendenden Zutaten infrage: Gewürze wie Knoblauch, Zwiebeln, Kapern, Oliven sowie aromatische Gemüse wie Mohrrüben, Sellerie oder etwa Fenchel. Eine Sonderrolle spielen die salzig eingelegten Sardellen, die als Würzgrundlage häufig schon das Salz mitliefern. Der *soffritto* beruht auf zwei Prinzipien: Extraktion ätherischer Öle in ein fettiges Medium bei hoher Temperatur zum einen und Bildung von Röstaromen (Maillard-Reaktion!) zum anderen. *Soffritto*-ähnliche Zubereitungen findet man überall auf der Welt – in Frankreich heißen sie zum Beispiel *matignon* oder *mirepoix*, in Indien *baghar* und in China *chào xiāng*.

THAILÄNDISCHE CURRYPASTEN

Würzpasten auf Basis frischer Zutaten: In der Regel enthalten sie Zwiebeln, Galgant, Knoblauch, Zitronengras sowie grüne oder rote Chilis, grünen Koriander und Kurkuma. Es gibt vier Typen: die grüne koriander- und knoblauchdominierte Paste mit grünen Chilis; die rote chililastige Variante; die gelbe Paste, die zusätzlich frisches Kurkumarhizom enthält; und eine orientalisch-indisch beeinflusste Variante der roten Currypaste, die zusätzlich getrocknete Gewürze (Koriander, Kreuzkümmel, Nelken und Zimt) enthält, in Südthailand zubereitet und *masaman* genannt wird. Currypasten werden praktisch immer zum Schmoren oder Dünsten eingesetzt, indem man sie in der Kochflüssigkeit (Kokosmilch oder auch wenig Wasser) zergehen lässt oder sie alternativ in heißem Fett anbrät und mit Kochflüssigkeit ablöscht und aufgießt.

337

ZA'TAR

Eine Gewürzmischung der Levante, die sowohl als Tischwürze als auch als Fleisch- und Brotgewürz verwendet wird. Za'tar besteht aus Sesam und Sumach sowie einem weiteren getrockneten Gewürz, wobei je nach Provenienz der Mischung Bohnenkraut, Majoran oder Thymian infrage kommen. Za'tar wird auch fast pur genossen, indem ein Stück Weißbrot in Olivenöl und anschließend in die Gewürzmischung getunkt wird. Das ägyptische Pendant dazu heißt *duqqah*.

MULTILINGUALER INDEX

DIESER INDEX ORDNET NAMEN VON GEWÜRZEN, WIE MAN SIE IN KOCH-
BÜCHERN ODER AUF ETIKETTEN FINDET, DER JEWEILIGEN DEUTSCHEN BEZEICH-
NUNG ZU UND VERWEIST DAMIT AUF DEN ENTSPRECHENDEN ARTIKEL IM LEXI-
KALISCHEN TEIL.

339

343

H

346

M

Mejorana	Majoran
Melanthion	Nigella
Meleguetapfeffer	Paradieskörner
Melilotus caeruleus	Schabziegerklee
Melissa officinalis	Zitronenmelisse
Melisse	Zitronenmelisse
Melisse, Chinesische	Perilla
Melograno	Granatapfel
Menta	Minzen
Mentha piperita	Minzen
Mentha pulegium	Poleiminze
	(siehe Minzen)
Mentha spicata	Grüne Minze
	(siehe Minzen)
Menthe anglaise	Minzen
Menthe poivrée	Minzen
Mercanköşk	Majoran
Merde du diable	Asant
Merica	Pfeffer
Mersin	Myrte
Metélőhagyma	Schnittlauch
Methi	Bockshornklee
Mexican pepper leaves	Mexikanischer Blattpfeffer
Mexican saffron	Färbersaflor
Mexikanischer Blattpfeffer	
Mexikanischer Koriander	Langer Koriander
Mexikanisches Pfefferblatt	Mexikanischer Blattpfeffer
Mexikanisches Teekraut	Jesuitentee
Mierikswortel	Meerrettich
Mikhaki	Gewürznelke
Milgroym	Granatapfel
Mint, Vietnamese	Vietnamesischer Koriander
Minze	
Mirch, deghi	Paprika
	(s. Chili, Paprika)
Mirch, gol	Pfeffer
Mirch, hari	Chili, Paprika
Mirch, kali	Pfeffer
Mirch, lal	Chili, Paprika
Miriyalu	Pfeffer
Mirođija	Dill
Mirte	Myrte
Mirzam josh	Majoran
Mitmita	Chili, Paprika
Mochigusa	Beifuß
Mohn	
Moti saunf	Fenchel
Mountain pepper	Tasmanischer Pfeffer
Mouri	Fenchel
Mugwort	Beifuß
Mui	Koriander

Mulagu, chuvanna	Chili, Paprika
Murraya koenigii	Curryblätter
Muskatblüte	
Muskatnuss	
Mustard seed, black	Schwarzer Senf
Mustard seed, white	Weißer Senf
Myrte	
Myrtle	Myrte
Myrtle, lemon	Zitronenmyrte
Myrtus communis	Myrte

N

Nagaruka	Orange
	(siehe Zitrusfrüchte)
Nagkesar	Zimt
Namida	Wasabi
Nana	Minzen
Nane	Minzen
Nar	Granatapfel
Naral	Kokosnuss
Naranja	Orange
	(siehe Zitrusfrüchte)
Narenj	Orange
	(siehe Zitrusfrüchte)
Nargil	Kokosnuss
Narial	Kokosnuss
Narikel	Kokosnuss
Nasturtium	Kapuzinerkresse
	(siehe Kresse)
Nasturtium officinale	Brunnenkresse
	(siehe Kresse)
Nasturzio	Kapuzinerkresse
	(siehe Kresse)
Native pepper	Tasmanischer Pfeffer
Nauna	Minzen
Nebu	Zitrone
	(siehe Zitrusfrüchte)
Nelke	Gewürznelke
Nelkenpfeffer	Piment
Nepal-Kardamom	Schwarzer Kardamom
Neratzi	Bitterorange
	(siehe Zitrusfrüchte)
Nerokardamo	Brunnenkresse
	(siehe Kresse)
Netch Azmud	Ajowan
Neugewürz	Piment
Nghe	Kurkuma
Ngo	Koriander
Ngo gai	Langer Koriander
Nhuc dau khau	Muskatnuss
Nibu	Limette
	(siehe Zitrusfrüchte)
Nigella	
Nigella sativa	Nigella
Nikkei	Zimt

350

352

INDEX

354

LITERATUR

Achaya, K. T.: Indian Food. A Historical Companion. New Delhi (Oxford University Press) 1994.

Achaya, K. T.: The Historical Dictionary of Indian Food. New Delhi (Oxford University Press) 2002.

Andrews, Jean: Peppers. The Domesticated Capsicums. Austin (University of Texas Press) 1995.

Artusi, Pellegrino: Der große Artusi. Die klassische italienische Küche. Frankfurt am Main/Berlin (Ullstein) 1991.

Beck, Charlotte (Hg.): PfefferLand. Geschichten aus der Welt der Gewürze. Wuppertal (Peter Hammer) 2002.

Bharadwaj, Monisha: The Indian Spice Kitchen. New York (Hippocrene) 2000.

Bhumichitr, Vatcharin; Stowell, Roger: Vatch's Thai Cookbook. O. O. (Pavilion Books) 1998.

Bottéro, Jean: The Oldest Cuisine in the World. Chicago (University of Chicago Press) 2004.

Buzzi, Aldo: Man nehme, so man hat. Von Küchen und Köchen, Genießern und Banausen. Zürich (Edition Epoca) 2005.

Collingham, Lizzie: Curry. A tale of cooks and conquerors. London (Vintage) 2006.

Dalby, Andrew: Dangerous Tastes. The Story of Spices. London (British Museum Press) 2002.

DeWitt, Dave; Bosland, Paul W.: Peppers of the World. An Identification Guide. Berkeley (Ten Speed Press) 1996.

Dumas, Alexandre: Das Große Wörterbuch der Kochkunst. Wien (Mandelbaum) 2002.

Dunlop, Fuchsia: Land of Plenty. Authentic Sichuan Recipes. New York (Norton & Company) 2001.

Dunlop, Fuchsia: Revolutionary Chinese Cookbook. Recipes from Hunan Province. London (Ebury Press) 2006.

Gööck, Roland: Das Buch der Gewürze. München (Mosaik) 1977.

Grainger, Sally; Dalby, Andrew: The Classical Cookbook. London (British Museum Press) 2000.

de Guzman, C. C.; Siemonsma, J. S. (Hg.): Plant Ressources of South-East Asia. Band 13: Spices. Leiden (Backhuys) 1999.

Haarer, Luise: Kochen und Backen nach Grundrezepten. Baltmannsweiler (Schneider Verlag Hohengehren) 1997.

Hemphill, Ian: The Herb and Spice Bible. Toronto (Robert Rose) 2002.

Hess, Reinhardt; Sälzer, Sabine: Die echte italienische Küche. Typische Rezepte und kulinarische Impressionen aus allen Regionen. München (Gräfe und Unzer) 1991.

v. Holzen, Heinz: The Food of Bali. Singapore (Periplus Editions) 1994.

Jaffrey, Madhur: Indisch kochen. Göttingen (Werkstatt), St. Gallen, Berlin, São Paulo (Edition diá) 1990.

Kaimal, Maya: Savoring the Spice Coast of India. New York (Harper Collins) 2000.

Kaltenbach, Marianne; Cerabolini, Virginia (Hg.): Aus Italiens Küchen. Originalrezepte der verschiedenen Regionen Italiens. Bern, München (Hallwag) 2000.

Kaltenbach, Marianne; Simeone, Remo: Italienische Küche. Kulinarische Streifzüge. Niedernhausen (Falken) 1996.

Kennedy, Diana: From my Mexican Kitchen. New York (Clarkson Potter) 2003.

Kennedy, Diana: The Cuisines of Mexico. New York (Harper & Row) 1986.

Kohgadai, Hamidullah Kabuli: Afghanisch kochen. Gerichte und ihre Geschichte. Göttingen (Werkstatt), Berlin (Edition diá) 2003.

Lalbachan, Pamela: The Complete Caribbean Cookbook. Rutland, Tokyo (Charles E. Tuttle) 1994.

Mahn, Manuela: Gewürze: Geschichte – Handel – Küche. Stuttgart (Reclam) 2001.

Mallos, Tess: The Complete Middle East Cookbook. Rutland, Tokyo (Charles E. Tuttle) 1993.

Marks, Copeland; Soeharjo Mintari: The Indonesian Kitchen. New York (Macmillan) 1981.

Marks, Copeland: The Exotic Kitchens of Indonesia. Recipes from the Outer Islands. New York (M. Evans & Company) 1993.

Marks, Copeland: The Exotic Kitchens of Peru. The Land of the Inca. New York (M. Evans and Company) 1999.

McGee, Harold: On Food and Cooking. New York (Fireside) 1984.

Mendrong, Tsering: Tibetisch kochen. Gerichte und ihre Geschichte. Göttingen (Werkstatt), Berlin (Edition diá) 2006.

Milton, Giles: Muskatnuß und Musketen. Reinbek bei Hamburg (Rowohlt) 2002.

Morse, Kitty: Das marokkanische Kochbuch. München (Christian Verlag) 2002.

Naj, Amal: Scharfe Sachen. Reisen wo der Pfeffer wächst. Reinbek bei Hamburg (Rowohlt) 1995.

Nelson, Kay Shaw: Cuisines of the Caucasus Mountains. New York (Hippocrene) 2002.

Norman, Jill: Das grosse Buch der Gewürze. Aarau (AT-Verlag) 1991.

Norman, Jill: Herbs & Spices. The Cook's Reference. New York (DK Publishing) 2002.

Ortiz, Elisabeth Lambert: The Complete Book of Mexican Cooking. New York (Ballantine) 1967.

Oyen, L. P. A.; Dung, Nguyen Xuan: Plant Ressources of South-East Asia. Band 19: Essential-oil plants. Leiden (Backhuys) 1999.

Passmore, Jacki: Asien. Eine kulinarische Reise. München (Christian Verlag) 1993.

Paternina, Astrid Martinez: Das Anden-Kochbuch. Gerichte und ihre Geschichte. Göttingen (Werkstatt), Berlin (Edition diá) 2005.

Pauli, Philip (Hg.): Lehrbuch der Küche. Stein am Rhein (Fachbuchverlag Philip Pauli) 1991.

Pini, Udo: Das Gourmethandbuch. Köln (Könemann) 2004.

Piroué, Susi: Die echte französische Küche. Typische Rezepte und kulinarische Impressionen aus allen Regionen. München (Gräfe und Unzer) [1995].

Pochljobkin, William: Nationale Küchen. Die Kochkunst der sowjetischen Völker. Leipzig (Verlag für die Frau) 1988.

Sahni, Julie: Das große indische Kochbuch. München (Heyne) 1986.

Sahni, Julie: Das große vegetarische indische Kochbuch. München (Heyne) 2002.

Schröder, Rudolf: Kaffee, Tee und Kardamom. Stuttgart (Ulmer) 1991.

Schulz, Georg: Zimtzicken, Canehlpuper und andere MerkwürZigkeiten. Norderstedt (Books on Demand) 2003.

Seed, Diane: Die 100 besten Pasta-Saucen. München (Heyne) 1996.

Siewek, Fred: Exotische Gewürze. Herkunft, Verwendung, Inhaltsstoffe. Basel (Birkhäuser) 1990.

Small, Ernest: Culinary Herbs. Ottawa (National Research Council of Canada) 1997.

Solomon, Charmaine: The Complete Asian Cookbook. Rutland, Tokyo (Charles E. Tuttle) 1993.

Stobart, Tom: Herbs, Spices and Flavourings. London (Grub Street) 1998.

Stobart, Tom: The Cook's Encyclopedia. Ingredients and Processes. London (Grub Street) 1998.

357

LITERATUR

Teuscher, Eberhard: Gewürzdrogen. Stuttgart (WBG) 2003.

Till, Susanne: Die sinnliche Welt der Gewürze. Wien (Kremayr & Scheriau) 2004.

Turner, Jack: Spices. The History of a Temptation. New York (Random House) 2003.

Ullmann, Stefan: Chinesisch kochen. Gerichte und ihre Geschichte. St. Gallen, Berlin, São Paulo (Edition diá) 1993.

Vormweg, Parvin: Persisch kochen. Gerichte und ihre Geschichte. Göttingen (Werkstatt), Berlin (Edition diá) 2001.

Wubneh-Mogessie, Ketsela: Ostafrikanisch kochen. Gerichte und ihre Geschichte. Göttingen (Die Werkstatt), Berlin (Edition diá) 1999.

FOTONACHWEIS